Unter diesem Motto verbrannten die Nationalsozialisten am 10. Mai 1933 in ganz Deutschland – wie hier auf dem Opernplatz in Berlin – auf großen Scheiterhaufen unzählige Bücher verfemter Autoren von Brecht bis Einstein.

Egon Erwin Kisch

PARADIES AMERIKA

Bild und Vorsicht Buch präsentieren:

Die Bibliothek der verbotenen Bücher

Lizenzausgabe der Axel Springer AG, Berlin
1. Auflage Mai 2013
In Zusammenarbeit mit dem
Börsenverein des Deutschen Buchhandels

Der Text dieser Ausgabe folgt
Egon Erwin Kisch:
GESAMMELTE WERKE IN EINZELAUSGABEN.
Herausgegeben von Bodo Uhse und Gisela Kisch.
Band 5: Paradies Amerika. Landung in Australien.
5. Auflage 1993, Aufbau Verlag, Berlin
Das Nachwort von Dieter Schlenstedt wurde der Ausgabe
E. E. Kisch: PARADIES AMERIKA,
Aufbau Taschenbuch Verlag, Berlin 1994, entnommen
Bildnachweis Vorsatztitel: KPA Zuma / Keystone Pressedienst

Idee und Konzeption: Kai Diekmann, Anne-Mette Noack,
Stephan Pallmann, Willem A. Tell
Redaktionelle Leitung: Willem A. Tell
Projektkoordination: Stephan Pallmann, Alexandra Wesner,
Tim Steinmetzger
Verlagsagentur: Klaus Fuereder (Berlin)
Gestaltung: Markus Ackermann, Philippe Krüger (Berlin)

Satz: CPI – Ebner & Spiegel, Ulm
Druck und Verarbeitung: CPI – Ebner & Spiegel, Ulm

ISBN: 978-3-942656-71-9

Inhalt

Der Doktor Becker vor den Pforten des Paradieses

DER DOKTOR BECKER, so sei unser Mann genannt, ist mit schwankenden Gefühlen an Bord des englischen Passagierdampfers.

Nicht deshalb schwanken seine Gefühle, weil das Schiff stampft und stößt, nicht deshalb, weil des Doktor Becker Schlafstelle gerade über der Schraubenwelle liegt, und nicht deshalb, weil das Speise- sowie das Rauchzimmer seiner Klasse infolge der Maschinenbewegung widerlich vibrieren.

Mittschiffs wohnend, spüren die Passagiere der zweiten und gar die der ersten Klasse das Stampfen und Stoßen des Dampfers bedeutend weniger, den Gang der Schraube überhaupt nicht. Überdies sind sie abgelenkt durch Spaziergänge auf einem hundert Meter langen gebohnerten Promenadendeck und durch Darbietungen von Jazzband und Sängern, deren klangliche Reize ein Lautsprecher zu den Passagieren der minderbemittelten Klassen leutselig weiterleitet.

Die minderbemittelten Klassen, zu denen der Doktor Becker gehört, hausen im Zwischendeck, aber sie heißen beileibe nicht »Zwischendeckpassagiere«; wenn eine Institution öffentlich kompromittiert ist, ändert man kurzerhand ihren Namen. Das Zwischendeck ist also abgeschafft worden, indem man es halbierte und jeder Hälfte eine andere Benennung gab: »Touristenklasse« hinten und »Dritte Klasse« vorne. Diese beiden Subspezies unterscheiden sich voneinander hauptsächlich durch den Fahrpreis, durch den

Reisezweck der Passagiere (die der dritten Klasse sind zumeist Auswanderer mit vielen Kindern) und durch die Behandlung. So zum Beispiel tragen die Aborte der Touristenklasse die Aufschriften »Gentlemen's Lavatory« und »Ladies' Lavatory«, während auf jenen der dritten Klasse nur »For Men« beziehungsweise »For Women« steht, noch dazu in allen europäischen Sprachen, weil man bei solch armseligem Pack die Kenntnis des Englischen nicht voraussetzt.

Der Doktor Becker hätte auf die Tafel »Gentlemen's Lavatory« gern verzichtet, wenn er dafür seine zwischen eiserne Wanten und Träger gedrängte Kabine nicht mit drei Schlafgenossen teilen müßte, obwohl er von ihnen etwas lernen könnte: von dem einen, wie man vor dem Schlafengehen seine Hämorrhoiden kunstgerecht behandelt, von dem anderen, wie man sich die Nägel der Zehen schneidet, ohne dabei die Strümpfe auszuziehen.

Wiederholt blickt der Doktor Becker in die Gefilde der oberen Klassen, wo weniger Begabte seiner Berufsgenossen oftmals die Fahrt über den Großen Teich unternehmen, solche, die in den ruhigen Wogen einer genehmen Weltanschauung, ohne zu stampfen und zu stoßen, erstklassig die Welt durchstreifen dürfen. Er beneidet sie nicht um ihre eigene Kajüte, obwohl der Doktor Becker sich mit der schwarzäugigen ungarischen Tischnachbarin zweifellos besser angefreundet hätte, wenn er nicht zu viert in seiner Kabine und sie nicht zu viert in ihrer Kabine steckte. Der Doktor Becker beneidet seine begünstigten Vorfahren und Nachfahren auch nicht darum, daß auf dem Promenadendeck die Felder des »Shuffleboard«-Spieles mit Lack für immer aufgemalt sind, dieweil sie auf dem Zwischendeck täglich mit Kreide aufgezeichnet werden müssen. Er beneidet sie auch nicht darum, daß ihnen der Anschauungsunterricht erspart wird, wie man vor dem Zubettgehen seine Hämorrhoiden kunstgerecht behandelt und wie man sich die Nägel der Zehen schneidet, ohne die (allerdings in einer dazu geeigneten Weise zerrissenen) Strümpfe auszuziehen.

Nein. Er beneidet sie – wenn anders er sie überhaupt beneidet – nur darum, daß sie die weite Fahrt nicht mit so gemischten Gefühlen zurücklegen müssen wie er.

Warum aber, sag an, sind diese Gefühle des Doktor Becker gemischt? Die Gefühle des Doktor Becker sind gemischt aus Freude und Befürchtung.

Die Freude des Doktor Becker, allgemeiner Natur und leicht erklärlich, ist die Freude, einen neuen Weltteil zu sehen, Amerika, das Land, das unvorstellbare, am unvorstellbarsten nach den Reiseschilderungen. Seine Freude wird von der sicheren Erwartung bestimmt, daß Amerika, das kein Altertum und kein Mittelalter besitzt, sozusagen der Kaspar Hauser unter den Weltteilen, sich unmöglich in seiner Entwicklung darauf beschränkt haben kann, die Entwicklung der Alten Welt einzuholen oder zu überholen, also Krawatten und Westen und Hosenträger und Religionen und Schminken und Bankhäuser und Polizeispitzel und Börsengeschäfte und Kitschfilme zu erfinden und zu vervollkommnen.

Was aber die Befürchtung unseres Freundes anlangt, so ist sie schon mehr persönlicher Natur. Sie lautet: Werde ich, der Doktor Becker, denn überhaupt dieses Amerika zu sehen bekommen? Werden sich die für die Reise verausgabten Geld- und Zeitmittel nicht als herausgeworfen erweisen, indem man mich, den Doktor Becker, gar nicht das Land betreten läßt, sondern entweder zum nächsten nach Europa zurückfahrenden Schiff bringt oder aber auf der Auswandererstation Ellis Island zurückbehält, bis sich mein, des Doktor Becker, Charakter als Schwindler und Fälscher herausgestellt hat und meine, des Doktor Becker, Transportierung nach Sing Sing gewiß ist?

Ja, unser Freund – sollen wir ihn denn überhaupt noch so

nennen? – ist in amerikanischem Sinne durchaus übel. Bereits dreimal hat man ihm das Einreisevisum verweigert. Einmal, weil sein Paß durch russische Sichtvermerke stigmatisiert war, wegen welch verdächtigen Umstandes man erklärte, erst im Pressedepartement Erkundigungen einholen zu müssen; darauf ließ es der Doktor Becker nicht erst ankommen. Und als er ein anderes Mal, in einer anderen Stadt mit einem anderen Paß, um Einreisebewilligung vorstellig wurde, bedurfte es keiner Erkundigung beim Pressedepartement mehr, um ihm zu sagen, daß er sich durch die öffentliche Behauptung, an Sacco und Vanzetti werde ein barbarischer Justizmord verübt, für jetzt und ewige Zeiten das Recht verscherzt habe, Gottes eigenes Land zu betreten. Das drittemal, als der Doktor Becker über seine Schuld Gras gewachsen glaubte, erging es ihm ebenso.

Seine Freunde rieten ihm nun, er möge bei der amerikanischen Konsularbehörde eines anderen Landes sein Glück versuchen oder sich ein gefälschtes Visum besorgen oder durch Bestechung ein echtes Visum oder mit fremden Papieren reisen und dergleichen. Alle diese Vorschläge wies der Doktor Becker weit von sich und nahm nur einen einzigen an.

Mit Hilfe desselben befand er sich also an Bord des englischen Dampfers und auf der Fahrt nach Amerika, worüber er Freude empfand, während er gleichzeitig die Befürchtung hegte, drüben zumindest nicht an Land gelassen zu werden.

Schriftlich erklärt und ehrenwörtlich bekräftigt hatte der Doktor Becker, daß er die amerikanische Verfassung durchaus anerkenne, daß er den gewaltsamen Sturz von Regierungen mitnichten gutheiße, daß er weder Anarchist sei noch Kommunist.

Im übrigen gab sich der Doktor Becker der Beobachtung des Lebens und Treibens hin, das sich auf dem Schiff entfaltete.

Im Hafen von Southampton, noch auf der Fahrt längs der englischen Küste und bis hinüber nach Cherbourg, wo die kontinentalen Passagiere das Schiff betraten, hatte sich besagtes Leben und Treiben fröhlich angelassen. Muntere Mädchen, anscheinend fünfzehn bis siebzehn Jahre alt, hüpften über alles Schiffsgerät und turnten auf der Reling, die Röcke wehen und die Höschen sehen lassend. Ernste Männer würfelten im Rauchzimmer bei Gin, Brandy, Whisky und Cocktails. Damen spielten im Aufenthaltsraum Klavier, daß es eine Art hatte, manchmal sang jemand dazu oder tanzte gar. Jüngere Leute schrieben in ihr Tagebuch die Stunde der Abfahrt ein und notierten vor einer Tafel, daß das Schiff heute 487 englische Meilen zurückgelegt habe. Am Mittagstisch unterhielt man sich und wußte alsbald von jedem Mitreisenden, ob er nach St. Louis oder nach Philadelphia fahre und die wievielte seiner Seereisen es sei.

Im Nebenzimmer war für kinderreiche Familien gedeckt, und dort saß auch, allein an einem Tisch, ein Neger, ein älterer, anscheinend studierter Mann mit Brille, und verzehrte seine Mahlzeiten. Darüber wunderten sich einige Europäer und erfuhren, kein Amerikaner würde mit einem colored man, einem Farbigen, an einem Tisch sitzen. Wunderten sich die einigen Europäer weiterhin, so erhielten sie die überlegene Antwort: »Sie werden anders über die Niggers denken, wenn Sie erst ein paar Wochen in Amerika gewesen sind!«

Kann sein, kann sein, vielleicht sind nur wir Europäer so närrische »sentimentalists«, die Neger auch für Menschen zu halten. Warten wir's ab, um anders über die Niggers zu denken, wenn wir erst ein paar Wochen in Amerika gewesen sind.

Kurzum, anfangs war es an Bord kurzweilig und belehrend. Aber allzubald machte sich der Atlantische Ozean, den man beinahe übersehen hätte, bemerkbar. Er schlug

Wellen, das Schlingern und Stoßen und Stampfen begann. Die Maschinen ratterten in die Gehirne und Magenmuskeln, es war zum Kotzen, und man tat dies auch.

Auf Deck wurde es sehr öde, in den Aufenthaltsräumen und im Restaurant desgleichen. Nachts lag man auf schmalem Bett, doch schützten zwei Bretter vor dem Herausfallen. Es war weniger ein Bett als ein Sarg, ein Armesündersarg, ein Nasenquetscher. Am Kopfende brachte der Steward ein Körbchen mit Papiereinlage an, die, wenn sie zum Brechen voll war, durch eine neue ersetzt wurde. Außerdem waren für vier Personen zwei Wassergläser zum Trinken und Gurgeln, ein Waschbecken und zwei Nachttöpfe vorhanden. Die Luft da unten war – ohne Übertreibung – demgemäß.

Nach zwei bis drei Tagen trieben diese Luft und der Hunger die Menschen wieder nach oben, obwohl es kaum leicht war, sich in diesem Zustand anzukleiden, seine Hämorrhoiden in Ordnung zu bringen und die Stiegen emporzutaumeln, emporzuwanken.

So versammelten sich auf dem Deck einige Frauen von etwa vierzig Jahren, die sich gebrochen auf die Liegestühle warfen, wobei eine Brise die Röcke wehen und die Höschen sehen ließ und solcherart der Beschauer verblüfft erkannte, daß die ältlichen Damen mit den hüpfenden, turnenden Backfischen vom Reisebeginn identisch seien.

Langsam kamen Männer ins Rauchzimmer, sie waren blaß geworden, und es dauerte geraum, bevor ihnen der Brandy wieder schmeckte, den sie vorerst nur zur Stärkung zu sich nahmen, und dann der Whisky, der Gin, der Porter und die Cocktails.

Am raschesten waren die klavierspielenden Ladies auf ihren Posten und die Kinder, die zu diesen Klängen hopsten. Auf Deck wurde Schiffstennis gespielt, als Ball diente ein Kautschukring, den man mit der Hand fangen und wieder übers Netz schleudern muß. Andere Vergnügungen bestehen darin, Gummischeiben auf numerierte Felder eines Brettes zu werfen oder Ringe über eine Stange. Hauptsport ist »Shuffleboard«, das Schieben von Holzscheiben in eine mit Nummern markierte, etwa vier Meter entfernte Fläche.

Gespräche kommen in Fluß, und viele äußern Angst, bei der Landung Schwierigkeiten zu begegnen. Manchmal verlange das amerikanische Arbeitsamt eine Kaution von fünfhundert Dollar von denen, die nur ein Besuchsvisum haben, damit sie das Einwanderungsgesetz nicht umgehen und keine Arbeit im Lande annehmen; manchmal lehne der vom Einreisenden als Bürge angegebene amerikanische Bürger die Bürgschaft ab, und dergleichen.

Erfahrene Amerikafahrer verscheuchen diese Sorgen. Es sei längst nicht mehr so streng mit der Einwanderungskontrolle. Niemand werde zurückgeschickt, der das Visum hat. Nur mit den Bolschewisten mache man keine Geschichten, da sei man unerbittlich. Es gäbe solche, die sich das Visum erschleichen, aber man komme immer darauf, die Passagierlisten werden ja vorher nach New York gesandt, und dort habe die Polizei die genauesten illustrierten Verzeichnisse von allen politisch Anrüchigen der ganzen Welt.

Was dem Doktor Becker ferner mißfällt, ist: von Zeit zu Zeit taucht im Bereich der minderbemittelten Passagierklasse ein stämmiger junger Mann mit unlogischer Hornbrille auf, der zwar angibt, zum erstenmal nach USA zu fahren, sich aber kundig durch die verbotensten Türen des Dampfers bewegt. Er hat, von der bevorstehenden Präsidentenwahl ausgehend, den Doktor Becker in ein politisches Gespräch gezogen. Wie gern wären wir hinzugetreten und hätten dem Doktor Becker zugeraunt, auf keinen Fall etwas zu antworten! Zu spät, der Doktor Becker entwickelte dem Fremden bereits seine politische Meinung, bekannte sich mutig und offen zur Jaroslav Hašekschen

»Partei eines gemäßigten Fortschritts im Rahmen der Gesetze«; er sei zwar Republikaner und Demokrat, sagte der Doktor Becker, lehne es jedoch entschieden ab, in den Chorus derer einzustimmen, die den entthronten Fürsten einen Eselstritt versetzen, da diese doch allesamt entsagungsvoll nur dem Wohle ihrer Untertanen gedient haben und niemand an ihre Wiederkehr denke.

In diesem Augenblick kam eine Sturzwelle, die schwarzäugige ungarische Dame, zufällig daneben stehend, übergab sich, und die politische Debatte war somit in adäquater Weise beendet.

Weiter geht die Fahrt, und es scheint, als ob die Turbinen sich allmählich von der Seekrankheit erholen. Die Karte im Rauchraum zeigt Tagesleistungen von 535 Meilen.

Einige junge Amerikanerinnen lassen sich von Doktor Becker die Grundbegriffe der deutschen Sprache beibringen und lachen sich schief darüber, daß »Kind« sächlichen Geschlechtes sei, unbeschadet, ob es einen Knaben oder ein Mädchen bedeute. Kichernd suchen sie unter dem Tisch dessen männliches Geschlechtsmerkmal, da sie hören, man sage: »Der Tisch«. Als aber »Fräulein« und »Mädchen« als Neutra bezeichnet werden, prusten sie heraus und rennen davon.

Zwischen der verschämten dritten Klasse und der unverschämten kann man, obwohl es nicht erlaubt ist, einen Spaziergang wagen, tief unter den privilegierten Wegen. Dieser submarine Weg vom Heck zum Bug führt an den Maschinenräumen vorbei, aus denen heftig wie Fausthiebe die Hitze emporschlägt. Auf der anderen Seite des Korridors: Schlafstätten und Aufenthaltsräume der Bemannung; nackte Menschen sitzen da, vom Öldampf und der Glut sich erholend. An den Wänden hängen die Vorschriften für den Fall von Alarm, Schiffszusammenstoß, Feuersbrunst oder Nebel. Die Mannschaft hat auszuharren auf ihrem

Posten, bis die Passagiere gerettet sind. Ein Plakat verbietet, Morphium, Kokain, Heroin und Ecgomanin zu schmuggeln. Strafe bis zu tausend Pfund Sterling und bis zu zehn Jahren Zwangsarbeit wird angedroht.

Am vorletzten Tag, während die Fahrgäste beim Abendbrot sitzen, findet ein Seemannsbegräbnis statt. Ein Arbeiter, der die Paketsendungen für das morgen aus dem New Yorker Hafen kommende Postschiff vorbereitete, stürzte einen dreißig Meter tiefen Schacht hinab und blieb zerschmettert liegen. Er war dreiundzwanzig Jahre alt, Frau und Kind leben in Amerika und werden morgen wahrscheinlich glückstrahlend auf dem Pier seiner warten. Die Leichenteile wurden in ein mit Bleistücken beschwertes Stück Stoff genäht, das englische Banner darübergebreitet, der Kapitän liest ein Gebet, und auf zwei Seilen läßt man den Toten hinab.

Die Arbeiter kehren von der Totenfeier zu den Maschinen zurück, an den Passagieren vorbei, die vom Abendbrot zum Schiffsfest in den Loungeroom gehen und so von dem Unfall erfahren.

Da der Vorsitzende des Festkomitees ein mitreisender Reverend ist, gedenkt er einleitend des »in Ausübung seiner Pflicht« gestorbenen Seemanns und spricht ein Gebet, bei dessen Beginn alle englischen Damen automatisch die Hand an die Augen legen, um sie inbrünstig zu verdecken.

»Nun aber«, sagt der Pastor, »wollen wir uns fröhlicheren Gedanken zuwenden!«

Ein Jüngling rezitiert (schlecht) ein Kapitel der »Pickwickier«, eine Dame singt mit schiefgezogener Nase (schlecht) eine Arie aus »Traviata«, zwei Kinder tanzen (schlecht) Charleston, und ein Kaufmann aus Chicago erzählt (schlecht) drei Witze über Irländer.

Während dieses letzten Vortrages rief ein New Yorker Kaufmann einem anderen New Yorker Kaufmann, der ein überlegen-ablehnendes Gesicht machte, die Worte zu:

»What did you expect from Chicago?!« Und dem Doktor Becker schien es, als hätte er den Sprecher bereits einmal bei einer Hochzeit in Brünn gesehen, wo er mit Bezug auf einen Vortragenden aus Iglau in dem gleichen Tonfall äußerte: »Haben Sie etwas Besseres aus Iglau erwartet?«

Und dann kommt die Preisverteilung des Bridge-Turniers, und zum Schluß singt man »God save the King«. Bei ähnlichen Anlässen war der Doktor Becker verprügelt worden, weil er sich nicht von seinem Stuhl erhoben hatte, diesmal aber steht er patriotisch auf. »New York vaut bien une messe«, mag er kalkulieren.

Der nächste Tag ist der letzte der Fahrt – aber nur für Erste-Klasse-Passagiere mit amerikanischem Bürgerrecht der letzte Tag an Bord.

Allerhand grellrote Bojen werden passiert, sie haben die Form von Schiffen und tragen auch Schiffsnamen: »Nantucket«, »Fire Island«. Überhaupt belebt sich das sonst nur an sich belebte Meer, Schiffe tauchen auf, ein Torpedobootzerstörer scheint direkt Kurs auf uns zu nehmen. An einem Schalter wechseln alle ihr letztes englisches Geld gegen amerikanisches ein. Die Decken, unter denen man auf den Liegestühlen geruht, bringt man dem Decksteward zurück, der den daran wie eine Preisangabe baumelnden Namenszettel abnimmt.

Die Damen erscheinen toilettiert und geschminkt, die älteren Ladies erkennt man jetzt, ohne daß der Wind weht, als die Backfische aus Southampton wieder.

Viel zu tun hat der Friseur in seinem kleinen Laden, wo man bisher Kragenknöpfe und Mundwasser kaufte. Heute läßt man sich rasieren und frisieren. Jener Kabinengenosse des Doktor Becker, der ihn gelehrt, in Strümpfen die Zehennägel zu schneiden, steckt zwei Brillantringe und eine Perlennadel an: »Wegen der Immigrationsbeamten«, bemerkt er, »sie beurteilen einen ganz anders.«

Der Abend sinkt. Leuchtschiffe und Leuchttürme grüßen zwinkernd, von Swinburne Island her kommt ein Boot mit dem Amtsarzt. Nun müssen alle Passagiere den Hammelsprung machen. Mit der Zähluhr in der Hand kontrolliert er, ob kein Stück der Herde fehlt. Um halb sieben wird die Bar im Rauchzimmer geschlossen. Bis zur letzten Sekunde verproviantieren die Männer ihren Magen mit soviel Whisky, als er verträgt, und etwas darüber.

Rechter Hand eine Lichterreihe: Coney Island, wie man erfährt, linker Hand Staten Island. Kaugummi-Reklame grüßt elektrisch, bewegt und eindringlich: »Wrigley's here, Wrigley's there, Wrigley's everywhere«.

Ebenso die »Statue der die Welt erleuchtenden Freiheit«. Man sieht sie zuerst im Profil, die Fackel weit von sich gestreckt, vom Sockel aus fällt ein Scheinwerfer auf ihre lückenlos durch ein faltiges Gewand verhüllte Gestalt. Vor nicht allzu langer Zeit fuhr ganz New York hierher, wenn jemand gehängt wurde. Der Galgen ist abgeschafft, der Elektrische Stuhl steht in Sing Sing und auf Bedloe Island die Freiheitsstatue.

Und schon: steuerbords die Südspitze des Eilands Manhattan mit den Wolkenkratzern!

Mit diesen Wolkenkuckucksheimen der amerikanischen Realität! Um von den Fäusten und Ellbogen der City nicht in den Hudson gestoßen zu werden, stülpen sich noch am äußersten Rand der Insel die Geschäfte und Kontore übereinander, vierzig, fünfzig, vierundfünfzig Stockwerke hoch.

Die berühmte »Skyline«, die Kontur der New Yorker Häusergiganten, hebt sich vom abendlichen Himmel ab.

Auf den Fassaden leuchten Rechtecke, viele Reihen, viele Etagen also. Darüber strahlen Kuppeln oder Türme. Die Vergleichsmöglichkeit fehlt – sieht man denn, daß das winzige Spielzeug, das achtlos auf der Erde liegt, acht- bis zehnstöckige Bauten sind?

Erdrückt wird man nicht von einer spätabendlichen Begegnung mit den Wolkenkratzern. Nur bezaubert. Da steht das Ganze als ein einziger Block, ein Montsalwatsch auf senkrechtem Felsen, seine Zinnen glühen und seine Wachttürme flammen.

Hart an der Stadt den Hudson aufwärts, an fünfzig stattlichen Häfen vorbei, die keine Häfen sind, sondern nur Anlegestellen des Hafens von New York.

Lichter und Lichtreklamen überall.

Unser Dampfer ist zu groß, um selbst in sein Landungsbassin zu manövrieren. So bugsieren ihn acht Schlepper. Zwei dieser »tugs« sind Vorspann, und zwei zerren seitlich das Schiff, zwei rennen mit verbundener Nase steuerbords und backbords unseren Rumpf an; wäre ihr Kiel nicht mit Hanf umwickelt, sie und wir würden Schaden nehmen.

Indes sich dieses possierliche Schubsen begibt, stehen auf dem Pier, tief unter uns, Menschen, viele Hunderte, tücherschwenkend, hüteschwenkend, schreiend.

Nur zwei Landungsbrücken werden vom britischen Steamer zum amerikanischen Land gespannt, die eine für die Passagiere der ersten Klasse, die andere für – das Gepäck der Erste-Klasse-Passagiere.

Alles drängt sich an Stellen zusammen, wo Blick und Schall eine Verbindung herstellen können zwischen Wartenden und Erwarteten. Erkennungsszenen, Wiedersehensszenen, Empfangsszenen par distance.

Noch eine Nacht an Bord, und eine schlimme. Es stellt sich heraus, daß der Lärm der Maschinen seine Vorteile hatte: heute, da sie verstummt sind, hört man nicht nur das Schnarchen und Rülpsen der Kabinenkollegen, sondern auch alles aus den angrenzenden Kajüten. Und an das Rattern der Dynamos, das Schaukeln des Schiffes gewöhnt, wird man seekrank und schwindlig vom jähen Gleichgewicht.

Die Prozeduren der Paßkontrolle und die Überprüfung der Personalien durch die Einwanderungskommission dauern stundenlang, von sechs Uhr morgens bis über den Mittag hinaus.

Der Doktor Becker, der als Beruf »author« angegeben, wird gefragt, was er denn für ein Schriftsteller sei.

»Novellen und Romane schreibe ich.«

»Und Politik?«

»Not at all!« erwidert er lächelnd.

So darf er hinunter in die Landungshalle, hinein nach Amerika.

Vorabend, Tag und Nacht der Präsidentenwahl

JIMMIE WALKER, Bürgermeister und the bestdressed man of New York (gut angezogen zu sein, gilt im Staate der Gleichheit ebensoviel wie in einem Korps deutscher Studenten), Jimmie Walker steht auf dem Times Square und spricht mit weithin tönender Stimme, mit eindrucksvollen Gesten und mit schön gewundenen Phrasen zugunsten des demokratischen Präsidentschaftskandidaten Al Smith.

Berittene Polizisten halten die Ordnung aufrecht, Tausende drängen sich, um den Redner zu sehen, die Rede zu hören, sie durch Zwischenrufe zu beleben oder zu stören.

Jimmie Walker reagiert nicht auf diese Einwendungen und nicht auf den Beifall, er spricht seinen Speech, und wenn er zu Ende ist, fängt er von neuem an, mit unvermindert weithin tönender Stimme, mit genau den gleichen eindrucksvollen Gesten und mit ganz denselben schön gewundenen Phrasen.

Das tut er die ganze Nacht, ohne müde zu werden, denn er steht nicht in persona auf dem Times Square, er steht nur in effigie auf dem Times Square, er ist gefilmt und vitaphoniert worden, als er diese Rede hielt, und nun wird sein Bild durch den Projektionsapparat auf die Leinwand und seine Stimme durch den Lautsprecher über den abendlichen Platz geworfen.

Mittags hält der demokratische Kandidat eine »Parade« ab, indem er durch die Stadt fährt. Zuerst eine Reihe von Polizisten auf Motorrädern, dann Polizisten zu Pferd; auf den Dächern zweier leerer Autobusse spielen Musikkapellen; die gentlemen of the press und die gentlemen of the film mit ihren Apparaten stehen auf dem Deck der nachfolgenden Autobusse.

Dann: ein offenes Auto, auf dessen erhöhtem Hintersitz der Kandidat thront. Er trägt den hellbraunen Derby-Hut, der ihn so populär gemacht hat und den er so populär gemacht hat, daß die Schaufenster der Hutläden mit hellbraunen harten Hüten von gerader Krempe angefüllt sind. Al Smith rollt vorbei, winkt abwechselnd mit der rechten und linken Hand, unbeschadet, ob die Menge jubelt oder pfeift. Nach ihm die Suite bezahlter und unbezahlter Wahlmänner in Autos mit großen Plakaten.

Das ist die große Parade. Vorher haben die Zeitungen spaltenlang darüber geschrieben, am Abend werden sie spaltenlang darüber berichten. Was war denn los? Ein Kandidat fuhr mit Musikbegleitung durch die Straßen von New York.

»... durch die Straßen von New York.« *Das* war los. Die fünfzigstöckigen, dreitausendfenstrigen Häuserpyramiden mitsamt ihren flachen Dächern und ihren Türmen und mitsamt ihren in schwindelnder Höhe ungeschützten Gesimsen sind besetzt von Menschen, die glücklich sind, für einige Minuten vom Verkaufsstand, von der Additionsmaschine, vom Arbeitstisch entfernt zu sein, hinabgucken und schreien zu dürfen und echt amerikanische Papierschlangen, echt amerikanisches Konfetti auf die Straße zu werfen. Diese Papierschlangen sind die endlosen Streifen der beiden in jedem Büro aufgestellten Empfangsapparate für Börsenkurse und Wirtschaftsnachrichten. Das Konfetti aber entstand aus den vorjährigen Telefonbüchern von New York City, von Brooklyn und New York Suburban; vorschriftswidrigerweise wurden sie nicht an die Telefongesellschaft abgeliefert, sondern aufgehoben, damit man sie bei der Einholung einer Kanalschwimmerin, eines Ozeanfliegers oder mindestens eines Präsidentschaftskandidaten zerstückeln und die Fetzen mit vollen Händen verstreuen könne. Da hängt, schwebt, weht dieses Lametta aus Druckpapier von den strengen Fassaden hinab in die wüsten Straßenschluchten, die sich – während der Anwärter auf dem Weg zur Macht und zum Ruhm weiterzufahren glaubt – im Nu fußhoch bedecken mit überholten Börsenkursen und Telefonadressen des Vorjahrs. Quer über die Straßen sind Banner mit den Namen der Prätendenten gespannt, auf manchen Giebeln Fahnen mit dem Bild eines von ihnen gehißt, grellbunte Glühbirnen formieren sich an den Klubhäusern zu flammenden Losungen, an allen Straßenecken werden Flugblätter verteilt, in englischer, italienischer, französischer, russischer, deutscher, jiddischer, polnischer und griechischer Sprache. (Dies die Reihenfolge.) Die Plakate sind nur in einer Sprache verfaßt, freilich ist das in jedem Bezirk eine andere.

In Harlem tobt abends eine Parade zugunsten Hoovers, des »Parteigenossen von Abraham Lincoln«. (Eine gute Parole, denn Lincoln, der Sklavenbefreier, ist im Negerbezirk heilig.) An den hundert Kinos, den Singspielhallen, den Speak-easies, den Musikläden und Lombardgeschäften von Lenox Avenue vorbei rollt der Umzug mit den schreiend behängten Autos, in deren Fonds feingekleidete Negerherren und feingekleidete Negerdamen sitzen und auf deren Trittbrettern arme schwarze Teufel das Banner schwingen und »Stimmt für Hoover«, »Stimmt für Hoover« brüllen. Zwischen den Personenautos ein Lastwagen mit der Musikkapelle. Seltsam oder selbstverständlich? – es ist eine Musikkapelle ohne Saxophon, ohne Banjo, kein einziges Werkzeug der Jazzband, nur Geigen, Bratschen, Waldhorn und Tschinellen, und die von den Negern engagierten Musikanten sind allesamt Weiße!

Ein großer Eckladen auf dem Broadway trägt Affichen an den Fenstern: »Wenn ihr bezweifelt, daß es der Ku-Klux-Klan ist, der die Hetze gegen Smith führt, so tretet ein und sehet die Beweise.« Wir treten ein und sehen die Beweise. Zeitungsblätter, die Smith wegen seines Katholizismus verspotten. Karikaturen: auf Smiths Schultern reitet der Papst in Amerika ein, aus dem Fenster des Weißen Hauses ruft Smith den Rattenzug der Jesuiten zu sich. Devisen an den Wänden polemisieren, niemand dürfe wegen seiner Religion angegriffen werden.

Sie filmen um die Wette, die beiden Prätendenten. Zwischen den Großfilmen, zwischen den Szenen der Music Halls sieht man sie wie Wrigleys Kaugummi: here, there, everywhere, zu Hause, auf der Straße, auf der Tribüne.

Auch bemühen sie sich, in jedem einzelnen Hause von Amerika vorzusprechen. Per Radio. Von Herbert Hoovers Rede in Madison Square Garden bekommen die Rundfunkteilnehmer ein eine Stunde langes Stück, nachher von Al Smith's Speech in Brooklyn ein ebenso langes Stück. Jeder Zwischenruf, jeder Beifall und jeder Pfiff ist in jedem radiogesegneten Haus zu hören. Wenn der Lärm nach einem markanten Satz zu lange dauert, äußert der Präsidentschaftskandidat: »Freunde! Vertrödeln wir die Radiozeit nicht mit Kundgebungen der Versammlung!«

Er hat recht. Die Radiozeit ist teuer, 30000 Dollar die Stunde. Und allabendlich sprechen nicht nur die Kandidaten, sondern auch Parteimänner für sie.

Heute jedoch ist Wahltag, St. Electionday, und da herrscht tagsüber die Ruhe einer modernen Schlacht. Alles schreitet zur Urne – aber der New Yorker schreitet nicht, und statt der Urne gibt es Abstimmungsmaschinen, drei oder vier in jedem Wahllokal. Die Schlangen der vor ihnen angestellten Wähler winden sich ineinander und durcheinander. Vertrauensleute der beiden Parteien, an Abzeichen kenntlich, gehen mit Modellen der Maschine auf und ab und erklären jedem, wie er's machen muß, daß seine Kandidaten gewählt werden. (Seine Kandidaten. Plural! Denn es wird nicht nur der Präsident gewählt, sondern auch der

Vizepräsident, der Gouverneur, ein Senator, der Oberrichter, der Oberstaatsanwalt und ein Kongreßmitglied.)

Ist der Wähler an der Reihe, sein Papier überprüft, dann tritt er in das »closet« und verschiebt einen Hebel, wodurch ein Vorhang zugezogen wird. Abgeschlossen von aller Welt, kann er nun das verbriefte Recht des freien amerikanischen Bürgers ausüben: alle paar Jahre auf sechs Knöpfe zu drücken und heimzukehren.

Erst abends, erst abends geht's los. Der Times Square, die Ausbuchtung des Broadway, auch an normalen Abenden der tobsüchtigste Rummelplatz, Tummelplatz und Bummelplatz der Erdoberfläche, sieht heute buchstäblich Hunderttausende, die das Resultat erfahren wollen. New Yorks Polizei, verstärkt durch die von Brooklyn, von Bronx und von Staten Island, ist aufgeboten, um in der Siebenten Avenue und von der 40. bis zur 59. Straße den Verkehr wenigstens einigermaßen aufrechtzuerhalten. Als ob die Kehle von hunderttausend Gleichgesinnten nicht genügte, hat jeder noch eine Trillerpfeife oder eine Trompete oder eine Klapper mit sich, Kinder schlagen Tschinellen mit Zinntellern und Pauke auf Waschschüsseln, Chauffeure vermieten das Deck ihres Autos, kein Fenster der Bürohäuser, die Feiertag und auch sonst um diese Zeit längst Geschäftsschluß haben, ist unbesetzt, keine Lücke zeigt sich an der Brüstung der Dachgärten.

Im 8. Stockwerk des »Times«-Gebäudes leuchten die Meldungen auf. Jede löst Gebrüll aus und geht solcherart auf akustischem Wege um die Straßenecken zu jenen Menschenkeilen, die nichts sehen können.

Zwölf Uhr eine Minute nachts ist alles aus. Denn es erscheint mit Flammenschrift an der Wand das Telegramm aus Ardmore, Oklahoma:

»Hoover hat in Missouri die Mehrheit erlangt und somit die 266. Stimme im Wählerkollegium.«

Da das Kollegium der Wahlmänner aus 531 Personen

besteht, bedeutet die Meldung aus dem Nest in Oklahoma Mehrheit und Entscheidung.

Heulend und pfeifend oder jubelnd und trompetend oder still und enttäuscht lockern sich die Massen, entfernen sich. Am nächsten Tag sind die täglichen Folianten ausschließlich gefüllt mit Hoover und seiner Familie, mit Wahlresultaten und Wahlberichten, zweiundzwanzig Millionen haben für Hoover gestimmt, siebzehn Millionen für Smith, auf vierzig Sternen der amerikanischen Gösch ist die Mehrheit für Hoover, nur auf den restlichen acht für Smith. Wetten werden ausbezahlt, Vermögen in Wetten gewonnen, Vermögen in Wetten verloren, auf Wall Street fünf Millionen Aktien umgesetzt.

Was ist geschehen?

Der Kandidat der republikanischen Partei hat gegen den Kandidaten der demokratischen Partei gesiegt. Nun ist aber die demokratische Partei natürlich durchaus republikanisch, und die republikanische Partei würde es sich sehr verbitten, für weniger demokratisch angesehen zu werden als die demokratische. Der genetische Unterschied, daß die Demokraten einmal die Vertretung der Plantagenbesitzer in den Südstaaten und des Kleinbürgertums in den Städten waren, tritt ebensowenig in Erscheinung wie der politisch-historische Unterschied, daß die Republikaner seinerzeit den Hochschutzzoll bekämpften.

Persönlich traten die beiden Stellungsuchenden mit besonderen politischen Ködern auf. Jedoch Hoover, der das Rennen mit drei »P« bestritt (Prosperity, Protestantism und Prohibition), betonte seinen Protestantismus wohlweislich nicht. Und für Wohlstand war sein Gegner ebenso. Auch Smith war für die Aufrechterhaltung der Prohibition, nur wollte er die Grenze des Alkoholgehalts für den Begriff »berauschendes Getränk« etwas hinaufsetzen; er erklärte aber, dies bedeute eine Änderung der Verfassung, zu der kein Präsident Macht und Möglichkeit besitze. Bedingt trat er dafür ein, die Verwertung der Wasserkräfte von der Privatspekulation fernzuhalten, während wiederum Hoover diese im Sinne der größtmöglichen Prosperität verwendet zu sehen wünschte.

Kein Unterschied in den Programmen, kaum ein Unterschied in den Wahlparolen. Und auch keine Personenfrage – da niemand bei solchen Wahlen entscheiden kann, da niemand bei solchen Wahlen Voraussagen kann, wie sich der Kandidat als Präsident gegenüber diesem oder jenem Einfluß verhalten wird. Der einzige, der je mit festem Programm auftrat, war der Demokrat Wilson: »Kein amerikanischer Staatsmann darf so ehrlos und charakterschwach sein, unter irgendeinem Vorwand USA zur Teilnahme am Weltkrieg zu bringen.« Trotz der Riesenagitation der Entente wurde er dafür unter der Parole »He kept us out of the war« wiedergewählt und – erklärte den Krieg.

Also auch keine Personenfrage! Eine reine Machtfrage der Parteien, deren beide Bundesleitungen achteinhalb Millionen Dollar für Agitationszwecke ausgeworfen haben, abgesehen von den Millionen der Landesorganisationen. Eine Machtfrage zu Geschäftszwecken.

Die vierzig Millionen Wähler macht das nicht stutzig.

»Was ändert sich denn«, fragte der Doktor Becker am Wahlabend auf dem Times Square einen aufgeregten Nachbarn, »was ändert sich eigentlich dadurch, ob Smith oder Hoover gewählt wird?«

»Oh, es ändert sich ebensoviel, wie wenn Tunney statt Dempsey Weltmeister im Boxen wird.«

Käfige in Käfigen, die in Käfigen stecken

ZEIT MEINES LEBENS habe ich so etwas noch nicht gesehen wie die Tombs, das berühmte City-Gefängnis von New York. Der ursprüngliche Kerker stellte eine Kopie der ägyptischen Königsgräber (tombs) dar, was komisch war und dem Zweck des Gebäudes nicht entsprach, weshalb man den notwendig gewordenen Neubau im Stile der englischen Königsschlösser aufführte.

Nun ist es eine Tudor-Festung mit einem Fabrikschornstein, die Eisentore im Wall sind kunstvoll beschlagen, und obwohl das Kastell keinen Turm hat, ist jeder Ecke eine große Kegelkappe aufgestülpt, als ob. Auch Zinnen und ähnliche Zierate fehlen nicht, und nach dem Strafgerichtsgebäude führt über die Straße ein Verbindungsgang, der venezianisch gewölbt ist und demgemäß Bridge of Sighs heißt, die Seufzerbrücke. Es würde uns nicht überraschen, wenn demnächst ein Rockefeller etliche Millionen stiftete, um hier auch Bleikammern zu errichten, weil Venedig solche besaß.

Das Gefängnis sieht also von außen geradezu hui aus. Im Innern hingegen – zeit meines Lebens habe ich so etwas noch nicht gesehen!

Den ersten Eindruck vermitteln die Sheriffs, die eben vom General Court hereinkommen und gefesselt sind. Vielleicht könnte jemand einwenden, nicht *sie* seien gefesselt, sondern der Gefangene, den jeder Sheriff bringt. Aber die Nickelspangen schließen sich mit der gleichen Festigkeit um die Handgelenke beider – daß es das rechte Handgelenk des anderen und das linke Handgelenk des einen ist, macht nicht viel aus. Wichtiger ist: der Eskorteur hat den Schlüssel der Spange und einen Revolver in der Tasche, der Eskortierte aber bestenfalls nur einen Revolver.

Man trifft auch Sheriffs, die gerade abgeliefert haben und ein ganzes Warenlager von vernickelten Stahlarmbändern in der Hand tragen.

An zwei Zimmern vorbei, hinter deren Eisengestängen der Gefangene mit seinem Rechtsanwalt verhandeln kann, geht es nach innen: den Zellen zu. Keine ist durch eine Tür verschlossen, alle nur durch Gitterstäbe, so daß der Insasse nicht eine Stunde des Tages und nicht eine Stunde der Nacht allein ist; er sitzt im Käfig, jederzeit zur Schau für die vorbeigehenden Wächter, und ist doch immer verschlossen.

Und wie verschlossen! Der Korridor, man kennt diese eisernen Viadukte aus jeder Strafanstalt, ist hier kaum einen halben Meter breit und läuft nur zehn Zellen entlang, vier solcher Galerien per Stockwerk. Aber nicht nur die Zellen sind einzeln versperrt, sondern auch jede Galerie zugeklappt und jeder Eingang zu jedem Stockwerk verschlossen. Zeit meines Lebens habe ich so etwas noch nicht gesehen: ein Gefängnis, wo man oben und unten, rechts und links keinesfalls mehr als acht Schritte machen kann, ohne auf ein versperrtes Gestänge zu stoßen.

Zur Menagestunde sind manche Türen offen: die in die Küche, die, aus denen die Kalfaktoren kommen, um auszufegen oder Brot zu holen. Wenn nun irgendwo eine Unruhe ausbricht, so genügt ein Druck auf die Alarmvorrichtung, um alle Räume zu schließen und jede Kommunikation der Abteilungen zu verhindern. Ganz eng die Mitte des Stockwerks, wo die vier Zellengänge zusammenlaufen, so eng, daß man sich nicht bewegen kann: auf diesem Raum wird die Bewegungsstunde abgehalten, der Spaziergang.

Ein Waschbecken mit fließendem Wasser ist in der Zelle und eine Klosettschüssel, dazwischen ein kleiner Tisch mit Seife für das erstere und mit Papier für das letztere. Dieses Tischchen füllt die Querwand aus, darüber brennt eine Glühbirne ohne Schalter, rechts an der Wand sind zwei übereinander angeordnete Klappbetten für die Nacht und ein Schemel für den Tag und noch ein Tischchen. Das ist gleichermaßen die Wohnung für den, der wegen Überschreitung von Verkehrsvorschriften zu einem Tag verurteilt (vom Verkehrsgericht erhält der Chauffeur das erstemal einen Tag oder 2 Dollar Strafe, das zweitemal zwei Tage oder 25 Dollar, das drittemal 50 Dollar oder fünf Tage und Entziehung des Führerscheins), wie für den, der unter dem Verdacht mehrerer Raubmorde hierhergebracht worden ist und nun eventuell sechzehn Monate darauf warten kann, bis er über die Seufzerbrücke zur Verhandlung geführt wird.

Denn das City-Prison of Manhattan beherbergt Untersuchungshäftlinge (trial cases) und Leute, die bereits verurteilt (sentenced) sind, und zwar zu einer Haft von höchstens sechs Monaten. Die allerdings haben einen gemeinsamen Schlafsaal hinter Gitterstäben.

Gesondert untergebracht sind auch die zum erstenmal rückfälligen Jugendlichen (second offenders) im Alter von 16 bis 20 Jahren und die bisher unbescholtenen Jugendlichen. Sie wohnen im alten Teil des Tudor-Schlosses, unter der Seufzerbrücke, an der Stelle, wo bis zum Jahre 1888 der Galgen von New York stand. Der Galgen ist dann verlegt und schließlich die barbarische Strafe des Henkens abgeschafft worden und durch den »humanen« elektrischen Stuhl ersetzt.

Für Kokainschnupfer und Morphiumesser, die gewöhnlich gleichzeitig Schmuggler dieser Toxine sind, hat man eine dritte Sonderabteilung reserviert, nicht etwa zu dem Behufe, damit sie einander kennenlernen und sich zu gemeinsamen Geschäftsverbindungen zusammenschließen, sondern weil die Behandlung dieser Fälle die gleiche ist.

Zeit meines Lebens habe ich so etwas noch nicht gesehen, ein Kerkerhaus, in dem sich – zweimal täglich, um zehn Uhr morgens und um halb drei Uhr nachmittags – die stählernen Klapptüren der Galerien vor einem Zeitungsjungen öffnen, der die Zellen entlang läuft und Tagesblätter und Magazine verschleißt. Das ist gut. Und gut ist auch, daß hier, wie in jedem amerikanischen Gefängnis (sogar im Frauenzuchthaus) jedermann so viel rauchen darf, wie er lustig ist. (Wann wird endlich in den deutschen Polizeigefangenenhäusern und Strafanstalten die Quälerei des Tabakverbotes aufhören!)

Der Häftling kann täglich einmal unentgeltlich telefonieren lassen und hat für jeden weiteren Anruf, der für ihn besorgt wird, nur fünf Cents zu bezahlen. Ein Geschäft ist hier, wo man vielerlei erhält: nicht nur Pfeifen samt Tabak und Putzern, Zigarren, Zigaretten und Streichhölzer (Deutschland, höre: Streichhölzer im Gefängnis!), Kaugummi, Pralinen (!), Selterswasser, Ingwerbier, Kuchen, Marmelade, Ölsardinen, Spaghetti, Kondensmilch, Räucherhering, Äpfel und Orangen, Bleistifte, Schreibpapier, Briefmarken, Rasiercreme, Rasierbürste, Rasierpulver und Zahnpasta, sondern auch Unterhemden, Unterhosen, Hemden, Socken, Taschentücher in allen Farben, Stiefelwichse und Wollhandschuhe. In den Frauengefängnissen auch Blusen, Strümpfe, Miederleibchen, Nadeln, Haarnetze, Taschenkämme und Sicherheitsnadeln.

Restaurant im Hause. Der Kellner geht von Zelle zu Zelle, nimmt Bestellungen entgegen und serviert denen, die Geld haben und mit der Anstaltskost nicht zufrieden sind. Das wirkt merkwürdig. Aber die Methode des europäischen Strafvollzugs, nur dadurch die Unterschiede zwischen reich und arm aufzuheben, indem man beide auf jämmerliche Gefangenenkost setzt, führt ebensowenig einen richtigen Zustand herbei. Ein solcher wäre: anständige, die Gasthausverpflegung überflüssig machende Kost.

Oh, über das Bedenken der Spießer, daß es dem Verbrecher im Kerker »zu gut gehen« könnte! Das Gefängnis wird immer eine schreckliche, gefürchtete Örtlichkeit bleiben, auch wenn man dort anständig essen, mit seiner Frau verkehren, nach Belieben rauchen, Briefe schreiben und Briefe und Besuche empfangen dürfte.

Gezahlt werden die Gasthausspeisen mit Gefängnismünzen, die Waren aus dem Laden mit einem Scheck, der vom Häftling und einem Zeugen unterschrieben ist.

Es gibt ferner eine Patentkirche. Ein schöner Altar, tief gegliedert, ist dazu da, daß der evangelische Pastor zum Heiland bete, dessen Bildnis über dem Kreuz hängt. Aber, husch, hast du nicht gesehn, wird der Altarraum zugeklappt, nichts mehr von ihm ist übrig, nichts mehr vom Kruzifix und nichts mehr von Jesus, die Klappe ist eine Bundeslade und die Kirche eine Synagoge. Das heiß ich mir smart, ein Griff – ein Tempel; weshalb aber, um Jehovas beziehungsweise um Christi willen, genügt das nicht, warum müssen, heilige Maria, die Katholiken im unteren Stockwerk eine eigene Kapelle haben und sogar die Gesundbeter, die Christian Science, eine eigene? (Apropos: »Jewish Science« heißt in Amerika die Psychoanalyse.)

Bevor wir eintraten in die Tombs, sahen wir auf der Straße eine Gruppe von Menschen; sie warteten vor einem Türchen im Wall, auf dem »Visitors' Entrance« stand, und wir glaubten in ihren Gesichtern jene trübe Mischung von Wiedersehenserwartung und Sorge zu erkennen, die bei Kerkerbesuchen vorherrscht. Im eisigen Dezember mußten sie draußen harren, den Blicken der Passanten ausgesetzt.

Wir ahnten nicht, von welch grauenvoller Art der Besuch hier ist.

Die Leute schieben sich in einen Stollen, der in das Haus eingeschnitten und nach wenigen Schritten zu Ende ist. Links ist dieser Gang von numerierten schmalen Schränken eingesäumt, in denen je ein Stuhl steht. Eine Wand des Schranks ist ein ganz engmaschiges Drahtnetz.

Jedem Besucher ein Schrank. Jedem Schrank gegenüber, nach einem Zwischenraum von einem halben Meter, ein anderer, die gleiche Nummer tragender und ebenso dicht verdrahteter Schrank. Darin, besuchsbereit abgeschlossen, der Gefangene.

So sitzen, einander fast unsichtbar, unbeweglich und distanziert, Mutter und Sohn sich gegenüber, Vater und Tochter, Gatte und Gattin; vielleicht Mütter nebeneinander, vielleicht Gattinnen nebeneinander, vielleicht Söhne nebeneinander, eine gespenstische Reihe angesichts einer ebenso gespenstischen. Wärter stehen am Ende des Zwischenraumes und überblicken ihn.

»Damit die Besucher den Gefangenen nichts zustecken, keine Feilen, keine Kassiber, keinen Alkohol, keine Waffe und kein Narkotikum.« So wird dieses System erklärt.

In Europa ist man ja auch auf derlei Dinge bedacht, ohne daß – nein, zeit meines Lebens habe ich ein solches Gefängnis nicht gesehen.

Kapitol und Kapitale

GEWOHNT, seine Vorstellung von etwas Bevorstehendem zu fixieren, um sie hernach mit der Wirklichkeit konfrontieren zu können, hatte sich der Doktor Becker die Stadt Washington als eine Art Haag ausgemalt, einen Balkon Amerikas. Ein Balkon ist etwas, was mit dem übrigen Haus nichts zu tun hat. Man wohnt nicht dort, aber man sitzt dort und genießt.

Wie dachte sich also der Doktor Becker die Stadt Washington?

So: Regierungspaläste, stille Plätze umsäumend, pensionierte Ministerialräte in den Anlagen spazierend, aktive Staatssekretäre in großen Autos umherfahrend, Gesandtschaftshotels, Kaffeehäuser auf dem Bürgersteig mit Senatoren, Deputierten, Parlamentsjournalisten, politisierenden Damen und käuflichen Dingen.

Bei der Konfrontation erwies sich das Phantasieprodukt als falsch. All das wäre zu europäisch gewesen. Aber auch amerikanisch ist Washington nicht – außer in einer Hinsicht, und in dieser ist es sogar die Hauptstadt Amerikas. Nämlich als Sammelsurium aller nichtamerikanischen Stilarten, die an falscher Stelle angewendet sind. Das Finanzamt erhebt sich, ein mächtiger attischer Tempel, daß man glauben könnte, es sei für Gläubige bestimmt und nicht für die Gläubiger Wall Streets in der ganzen Welt. Im Schatten des Finanztempels birgt sich, von Bäumen und Rankenwerk umhüllt, ein Tuskulum, das Weiße Haus, wie geschaffen für die Liebesspiele eines lockigen Römerjünglings mit seiner Lavinia. (Hoover, mach mir keine Zicken!)

Der Reichstag heißt nicht Reichstag und nicht Parlament, sondern er heißt »Capitol« und ist deshalb auf dem Umwege über die Londoner Pauls-Kathedrale der Peterskirche nachgebildet, die auch nicht auf dem kapitolinischen Hügel steht.

Als Modell für den Hauptbahnhof, die Union Station, haben die Thermen des Diocletian gedient, und dem Andenken George Washingtons hat man einen täuschend ähnlichen ägyptischen Obelisk am Ufer des Potomac aufgerichtet.

Ob Wilson als Grabmal eine Sphinx bekommt, steht noch dahin. Das Mausoleum Lincolns ist ein Tempel, und demgemäß der Tempel der Freimaurer ein Mausoleum – genau nach dem von Halikarnaß in Kleinasien kopiert.

Und noch etwas ist echt amerikanisch: daß es auch in Washington »Burlesk Shows« gibt. Es gibt sie überall, vom Times Square in New York über die Main Streets der kleinen Städte bis tief hinein in den Westen. Aber in Washington, wo sich immerhin der Amerikanismus nicht in so mörderischer Gier austobt, überraschen sie, diese tiefsten Erniedrigungen der Frau, die Kehrseite der Frauenverhimmelung und der Girlherrschaft und vor allem jener Grandezza, mit der zehn Männer im Fahrstuhl ihre Hüte abnehmen,
da ein rotznäsiger Backfisch einsteigt – ausgenommen natürlich im Bürohaus oder in der Fabrik, wo die Dame vielleicht gar keine Dame ist, sondern eine arbeitende Frau.

In den Burlesks also, um ein Charakteristikum des amerikanischen Lebens bei dieser Gelegenheit abzutun, besteht der Hauptwitz darin, daß jede der halbnackt auf der Bühne »tanzenden« oder »singenden« Frauen nach beendetem Auftritt auf Beifallsäußerungen hin immer wieder aus der Kulisse zurückkehrt, gewöhnlich auf einem über den Zuschauerraum gelegten Steg, und sich jedesmal weiter entblößt, bis nichts mehr da ist als ein dünner Schamgürtel, den sie dann unter keuchender Stille des Auditoriums abknöpft. Es ist ein zweiter darunter. Hört die klatschende Nötigung noch immer nicht auf – die nach ihr auftretenden Kollegen haben ihren Vortrag unterbrochen und stehen auf der Bühne herum –, so muß sie einige Wackelbewegungen mit dem Bauch oder dem Gegenteil vollführen.

Kein Wort gegen eine ehrliche Schweinerei! Aber tausend Worte Englisch gegen den Puritanismus, der den indianischen Holzschnitzereien in den Museen die Organe abschneidet und Kunstwerke verhüllt, gegen die Prüderie, die sich überall äußert, gegen die Galanterie, mit der man die Damen überschüttet, um im Zuschauerraum der Burlesks seine wahre Natur zu enthüllen, die Frau tierisch herabzuwürdigen, sie öffentlich – im Ursinn des Wortes – bloßzustellen.

Aber wir wollten doch von Washington reden, der Hauptstadt der Vereinigten Staaten von Nordamerika. Es ist außer in besagten architektonischen und sexuellen Kleinigkeiten vollkommen unamerikanisch. So zwar, daß es hier überaus viele Geschäfte mit Reiseandenken gibt, genau wie in Mariazell. (Vornehme Reiseschriftsteller würden die Wendung »wie in San Jago di Compostella« verwenden.) Man kann also emaillierte Löffel mit dem Capitol kaufen, Medaillen mit dem Konterfei Benjamin Franklins, Teller, auf denen das Weiße Haus und der Obelisk und die Treasury und die dem Andenken Abraham Lincolns errichtete Akropolis zu einem Stilleben vereinigt sind. Auch Alben und Ansichtskartenserien selbstverständlich; aber merkwürdigerweise gibt es in Washington, wo die Staatsdruckerei und die Dollarlithographie wohnen, ebensowenig eine gute Ansichtskarte wie sonstwo in Amerika.

Ein Kreuzungspunkt der Korridore im Capitol heißt »Hall of Fame«, und jeder der achtundvierzig Bundesstaaten hat das Recht, die überlebensgroßen Statuen seiner beiden berühmtesten Söhne hier zu deponieren, weshalb es aussieht, als ob jemand die Berliner Siegesallee gekauft und in der Diele seiner Villa untergebracht hätte; wenn wir noch registrieren, daß der Vizepräsident der Vereinigten Staaten, Dawes, während beider vom Doktor Becker besuchten Sitzungen des Senates den Vorsitz führte, so ist alles erledigt, was sich gegen Washington Vorbringen läßt.

Im übrigen ist es eine schöne Stadt, vor allem, weil man beinahe gar keine Polizisten zu Gesicht bekommt. Philadelphia, mit dem es einen gewissen Sinn für Geschichte und Tradition gemeinsam hat, ist Washington durch eine größere Reinlichkeit voraus, den Wolkenkratzerstädten durch Gelassenheit. Nach Theaterschluß vermag man eine Stunde lang durch die Straßen zu gehen, ohne Menschen zu begegnen.

Die Library of Congress, mit Recht weltberühmt, spielt alle Stückeln, die man von einer Bibliothek verlangen kann. Das Haus ist seine 6032000 Dollar unter Brüdern wert, und zweitausend Fenster ermöglichen in Lese-, Bücher- und Ausstellungssälen fast die ganze Tagesarbeit bei natürlichem Licht. In der Manuskriptesammlung sieht man in einem offenen Altarschrein aus schierem Gold die Unabhängigkeitserklärung Amerikas; unter den ausgestellten Handschriften der Präsidenten fehlen keineswegs die von Andrew Johnson, der wegen Korruption und Finanzschwindeleien in Anklagezustand erhoben wurde, oder von Harding, dessen Selbstmord wegen seiner Teilnahme am Ölschwindel ein öffentliches Geheimnis ist.

Obwohl in der Library of Congress ungefähr zehn Bücher mehr von Doktor Beckers Lieblingsautor vorhanden sind als in der New Yorker Public Library (dort haben sie nur den »Fall des Generalstabschefs Redl«, den »Soldat im Prager Korps« und den »Klassischen Journalismus«), muß der Doktor Becker dennoch der New Yorker den Preis zuerkennen. Denn sie dient wirklich dem Volk. Jeder Passant der Fifth Avenue, der eine Viertelstunde Zeit hat, jedes

Kind, das ein Abenteuerbuch (es gibt einen Kinderlesesaal), und jeder Fremde, der eine Zeitung seiner Heimat lesen, jeder Kaufmann, der eine Handelsvorschrift nachschlagen will, kann im Winterrock hinaufgehen, einen (unentgeltlichen!) Zettel (einmal!) ausfüllen; nach fünf Minuten leuchtet seine Nummer am Schalter rot auf, und er bekommt sein Buch; hat er sich einen Stuhl genommen und dessen Nummer auf das Formular geschrieben, so werden ihm die Bände direkt auf seinen Platz zugestellt.

Es bedarf keiner Eintrittskarte, keiner Legitimation, keiner Gebühr und keiner Bürgschaft, und die doppelte »eigenhändige Unterschrift« auf den deutschen Scheinen, die bewirkt, daß der Ausgabebeamte den Namen niemals lesen kann, wird hier nicht verlangt; im Gegenteil, wer in dieser Präsenzbibliothek ständig arbeitet, stempelt eine Anzahl von Zetteln mit seinem Namen und braucht nur die Buchnummer daraufzuschreiben. (Wie, fragt der Deutsche, keine Auflage, kein Erscheinungsjahr? Nein.) Die Arbeitsräume für die verschiedenen Fächer haben eigene Handkataloge, feuersichere Schränke für die Notizen jedes Benützers und Schreibmaschinentische und Waschbecken mit Heißlufttrockner.

Das Herrlichste aber ist der Zettelkatalog, in dem jedes der drei Millionen Bücher drei- oder viermal vorzufinden ist, einmal unter dem Namen des Autors, einmal unter dem Hauptwort des Titels, ein- oder zweimal in den Wissensgebieten, zu denen es gehört. Und die zu einer prinzipiellen Frage gehörenden Zeitschriften- und sogar Zeitungsartikel sind gleichfalls eingereiht.

In Washington ist freilich der Lesesaal kein Teil der Straße, hier arbeiten unter der farbenfroh-himmelnahen Kuppel die finsteren Männer, die ein noch so leises Schneuzen aus der Erkenntnis der ewigen Wahrheit reißt. Es sollen eine Million Bände mehr hier sein als in New York, der Rekord des British Museum fast erreicht. (Jedes Werk, irgendwo in der Welt erscheinend und aufs Copyright reflektierend, muß in einem Pflichtexemplar an die Kongreßbücherei gesandt werden.)

Wer sich langweilt in Washington, wer keinen Bekannten hier hat oder wer aus sonst einem Grunde die Sache mitmachen will, geht um ein Viertel eins zum Präsidenten der Vereinigten Staaten und schüttelt ihm die Hand. Man braucht sich nur im Vorzimmer des Executive Office einzuschreiben, wird von dem Beamten mit dem bewußten fragenden Blick gestreift, »sieht so ein Mörder aus?«, und darf sich einreihen in den Zug, der sich langsam gegen den Cabinet Room vorwärts bewegt. Nahe der Tür sind außen zwei handfeste Männer und innen der Mister Coolidge postiert. Der dürre Alte mit dem Vogelgesicht streckt jedem die Hand entgegen und stellt abwechselnd eine Frage und eine Behauptung auf. Die Frage lautet: »Wie geht's Ihnen?«, die Behauptung: »Ich bin froh, Sie zu sehen.« Hierauf macht man fünf Schritte. Dort ist die Tür!

Ist es eine Abordnung, die da hereinkommt (der Doktor Becker hatte sich in eine solche eingeschlichen), fragt er: »Wollen wir ein Bild haben?«, dann gruppiert man sich draußen auf dem Rasen, die zwanzig Pressephotographen stellen die Kamera ein, man ruft den Präsidenten der Vereinigten Staaten, sofort kommt Mr. Coolidge heraus, knips, knips, wir haben ein Bild, und er geht wieder hinein.

Das Ganze heißt Freiheit, Gleichheit, Brüderlichkeit, und jeder Amerikaner, einschließlich der ärmsten Einwanderer vom Balkan, ist stolz darauf und glücklich darüber, daß er das Recht hat, zum Präsidenten ins Weiße Haus zu gehen und mit ihm shakezuhanden. »Ist das in England möglich? Na also!«

Der Doktor Becker sah in Washington sehr viele Dinge, die er auch anderswo in den Staaten sehen konnte, zum Beispiel die Gemäldegalerien. Einige enthielten nur amerikanische Meister und bedeuteten wenig; eine Ausnahme machte die Whistler-Sammlung in der Freer Gallery. Interessant sind die Sammlungen der »Smithsonian Institution for the increase and diffusion of knowledge among men«, die einen internationalen wissenschaftlichen Auskunftsverkehr mit sechzigtausend Korrespondenten unterhält.

In der technologischen Abteilung werden alle amerikanischen Erfindungen von ihren primitiven Anfängen bis zu ihrer heutigen Form gezeigt, Edisons erste Versuche, Orville Wrights erstes Flugzeug und »The Spirit of St. Louis«, auf dem Lindbergh, Columbus der Lüfte, den Ozean überflog. Amüsant die Glasschränke mit den Wachsfiguren der »Ersten Ladies«, der Gattinnen aller Präsidenten, in ihren Originalkleidern. Mrs. Washington eröffnet den Reigen, und im letzten Schrank stehen Mrs. Wilson, Mrs. Taft und Mrs. Coolidge herum, die alle drei noch am Leben sind; Mrs. Hoover wird erst im März panoptikumsreif.

Das wichtigste Museum freilich ist keines. Es heißt Bureau of Standards, ist in neun fabrikartigen Gebäuden außerhalb der Stadt untergebracht, zählt viele hundert Ingenieure zu seinem Personal und dient der Rationalisierung, der Materialprüfung und vor allem jener Standardisierung der Produkte, der neben dem Weltkrieg die Prosperity Amerikas zu danken ist.

Der Doktor Becker ging durch die Laboratorien und Werkstätten und Kanzleien, wo errechnet wird, welche Buchformate und welche Brillengläser und welche Koffergröße und welche Radioapparate und welche Autofarbe und welche Tischgläser einheitlich zu erzeugen sind, das Material für künftige Vorschriften zum Tragen von Hüten und Verwendung von Polstern ad majorem dei prosperitatem. (Wobei der Deus natürlich der Fabrikant oder der Kaufmann ist.)

Vergeblich durchforschte der Doktor Becker die neun

Gebäude, die zehn Hauptabteilungen, die Hunderte von Sälen. Nicht fand er, was er suchte.

Nicht fand der Doktor Becker die Werkstätte, wo der Standard hergestellt wird des kreuzworträtsellösenden und baseballzusehenden und dollarverdienenden Amerikaners und der nach einer Gibsonschen Zeichnung modellierten Amerikanerin mit dem ewig gleichen Kirschenmündchen und den ewig gleichen Phrasen.

Tagebuch vom New Yorker Hafen

I. Eisenbahnen auf dem Wasser

ORANGEROT ODER GOLDEN sind die grauen Wolkenkratzer, wenn in der Glasverkleidung der Fähren die eben aufgegangene Sonne blitzt.

Nicht nur diese schwimmenden Straßenbahnen, auch Fernzüge fahren unausgesetzt auf dem Wasser hinüber und herüber; auf ungedeckter Zille zwei oder drei Geleise mit je achtzehn Waggons; als Lokomotive dient ein Remorqueur. Aber dieser Schleppdampfer schwimmt nicht etwa voran, sondern seitlich des mit Eisenbahnen beladenen Kahnes.

Manchmal sogar zwischen zwei solchen Zillen. Dann sieht er wie ein Schutzmann aus, der mit jedem Arm einen Arrestanten vorwärtsstößt. Die beiden Häftlinge sind mit Seilen gefesselt. Damit sie den Polizisten nicht unversehens in die Presse nehmen und ramponieren, hat er sich geschützt: Holzklötze mit Büffelfell umwickelt, altes Tauwerk und ausgediente Pneumatiks baumeln an seiner Seite, und überdies ist er auswattiert mit Schamfiel und Fender. Das Ziehen am Schlepptau wäre eine zu lange Formation für den dichten Verkehr, die anderen Schiffe würden die Trosse erbarmungslos zerschneiden, statt zu warten. Jetzt kann der Transport selbst ausweichen.

Alle in New York ankommenden und für den amerikanischen Kontinent bestimmten Schiffsladungen müssen auf Waggons über das Wasser fortgesandt werden; und die Eisenbahnladungen, die vom amerikanischen Kontinent für einen anderen oder für New York bestimmt sind, langen gleichfalls auf Waggons über das Wasser ein. Brücken und Unterwassertunnels reichen nicht aus für den Eisenbahnverkehr von New York City, der einzigen Insel-Weltstadt des Erdballs.

Fünfundvierzig Millionen Tonnen werden jährlich in ihrem Hafen auf die Eisenbahn geladen oder von der Eisenbahn gelöscht, fast doppelt soviel wie auf den Schiffen. Die innerhalb eines Jahres einrollenden Lastwaggons würden quer über den Kontinent von New York bis San Francisco acht Eisenbahngeleise füllen. Da wir aber den Schiffsverkehr nicht auf Kosten der Eisenbahnen herabsetzen wollen und ohnedies schon bei der Statistik sind, so bemerken wir, daß durchschnittlich alle zwanzig Minuten ein Ozeandampfer aus- oder einfährt, daß die Wasserfront des Hafens 771 Meilen lang ist, mit den Becken der 700 Anlegeplätze sogar 994, und seine Wasserfläche 175 Quadratmeilen umfaßt. Waren für elf Millionen Dollar werden täglich im Überseeverkehr umgeschlagen.

II. Hafenarbeiter

In Hoboken am Hollandpier harren einige hundert Menschen in drei Gruppen; einen Halbkreis bilden die Deckleute, auf der Rampe sitzen die vom »Hold gang«, der Kolonne, die im Schiffsraum arbeiten wird, hinten an der Böschung die Kaiarbeiter.

Die »Volendam« ist am Abend eingelaufen, und die Arbeiter waren schon gestern da, um anzuheuern. Heute haben sie auf den Beginn ihrer Arbeit zu warten. Es kommt der Schauerboß, pfeift das Signal und ruft die Nummern der Leute auf. Neben ihm der Agent der Gewerkschaft achtet darauf, daß nur Mitglieder, den blauen Knopf der Union auf der Mütze, durch das Tor des Anlegeplatzes zum Dampfer gehen. Einige sind nicht aufgerufen worden. Die drehen sich um, einen stummen Fluch auf den Lippen. Verloren ist für sie der Lohn eines Vormittags. Jetzt gilt's, die anderen Piers abzulaufen, vielleicht ist wenigstens für den Nachmittag eine Arbeit ausfindig zu machen.

Achtzig Cents werden für die Stunde bezahlt, von acht Uhr morgens bis fünf Uhr nachmittags, ausschließlich der Mittagspause von zwölf bis eins; für jede Überstunde bekommt man einen Dollar zwanzig.

Dreißigtausend organisierte Schauerleute sind im New Yorker Hafen tätig, dreißigtausend standen 1919 im Streik. Der ging verloren, aber die Organisation ist durch ihn straffer geworden. Bis 1919 betrachtete man all das, was man zum Löschen und Laden brauchte, die Schauerleute und Kaiarbeiter, die Kohlenschipper und Lagerhausarbeiter, die Schiffsreiniger und Kesselputzer, die Speicherarbeiter und Ewerführer als Lumpenpack, das auf den Piers herumlungerte und mit dem man umspringen konnte, wie man wollte.

Noch jetzt arbeiten sie unter ungünstigen Bedingungen. Laut amtlichem Eingeständnis stehen die technischen Einrichtungen zur Abfertigung der Schiffe weit hinter denen der europäischen Häfen zurück. Vorkehrungen gegen Unfallgefahren, regelmäßige Untersuchung des Ladegeschirrs und behördliche Inspektionen für Arbeitsschutz sind in der Neuen Welt unbekannt. Die von den Versicherungsgesellschaften erlassenen Vorschriften gelten nur dem Schutz der Frachtgüter, der Schiffe und Hafenanlagen gegen Beschädigung, Verlust oder Feuersgefahr, beziehen sich aber nicht auf Menschen.

Die Schiffe haben Eile: außerordentlich hoch sind die Hafenabgaben, das Dock- und Liegegeld, noch höher die Unterhaltungskosten der Ozeanriesen mit ihrer in Dollarvaluta entlohnten Bemannung, und die Abreise muß fahrplanmäßig erfolgen, auch wenn die Landung durch widriges Wetter um Tage verspätet war. Da treibt man denn die Transportarbeiter an, stellt mehr Kolonnen ein, als auf Deck und Kai und unter der Lukenöffnung Platz haben, unbeschadet darum, ob die eine Gruppe die Lasten über die Köpfe der ändern hantiert, und unbeschadet darum, ob einem Mann der Seilhaken gegen den Kopf saust, eine Kiste auf die Beine fliegt. Der Prozentsatz der Unfälle ist unter den amerikanischen Hafenarbeitern größer als unter den Bergleuten, und die Versicherungsgesellschaften fordern von Longshoremen die höchsten Prämien.

Durch die Unbegrenztheit der Überstunden ist der vertraglich normierte achtstündige Arbeitstag, die Vierundvierzig-Stunden-Woche, vollständig illusorisch gemacht. Hat der Schauermann »frei«, muß er dennoch in ständiger Arbeitsbereitschaft sein. Diese Wartezeit bezahlt ihm niemand, er kann um acht Uhr morgens zu einer Arbeit gerufen und nach ein paar Stunden abgelegt werden, er kann bis zum Spätabend und die ganze Nacht bei der Arbeit bleiben, ja manchmal sogar zwei Tage und zwei Nächte ohne andere Pausen als die, die zu einer in der Nähe eingenommenen Mahlzeit nötig sind. Die Vormeister sehen es nicht gern, wenn ein Schauermann, durch die schwere Tagesarbeit erschöpft, sich von der Nachtschicht fernhält – wer nicht durchzuhalten vermag, hat wenig Aussicht, das nächste Mal eingestellt zu werden.

Nun, auch ohne Antreibung wäre der New Yorker Longshoreman immer bereit, Überzeitarbeiten mitzumachen, denn erstens ist die Überstunde um fünfzig Prozent besser bezahlt als die normale, und zweitens weiß er doch nie, wann er wieder Beschäftigung finden wird. Um »eine gute Woche herauszuschlagen«, und wieder »eine gute Woche«, rackert sich jeder und altert frühzeitig, so daß die Stevedores ihn bald mißtrauisch mustern, ob sie ihn noch brauchen können.

III. Die Katastrophe des Schwesterschiffs

Auf dem Pier von »Lamport & Holt« in Brooklyn, wo noch vor vierzehn Tagen der große Dampfer »Vestris« lag, ist jetzt ihr Schwesterschiff vertäut, die »Vauban«. Die Nachrichten der Morgenblätter über den grauenhaften Untergang der »Vestris« finden auf der »Vauban« sofort Widerhall. Vorgestern hockten die Offiziere und Arbeiter an den Davits der Rettungsboote, gestern am Bugspriet, heute morgen wurden die Sirenen ausprobiert. Mittags kam eine Kommission des Schiffsamtes an Bord, und jetzt spielt man ein Drama: »Untergang der Vestris«. Alarmglocken läuten, Matrosen klettern auf Seilen, Boote werden herabgelassen. Alles wird protokolliert. Den Ertrunkenen hilft's nicht mehr.

»L. & H.« heißt die Abbreviatur der Company; im Jargon des New Yorker Hafens ward das längst zu »lousy and hungry« erweitert, weil die Firma lausige Hungerlöhne zahle.

IV. Las señoras invitadas

Im Brooklyner Hafen ist das Zentrum der spanischen Seeleute. Wie in anglo-amerikanische Gastwirtschaften darf auch hier keine Frau eintreten, wenn dies nicht ausdrücklich vermerkt ist. Abends geht man an Kneipen vorbei, aus denen eben ein Frauenzimmer in gefährlichem Bogen aufs Pflaster der Furman Street geschleudert wird. Gerade diese Lokale haben die pompöse Aufschrift: »Las señoras invitadas«.

An Tattooing Saloons ist in den amerikanischen Häfen wahrhaftig kein Mangel Aber der beste Tätowierer aller außerchinesischen Häfen ist, man mag sagen, was man will, doch Lewis Alberts, 87 Sands Street, Brooklyn. Seine Werke, die nicht tot in Galerien hängen, sondern, aus allen

Poren atmend, die sieben Meere durchfahren, müssen Bewunderung wecken, er hat originelle Sujets, und selbst den abgebrauchtesten gibt er einen individuellen Zug: ein Sternenbanner, von Alberts gestochen, erkennt man unfehlbar unter Zehntausenden von Sternenbannern.

V. Heller Tag vor Weihnachten

Heute nacht fiel Schnee, feucht und klar ist die Luft, und ein Blick aus dem Fenster zeigt, daß Manhattan von Brooklyn nur einen Steinwurf weit entfernt ist. Die Landungsplätze sehen wie Badeanstalten aus, mit Kabinen rund ums Bassin, und in fünf Minuten könnte ein Mensch hinüberschwimmen, nicht?

Ein Panzerkreuzer fährt unter der Brooklyn Bridge durch. Ungefähr kennt man die Größe von Panzerkreuzern und wundert sich: wie kann er es wagen, einen so schmalen Wasserstreifen zur Passage zu benutzen. Gleich wird es einen Zusammenstoß mit der ihm entgegenkommenden Fähre geben!

Es gibt keinen Zusammenstoß, wohl aber eine Überraschung: die Fähre, Tragfähigkeit tausend Personen und vierzig Fahrzeuge, stellt sich als winzig heraus, da sie der Blick gleichzeitig mit dem Kreuzer erfaßt. Oh, der East River ist breiter, als er uns heute scheint. Die Häuser am ändern Ufer haben die Täuschung hervorgerufen. Sie sehen aus wie nahe kleine Häuser, aber sie sind ferne große Wolkenkratzer, scharf hinüberlugend erkennt man auch Würfelchen, zu ihren Füßen hingeworfen: normale Häuser von acht bis zehn Stockwerken.

Eisenbahnzüge schwimmen seit gestern barhäuptig zur City, obwohl Schnee gefallen ist. Fast ausschließlich offene Waggons. Sie haben Weihnachtsbäume geladen. Auf Manhattan beginnt heute das Engros-Geschäft, die Saison um

Christi Geburtstag. Man spekuliert auf Baisse – Hoovers Prosperity hat durch den Börsensturz der letzten Tage ein scharfes Dementi erfahren. Die armen Christbäumchen werden nicht in den Himmel wachsen. Immerhin: sie, die jetzt tonnenweise nach Manhattan schwimmen, werden tüchtig verteuert sein, bevor der Einzelhändler sie wieder nach Brooklyn oder nach New Jersey oder gar der Käufer nach Hause bringt.

Die »Nourmahal«, Astors prunkvolle Jacht, muß – die Schmach! – einem mit grauen Bergen beladenen Müllkahn ausweichen. Morgens wird der Abfall der Wirtschaften und Werkstätten vom Mistbauer auf offene und primitive Wagen solcherart geschüttet, daß tagsüber Staubwolken über der Stadt lagern. Der Wagen geht zum Pier, wo man seinen Inhalt auf Abfuhrkähne umschlägt, wie jener ist, dem just ein Multimillionär begegnen muß!

Astor wird, in den Abendblättern steht es zu lesen, die Weihnachtstage in Kalifornien verbringen.

VI. Der westliche Rand des Hafens

In den Schaufenstern und in der Architektonik der vielbeschriebenen Fifth Avenue gibt es kaum etwas anderes als das, was wir auf dem Kurfürstendamm oder in der Rue de la Paix antreffen. Die überwältigendste Straße von New York und vielleicht der Welt ist West Street. Sie ist die Hauptstraße des Hafens, die Avenue der Arbeit, der Weg der Ware.

Dieser Straße fehlt der Passant und das Väterlein-leih-mir-die-Scher'-Spiel, das sonst an allen Ecken beim Überqueren des Fahrdamms geübt werden muß. Nur um zu den Fähren nach Hoboken und nach Weehawken zu gelangen, kreuzt die Infanterie der Bevölkerung die Kolonnen von Pferdefuhren, Lastautos und Eisenbahnzügen. Jawohl, Eisenbahnzügen: der größte Teil von West Street ist mit Schienen belegt, auf denen endlose Güterzüge rollen.

An der Uferseite: die Fassaden der Piers mit den riesigen Bogen für die Einfahrt der Wagen. Was dahinter ist, den Hudson, eingesäumt von dem Mäander der Anlegebauten, sieht man nicht.

Auf der andern Seite sind – mit Ausnahme des Telephone Building, des künstlerisch wertvollsten Wolkenkratzers von New York – nur winzige rote Häuschen. Es lohnt sich nicht, sie abzureißen, da war's noch billiger, die eisernen Feuertreppen an der Außenfront anzumachen, die von der Brandpolizei verlangt werden und die man auf allen alten Häusern sieht. Aufschriften aus den achtziger Jahren, wenngleich abgebröckelt, stehen noch über den erblindeten und zerbrochenen Fensterscheiben: Segeltuchflickerei, Kupferschmied, Bleigießerei, Steamfitting. Aber diese Gewerbe gibt's nicht mehr, und in den Häusern lagern warenlose Kisten und kistenlose Waren.

Im Erdgeschoß und vor dem Erdgeschoß, den Bürgersteig verstellend, ist der Kontinent der Nahrungsmittel, ganze Staaten von Sellerie, von Tomaten, von Blumenkohl, von Radieschen (obwohl wir Dezember schreiben), von Kartoffeln, ganze Städte von Geflügel, ganze Provinzen von Früchten und (weil wir Dezember schreiben) von Mistel- und Lorbeerzweigen für Xmas.

Die anliegenden Straßen verlaufen entlang von Speichern mit Aufzügen und Rampen. Ihnen schließen sich die Markthallen an.

So geht es von Manhattans Südspitze meilenweit nach Norden. Dann hört West Street auf, West Street zu heißen und die Avenue der Arbeit zu sein, es gibt keine Lastwagen mehr und keine Eisenbahnen und keine roten Häuschen mit Aufschriften überholter Gewerbe, der Reichtum beginnt, und »Riverside Drive« liest man auf den Straßentafeln. Hier wohnen Menschen.

Nicht aber auf dem Oberlauf, wo man die Luxusgüter mühselig verfrachtet. Für die Arbeit der Menschen ist auf West Street Raum genug, keineswegs für die Menschen selbst. Der Unterschlupf der Hafenleute liegt auf der entgegengesetzten Seite der City, im Osten.

West Street hat keine Seemannskneipen. Nur Lunch-Waggons stehen inmitten der Fahrbahn, stabile Häuschen in der Form von Eisenbahnwagen, weil einst die Trapper des wilden Westens in solchen nächtigten. Gegenüber den Landungsbrücken der Passagierdampfer können einige Automatenbüfetts die Mieten erschwingen, die von den Nahrungsmittelhändlern in die Höhe getrieben wurden; Taxichauffeure, auf die Ankommenden wartend, machen hier beträchtliche Zechen.

VII. Das Ufer im Osten

Auf der Ostseite hingegen, am Ufer des East River, geht es wild zu. Von Waren sind es merkwürdigerweise nur die Fische, denen man in diesem Bezirk Platz gewährt. Im übrigen gibt ihm der Mensch das Gepräge. Flüsterkneipe an Flüsterkneipe, tief im Keller oder in stockdunklen Gängen zerfallener Häuser. Nicht aus Vorsicht sind sie so versteckt – die Inhaber haben Gewähr dafür, daß die Polizei all ihren Scharfsinn aufbietet, um nichts von den verbotenen Lokalen zu wissen, die in einer Nacht bis zu tausend Gäste zählen.

Hinter der Bar werden immerfort Batterien von Schnapsflaschen herangeschleppt, kanadischer Kornbrand, schottischer Whisky, Asbach Uralt und – hauptsächlich legal erzeugter amerikanischer Alkohol, der »ausschließlich medizinischen Zwecken zu dienen hat«.

Die Preise für ein kleines Glas Bier schwanken zwischen zwanzig und dreißig Cent, dafür aber kann jeder Gast am

Büfett so viel Schweinskopf, Muscheln mitsamt Muschelbrühe, Wurst »Bologna«, saure Bohnen, Salami, Gurken, Rohzwiebeln, Brezeln und Austern unentgeltlich zu sich nehmen, wie er mag. Und jeder mag viel, denn er ist hungrig, und es ist gute Ware, obwohl sie infernalisch versalzen ist, damit man mehr trinke. Ein einziger Löffel und eine einzige Gabel für alle Gäste; nach Benutzung legt man das Besteck in ein Glas mit Salzwasser.

Weh dem, der, betrunken, mit dem Rest seiner Löhnung allein an Bord zu torkeln versucht. Man kann während eines kaum halbstündigen nächtlichen Spaziergangs auf South Street Augenzeuge von durchschnittlich drei Raubüberfällen sein, die sich allerdings in den urbansten Formen vollziehen. Zwei Burschen sprechen einen Taumelnden an, nehmen ihn in die Mitte, drängen ihn ulkend in den nächsten Hauseingang, stolpern über die direkt in das Tor führende Treppe und reißen den neuen Freund mit um. Sie leeren seine Hosentaschen, was er für einen schlechten Scherz hält. Er protestiert mit unwilligem Brummen.

Benutzen wir die Gelegenheit, der fast harmlosen Verübung eines der schwersten Kriminalverbrechen zuzusehen, so nähern sich uns zwei Burschen mit der rhetorischen Frage, was denn the matter mit uns sei …

VIII. Seemannsheime

Am östlichen Rand der untersten Ostseite nimmt sich ein Palast seltsam aus. Auf seinem First leuchtet abends, wenn's hier unten dunkler wird, ein Kreuz elektrisch auf.

Dieses Kreuz, etwa so hoch wie zehn Stockwerke des Hauses, das sein Sockel ist, zeigt bei der Einfahrt in die Hudson-Bai der alte Seemann dem jungen: dort ist Seamen's Church Institute, das größte Seemannsheim der Welt. Ein Grandhotel, eines, dessen Lobbylife, das Leben in der Halle, anders aussieht als das des Hotels Astor oder des Ritz, wo die von den Gentlemen preferierten Blonden auf Anschluß warten.

Auch hier ist Menschenmarkt, jedoch nicht jeder Besucher kommt, um sich feilzubieten. Mancher will alte Schiffskameraden treffen und durch sie vom Schicksal der ändern hören. Sich mit Berufsgenossen zu unterhalten ist ebenso triftig. Wer nicht auf dem Schiff wohnt, kann hier ein billiges Zimmerchen haben, wer hier kein billiges Zimmerchen mietet, kann sich die Post hierher senden lassen, wer sich keine Post hierher senden läßt, kann hier Kaffee trinken und Sandwiches essen oder erfahren, wo es Alkoholschenken gibt, oder auf dem Schwarzen Brett lesen, welche Matrosen vermißt sind, welchen Matrosen das Department of Commerce für ein Rettungswerk die goldene Medaille zugesprochen und wen das Seemannsgericht als Zeugen eines Unfalls sucht.

Vor der Halle stehen zwei Schutzleute und auf der Straße eine am grünen Lämpchen als Polizei-Institution kenntliche Signalhütte: direkter Draht zur nächsten Wachstube. Eine andere staatliche Institution ist im Innern des Seemannsheims: ein Postamt. Auch ein Notariat, ein Lesesaal, eine Bibliothek, eine Wechselstube und vor allem eine Kirche. Eine Kirche. Ja, das ist eben die Hauptsache. Was für eine Kirche? Ja, das ist eben Nebensache.

Alle Glaubensbekenntnisse – Protestanten, Katholiken, Methodisten, Presbyterianer und Baptisten –, so heftig sie sich auch in Amerika bekämpfen und sosehr sie auch (zum Beispiel während der Präsidentenwahl) einander die übelsten Verbrechen vorzuwerfen pflegen, haben sich zur Errichtung dieser Anstalt vereinigt in der Erkenntnis, daß eine Spaltung nach Religionen es keiner Religion ermöglichen würde, einen Zentralpunkt für die Seeleute zu schaffen, die Konkurrenz gegen die privaten Seemannslogis, gegen die Hafenkneipen und vor allem gegen die von den

Arbeiterorganisationen eingerichteten Klublokale aufzunehmen.

Einträchtig haben also sämtliche sonst alleinseligmachenden Kirchen die Mäzenaten ihres Sprengels dazu bewogen, je ein Stückchen des Hospizgebäudes zu bezahlen. Und jeder Spender hat sich eine Gedenktafel gesetzt, immer an dem von ihm subventionierten Teil.

Wer in Amerika durch Spekulation, Geldgier, Landesverrat (aus diesem stammen die großen Vermögen der Freiheitskriege), Betrug oder sonstwie reich geworden ist, läßt sich ein öffentliches Denkmal entweder durch seine Firma errichten oder durch seine Familie, die sich samt protzigem Stammbaum mit verewigt, wie zum Beispiel auf der Kolossalstatue des Alderman de Peyster vor dem New Yorker Zollgebäude.

In den Museen und in den Schulen und in den Geschäftshäusern wimmelt es von solchen Monumenten der Spender, in den Bahnhöfen steht der verstorbene Präsident des Verwaltungsrats in Bronze und in Lebensgröße da, manchmal aber auch – siehe Sam Sloan in Brooklyn – auf öffentlichen Plätzen. Zur gefälligen Nachahmung.

An jeder Pferdetränke prangt – Ehre, wem perennius gebührt – der Name der neuen Rahel, und jeder Anbau eines Gefangenenhauses kündet künftigen Geschlechtern alle Farnese oder Borgia, die im Stadtrat saßen.

Das ist alles nichts gegen Seamen's Church Institute, das geradezu ein Mosaik aus Gedenktafeln ist. »Dieses Stiegenhaus ist durch die Munifizenz des Mr. So-and-so … »Diese Halle ist durch die Munifizenz der Mrs. So-and-so …«

Damit können das holländische und das deutsche Seemannshospiz in Hoboken nicht wetteifern, und die Gewerkschaften erst recht nicht. Auf Coentis Slip haben die IWW (International Workers of the World) ihr Hafenlokal, ein langes Zimmer mit Büchern, Plakaten und Propagandaschriften, meist in englischer Sprache und in Esperanto. Kosmopolitischer und lebhafter, wie auf einem Diskussionsabend, geht es South Street 26 zu, im International Seamen's Club; hier sind auch Schwarze, die ihr revolutionäres Blatt »Negro Champion« lesen, hier sind auch Schauerleute und andere Transportarbeiter des Hafens, Chinesen und Europäer, hier ist mehr Jugend als in den kirchlichen und nationalen Heimen, und es scheint, daß die Politik einen stärkeren Anziehungspunkt bildet

als teure Treppengeländer
mitsamt den Namen der Spender.

IX. Gestrandete Seefahrer

Es gibt auch solche, die von den Seemannsheimen nichts wissen, die kein Geld für ein Zimmer oder keine Papiere haben oder so herabgekommen sind, daß sie sich nicht mehr unter ihre einstigen Berufskollegen trauen. Lumpenproletariat des Meeres.

Sie bewegen sich nachts in jenen unbeschreiblichen Elendsgruppen, von denen die Bowery wimmelt, gegenüber der Sparkasse, nahe den Bezirken, wo die Prosperity zu den Wolken strebt, wo Wall Street seine Hausse verzeichnet.

Wer die Mission in Mott Street besucht – und mag er auch Whitechapel schaudernd erlebt haben –, dem wird der Geschmack am Yankeeland, am amerikanischen Wirtschaftswunder, gründlich vergehen. Die Schlafsärge im feuchten Keller sind noch nicht das Schlimmste. Das Schlimmste ist der Saal des Gottesdienstes im Erdgeschoß. Da sitzen, liegen und lehnen Hunderte von Menschen übereinander, und nach und nach erkennt man, daß unter ihnen, unter den Bänken, auf dem Fußboden, Hunderte noch Unglücklichere im Staub liegen, ineinander verkrümmt, ineinander verfilzt, stöhnend im Schlaf, sich werfend im Schlaf.

Niemand schaut zum Altar, wenn der Gottesdienst beginnt, das Schnarchen hört nicht auf, niemand kümmert sich um die Bibelsprüche, die die Wände schmücken.

Der Priester weiß, warum seine Gemeinde versammelt ist, und er hält seine Messe still, bemüht sich, den Bodensatz der Kirche nicht aufzuwirbeln.

Auch die Fremdenindustrie kennt diese Sehenswürdigkeit. Der Autobus, in dem die Engländerinnen (sie spielen die gleiche Rolle wie die Amerikanerinnen in Europa) die Rundfahrt durch Chinatown machen, hält hier, um das Gruseln zu lehren.

Es ist nur ein geringer Prozentsatz von Obdachlosen, der in dem alten Häuschen von Mott Street Platz findet. Der Dezember weht um welche, die vor der All-night-mission und vor dem Owl-Hotel in Zweierreihen darauf warten, bis die andern ihre Zeit abgeschlafen haben; nach sechs Stunden kommt die nächste Schicht auf die Lagerstätte.

An der Manhattan Bridge, mit der Schulter den Stein des Vorbaus reibend, um sich zu erwärmen, bilden einige hundert Menschen Queue, harrend auf die allmorgendliche Ausspeisung mit Kaffee und Brot.

X. Warum fehlt hier der Ruf zur Marine?

Kaum zwanzig Schritte von ihnen steht eine Plakattafel mitten im Weg: »Join the Army – Tritt ein ins Heer!«

Unter dieser Aufschrift sind lockende Photos von Manövern, Quartieren, Spielen, Reiterkünsten, Sportpreisen, Schulen, sind Auszeichnungen aufgehängt und empfehlend bemerkt, wie's den Soldaten geht: hoch fliegen sie, gut schießen sie, sind kühl gekleidet im Sommer, sind warm gekleidet im Winter, und ihre »evening quarters are attractive«. »The U. S. Army builds men.« Tritt doch ein! »Travel – learn – earn!«

Und erst die Marine! Hier schau dir unsere blauen Jungs an auf dem Panzerkreuzer, »ihrem Heim für fünfzehn Millionen Dollar!« Gelegenheit, fremde Länder zu sehen! Freie Bewegung in frischer Luft! Folge den Zugvögeln, die nach dem Süden fliegen: die Marine gibt dir Gelegenheit dazu!!! Rekrutierungsstationen sind überall!

Das ist wahr. Überall an den Verkehrskreuzungen der amerikanischen Städte sieht man die Plakatstände der beiden Konkurrenzunternehmungen brüderlich vereint. »Join the Army« – »Join the Navy«, und sie weisen den Weg zum nächsten Werbebüro, wenn nicht noch ein Sergeant dabeisteht, der den jungen Neugierigen belehrt.

Auch auf den Piers von Hoboken und von Hunter's Point, an den Ufern des Hudson und des East River, an den Landungsbrücken der Ozeanriesen und in den Jammerbezirken der unteren Ostseite, überall im Hafen sind diese illustrierten Standarten der Werbung aufgepflanzt: zum Heer.

Ja, nur zum Heer. Hier fehlt der Zwillingsbruder, hier gibt's kein »Join the Navy«.

Hier könnte man keinem was erzählen von gesunder Arbeit auf dem Schiff. Die sehnsuchtweckende Erwähnung von fremden Ländern und der Hinweis auf die Vögel, die nach Süden ziehen, würden in diesem Distrikt ihre Wirkung verfehlen. Die im Hafen von New York Gestrandeten wissen zu gut, was es damit auf sich hat, was Schiffsarbeit ist und was ihr Lohn. Mit Marineromantik könnte man hier keinen Hund hinter dem Ofen hervorlocken ..., welch alberne Phrase! Kein Hund führt ein solches Leben, und »Ofen« ist ein Traum vom Paradies.

Eben fährt der Wagen einer Wohltätigkeitsanstalt vor und verteilt an die halberfrorene Menschenkette am Vorbau der Manhattan Bridge ein wenig Kaffee.

Harlem – Fegefeuer der Neger

DER WEISSE MANN hat die Neger zur Annahme des Christentums veranlaßt, indem er sie lehrte, alle Menschen seien Brüder und sollten einander lieben; der weiße Mann hat den Negern den Schnaps beigebracht, auf daß sie den lichten Söhnen der Kultur gleichen. Und als es soweit war, verwendete er die Neger als unbezahlte oder bezahlte Sklaven, wie er es vorher getan, stieß sie aus seinen Wohnbezirken und nahm ihnen sogar den mühsam beigebrachten Schnaps.

Selbst in den Ostbezirken New Yorks, wo Hunger und Schmutz ihre Residenzen haben, wo die Enttäuschten aller Erdenwinkel von neuem stranden, selbst dort würde es eine Revolution entfachen, wenn ein Neger eine Kammer mieten wollte.

Im mittleren Manhattan gibt es nur einen kleinen Block, in dem es einst den Negern gelang, sich einzunisten – im weiten Bogen huscht der rassenstolze Weiße an diesem Höllentor vorbei.

Die Masse der Schwarzen wohnt im Norden New Yorks, in Harlem. Keine volkreichere Stadt haben sie in ihrer afrikanischen Urheimat. Der Negerkral als Großstadt. Aber wirklich!

Flammen die Lichtreklamen auf, bricht der Abendlärm aus in der 125., in der 135. Straße und auf Lenox Avenue, dann lebt hier alles, Betrieb, Verkehr, Geschäft, Brunst, genauso wie es achtzig, neunzig Straßen weiter südlich ist, auf dem Broadway.

Wer viel reist, gewinnt eine sehr geringschätzige Meinung von der Phantasie der Schöpfung. Nur ihr Verteilungsapparat ist grandios: bei Belieferung einer Provinz wurde dafür gesorgt, daß sich die Landschaften nicht wiederholen, daß sich ein Berg oder ein Fluß nicht zweimal in der gleichen Ausführung präsentiere. Auch kommt der Mensch in einer Stadt nicht in zwei oder gar drei Exemplaren vor; wenn manche Typen einander ähneln, so hat die sich selbst plagiierende Schöpfung wenigstens kleine Abweichungen angebracht, den Namen der Figur, den Geschäftszweig oder die Zahl der Kinder geändert. In andere Länder aber wird ungeniert die genaue Kopie geliefert. Der Reisemensch lernt alsbald, daß alles auf Erden nur Fabrikware ist.

Selbst für die Herstellung von Negern gibt es keine eigene Werkstätte, die üblichen Modelle werden einfach schwarz imprägniert. In Afrika fällt einem das nicht so auf, weil die Eingeborenen im Schurz oder in zerrissenen Lappen umherlaufen und man ihre europäischen Doppelgänger nackt oder in Wäsche gewöhnlich nicht kennt. Aber in Harlem stolziert alles in europäischer Kleidung, und man trifft auf Schritt und Tritt Bekannte.

Ein Abgeordneter des Deutschen Reichstags kreuzt den Fahrdamm, Hildchen G. aus der Landsberger Allee prägt sich den angeschlagenen Theaterzettel ein, Erich Ludendorff stößt hochmütig in die Passanten, der Prager Journalist Anton U. soll an einer Straßenkreuzung irgendwelchen Zimt als heilkräftig anpreisen, vergißt aber den Zimt und berauscht sich und einen dicken Portier an seinen Worten, der Stuttgarter Maler S. will ein vollbusiges Mädchen überreden, ihm Modell zu stehen, Margot J. aus dem Romanischen Café schlürft Eiscremesoda durch einen Strohhalm, der deutsche Schachmeister L. erzählt einen Witz, und der Schauspieler Alexander G. lacht dazu in dröhnendem Baß, daß die Lichter flackern und die Häuserwände beben. Alle natürlich in Schwarz!

Die Geschäfte sind bis Mitternacht geöffnet, die Sprichleise-Kaschemmen, die Nachtklubs und die Revuen beginnen erst um Mitternacht. Stehende Neger rasieren liegende, und da man den Scheitel nicht mit dem Kamm ziehen kann, so rasiert man ihn aus dem Kraushaar. Die Frau in Mount Vernon, die der Josephine Baker und einigen tausend anderen Negerdamen das Haar glättete, hat eine Million verdient – wer ein Mittel erfinden würde, das Pigment weiß zu färben, müßte eine Milliarde verdienen. Jeder gäbe seinen letzten Cent her, um über Nacht statt eines verachteten coon einer von den weißen Herren zu werden! Nicht nur wegen der Karriere. Von der Ideologie der Machthaber angesteckt, verachten die Neger sich selbst um ihrer Hautfarbe willen. Ein Spielwarenladen stellt Puppen aus, Negerpuppen selbstverständlich, aber nicht etwa mit pechschwarzen Gesichtern, wie man sie in der Weißenstadt bekommt, sondern mit einem zartdunklen Teint.

Alle farbigen Ladies verwenden weißen Puder. In den Varietétheatern von Harlem erscheint die Diva oder die Solotänzerin ganz hell geschminkt, hingegen hat der Groteskkomiker sein Gesicht berußt oder gar eine Negerlarve angelegt.

Ein brauner Neger mißachtet den schwarzen – nicht aus alter Stammesfeindschaft. Aus dem Grunde, aus dem die Weißen ihn verdammen, verdammt er den noch dunkleren. Im Verlauf eines solchen Farbenstreites wurde in einem Speak-easy in der 135. Straße der große Boxer Battling Sicky erschlagen.

Nach dem Untergang des Dampfers »Vestris«, bei dem die Bemannung einige hundert Menschen gerettet hatte, ließen sich auf den Varietébühnen New Yorks die Retter sehen. Im »Lafayette«, wo kein Weißer im Zuschauerraum ist, traten drei der schwarzen Helden auf, um in einigen Sätzen zu sagen, was sie Schreckliches erlebt. Vor ihrem Erscheinen bat der Conférencier das Publikum, den Vortrag nicht durch Lachen zu stören. Nicht durch Lachen …?

Was könnte bei der Schilderung einer eben geschehenen furchtbaren Katastrophe zum Lachen reizen? Nun, die drei Seeleute waren rabenschwarze, besonders schief gezahnte Neger von den Philippinen. Nur mit Mühe konnten die etwas helleren angesichts solchen Angesichts ihr Kichern unterdrücken.

Zwölf Kinos, vier Vaudevillebühnen, zwei Burlesk Shows und ein richtiges Theater, zusammen mit 39 332 Sitzplätzen, drängen sich in Harlem aneinander – außer am Kreuzungspunkt des Broadway mit der 42. Straße wird es wohl nirgends derart viele große Vergnügungsstätten in einem so kleinen Winkel geben. Allnächtlich werden in jedem Nachtklub von Harlem zweimal Revuen mit großem Personal von Steptänzern, Komikern, Sängern und exzentrischen Balletten heruntergepeitscht. Es gibt Eiscremebars, Restaurants, Billardsäle, Teehäuser, Spielhöllen und zahllose geheime Kellerkneipen.

Von den Inhabern der neunzehn Theater sind achtzehn Weiße. So wie die davon profitieren, daß der ausgebeutete und ausgestoßene Sklave wenigstens am Abend in seinem Lager ein fröhlicher Gentleman sein will, genauso ziehen die Hausbesitzer – durchweg Weiße – ihre Profitrate aus dem Zwangsghetto. Die Mieten sind hier bis zu hundert Prozent höher als an der Bowery und in den Oststraßen, wo die ostjüdischen, slowakischen und chinesischen Paupers in immerhin freiwilligem Ghetto leben.

Der Kaufmann der Negerstadt – auch er ist ein Weißer. Aber seine schwarzen Kunden bedient schwarzes Personal, das dem Chef die Losung abliefert. Er wohnt nicht hier. Der einzige Europäer, der die schwarze Nachbarschaft wagt, ist der Italiener; er steht selbst in seinem Fruchtladen oder in seinem Salon zur Reinigung von Hüten und zum Besohlen von Stiefeln und schläft im anstoßenden Kämmerchen.

Hinter seiner Wäscherolle schläft der Chinese. Ihm mag es nicht schmählicher erscheinen, im Bezirk der Schwarzen

Teufel zu leben als in jenem der Weißen Teufel. Weiß er, daß ihn beide als Gelben Teufel ablehnen und daß sie allesamt Arme Teufel sind?

Unten in der Weißenstadt schuftet die Armee der zweimalhunderttausend Neger. Nach Arbeitsschluß müssen sie hinauf in ihre Zellen. Nicht einmal die Hausgehilfin nächtigt dort, wo sie dient. Die Wartung der Kinder obliegt ihr allein, und sie kocht für die Herrschaft. Wenn sie auch oft nur deshalb engagiert ist, weil in ganz Amerika Not an weißem Hauspersonal herrscht und weil sie der Herr des Hauses nicht einmal in den Popo zwickt (kein weißer Gentleman läßt sich mit einer Farbigen ein), so muß doch ihre Vertrauenswürdigkeit und ihre Reinlichkeit hoch eingeschätzt sein, da man ihr die Fürsorge für die beiden wichtigsten Dinge überläßt: das Kind und den Magen. Trotzdem darf sie nicht mit ihrer Herrschaft unter dem gleichen Dach schlafen.

New Yorker Neger sind erst die Urenkel jener Schiffsladungen, die, als »Schwarzes Elfenbein« deklariert, aus Afrika in die Plantagen der Südstaaten gingen, erst die vierte Generation jener übereinander und untereinander im Verdeck verfrachteten Sklaven, von denen die Hälfte während des Transports starb und die andere Hälfte über und unter den Leichen liegenblieb. Das Meer war fünf Meilen im Umkreis der Sklavenschiffe verstunken und verpestet ... Seither sind sie Sklaven.

Bis vor kurzem waren sie nicht einmal von den Arbeitern als Arbeiter anerkannt; erst als die Kommunisten sie in ihre Organisationen aufnahmen, müßten die Gewerkschaften ihre Negersperre aufheben, um der kommunistischen Konkurrenz zu begegnen.

An den Kiosken Harlems kann man allerhand Blätter kaufen, die ihren Interessen dienen. »Opportunity« ist eine politisch-kulturelle Zeitschrift, »Harlem« ein literarisches Magazin, »The Afro-American« (aus Baltimore) eine Riesenzeitung mit Negernachrichten und Photos; das Wochenblatt »The Negro World« tritt für ein schwarzes Zion ein, ruft die Farbenbrüder in der Diaspora auf, das heilige Reich in Afrika wieder aufzurichten. Das wird wohl ein »Ugandaprojekt« bleiben.

Die Lautsprecher auf den Hauptstraßen Harlems locken hörbarer und deutlicher zu näheren Zielen. Zu den Geschäften mit Radioapparaten, Grammophonen, Musikinstrumenten und Noten. Und die armseligen Lastträger vom Hafen, die livrierten Gepäckträger der Bahnhöfe, die Elevator-men (zu deutsch: Liftboys) aus den Wohntürmen und Geschäftspyramiden der City, die Tellerwäscher und Botenjungen und Kindermädchen stauen sich davor.

Denn durch diese Pforte sehen sie, schwarze Schüler des Yankees, den Weg in das Reich von Erfolg und Geld, wo die Chocolate Kiddies und die Blackbirds Aufnahme fanden, wo Roland Hayes singt, wo die Plantation Orchestra spielt, wo Aida Ward und Josephine Baker tanzen und andere Schwarze in den Dancings von Paris und London jazzen und auf den großen Theatern steppen.

Aber: so viele Musikläden es gibt, so viele Pfandleihen. Die drei Goldkugeln, die in anderen Bezirken das Zeichen dieses Gewerbes sind, fehlen hier. Unverhüllt sagt das Firmenschild: »Pawnbroker«. Auch nachts geöffnet. Noch jetzt könnt ihr verkaufen, versetzen, einlösen, kaufen oder mieten. Ein Frackanzug mit Lackschuhen kostet für einen Abend einen Dollar Leihgebühr, um vier Dollar könnt ihr einen glänzenden Tuxedo (Smoking) kaufen.

Für wie wenige Cents mag er versetzt worden sein! Und selbst die konnte der Arme nicht aufbringen, um seinen alten Arbeitsanzug wieder einzulösen. Welche Not müssen die gehabt haben, die hier ihre Saxophone, Ukulelas und Banjos veräußerten, mit denen sie auszuziehen hofften aus der Hölle der Farbigen und spielend einzuziehen in das Himmelreich der Weißen.

Erstes Gespräch mit Upton Sinclair

– – – – – – – –

OB ICH NACH NEW YORK GEKOMMEN BIN, um hinüberzufahren? Jeder fragt mich das! Als ob New York nur eine Landungsbrücke für Europa wäre. Es ist doch ein feines Plätzchen, nicht? Möchte aber nicht da wohnen. Mir ist es zu teuer – hier kann man nur leben, wenn man hier verdient. Die armen Kleinbürger von New York gehen freilich durch die Straßen, sehen die Wolkenkratzer, freuen sich, daß es Amerika so gut geht, und sagen: *Wir* haben Prosperity … Aber nur Wall Street prosperiert.

– – – – – – – –

Morgen oder übermorgen fahre ich nach Kalifornien zurück. Ich bin nur hier, um wegen der Dramatisierung von »Petroleum« zu verhandeln; es kommt im »Playhouse« noch während dieser Saison heraus. Das Stück schreibe ich nicht selbst, sondern ein Freund; er verfaßt es auf den Proben für die Proben – das wird hier so gemacht. Nur die Grundzüge haben wir gemeinsam besprochen. Die deutsche Übersetzung besorgt James Fuchs, ein Wiener Schriftsteller, der schon zwanzig Jahre in Amerika lebt. Nächste Woche werden im Princetown Theatre die »Singenden Galgenvögel« aufgeführt, aber ich bin leider nicht mehr hier. Möchten Sie eine Einleitungsrede im Theater dazu halten? Ja? Also abgemacht!

– – – – – – – –

… ja, mag sein. Aber das Stück ist hier genauso wichtig, wir haben politische Gefangene genug. Da sitzt zum Beispiel Tom Mooney seit zwölf Jahren im Kerker, obwohl jeder Mensch in Amerika weiß, daß er unschuldig ist. Dabei hing sein Leben nur an einem Faden, und er hat es dem russischen Proletariat zu verdanken, nicht gehängt worden zu sein. Eine geradezu tragikomische Geschichte: Tom Mooney wurde zum Tode durch den Strang verurteilt und sollte in San Quentin Prison gehängt werden, weil er (fälschlich) beschuldigt war, in eine 1916 von der Handelskammer San Francisco veranstaltete und bezahlte Demonstration der Kriegsbereitschaft (Preparedness Parade) eine Bombe geworfen zu haben. Die Zeitungen sollten darüber nichts mitteilen, da man während des Krieges keine Bewegung des Proletariats zugunsten eines populären Führers entfesseln, diesen andererseits unbedingt auf den Galgen bringen wollte. Da kamen plötzlich alarmierende Nachrichten aus Petrograd, die Bolschewiken hätten dort antiamerikanische Demonstrationen abgehalten, im Gebäude der Gesandtschaft von USA habe man die Scheiben eingeschlagen, und zwar wegen eines in Kalifornien zum Tode verurteilten Mannes namens Tomuni, also wahrscheinlich ein Italiener. Alle amerikanischen Zeitungen, die Rußland noch immer für die Weiterführung des Krieges zu gewinnen hofften, fügten hinzu, von diesem Fall sei ihnen nichts bekannt; sie sandten Spezialkorrespondenten nach dem Westen, die sofort aufklärten, daß es sich nicht um einen Italiener Tomuni, sondern um den kalifornischen Arbeiterführer Tom Mooney handle. Nun wuchs die Erregung im Proletariat, und man »begnadigte« Mooney eilig zu lebenslänglichem Kerker, um den Burgfrieden mit der Arbeiterschaft nicht zu stören und um Rußland von der Demokratie Amerikas zu überzeugen.

– – – – – – –

Es ist oft schwer, diese Totschweige-Blockade der Blätter zu durchbrechen. 1914 bestand eine solche gegen den Ausstand der Seidenweber von Patterson. Damals hätten Sie John Reed sehen müssen und über ihn schreiben. Er hatte sich vorgenommen, der Öffentlichkeit unbedingt die Vorfälle zur Kenntnis zu bringen. Ohne einen Cent in der Tasche mietete er den größten Saal New Yorks, Madison Square Garden, und stellte mit mir ein Stück zusammen: »Pageant of the Patterson Strike«. Tagsüber rannte er bei allen Bekannten umher, um das Geld zur Deckung der Unkosten aufzutreiben, am Abend und die ganze Nacht jagte er mit dem Megaphon hemdärmelig über die Bühne, den streikenden Seidenwebern, die in Massen aus Patterson gekommen waren, genau ein trichternd, wie sie die Szenen ihres täglichen Lebens unverlogen darzustellen hätten. Das war – ich habe das in meinem »Money Writes« bereits gesagt – das erste Kollektivdrama überhaupt. Die aufklärende Wirkung der Vorführung war ungeheuer und äußerte sich auch alsbald in den Tarifverhandlungen. Allerdings, in Zeiten der kapitalistischen Stabilisierung nützt auch ein Protest der ganzen Welt nichts, siehe Sacco–Vanzetti ...

– – – – – – –

Ja. Ich habe »Die Götter des Blitzes« gestern im Kleinen Theater gesehen. Kann aber das Drama wirklich nicht beurteilen, weil es eine Verquickung des Sacco-Vanzetti-Falles mit dichterischer Phantasie ist. Nun habe ich mich aber seit zwei Jahren derart intensiv mit Sacco und Vanzetti beschäftigt, daß meine Gedanken gestern im Theater aus einer dargestellten Episode der Wirklichkeit in die nächste Episode der Wirklichkeit sprangen, während auf der Bühne bereits etwas Erdachtes geschah. Das verwirrte mich. So muß es ungefähr sein, wenn jemand einen Teil seines Familienlebens auf der Bühne dargestellt sieht.

– – – – – – –

Vorläufig kann ich nicht, ich habe zu tun. Besonders nach Rußland möchte ich gern, wenn ich Zeit hätte. In Deutschland war ich vor dem Kriege bei einem Freund, bei Erich Gutkind.

Er ist ein Dichter und hat unter dem Namen Volker einen Band »Seraphische Umarmungen« herausgegeben; jetzt treibt er Astronomie. Nach Berlin kam ich mit Frederic van Eeden und war mit vielen Sozialisten zusammen, zumeist bei Karl Kautsky draußen, bei der »Heiligen Familie«; auch bei Südekum war ich in der Wohnung – lebt er noch? – und traf auch Hermann Müller-Franken – ja, ich weiß, der lebt noch – und Fischer und viele andere.

Karl Liebknecht lernte ich kennen, den großen Menschen! Er führte mich im Reichstagsgebäude umher und zeigte mir, wo die Sozialdemokraten zu Mittag essen, und dann, von der Türe aus, den anderen Speisesaal, den der »anständigen Leute«. So streng war die Trennung damals. Hat sich wohl jetzt geändert, wie?

Richtig, Walther Rathenau habe ich gleichfalls kennengelernt. Er hatte uns in den Kaiserlichen Automobilklub zum Diner eingeladen. Zuerst ließ er Kiebitzeier servieren. Ich habe damals zum erstenmal im Leben Kiebitzeier gegessen (übrigens auch später nicht) und deshalb anderntags meinen Berliner Freunden erzählt: Rathenau hat uns mit Kiebitzeiern regaliert. Da haben alle schrecklich gelacht, und in unseren Briefen haben wir Rathenau nie anders genannt als »Herr Kiebitzei«.

– – – – – – –

Ich weiß. Aber gerade das liebe ich nicht. Sosehr ich mich freue, daß meine Bücher drüben so hohe Auflagen haben, sosehr bin ich ein Feind von Banketten und Händeklatschen. Da sitze ich lieber in Kalifornien und schreibe meine Sachen.

– – – – – – –

O nein, nicht in der Einsamkeit, ich sehe sehr viele Freunde. Besonders Charlie Chaplin und Douglas Fairbanks. Chaplin ist ein wunderbarer Mensch, wenn er auch leider keine Briefe beantwortet. Er ist ein Sozialist und verkehrt mit Radikalen, worüber das Entsetzen in gewissen

Kreisen sehr groß ist. Ich kenne die Geschichte seines Lebens und seiner Ehe – es war alles ganz anders, als man gelesen hat. Charlie hat die fixe Idee, daß es für jeden Menschen irgendwo in der Welt die vollkommene Frau gibt, und auch für ihn. Davon ist er nicht abzubringen – aber gründlich geheilt ist er von der Idee, daß man, bevor man die vollkommene Frau findet, eine unvollkommene heiraten kann ... Doug ist ganz anders, er ist gastfreundlich und sehr offen. Aber ich bringe Sie auch mit Chaplin zusammen, obwohl es schwer ist. Kommen Sie zu mir nach Long Beach, Sie und Charlie werden sich sicher anfreunden.

Im Vorjahr war ein deutscher Dichter bei mir, Klaus Mann, ein sehr freundlicher Herr. Seinen Vater schätze ich hoch. Der »Zauberberg« ist ein großartiges Buch. Mag sein, daß es privat ist, aber es wird zum Privatereignis jedes Lesers. Ich wenigstens habe mehrere Wochen lang, solange ich das Buch las, geglaubt, in Davos zu sein, im Sanatorium für Lungenkranke. Wenn mir meine Mitpatienten etwas zuviel sprachen, dann habe ich allerdings einige Blätter umgeschlagen ...

– – – – – – – –

Ich lese sehr viele deutsche Bücher. In meiner Jugend habe ich alle deutschen Klassiker gelesen, weil uns die Lehrer sagten, daß das sehr wichtig ist. Ich bin aber nur bis zu Gustav Freytag gekommen. Dort habe ich aufgehört. Jetzt lese ich moderne Literatur.

– – – – – – – –

Das lese ich nicht. Diese Reiseschilderer beschreiben immer dasselbe: ein Riesenhotel, die Niagarafälle und das Chinesenviertel von New York und die Fifth Avenue. Es gibt ein originelleres und wichtigeres Amerika: es gibt den Mississippi, das »schwarze Band«, wo Baumwolle gebaut wird – es gibt Kalifornien, wo die Ranch Jack Londons ist und die Obstfarm von Luther Burbank, der die Früchte kreuzte, die Grapefruit erfand und Hunderte anderer Wunder erzielte – es gibt ein Colorado, wo sich noch Überbleibsel der »Pioniere des Westens« finden, Greise, die vor fünfzig Jahren, ihre Habe auf den Maulesel gepackt, in die Berge zogen, um Gold- und Silberminen zu entdecken, und jetzt in den Bergwerken arbeiten, um nachtsüber in den gambling dens ihren Lohn verspielen zu können – es gibt die Zauberküste von Florida, wo der boom, der Konjunkturrausch, und der Tornado, der Wirbelsturm, die Besitzungen der Kriegsgewinnler zerstört haben – es gibt …

– – – – – – – –

In der amerikanischen Literatur scheinen sich die Verhältnisse etwas zu bessern. Die Periode der Selbstkritik hat einige gute Bücher hervorgebracht. Von Werken lebender Autoren scheinen mir der Tabakarbeiterroman »Weeds« von Edith S. Kellog, L. Lewisohns »Upstream«, der grandiose Gedichtband »Two Lives« von W. E. Leonard, einem Professor in Wisconsin, Michael Golds »120 Millions«, Edgar Lee Masters' »Spoon River Anthology« und »The Nuptial Flight« die wichtigsten zu sein. Man entdeckt die sozialen Strömungen Amerikas, kritisiert …

– – – – – – – –

Das ist wahr: ich halte das Alkoholverbot für den größten Fortschritt Amerikas seit Aufhebung des Sklavenhandels.

Meine ganze Jugend ist durch die Trunksucht meines Vaters vernichtet gewesen – ich schreibe jetzt gerade eine Art Selbstbiographie und erlebe die Greuel jener Zeit von neuem –, und ich kann keine andere Stellungnahme zu dieser Frage finden.

– – – – – – – –

Gewiß. Ich bin auch der einzige Sozialist Amerikas, der für die Prohibition ist, ich bekomme deshalb Angriffe aus unserem eigenen Lager, und man nennt mich noch mehr als früher einen Puritaner. Was eingewendet wird, weiß ich alles: die tagtäglichen Vergiftungsfälle, die kolossale Korruption, daß sich jeder reiche Amerikaner nach Belieben ganze Gallonen aller Schnapssorten verschaffen kann, das Emporwachsen eines riesenhaften neuen Verbrechertums, der Hunderttausende von Bootleggers. Und Sie mögen auch recht haben mit dem, was Sie »das Entstehen einer Alkohol-Sexualität« nennen, dieses geile Flüstern und Kichern über Abenteuer – nämlich von einem guten Whisky, den man irgendwo getrunken hat. Das alles gilt aber zumeist nur für die Großstädte, in den kleinen Städten kriegt man keinen Alkohol, und jene Unmasse von Kaschemmen, die sich früher überall wie Perlen einer Kette aneinanderreihten, die Riesenzahl von Alkoholleichen auf den Straßen gehören zu den Ausnahmen.

Gefängnisse auf einer Insel im East River

AUF WUNSCH bleibt die Straßenbahn mitten auf der Queensborough Bridge stehen.

Auch die Polizeiwagen halten am Mittelpunkt der kilometerlangen Brücke, und die Gefangenen müssen aussteigen.

Warum? Wirft man sie ins Wasser, oder springen sie selbst hinein?

Nein, man wirft sie nicht ins Wasser, und sie springen auch nicht selbst hinein!

Also führt hier ein Weg irgendwohin?

Ja, hier führt ein Weg irgendwohin. Abwärts führt ein Weg.

Man geht ihn nicht, sondern man fährt ihn – vorausgesetzt, daß man einen freiwilligen oder unfreiwilligen Ausweis hat – in dem Fahrstuhl, der sich tief, tief hinabsenkt zu einer schönen und großen Insel. Die hat früher »Blackwell Island« geheißen, aber jetzt den offiziellen Namen »Welfare Island«, Wohlfahrtsinsel, angenommen.

Als eine schöne Insel muß sie bezeichnet werden, weil sie mitten in New York liegt, zwischen Manhattan und Long Island, und doch von dem huronischen Getöse und dem tödlichen Verkehr der Stadt nicht berührt ist, weil sie weite Rasenflächen hat und solide Bauten, denen zwischen den Beeten Raum zum Atmen gegeben ist, und vor allem, weil man von hier aus die buntbewegten Bilder des Märchenbuches »Der Hafen von New York« beschauen kann.

Groß aber muß Welfare Island genannt werden, weil:

die 46. Straße, über den Uferrand verlängert, würde die Tangente zum Südende der Insel bilden, während die Nordspitze der Insel erst in der Höhe der 86. Straße liegt. Das ist eine Länge von etwa vier Kilometern! Wollte man so bauen, wie man drüben auf der Geschäfte-Insel baut, hier könnten alle Elendenküchen des Mr. Zéro, alle Tagesasyle der Missionsgesellschaften, alle Nachtquartiere der Heilsarmee und alle anderen Wohltätigkeitsgesellschaften durch ausreichende Institutionen ersetzt werden und Tausende von Obdach- und Nahrungslosen Obdach und Nahrung bekommen. Das Eiland würde dadurch nicht schöner, die Welfare aber größer.

Das »Penitentiary«, die Männerstrafanstalt, sieht imposant aus. Ein ebenerdiger, aber hoher Bau mit einer Reihe großer Fenster. Material: dunkler Granit.

Und vor diesem Sommerpalais eine Rasenfläche, durch ein Drahtnetz von der Straße geschieden. Der Wachtposten macht den einsamen Passanten darauf aufmerksam, daß er nur auf der gegenüberliegenden Seite der Straße gehen darf ...

Reichen wir den vom Department of Correction ausgestellten Erlaubnisschein durch die Gitterstäbe, dann öffnet sich das Tor, und wir treten in eine Halle ein, in der auf langen Bankreihen etwa sechzig Menschen sitzen und darauf warten, wieviel Tage, Monate oder Jahre Haft ihnen zugemessen werden. Denn das Gericht sprach nur eine »Indeterminate sentence« aus, und im Gefängnis erst wird nach einigen Tagen das Strafausmaß festgesetzt. Unter den finster Harrenden viele Neger – sowohl in den »Tombs«, dem Stadtgefängnis von Manhattan, wie in der Männerstrafanstalt und im Frauenzuchthaus auf Welfare Island sind die Hälfte der Insassen Farbige. Ihr Prozentsatz innerhalb der Gesamtbevölkerung ist weitaus geringer, so daß man eine sehr hohe Kriminalität der Neger annehmen müßte. Wer aber amerikanisches Polizei- und Gerichtswesen kennt, der weiß, daß man mit einem dumpfen »Nigger« noch weniger Geschichten macht als mit einem Armensünder von derselben Couleur in Weiß.

Im Kohlenhof schippen die Schwarzen, fast zusammenbrechend schaffen sie Kohle auf Karren fort. Fünfeinhalb Stunden beträgt die offizielle Arbeitszeit (von acht bis halb elf, von eins bis drei Viertel vier Uhr), da aber die Kohlenzufuhr nur für die Werkstätten eine beschränkte ist, keineswegs auch für die Licht- und Heizanlagen, so müssen Überstunden gemacht werden. Überstunden! Überstunden sind sonst eine vernichtende Arbeitsmethode, aber oft gut bezahlt. Hier werden sie nicht nur nicht gut, sondern überhaupt nicht bezahlt.

Dic ganze Aibeit leisten die Gefangenen unentgeltlich. Der winzige Formallohn, der in Europa eingeführt ist – nicht einmal der wird im reichen Amerika gewährt. (In Rußland erhalten Sträflinge den gleichen Lohn wie die in Freiheit befindlichen Arbeiter, ohne daß dadurch das Gefängnis aufhört, ein Gefängnis zu sein, ohne daß jemand einen Aufenthalt im Gefängnis leichtnehmen oder gar anstreben würde.)

Im Hof des New Yorker Penitentiary sehen wir eine Garage im Bau, daneben ein Lagerhaus für Autobestandteile; in der Tischlerei werden Fensterrahmen und Möbel hergestellt, in der Maschinenschlosserei und in der alten Autohalle Wagen repariert und lackiert, Schlösser, Schlüssel und Eisenbeschläge angefertigt; in der weitläufigen Installationswerkstatt macht man Drähte und Sicherungen für die Elektrizitätsanlagen, setzt Heizungs- und Klosettröhren instand; in der Waschküche wird nicht nur gewaschen, sondern auch Seife erzeugt, und in der Bäckerei, in der durchweg Spanier, Italiener und Malaien beschäftigt sind, täglich fünftausend Laibe Brot aus zehntausend Pfund Mehl gebacken, in der Anstaltsküche Speisen für 1500 bis 2000 Personen zubereitet – und das alles von Leuten, die, weil sie ein Vergehen begangen haben, ihre Arbeit ununterbrochen unentgeltlich hergeben müssen!

Die Arbeit ihres Faches, die Arbeit, deren Kenntnis sie in ihrer Freiheit erworben haben!

Denn Schulwerkstätten, Unterweisung in irgendeinem Gewerbe gibt es in diesem Arbeitshaus nicht, wo Strafen von fünf Tagen bis zu drei Jahren abzubüßen sind, der Gefangene also dem Leben wieder zurückgegeben wird und als ein nützlicher Mensch zurückgegeben werden sollte.

Wer kein gelernter Arbeiter oder einer aus einem hier nicht angewandten Fach ist, wird bloß bei der Säuberung der Räume oder überhaupt nicht beschäftigt.

Wie also, fragt der Leser, wie also wird der Häftling entlassen, wenn ihm während der ganzen Jahre kein Lohn gutgeschrieben wurde? Man kann ihn doch nicht einfach ohne Geldmittel auf die Straße setzen?

Nein, das kann man nicht, und deshalb bekommt jeder bei seiner Haftentlassung außer einem Anzug noch 25 Cent, in Worten: fünfundzwanzig Cent. Wie er es anstellen soll, um nichts anzustellen, wie er es vermeiden will, am Abend des glücklichen Tages verhaftet zu sein, ist ja nicht mehr Sache des Strafvollzugs!

Der Ausländer aber, mag er noch so fleißig gewesen sein, kriegt den Vierteldollar nicht, da er ja nach Abbüßung der Strafe deportiert wird und auf seiner oft monatelangen Heimreise kein Geld braucht …

Die eigenartige Belegschaft der Wäscherei, Plätterei und Seifensiederei sei erwähnt. Man glaubt zunächst, Frauen zu sehen. Aber es sind Burschen, sie arbeiten hier in fassonierten Schürzen, haben Dauerwellen im Haar, Beffchen an die Hemdkragen genäht und ausrasierte, auf der Stirn neugemalte Brauen und nachgedunkelte Wimpern über den Augen, die, meist groß und schön, vielleicht den Weg ihres Besitzers bestimmt haben. Die Wäscherei ist anerkannte Domäne der Homosexuellen, und sie wohnen auch alle im selben Trakt, wo sie ihre Zellen jungmädchenhaft ausstatten, wenngleich Männerakte an der Wand nicht gerade der übliche Schmuck eines Mädchenzimmers sind.

Auch Inhaber anderer Zellen haben sich individuell eingerichtet, eine weiße Decke mit aufgenähten Blumen über die Bettstatt gebreitet, das Bild einer Frau oder eines Kindes an die Wand gehängt, einen Lampenschirm über der Glühbirne befestigt, den Schemel am Kopfende der Pritsche durch ein darübergelegtes Linnen zu einem Nachttischchen umgewandelt. Der Eimer – ja, hier gibt es noch Eimer! – zerstört freilich das Idyll.

So eng sind die Kerkerkammern, daß dreißig Zentimeter vom Bettrand entfernt bereits die Wand beginnt und kein Platz für ein Tischchen oder ein Waschbecken vorhanden ist. Man wäscht sich außerhalb der Zelle, warum könnte nicht auch das Klosett draußen sein?

Die Zellen sind in Blocks von vier Stockwerken angeordnet, und ringsum über diese Raubtierkotter ist eine mit dunklem Granit ausgelegte, von hohen Fenstern durchbrochene Mauer aufgeführt, hinter der man einen edlen Landsitz vermuten müßte. Das Ganze ist ein Trickgebäude, eine Maskerade.

Von außen heißt es auch Penitentiary, im Innern heißt es Prison; im Old Prison sind eben 247 Leute untergebracht, im North Prison 556, im West Prison 221, im South Prison 213, im Schlafsaal des Arbeitshauses 237, im Isolator für Gewalttäter befinden sich 13 Menschen, zufälligerweise durchweg gutmütig aussehende junge Neger, im Hospital, wohin alle Gefangenen gerne möchten, weil es dort Radio zu hören (sonst nirgends) und besseres Essen gibt, liegen derzeit 47 Kranke.

Briefe schreiben darf der Gefangene, soviel er will. Innerhalb von vierzehn Tagen ist ein Besuch erlaubt, der an der Westwand der Kirche hinter Drahtgittern empfangen wird. Aber wenn man fragt, wieso außerdem in den Kirchenstühlen Gefangene neben Damen sitzen, erfährt man, daß diese sich eine Spezialerlaubnis verschafft haben. Durch Politiker.

Der Saal, in dem die Neuankömmlinge in Anstaltsanzug und Wäsche eingekleidet werden, bietet Bilder des Grauens. Greise Männer, die ihre Lumpen abstreifen, junge Männer, die sich ihrer guten Anzüge entledigen, nun nackt dastehen und vor sich die »neue« Kleidung haben, einen Klumpen alter, zerschlissener Stoffe und oft gestopfte und wieder zerrissene Wäsche!

Jeder Gefangene bekommt unentgeltlich und in beliebiger Menge Brot. Er kann sich auch im Gasthaus für 3 Dollar 20 Cent wöchentlich verpflegen. Außerdem gibt es die Anstaltskost, morgens Oatmeal und weißen Kaffee, mittags Suppe, Fleisch, Kartoffeln und Gemüse, abends dicke Bohnen und Tee. »Das Essen ist vollkommen ungenießbar, das Fleisch stinkt auf zehn Meter, niemand kann es essen.« Das sagte uns der erste Gefangene, an dessen Käfig wir traten, in deutscher Sprache, von der er wußte, daß der Wärter sie nicht verstehe. Es war ein junger Student aus Köln; den Eltern entlaufen, hatte er in Amerika einer auf einen Dollar lautenden Anweisung eine Null hinzugefügt, welche Fälschung vom Gericht mit 4866 Punkten (marks) bewertet worden war. Da man mit jedem gutgeführten Tag der Haft 13 marks abstreicht, kann er nach Ablauf eines Jahres deportiert werden, was – zu seiner Freude – in den nächsten Tagen erfolgen wird.

Es schien uns unglaublich, daß im reichen New York, im Amerika der Prosperity die Gefangenenkost ungenießbar sein, das Fleisch stinken sollte. Daher fragten wir noch einen Russen und einen Tschechen in deren Sprache: »Wie schmeckt euch das Fleisch?«

»Wir essen es nicht. Wir essen nur Brot, das ist gut. Das Gemüse und das Fleisch stinken.«

In der Fleischkammer, die wir uns öffnen ließen, stank

es bestialisch, und die dort arbeitenden Metzger sahen uns forschend an …

Die Weiberstrafanstalt ist auf der anderen Seite der Insel. Frauengefängnisse sind besonders schrecklich – niemals geben sich Männer in frauenloser Umgebung einem solchen Zustand der Verwahrlosung hin wie Frauen in männerloser Umwelt. Am schlimmsten wirkt der Anblick beschäftigungsloser Prostituierter. Es wimmelt hier von Prostituierten, schwarzen und weißen, viele der Gefangenen sind luetisch, andere Morphinistinnen oder Kokainistinnen. Im Schlafsaal sahen wir Negermädchen, zehn oder zwölf Jahre alt.

»Dürfen denn Kinder hier auf genommen werden?«

»Nein. Aber wenn sie sagen würden, daß sie minderjährig sind, so kämen sie auf drei Jahre nach Bedford, ins Reformatory for girls (Zwangsfürsorge). Bei uns aber hat man für das gleiche Verbrechen nur sechs Monate zu sitzen. Deshalb sagen sie, daß sie über sechzehn Jahre alt sind. Wer kann das kontrollieren?«

So sieht es auf Welfare Island aus, einer paradiesischen Insel mitten in New York.

Als Leichtmatrose nach Kalifornien

DIE GANZE GESCHICHTE, von der ich nicht weiß, wie sie ausgehen wird, ob sie überhaupt ausgehen wird und ob sie überhaupt eine Geschichte wird – denn ich beginne kurz nach ihrem Beginn ihren Beginn zu notieren, heute am 12. Januar 1929, und unsere Reise soll bis tief in den Februar hinein dauern! –

Die ganze Geschichte also begann im Internationalen Seemannsklub in New York.

Dort kam ich mit einem Burschen in ein Gespräch. Er hieß Harry Warwick, wie ich später erfuhr, aber voraussichtlich sind weder er noch sein Name von irgendwelcher Wichtigkeit für den weiteren Verlauf der Begebenheit, deren Anlaß und Ursprung er gewesen. Begierig fragte er mich über Deutschland aus, das sich in ihm zu einem Sehnsuchtsland entwickelt hatte, obwohl oder weil er noch niemals jemanden aus Deutschland gesehen oder gesprochen hatte und weil er so viel über Deutschland gehört. Gleich möchte er bei der United States Line anheuern, wenn er nicht schon morgen früh den verdammten Trip nach Oregon antreten müßte. Aber im April sei er wieder hier, und dann gehe es nach Bremen, koste es, was es wolle.

»Morgen segelst du?«

»Morgen um neun.«

»Wie fahrt ihr da?« fragte ich, hatte ich doch keine rechte Ahnung, wo das liegt: Oregon.

»Die Küste entlang bei Pennsylvanien, Maryland und South Virginia. In Georgia stoppen wir, von dort geht's nach Florida und dann hinüber zum Panamakanal, durch, und hinauf nach Los Angeles und San Francisco und bis Portland, das ist schon Oregon.«

»Teufel«, sagte ich, »möcht ich da gerne mitfahren!«

Wer hätte denn etwas anderes gesagt? Wenn jemand eine besondere Reise antritt, muß er diesen Satz hören, oft mit humoristisch sein sollenden Beifügungen: »Können Sie mich da nicht im Koffer mitnehmen?«, »Brauchen Sie nicht einen Sekretär oder jemanden, der Ihnen die Stiefel putzt?«

Aber selten kriegt der Sehnsüchtige die Antwort, die mir der junge Matrose Harry Warwick gab: »Nun, so fahr doch mit.« »Wie?« fragte ich, denn ich glaubte, nicht richtig verstanden zu haben. Wie sagst du? sollte das etwa heißen. Aber er verstand: Wie mache ich es, um mitzufahren? Und erwiderte, ich möge ihn jetzt einfach begleiten, sein Schiff, die »Hiawatha« lichte morgen früh Anker, vielleicht nehme man mich mit.

»So schnell kann ich nicht weg.«

»Nun, sobald du Zeit hast, meldest du dich im Sea Service Bureau und sagst: ich will als Seemann gehen. Da schickt dich der Clerk auf irgendein Schiff, das Leute angesprochen hat. Das muß dich aufnehmen.«

»Ich bin doch kein Seemann!«

»Wen kümmert das etwas! Wenn du zur See fährst, bist du einer. Jeder, der zur See fährt, ist ein Seemann.«

Da war etwas mehr oder etwas weniger darin als eine Behauptung des guten Harry: es war eine allgemeine amerikanische Banalität, »Are you a good sailor« ist nicht etwa die Frage, ob man ein guter Angehöriger der Marine ist, sondern ob man nicht seekrank wird. »My wife is a bad sailor« – nicht ein schlechter Matrose, sondern zu Seekrankheit neigend.

»Aber ich habe doch keine Papiere!«

»Du brauchst nur das erste!«

»Hab ich auch nicht.«

Ganz groß sah mich Harry Warwick an, er hatte sieben

Meere durchschifft und allerhand Menschen gesehen, heute sogar einen, der geradeswegs aus Deutschland kam – aber daß jemand, und gar dieser schon ohnedies Absonderliche, nicht einmal das Erste Bürgerpapier der Staaten habe, das war dem Seemann Harry Warwick denn doch noch nicht begegnet.

»Macht nichts. Wenn du auf die Löhnung verzichtest, kannst du überall mitfahren. Da steckt der boos'n deinen Lohn ein – das tun sie immer, wenn sie einen work-a-way haben …«

»Wen …?«

»Einen Studenten oder einen Kaufmann, der anheuert, um seine Reise unentgeltlich zu haben.«

»Wie hast du das genannt?«

»Einen work-a-way, einen, der sich seinen Weg erarbeitet, das kommt oft vor, meist so Burschen gegen zwanzig. Wie alt bist du denn?« – »Zweiundzwanzig.« – »Na, das ist gerade noch gut. Kannst Mittwoch fahren mit der ›Hannawah‹, das ist unser Schwesterschiff. Sie liegt neben uns, bei India Street in Brooklyn. Sie segelt schon am Mittwoch. Komm mit mir, du wirst Dave Dunge treffen – er ist boos'n auf der ›Hannawah‹, du kannst es gleich ausmachen. Ich hole ihn ohnedies ab.«

So gingen wir in ein Billardlokal, nachdem mir Harry noch eingeschärft, ich möge mit Dave Dunge nicht über Politik sprechen, er interessiere sich zwar nicht dafür, aber es sei besser so.

Dave Dunge spielte Billard oder das, was man hierzulande so nennt, ein Spiel für Amerikaner und Kinder, mit sechzehn verschiedenfarbigen und numerierten Kugeln, die durch Anspielen mit der weißen in sechs Seitentaschen des Bretts zu karambolieren sind. Nur zwei Regeln scheint es zu geben: daß man den Rock ablegen, aber Hut und Revolverfutteral anbehalten muß.

Dave Dunge war entzückt zu hören, daß ich als work-a-way anheuern möchte und ihm meine Löhnung zu überlassen geneigt sei, immerhin 42 Dollar im Monat, wie ich bedauernd vernahm. Er legte gleich das Queue nieder, zahlte der herbeischießenden Mulattin seinen Teil vom Billardgeld, und selbdritt wanderten wir zum Brooklyner Hafen, wo wir alle wohnten: Dave auf der »Hannawah«, Harry auf der »Hiawatha« und ich am Ufer bei Mrs. Field, 104 Columbia Heights. Wir kehrten noch in eine Flüsterkneipe ein. Darauf bestand Dave Dunge, und ebenso darauf, unsere neun Glas Whisky zu bezahlen, mich dadurch sozusagen mit Handgeld verpflichtend.

Am liebsten hätte er es wohl gesehen, wäre ich gleich an Bord mitgekommen. Das tat ich um so weniger, als ich erfuhr, daß das Schiff fünf Tage in Baltimore vor Anker liegen werde. »Kann ich nicht erst in Baltimore an Bord kommen?« fragte ich. »Bis zum 10. kann ich auf jeden Fall meine Angelegenheiten in Ordnung bringen. Ob das bis Mittwoch geht, weiß ich nicht so bestimmt.« »Alles recht. Wenn du bis Mittwoch nicht da bist, kommst du nach Baltimore. Ich nehme keinen anderen auf. Am 9. abends bist du an Bord, wir machen dann noch eine Nacht. Ich hab dort ein Mädel – Harry kennt sie. Auf Pier 9, Locus Point, Baltimore and Ohio Railroad liegen wir.« (Er schrieb mir das auf.) »Hast du Arbeitsanzug und Stiefel? Alles recht, ich borg dir einen guten Overall und Stiefel.«

»Ist es auch ganz sicher? Ich möchte die Bahnfahrt nach Baltimore nicht vergeblich machen.«

»Perfekt sicher.« Handschlag.

Die letzte Frage hatte ich nur gestellt, um seine Besorgnis zu zerstreuen, daß ich's nicht ernst meine.

Meinte ich's ernst?

Es war eine schwierige Sache. Einerseits: ich kann Florida sehen und Kalifornien mitsamt Los Angeles und Hollywood, und San Francisco, wozu ich sonst nicht käme; die

Reise von New York dorthin und zurück kostet an 400 Dollar, die ich bei weitem nicht besitze.

Andererseits: fünf, sechs Wochen meiner für Amerika bewilligten Aufenthaltsdauer durch eine vielleicht langweilige, vielleicht stürmische Seereise auf einer alten Frachtkiste totzuschlagen, bei jämmerlicher Kost, in einem schmutzigen Bett (so fürchtete ich damals – oh, hätte ich doch wenigstens ein schmutziges Bett!) und bei achtstündiger Arbeitszeit!

Zweiundzwanzig Jahre! Dieses Alter hat mir Harry Warwick geglaubt. Das sei gerade noch recht!

Guter Harry! Ich bin doppelt so alt, und diese Zweiundzwanzig, die ich mehr zähle als zweiundzwanzig, sind nicht wie die ersten Zweiundzwanzig, worin ja Kindheit und Schule einbegriffen sind: nein, diese zweiten Zweiundzwanzig sind zweiundzwanzigmal 365 Tage und Nächte mit Arbeit und Affären und Aufregungen, mit Wünschen und Erfüllungen und Nichterfüllungen, mit Gasthauskost und fremden Betten und Frauen und einem Weltkrieg. Und jetzt soll ich da eine fremde Arbeit beginnen, auf fremdem Frachtkahn in eine fremde See?

Nein, ich meinte es doch nicht ernst.

Und ich zählte meine Barschaft. Sie reichte so ungefähr für eine Fahrkarte nach San Francisco und einen Aufenthalt von etwa vierzehn Tagen in San Francisco oder Chicago, vorausgesetzt, daß ich dort in der gleichen Preislage leben könnte wie in New York. Aber nicht mehr zur Rückreise, verflucht! Es wäre schade, die Amerikareise gemacht zu haben und nichts als New York und Chicago zu sehen. (Meine Rückreise-Schiffskarte nach Europa hatte ich schon in Berlin gelöst.)

Nach meiner Vorlesung in der New Yorker Volksbühne hatten mich die Veranstalter gefragt, ob ich nicht in ihren Ortsgruppen im Westen lesen wolle, dreißig Dollar für einen Abend. Das mußte ich ablehnen, denn das hätte kaum für die Spesen gereicht. Wenn ich nunmehr nach dem Westen unentgeltlich fahren kann, bleibt nur die Rückreise nach New York zu bezahlen, und diese ließe sich von den Vorträgen decken. Ich fragte telefonisch an: »Seid ihr noch bereit, die Tournee zu arrangieren?« Sie bejahten.

So, jetzt meinte ich es ernst!

Den Koffer ließ ich bei Mrs. Field, 104 Columbia Heights, Brooklyn, und fuhr nach Baltimore. Meine New Yorker Freunde, denen ich von diesem Reiseentschluß Mitteilung machte, konnten sich allesamt in Bekundungen aufrichtigen Neides nicht genugtun, bewunderten die »Kühnheit« meines Entschlusses und behaupteten, ich sei ein »Mordskerl«.

Dies muß reproduziert werden, weil ich betonen will, daß ich von Anfang an meine Fahrt nicht im geringsten als beneidenswert empfand und nicht als beneidenswert empfinde, daß ich mir von ihr weder Abenteuer noch Sensation versprach, sie eher als Zeitvergeudung ansah, daß ich damit weder originell noch ein Kopist Jack Londons sein wollte; daß ich mir viel beneidenswerter erschienen wäre, hätte ich meinen Weg nach dem Westen im Pullmanwagen zurücklegen können, und daß mein Entschluß kein Entschluß, geschweige denn eine Kühnheit und noch weniger die Äußerung eines Mordskerls war, sondern nichts weiter als das traurige Ergebnis einer klaren Rechnung, einer Aufnahme des Vermögensstandes.

Über Washington fuhr ich nach Baltimore. Am 9. Januar um ein Viertel eins mittags war ich im Weißen Haus, am Abend selbigen Tages kletterte ich, mein Ränzlein auf dem Rücken, von Pier 9, Locus Point, Baltimore, das Fallreep empor auf S. S. »Hannawah«.

Dave Dunge begrüßte mich. Er sagte nicht, daß er sehr erfreut sei, mich zu sehen, wie Coolidge es heute mittags gesagt hatte, aber er war es. (Zweiundvierzig Dollar!) In seiner Kabine auf dem Poopdeck sollte ich mein Bündel ablegen und gleich mit ihm in die Stadt gehen, sein Mädchen warte auf ihn. Wenn wir wieder an Bord kämen, würde er mir einen Schlafplatz anweisen.

Die Nacht war mehr als wüst, ich weiß nicht, ob es wichtig ist, sie zu beschreiben, es scheint jedoch, sie werde auf mein Bordleben nicht ohne Folgen bleiben. In Hull Street pfiff er durch die Finger, einen langen und zwei kurze Pfiffe, und schon stand Deborah vor ihrem Haus. Sie war Anfang der Dreißig, nicht eben häßlich, obzwar sicherlich nur aus Höflichkeit oder Kameradschaftlichkeit der gute Harry Warwick in New York so verzückt bestätigt hatte, wie hübsch sie sei.

Und dann ein Saloon mit vier oder fünf kleinen besetzten Tischen und einer dicht umstandenen Bar, der Whisky, laut Etikett der Flaschen, »Old Kentucky«, aber sicherlich nicht O. K. Wir tranken, ergatterten schließlich einen Tisch, aber Dave segelte zur Bar, um dort große Reden zu halten und schließlich zu würfeln. Als wir gegen Mitternacht mit dem Antrag, endlich aufzubrechen, zu Dave Dunge an die Theke kamen, lehnte er ab.

Unser Tisch war inzwischen besetzt. Dave würfelte und war so betrunken, daß er Deborahs nicht achtete. Wir wurden abgedrängt von ihm. »Komm mit mir weg«, sagte Deborah. »Kann ich nicht machen«, erwiderte ich, nicht nur, weil Dave mein Chef war. Sie war wütend, nun noch überzeugter, ich sei »etwas Besseres«, und vermutete, ich wolle mich nicht zum besten halten lassen. »Komm«, flüsterte sie mir zu, »wir sind gleich zurück. Ich warte auf dich, Hull Street 19.« Sie ging.

Ich drängte mich zu Dave Dunge. »Hallo, Dave, ich glaube, Deborah ist nach Hause gegangen.« – »Sei sicher, sie kommt zurück.« – »Kann ich mitwürfeln?« – »Nein, das geht nicht mehr.« Es waren sechs Spieler da, die mit ihm um ihren Einsatz kämpften. Er schob mich mit der Hand beiseite.

Noch immer spielte er mit den sechs, schaute nicht auf, als ich ins Lokal zurückkehrte. Dann kam Deborah, er gab ihr keinen Blick.

Aber als wir endlich gingen, fragte Dave Dunge: »Wo seid ihr gewesen?« – »Ich war zu Hause«, sagte Deborah. – »Ich weiß.« Das war alles. Er war schlecht gelaunt, obgleich er drei Dollar neunzig gewonnen hatte.

An Bord forderte er mich auf, sein Bett zu nehmen. Er werde sich in das des Lotsen legen.

Und so schlief ich den Rest der Nacht vom 9. auf den 10. Januar in der Koje des Bootsmanns. Das erste- und wohl auch das letztemal.

Als ich am Morgen erwachte, spät, benebelt und vergiftet von dem üblen Whisky, beängstigt aus mehreren Gründen, wimmelte es auf Deck von Schauerleuten, durchweg Polen. Sie löschten merkwürdigerweise, obwohl das Schiff aus New York kam, wo doch sicherlich keine Ladung für Baltimore genommen worden war. Später erfuhr ich, daß die »Hannawah« vor Monatsfrist in Oregon Kupferplatten für die Baltimore Copper Smelting and Rolling Co. geladen und wegen ihrer Schwere auf den Grund der Luken gebettet hatte. Nachdem man in New York den übrigen Kargo gelöscht, konnte man nun in Baltimore darangehen, den kupfernen Grund an seinem Bestimmungshafen auszugeben.

Wir luden übrigens ebenso schwere Dinge – Baltimore, Maryland, ist der Vorhafen Pennsylvaniens, des Stahl- und Eisenlandes –, Stahlrohren, Rundeisen, Zinnblech. Auch drei Lastautos schwebten vom Pier empor und in den Schiffsrumpf hinab.

Möwen schwirrten knapp über den polnischen Arbeitern. Der Hafen, riesenhaft, war voll von Schiffen. Die Fähren mit den Waggons sind stark gewölbt, sie sehen wie überschwemmte Eisenbahnbrücken aus, deren Pfeiler im Wasser stehen. Drüben in Hull Street, rechts zu ebener Erde, wohnt Deborah. Todsicher war der Whisky giftig, fast aller Alkohol ist hier giftig.

Dave kam mich holen, führte mich zum Steuermann und dieser zum Kapitän. Dort unterschrieb ich auf dem Umschlag die Bedingungen, die innen auf einem Bogen standen und mir gar nicht gezeigt wurden.

Nun wurde mir Arbeit zugewiesen; darüber zu schreiben werde ich später noch Zeit finden, ebenso über das Massenquartier, in dem ich nun allabendlich in meine Hängematte kletterte.

Am 11. waren wir in Norfolk – ich glaube, so schreibt sich das –, einem Hafen in Virginia, nahmen Erdnüsse, Zigaretten und Karbid, Nach Sonnenuntergang segelten wir zur Kohlenschütte, wo ein gigantisches Klistier in den Unterleib der »Hannawah« gesenkt wurde und siebenhundertfünfzig Tonnen hineinspritzte. Auf einem kreisrunden Geleise hoch über unseren Häuptern drehte sich donnernd ein Karussell von Kohlenwaggons.

Ein Lotse kam an Bord. Er lenkte uns vom Ozean in den Savannah River, und am 14. warfen wir im Hafen von Savannah Anker. Ich bekam den Auftrag, Briefe aufzugeben, und ging in die Stadt; am Abend privat ein zweites Mal.

Im Kino hörte ich unter anderem einen Sprechfilm mit Eddie Kantor, dem Kurt Bois von Amerika. Man sieht ihn anfangs, wie er am Telefon das Engagement zu dem Sprechfilm abschließt. »Soll ich in englischer Sprache spielen«, fragte er, »oder ist es ein Film für New York?« Man kann das Beifallsgetrampel des Publikums nicht schildern, minutenlang war kein weiterer Witz des kostspieligen Eddie zu vernehmen, so sehr freute sich die Provinz, daß die Metropole eins ausgewischt bekam für ihre Internationalität, ihr Kauderwelsch, ihr Gemauschel.

Der Weg vom Hafen nach Savannah führt durch den Bezirk der Schwarzen. Palmen, ungepflegt und verkümmert, stehen vor den Häuschen aus Lattenwerk, das grau ist wie das Baumaterial in ihrer Urheimat: Lehm mit Kamelmist gemischt. Viel anders sieht es hier zwischen India Street und Lumber Street nicht aus als am Nordrand der Sahara.

Dagegen ist die Kostümierung verschieden: gleich Affenjäckchen hängen die europäischen Kleider von vorgestern und urvorgestern auf ihren Leibern – die Bettler Afrikas in zerlumptem Leinenmantel und zerschlissenem Burnus, die nackten Kinder von den Oasen bei Sidi-bel-Abbès oder bei Tuggurt sehen königlich aus gegen ihre verschleppten und zivilisierten Vettern.

Tragigrotesk die weißbärtigen Neger mit harten Hüten, die schwarzen Matronen mit den längst zerfallenen Heckenrosen auf schwarzem Strohhut. Noch immer, noch immer hocken sie vor Onkel Toms Hütte. Außerhalb der Stadt ist ein Hüttendorf, die Hermitage, aus der Sklavenzeit unverändert erhalten. Die Neger tun heute dasselbe wie damals, sie arbeiten hart in den Baumwollplantagen, tragen und laden die schweren Ballen. Saust ihnen auch die neunschwänzige Katze nicht mehr über den blutenden Rücken, Massa zahlt ihnen nur das, was gerade zum Essen und Wohnen reicht, das also, was sie damals bekamen.

Ich habe die schwarzen Schauerleute nach ihrem Lohn gefragt. Dreißig Cent die Stunde. Für 100 Pfund gepflückter Baumwolle – soviel kann eine Negerin mit ihren Kindern an einem Tage schaffen – bekommen sie einen Dollar, in der Baumwollmühle zwölf Cent für die Stunde.

Der Kai ist ein Hochgebirge von Ballen und Kisten mit wollener Ware. Auf Draisinen bewegen sich dunkle Fahrer von den Stapelplätzen zum Landungsplatz, wo Genossen die Last auf die Hebemasten haken und emporwinden.

Ein oder der andere Ballen platzt. Dann bücken sich die Farbigen und kehren mit den Händen die Watteflocken zusammen, und die schwarze Wolle ihrer Köpfe mischt sich auf der Erde mit der weißen, der teureren.

Auch Kisten mit »Snowdrift« (was so etwas wie Baumwollfett zu sein scheint), mit Harz, Terpentin und Kolophonium werden verfrachtet.

Der Barbier, bei dem ich mich rasieren lasse, erzählt mir, es seien vierzigtausend Neger in der Stadt ansässig, die neunzigtausend Einwohner hat. »Sie haben viel mehr Kinder als wir«, seufzt er, »die Schulen sind voll von ihnen. Was soll werden, wenn sie die Mehrheit haben …« – Vielleicht machen sie dann die Weißen zu Sklaven?

Diese kleinen Städte Amerikas haben mit New York nichts gemein, als daß man auch hier englisch spricht, einen weißen Hallenbau für die Saving Bank, die Sparkasse, aufgerichtet, einen Wolkenkratzer auf die Main Street gestellt hat und daß Woolworth eine Filiale besitzt; aber hier hat er Konkurrenz, alle lokalen Ramschgeschäfte benutzen sein ziegelrotes Schild mit den goldenen Buchstaben und der Aufschrift »5 and 10 Cents Store«.

Den Drugstore gibt's auch, er dient mehr den Zusammenkünften, seine Bar vertritt den Stammtisch. Überhaupt, was der Drugstore, die angebliche Drogerie, alles ist! Vor allem: Überbleibsel des Blockhauses, in dem der Digger eine Handvoll Nuggets auf den Tisch warf und sich dafür einen guten Sattel aussuchen konnte, ein paar Pistolen, ein Hemd und einen mächtigen Bärenschinken. So vielseitig kann man auch heute noch darin einkaufen: Ansichtskarten, Schinkenbrot, Zahnbürste, Romane, Zigaretten, Eislimonade, Briefmarken, heißen Kaffee, Uhren und Kameras. Wenige Drogerien führen Drogen, ohne daß der Laden deshalb auf seinen Ehrentitel verzichtet – wer möchte, o du Land der Demokratie, wer möchte denn ein Gemischtwarenhändler sein, wenn er ein Drogist sein kann!

Ja, also, außer diesen Kleinigkeiten hat Amerikas Provinz nichts gemein mit Europas Brückenkopf an der Hudsonmündung. Untereinander ähneln sich die Kleinstädte viel mehr. Dafür sorgt vor allem der große Gleichmacher. In New York, wo das Volk gottlos ist, nicht so unbedingt an den alleinseligmachenden Himmelsvater der Standardisierung glaubt, wagt er sich nicht auf die Straße, aber in der Kleinstadt unterstützt »Sears, Roebuck & Co.« den Text und die Bilder seines allumfassenden Versandkataloges durch die Schaufenster einer Filiale.

Jeder Staat Amerikas ist von einem aus England herübergekommenen Manne gegründet worden, der sich im Laufe der Jahrhunderte den Titel eines voraussehenden Staatsmannes, echten Philosophen und wahren Menschenfreundes samt zugehörigem Denkmal vor dem Rathaus der Hauptstadt erwarb und der seinerzeit mit einem edlen Indianerhäuptling Frieden schloß.

In Savannah, der Hauptstadt von Georgia, heißt besagter Vereiniger von staatsmännischer, philosophischer und philanthropischer Tugend James Oglethorpe, und sein Partner beim Friedensvertrag war Tomatschitschi, Häuptling der Yamacraws. Außerdem gibt es Helden aus den beiden Kriegen gegen die beiden Erbfeinde: England und die Nordstaaten. Die militärische Tradition hat sich erhalten, man sieht viele Kasernen, und Kinder in Uniformen der Armee.

Der Erfolg von »The Beggar's Opera (»Dreigroschenoper«) ist noch nicht bis hierher gedrungen, das Theater hält erst bei dem Reißer »Regen« und kündigt ihn als »the most talked-of play of the Century« an. Wenn wir noch erwähnen, daß am 20. Mai 1819 der allererste Überseedampfer »City of Savannah« von hier seine Reise antrat und am 20. Juni des gleichen Jahres in Liverpool eintraf, so glauben wir alles gesagt zu haben, was sich einem schlichten, in den Straßen Savannahs promenierenden Leichtmatrosen an Tatsachen aus der Vergangenheit, Gegenwart und Zukunft dieser Stadt darbietet.

Als unser Schiff Anker gelichtet hatte, kaum zwei Meilen auf dem Fluß zurückgekommen war, dem Ozean zu, grüßte die Dampfpfeife – eine Frau. Sie stand auf einer Insel im Fluß, schwang ein großes weißes Tuch. Die Matrosen erwiderten diesen Gruß, sie kannten sie schon, »the waving girl of Savannah«, und der Lotse Captain MacKenzie wußte sogar, daß sie Flora Martin heiße, 65 Jahre alt sei und seit 1880 auf Elba Island stehe und jedem Schiff zuwinke, bei Tag mit dem großen weißen Tuch und bei Nacht mit einer Laterne.

Es soll ein Seemann gewesen sein, den sie geliebt und der sie verlassen hat vor fünfzig Jahren. Sie winkt, denn auf einem Schiff muß er doch einmal vorüberkommen, und er wird wissen: dieser hartnäckige, jahrzehntelange Gruß gilt *ihm*. Er wird an Land gehen, gerührt von solcher Treue, und wird bei ihr bleiben. Dann braucht sie nicht mehr bei Tag und Nacht Tuch und Laterne zu schwingen. Künftige Geschlechter, von Savannah südwärts steuernd, werden sich die Geschichte erzählen, »das winkende Mädchen von Savannah«.

Und da wir nun schon einmal bei Liebe und Romantik sind, so wollen wir auch erwähnen, daß alle Matrosen, die gestern an Land gewesen, sich aus prophylaktischen Gründen eine Einspritzung mit Protargol machten.

In der Nacht auf den 16. steuerten wir in den St. John's River und legten in Jacksonville an. Das ist die letzte Station auf unserer Fahrt nach Süd und West, das letztemal Ufer. Es wurden zehntausend Kisten Grapefruit an Bord genommen. Grapefruit ist die Lieblingsfrucht der Amerikaner, weil sie nicht ein Naturprodukt ist, sondern eine Erfindung, ein Kreuzungsprodukt von Apfelsine und Zitrone, so daß sie nichts riskiert: ist sie sauer, was wollen Sie denn, wie soll sie denn sein, sie stammt doch aus der Zitrone! Ist sie dagegen süßlich und wässerig, so kommt das eben von der Orange her.

Etwa ein Kilometer war vom Landungsplatz zur Straßenbahn zu Fuß zu gehen, ein Weg, auf dem man kaum zu atmen vermochte. Schwefelgeruch von einer Kunstdüngerfabrik füllte die Atmosphäre; an gelben Hügeln arbeiteten Neger.

Eighth Street East stiegen wir in die Straßenbahn ein. Auf den Plätzen waren Aufschriften: »White« oder »Colored«. Die Zurücksetzung des Negers war uns überall begegnet, sie schien traditionell und uneingestanden, aber daß ihm von Amts wegen ein anderer Platz als dem Weißen zugewiesen wird, hätte man doch nicht für möglich gehalten.

Die Tram führte uns in diese Stadt Jacksonville, deren Namen wir nie gehört hatten. Vom Winter und von der Arbeit kommend, sahen wir sie. Zuerst: geschnitzte Bretterhäuser, auf kurzen Pfählen stehend, von blühenden Beeten umduftet; auf den offenen Veranden saßen weißgekleidete Männer und Frauen auf Gartenstühlen oder auf Schaukeln. Das waren die »Whites«. Die »Colored« bewegten vorsichtig leicht die Schaukeln oder reinigten die Wege zwischen den Beeten.

Dann begann das Straßenpflaster. Die Stadt öffnete sich, und wir erstaunten. Wunderbare Avenuen mit Alleen gepflegter Palmen verbreiterten sich zu Parkanlagen von tropischer Pracht. Mädchen in ganz hellen, ganz grellen, ganz durchsichtigen Sommerkleidern schritten uns, die wir unvorbereitet waren, entgegen. Andere saßen mit übergeschlagenen Beinen plaudernd an den Tischen der Drugstores und der Automatenrestaurants. Weißgekleidete Herren mit Spazierstöckchen machten ihnen Fensterpromenade – sind wir in Amerika oder in Spanien, schreiben wir Mittwoch, den 16. Januar?

Auf dem Dach des Y.M.C.A.-Gebäudes (Young Men's Christian Association) spielte man Handball, in den Geschäften wirbelte der »Elektrische Fächer«, der Ventilator, über dem Kopf jedes Eiscreme-Essers oder Eislimonadentrinkers, in einem Laden, der dem Skee Ball, einem lustigen Kegelspiel, dient, drängten sich die Leute, Männer mit Schutzbrillen gegen die Sonne verhandelten an den Straßenecken, das Logenhaus der »Shriner«, eines Freimaurerordens; war geöffnet, man konnte eintreten durch ein ägyptisches Portal mit grünen Sphinxen und silberblauen Skarabäen und die Altarbrüder im Heiligtum hemdärmelig Billard spielen sehen. Blumen wurden überall verkauft, unwahrscheinlich hellfarbige Blumen, dünn wie aus Seidenpapier, aber dennoch echte Blumen. Ein Block aus Gold, so lag die Sonne zwischen den Häuserreihen.

Auf freiem Platz haltend, lädt ein Autobus zur Rundfahrt nach Fort San Augustin, dem ältesten von Europäern besiedelten Platz Amerikas. Einigen Damen, die unschlüssig sind, beteuert der Führer, dort sei noch eine Markthalle für den Sklavenhandel, wo bis zum Bürgerkrieg die schwarze Ware, männliche und weibliche gemeinsam!, unbekleidet!, öffentlich! feilgeboten wurde. Die Damen steigen ein.

Wir können nicht das gleiche tun, dürfen nicht länger unter Palmen wandeln, müssen an Bord, die Luken über den nunmehr eingelagerten zehntausend Grapefruit-Kisten schließen, die Taue lösen.

Im Augenblick der Ausfahrt bricht ein Platzregen nieder. Die Küste Floridas entlang schauen wir sehnsüchtig nach den Kastellen und Villen am Zauberufer.

Zwischen Palm Beach und Miami kommen wir nachts an einer riesigen Jacht vorbei. Ihre Masten und Kamine und Geländer sind mit Glühkörpern in den Farben des Regenbogens illuminiert, vom Deck tönt Jazzmusik. Lichte Paare tanzen, eine Dame in Lindengrün, den Fuß auf die Reling gestützt, winkt uns zu, die wir, ihr ewig fremd, vorüberfahren.

Noch ein Schiff überholen wir, einen merkwürdigen Bagger. Er ist zweistöckig, sieht wie ein Puppenhaus aus, die Kabinen sind außenbords offen. Es wird noch gearbeitet an den Pumpen, der emporgeförderte Schlamm geht durch eine kilometerlange Röhre ans Ufer, wo er Ackerland wird.

Da wir zurückschauen, überschneiden die flammenden bunten Konturen des Millionärschiffs die Lichter des Arbeitsdampfers, als ob sie brüderlich beieinanderlägen. In Wirklichkeit trennt sie ein Zwischenraum.

Uff! Das ist schon lange her, seit wir Jacksonville passiert haben, den letzten Hafen unserer Fahrt. Die »Hannawah« hat inzwischen drei Schritte gemacht, jeden Tag einen mit ihren 240-Meilen-Stiefeln, und jetzt schwimmt sie unter dem Kreuz des Südens, sechs Sternen, die abends ein Doppelkreuz bilden, dem Äquator zu.

Nicht leicht war es, das niederzuschreiben, und es wird täglich schwerer. Die Hitze, sie wälzt sich über das Deck, die Hitze, sie wärmt das Wasser der Dusche, die Hitze, sie drängt sich unter den Propeller der Ventilatoren. Nackt gehen wir umher, das Taschentuch, mit dem wir gestern noch bekleidet waren, ist heute gefallen, es klebte sich zu fest an die Haut. Ich habe Schwindelanfälle, die Nächte sind schlaflos, auch außer der Zeit, da ich auf dem Auslug stehe.

Wir fahren eben die Bahama-Inseln durch, Britisch-Westindien, an San Salvador vorbei, wo Kolumbus landete. Morgen geht es zwischen Kuba und Haiti in das Karibische Meer und in die Doldrums – etwas, was mit Windstille und heißen Luftströmungen zu tun hat und wahrscheinlich auch einen deutschen Namen besitzt.

In dieser Tropenglut der tropischsten Tropen wohne ich in einem engen Raum mit neun anderen. Es sind sechs Matrosen, »A. B.« genannt (able-bodied seamen), und wir vier Leichtmatrosen, ordinary seamen. Acht haben Kojen, je zwei übereinander angeordnet. Nur ein alter Ordinary, der plattfüßig ist, stottert und als eine Art Narr behandelt wird, und ich hängen inmitten der Stube. Ist es geglückt, in die Hängematte zu klettern, so pendelt sie noch lange, wie wohl meine Wiege pendelte, die ich verlassen habe vor – ja, richtig, vor zweiundzwanzig Jahren. Zwei dicke Laken sind über das Netzwerk gelegt, doch sie verhindern keineswegs, daß ich am Morgen ein Muster von zusammenhängenden Rhomben auf meiner Haut trage.

Wir zehn sind es nicht allein, die den Raum, die »skants«, füllen, sondern noch zehn kleine Blechschränke für die Arbeitskleider und die Arbeitswäsche und zwei große Schränke für die Ausgangskleider. Über ihnen ein dreifarbig nacktes, lächelndes Frauenzimmer – Wandkalender einer Firma für Seemannsartikel in Seattle, Washington. Vor jedem Zweibett eine Bank, auf die wirft man Stiefel und Kleider, wenn man sich niederlegt, und unter ihr stehen die Koffer. Wir zwei Fledermäuse haben natürlich keine Bank; unser Gewand muß einfach auf der Erde bleiben, nachdem wir mit Hilfe eines Stuhls zur Ruhe gestiegen sind.

Die Tür ist offen, und die Ölmänner in der Kabine gegenüber lassen ihr Grammophon laufen bis Mitternacht, unterbrochen von Darbietungen auf zwei hawaiischen Geigen.

Man kann die Luft in unserem Schlafsaal nicht als gut bezeichnen, dieweil die Kleider, Wäschestücke und Stiefel, in denen alle tagsüber gearbeitet haben, sich nachts tiefatmend erholen. Auch ist es mitnichten angenehm, bruchstückweise Grammophonmusik zu hören und zu spüren, wie sich die Haut mit einem Muster zusammenhängender Rhomben imprägniert.

Immerhin hatte ich in den ersten Nächten geschlafen, denn die Arbeit ermüdet. Dave Dunge wies sie mir in reichlichem Maße zu; dennoch war ich mir bis zu der Geschichte mit den Briefen nicht klar darüber, ob er mir aufsässig sei. Davon später.

Von acht Uhr morgens bis vier Uhr nachmittags ist daywork. Auf dem Bootsmannstuhl sitzend, wird man den Mast emporgezogen, oben macht man sich das Brett mit einem Knoten fest; dem Knoten vertraute ich anfangs wenig und war allzeit bereit, wenn er sich lösen sollte, mich mit den Händen am Tau zu fangen und festzuhalten. Schließlich lernt man es aber, auch an den selbstgeschürzten Knoten zu glauben.

Der Mast wird mit einer Bürste abgerieben, der Kübel mit dem Seifenwasser ist unter dem Schwebesitz angebunden; Anfänger schaukeln bei der Arbeit, und das Seifenwasser spritzt hinab, worauf man von den Untenstehenden als Sohn einer Hündin bezeichnet wird.

Anders ist die Behandlung der Ladebäume. Sind die zu waschen oder zu streichen, so läßt man sie herunter. Man sitzt also nicht mehr, während der Mast steht, sondern man steht, während der Mast liegt, und zwar liegt er in Mannshöhe, festgehalten vom Sockelpflock. Der Inhalt der Eimer klatscht in rasantem Bogen überallhin, das Wasser fließt den Körper hinunter, wer Gummistiefel besitzt – sie reichen bis zum Schritt und kosten vier Dollar –, zieht sie zu dieser Arbeit an.

Senkrecht bleiben die beiden Hauptmasten, wenn sie neues Schiffsgelb empfangen. Um den Kamin zu lackieren, wird man wieder auf dem Bootsmannstuhl hochgezogen, einen Topf mit schwarzer, später je einen solchen mit weißer und roter Farbe unter sich an das Sitzbrett gehängt. Der Kamin hat einen roten Ring und darin eine mächtige weiße Swastika, zu deutsch: Hakenkreuz, das schön und ordentlich zu streichen und dabei der Heimat zu gedenken ich mir nicht nehmen ließ.

Schwarz sind die Windfänge außen zu färben und viele andere Schiffsbestandteile, von deren Existenz ich jetzt scheuernd erfuhr. Vom Teeren aber wollen wir, bitte, nicht reden.

Portland, Heimathafen der »Hannawah«, liegt auf der

Pazifikseite Amerikas, wohin unser Kurs geht. Wir sind also »homeward bound«, und das ist der Grund, weshalb das alles nicht schon auf der vorigen Fahrt, auf der von Portland nach New York, getan worden ist. Allmorgendlich schickt der Chefingenieur dem Bootsmann, unserem Dave Dunge, einen Zettel achtern, auf dem geschrieben steht, was heute zu leisten ist. Dave Dunge weist die Matrosen und uns Leichtmatrosen an, welchen Teil der Aufgabe jeder zu vollbringen hat.

Acht Stunden beträgt die Arbeitszeit. Ich mache nur vier Stunden daywork, vormittags von acht bis zwölf. Dafür muß ich von Mitternacht bis vier Uhr am Bug Wache halten. Ich luge aus. Sehe ich ein Schiff, einen Leuchtturm oder Land steuerbords auftauchen, ziehe ich den Strang der Glocke über der Ankerklüse einmal, kommt eines backbord, so gebe ich »zwei Glasen«, ist eines geradeaus, lasse ich »drei Glasen« erklingen. Ist ein Schiff hinter uns, auch wenn es uns vorfährt, so geht mich das nichts an; auszuweichen ist die Sache jener.

Mein Glockenzeichen gilt den beiden Männern auf der Kommandobrücke, dem Navigationsoffizier und dem Rudergänger, einem A. B.-seaman. Sie haben in ihrem Häuschen nicht so feinen Ausblick und sind mit Kompaß, Steuerrad und Karte beschäftigt.

Der Kollege, der von acht bis zwölf Dienst hat, weckt mich zwanzig Minuten, bevor mein Dienst beginnt. Wenn die Glocke auf der Brücke Mitternacht schlägt, nur achtmal läutet sie, gehe ich auf meinen Platz. Nichts sehe ich stundenlang als ein riesenhaftes Lager von Staubkohle, durch das wir waten; ein wenig glitzert der pulverisierte Anthrazit unter unseren Schritten. Das ist das Meer, das sind meine Nächte.

Wir passierten die Bahama-Inseln, heute wanden wir uns durch zwischen Kuba und Haiti, zwischen Haiti und Jamaika – Inseln, wo Zauber wohnt und das Paradies noch lebt. Was waren sie für mich? Kuba: ein Glockenzeichen, Haiti: ein Glockenzeichen, Jamaika: zwei Glockenzeichen!

Mitten in die Seekarte sind die Verhaltungsmaßregeln gedruckt für Hurrikane, das heißt für Schiffe, die in einen Hurrikan geraten. Bis jetzt ist nichts von einem Herannahen des grausen Karussells zu merken, toi, toi, toi. Wir haben genug daran, daß sich die Sonne mit ihrer ganzen Last auf uns legt, als ob wir Hängematten wären, und daß unter uns das Meer nichts ist als rieselnder Kohlenstaub.

Zu Anfang amüsierten mich die fliegenden Fische. Sie fliegen nicht – vielleicht ist ihnen die Luft zu heiß –, sie schwirren aus dem Wasser empor und sausen die Oberfläche entlang wie flitzende, blitzende Kieselsteine, von kundiger Hand der Dorfjugend über das Wasser des Teiches geschnellt. Jetzt schaue ich ihnen nicht einmal mehr zu, obwohl sie leuchten bei Nacht.

Auf der Kommandobrücke wird auch geläutet, alle halben Stunden: um halb ein Uhr nachts: ein Glas, um eins: zwei Glasen und so fort bis zu den acht Glasen, die für den Offizier, den Rudergänger und mich das Ende des Dienstes bedeuten. Diese klingenden Zäsuren verlängern die Zeit des Wartens nur. Die Sterne schaukeln und springen, wenn sie wissen, jemand beobachtet sie von der Spitze eines Schiffes.

Zwanzig Minuten vor vier Uhr klopfe ich an die Kabinentür des Ersten Offiziers, so lange, bis er mir die Tatsache, daß er erwacht ist, mit der Formel bestätigt: »Go to hell, damned fool.« Dann wecke ich den dritten Rudergänger, der sich hierfür mit den Worten: »Dry up, you son of a bitch« bedankt. Und schließlich versichert mir mein Kollege, den ich auf den Beginn seines Dienstes aufmerksam mache: »I don't give a shit ...«

Allmählich aber kommen sie alle vor, und ich darf wieder in mein Netz, mich bis halb acht Uhr morgens mit Rhomben imprägnieren lassen. Frühstück, hernach Tagesarbeit, Mittagessen im Meßraum, und nachmittags kann ich, kardanisch gehängt, schlafen, wenn ich's nicht vorziehe zu schreiben.

Das Karibische Meer, durch das wir jetzt schwimmen, ist die erste Landschaft, die die Gespräche der zehn Schlafgenossen beeinflußt. Jeder weiß – es scheint eine verbreitete Jugendlektüre in Amerika zu sein –, daß hier der Bukanier sein Handwerk trieb, der Seeräuber des siebzehnten Jahrhunderts, der Schrecken der spanischen Kauffahrtei in Westindien. Östlich von uns – so nah an Nikaragua und so fern von uns, daß ich nicht einmal den Glockenstrang ziehe – sind die Inseln der Piraten, Saint Andrew und Old Providence, Berge darauf. Steile Ufer, vorgelagerte Korallenriffe und ein Felsen, der die Züge des Korsarenhäuptlings Morgan trägt und »Morgan Head« heißt, ließen den Pfeffersäcken und ihrer Armada den Versuch nicht ratsam erscheinen, das Nest ihrer Peiniger auszuheben. Dennoch haben die ihre Beute, ungeheure Schätze von Gold und Edelgestein* anderswo aufbewahrt – all das liegt auf der Cocos-Insel vergraben. Viele hundert Schiffe haben sich aufgemacht, den Räuberhort zu. finden, aber alle erlitten Schiffbruch, wenn sie sich dem Eiland näherten. Wie wär's, Jungens, wollen wir es einmal versuchen?

Die Matrosen und die Leichtmatrosen erzählen mir, der ich in der Mitte des Schlafraums schwebe, gleich Mohammeds Sarg in der Kaaba, mit Begeisterung von den Freibeutern und ihren Kaperschiffen. Ihre Begeisterung gilt den Piraten, nicht mir. Warum sollten sie für mich auch nur Sympathie empfinden? Ich bin der ungeschulteste Arbeiter, offenkundig ein Außenseiter, kenne die Personen und die Lokale nicht, um die die Gespräche gehen, und die Aufsässigkeit Dave Dunges (davon später) trägt nicht dazu bei, mich beliebt zu machen. Und doch werde ich als einer der Ihren angesehen, denn ich habe etwas mit ihnen gemeinsam: ich habe Jack London gelesen und liebe ihn, wie alle rings um mich. Wir sprechen von dem Ende des Romans »Martin Eden«, das dadurch nicht weniger unwahrscheinlich wird, daß der Autor später selbst dieses Ende nahm, und wir sprechen von der »Eisernen Ferse« … Darüber ist viel zu sprechen.

Heute wuschen wir das Bootsdeck, nachmittags war Feueralarm, abends stürmische See. Dazwischen ein Tag, eingeschnürt in eine Schlinge des Äquators, wir glaubten zu ersticken.

Wir sind nahe dem Panamakanal, von wo wir Post senden können. Verschiedene Dinge, Wäschestücke, Papier, zollfreie Zigarren, Parfüme usw. kann man beziehen, der Funker notiert die Bestellung und wird sie bei der Einfahrt dem Kommissionär übergeben. Auch ich habe Briefe aufzugeben und den Wunsch nach hundert ägyptischen Zigaretten und komme daher heute, 23. Januar, neun Uhr, zum Radiomann, dem »sparks«, der sich, wie oft, mit mir unterhält, während die Kurzwellen einander Geschichten erzählen, von Weltmeer zu Weltmeer, schnurrige Geschichten und surrende Geschichten von Weltteil zu Weltteil.

Plötzlich wird er blaß und nimmt den Hörer.

Aber er würde ihn nicht brauchen, ich höre so wie er: …–––… S–O–S.

Rettet unsere Seelen!

Es ist still geworden von Weltmeer zu Weltmeer, von Weltteil zu Weltteil; alle surrenden und schnurrigen Gespräche haben zu verstummen, wenn dieser Aufschrei ertönt: SOS.

Die Station Kuba ruft in den Äther: »Wo bist du? Gib uns deine Position.«

Antwort: SOS.

Weiter nichts als der Hilferuf. Das Schiffsradio der Schiffbrüchigen hat zu hören aufgehört, wahrscheinlich ist der Empfänger schon vernichtet, der Funker drückt nur auf den Taster …–––… mit einem neidischen Blick auf jene, die sich in die Rettungsboote schwingen und vom Hurrikan wieder emporgeschleudert werden. Sie hegen noch Hoffnung auf Rettung ihrer Seelen. Nicht mehr retten kann sich der Funker. Man sieht die Todesgedanken, man sieht diesen Todeskampf von Menschen über tausend Meilen hinweg, in derselben Sekunde, gleichzeitig. Unheimlich ist das und beklemmend.

Irgend jemand irgendwo scheint von nichts zu wissen und funkt. Ganz schrill – denn sie ist uns besonders nahe – ruft die Station Colon im Panamakanal ihr »kusch« ins All: QRT.

Die Stille im Funkraum ist das Echo der Stille, die in der Unendlichkeit eingetreten ist – bis auf das Knacken der Luftelektrizität. Luft und Wasser sind Mordkomplicen. (Preist nur die Natur, ihr Naiven!)

Kuba fordert dringend Auskunft: »Deine Position! Deine Position!

Niemand antwortet Kuba.

Nicht einmal das ...−−−... ist mehr zu hören. Ungerettet blieben die Seelen.

Schon will das Gezwitscher und Gesurre wieder beginnen, da tönt ein neues SOS in den Raum. Unfern dem ersten ausgestoßen, aber von einer anderen Station: ...−−−... Anschließend ein Radiogramm. Unser Funker, angeschnallt die Hörer, schreibt:

»SOS SOS SOS de KOPD KOPD KOPD: SS Dannedaiki sinking Lat. 37,56 north, Long. 59,37 west. Require immediate assistance. Any ships near position please report.«

Zwei Minuten Totenstille. Dann eine Antwort an den Kapitän der sinkenden »Dannedaiki«:

»KOPD de KDMQ Master KOPD. Our position about 75 west yours. We are coming your assistance at once. Please keep us informed your weather. Signed Master SS President Harrison.«

Und fürchterlich und unglaublich: mitten in diese Antwort stößt ein drittes Schiff den dreifachen Todesschrei aus:

»SOS SOS SOS de IXB IXB IXB Lat. 38,05 north, Long. 60,12 west. SS Florida ... and lost rudder ... Wind west force 10, seas high ... please ... need help.«

Auch ihr, der mindestens steuerlosen »Florida« wird zu helfen versprochen: »IXB de ... 39,54 north ... 4 west ... you ... changed course for your position ... Signed Master SS America.«

Unser Funker knüllt seine Radiogramme zusammen und wirft sie in den Papierkorb. Wir können nicht helfen, sind viele Breitengrade südlicher und viele Längengrade westlicher. (Nachts, da ich von der Wache gehe, hole ich die Telegramme aus dem Korb.)

Märchenhaft die nächtliche Einfahrt in den Panamakanal, vor allem für uns, die wir die Lichtgirlanden der Städte lang entbehrt haben. Hier spiegeln sie sich golden in seichtem Gewässer, in das wir mit ein Drittel Dampf einfahren, ganz langsam, und dann den Anker rollen lassen. Rechts ist Dschungel, links eine weiße Stadt. Ihre Landungsplätze blitzen wie des Sultans Marmorpalast im Goldenen Horn.

Bei Tag sehen wir das alles viel deutlicher und schöner und haben Zeit, es zu betrachten, denn viele große Schiffe »sind im Begriffe, auf dem Kanale hier zu sein« (Goethe), und sie kommen vor uns dran; die deutsche »Isis«, das französische Schlachtschiff »Edgar Quinet« mit vier Kaminen, das drüben am Kohlenhafen bunkert, Frachtkähne mit Brettern aus Kalifornien, ein Dampfer mit Eisenerz aus Chile, ein Kabelleger, die französische »Miriam«, die Gefangene für das Bagno an Bord haben soll, vier Frachtschiffe der Luckenbach-Linie, »James Luckenbach«, »Julia Lukkenbach«, »Edward Luckenbach« und »Paul Luckenbach«, ei der Tausend, da muß doch schon die ganze Familie Lukkenbach komplett sein, Ölschiffe, ein Postschiff »Mongolia« und nicht weniger als zwanzig Schiffe der Kriegsflotte, darunter ein Dreadnought.

Von Toro Point hinüber nach der Marinestation und dem Torpedohafen von Coco Solo Point verkehrt eine aus Zement gebaute Fähre. Hydroplane schwingen sich vom Wasserspiegel in die Lüfte.

Die weiße Stadt ist Colon, gehört zu Panama und soll gutes Bier, gute Schnäpse und gute Zigarren haben. Jenseits des Eisenbahngeleises hinter den Landungsbrücken liegt die Stadt Christobal. Das ist schon Kanalzone, also USA, Prohibition herrscht und amerikanisches Rauchzeug. Glücklicherweise ist's für Christobals Yankees nur drei Minuten weit zu den irdischen Genüssen.

Südlich von Christobal steht eine Druckerei am Ufer, das Trockendock, der Friedhof »Mount Hope« und eine Raffinerie. Das Trockendock und den Friedhof haben die Franzosen angelegt und drei Kilometer »Kanal«, einen schmalen, von den Amerikanern nicht verwendeten Durchstich, der niemals zum Transport der Schiffe, sondern nur der Spekulation dienen sollte: wurde ein neu vollendeter Kilometer gemeldet, so schnellten die Börsenkurse empor. Unzählige Familien Frankreichs wurden finanziell zugrunde gerichtet, weil sie dem Namen Lesseps und der Unfehlbarkeit der heimatlichen Ingenieure glaubten. Mehr als ihr Geld verloren Tausende, die hierher zogen, um an dem Sieg des französischen Unternehmungsgeistes und der französischen Technik mit eigener Hand mitzuarbeiten. Das gelbe Fieber hat sie geholt. Vom Deck unseres Schiffes sehen wir den Friedhof »Mount Hope« mit den Kreuzen und Hügeln über den wahren Opfern des Panamaskandals.

An Bord kommt der Agent der Schiffahrtsgesellschaft und bringt Zeitungen mit, »The Panama Tribüne«, »Panama-American« und »Star and Herald«, die zweisprachig sind. (»Pagina deportiva« heißt die Sportrubrik auf spanisch!)

Auf die vorgestrigen Schiffskatastrophen bezieht sich nur eine kurze Meldung in den Blättern. Das erste Schiff, dessen SOS wir vernahmen, war der britische Frachtdampfer »Tessbridge« mit 38 Mann Besatzung; ohne Zweifel ging er unter. Über das Schicksal der sinkenden »Dannedaiki«, die ein amerikanischer Öltanker ist mit einer Bemannung von 33, und das der »Florida«, italienisch, Bemannung: 35 und Passagiere, ist nichts bekannt.

Ausführliche Erläuterungen über die massenhafte Anwesenheit der amerikanischen Kriegsmarine finden wir in den Blättern. Nichts Geringeres hat sie zu verhindern als die Zerstörung des Panamakanals. Wann soll denn die Vernichtung erfolgen? Schon in der nächsten Woche! Und wer ist es, der dieses Zerstörungswerk beabsichtigt? Neun Schlachtschiffe, ein Flugzeugmutterschiff »Saratoga«, viele kleinere Einheiten und 97 Flugzeuge. Und woher kommt diese Flotte? Vom Stillen Ozean, sie nähert sich bereits dem Orte Balboa. Und wer ist diese Kriegsmacht? Sie ist die »Black Fleet«. Und welchem Staat gehört sie? Sie gehört den USA. Das Ganze ist das diesjährige große Flottenmanöver.

Keine Angst, die »Blaue Flotte« wird die schwarze schon Zurückschlagen! Obwohl wir vom Angriff des bösen Feindes überrascht worden sind und nur vier Schlachtschiffe und auch weniger Torpedoboote als er bei der Hand haben, nur 24 Aeroplane, den Flugzeugtender »Lexington« und 22 Wasserflugzeuge! Wir besiegen ihn, bevor wir Verstärkung durch die vom Norden des Atlantiks heransegelnde Hauptflotte bekommen! Gelingt es ihnen dennoch, den schwarzen Schurken, uns zu überrennen, dann sollen sie an unserer Festungsartillerie im Kanal ihre blauen Wunder erleben, und auch die Infanteriebesatzung an den Schleusen ist bis zum letzten Mann entschlossen, ihren angestammten Panamakanal vor Vernichtung zu schützen.

Ich gehöre zu der Bemannung des Frachtschiffes »Hannawah«, das in diesem brudermörderischen Kampfe strengste Neutralität bewahrt. Pazifistisch und neutral, wünschen wir beide Parteien zum Teufel, denn wir müssen ihretwegen warten. Nacht, Tag und wieder Nacht. Wir werden ungeduldig.

Mit einer elektrischen Signallampe fragen wir über drei Meilen und viele Schiffe hinüber den Leuchtturmwächter, wann wir endlich in den Kanal dürfen: »When do we move?« Antwort: »I will find out.« Schließlich buchstabiert er mit zuckenden Lichtern zu uns herüber: Morgen um sechs Uhr vormittags.

Und so geschieht es. Ein Lotse steigt ein und einige nonchalant zerrissene Eingeborene. Sie haben die Seile zu knüpfen, an denen wir durch die Schleusenkammern geschleppt werden. Große grüne Zitronen, Kokosnüsse, Bananen und Ansichtskarten bringen sie an Bord, wofür sie so viel Geld verlangen, daß niemand etwas kauft. Wahrscheinlich hat jemand diese Preise für die Passagierdampfer festgesetzt, und niemand kam auf den Gedanken, bei der Mannschaft der Frachtschiffe nach niedrigerem Tarif zu verkaufen. Für Alkohol bekämen sie freilich so viel, wie sie wollten. Aber sie dürfen keinen an Bord bringen, darauf steht eine Strafe von 200 Dollar oder zwei Monate Haft. Das Schmuggelgeschäft betreiben andere – größere und hellere Herren.

Übrigens machen sich die schwarzen Westindier nichts daraus, daß ihnen wenig abgekauft wird. Mit dem nackten Hintern, der aus den Resten ihres Hosenbodens lugt, setzen sie sich im Kreis auf Platten glühenden Eisens, das Deck, und spielen Domino.

Die Lemon Bai durchfahrend, sehen wir noch einmal den »French Channel«, wie aufgedämmt aus Straßenkot von planschenden Kinderhänden und doch das Corpus delicti eines Massenmordes.

Wir kommen durch die drei Schleusen der atlantischen Seite, die Gatun-Locks. Jeder dieser flüssigen Fahrstühle hebt uns etwa zwölf Meter empor, denn das Niveau der panamaischen Seen liegt 34 Meter über dem Meeresspiegel. Auf der pazifischen Seite, bei Pedro Miguel und Miraflores, werden wir drei ebenso hohe Stockwerke hinabsteigen müssen.

Was aber liegt dazwischen?

Dazwischen liegt das Weltwunder.

Dazwischen liegt der vollführte Entschluß, aus einem Weltteil zwei Weltteile zu machen. Dazwischen liegen 44 Meilen, die den Westen des Erdballs dem Osten um 8000 Meilen näher brachten, als er seit der Erschaffung der Welt war.

Dazwischen liegt eine Barauslage von 34 Milliarden Dollar. Die Kosten anderer Kanäle, des Suezkanals mit 127 Millionen, des Kieler Kanals von Nordsee zu Ostsee mit 40 Millionen und des Kronstadt-Leningrad-Kanals mit 10 Millionen Dollar Kosten, sind wohlfeile Anschaffungen dagegen.

Dazwischen liegt menschliche Arbeit.

Sie mußte zur Korrektur der Natur geleistet werden. Die wehrte sich verzweifelt. Sandte Erdrutsch auf Erdrutsch gegen das Werk. Schickte Armeen von Moskitos und Wolken des gelben Fiebers gegen die Arbeiter. Feuerte die heißesten Strahlen und hetzte Alligatoren und Krokodile gegen den, der vor der mordenden Sonne ins Wasser zu flüchten versuchte.

Wie unschuldig und verführerisch die Landschaft jetzt daliegt! Leicht gewellt dehnen sich die beiden Urwälder, die aus dem einen geworden sind, backbords und steuerbords dem Himmel zu. Farnkräuter, groß wie Palmen, und Palmen, ohne Stamm wie Farnkräuter. Ein ungeahntes

Grün und ein ungeahntes Gelb sind die Komponenten dieses tropischen Dschungels, nur Gauguin hatte solche Farben auf seiner Palette. Am Gipfel der flachen Hügelwellen, die der Horizont sind, vereinigt sich das Laubwerk zu Kegeln, als stünde dort ein Dorf von runden, geflochtenen Hütten.

Über dem totenstillen Wasser, durch das wir fahren, schaukeln blauschimmernde und hellviolette Schmetterlinge. Vögel stelzen oder springen am Ufer umher, samtene und seidene.

Hinter dem Gestrüpp sind Sümpfe und Schlamm versteckt. Von den Menschen, die hier jahrelang gearbeitet haben, durfte es niemand wagen, in den Schatten zu gehen. Auf beiden Seiten des dichtestbelebten Schiffahrtsweges ist jungfräuliches Gebiet.

Auch zwischen Felsen windet sich die Strecke zeitweise hindurch, sie ist hier eingleisig, man muß die Schiffssirenen schrillen lassen und an einer etwas verbreiterten Stelle warten, wenn über der Felsenspitze signalisiert wird, von der Pazifikseite komme ein Dampfer.

Gestein, Land und Schlamm wegzuschaffen, das war die erste Arbeit für den Panamakanal, der Durchstich; Dynamit, Schaufel und Bagger die ersten Hilfsmittel. Dann erst kam der Damm, das Land zwischen den Seen in Wasser zu verwandeln, indem man den Chagres River in einem Reservoir auffing. Und schließlich errichtete man die Maschinenanlagen, um die Schiffe von der Tiefe des Meeres zur Höhe des Kontinents zu heben und von der Höhe des Kontinents wieder zur Tiefe des Meeres zu senken, ihnen mit elektrischen Linealen den Weg von Kammer zu Kammer zu weisen.

Ein ausgeruhtes Köpfchen hat berechnet, daß ein Lastzug, beladen mit der diesem Isthmus entrissenen Erde, zweimal so lang sein müßte wie der Äquator, 165 Millionen Kubikmeter wurden bis zu zwölf Meilen weit weggeschafft.

Mehr als eine halbe Million Kilogramm Dynamit war der Monatsbedarf innerhalb des Jahres, in dem der Kanalbau zum Culebra Cut vorschritt. Hier wurde ein steinerner Riesenberg mit Luftkompressoren tief durchlöchert, in jedes der Löcher eine Tonne Dynamit gestopft und elektrisch entzündet, bis er gesprengt war, um Raum für den künstlichen Strom zu schaffen. Hatte sich der Urwald schleichend gerächt – das Felsenmonstrum rächte sich vehementar: urplötzlich, als die Menschenhand ihr Werk schon vollendet glaubte, brach sich der gespaltene Leib nochmals selbst entzwei, stürzte hinab, alles zerschlagend und verlegend.

Je vier schmalspurige Lokomotiven, wie Tanks gebaut, ziehen das Schiff in die zementene Staukammer empor oder hinab; ihre Geleise krümmen sich schärfer aufwärts als die Berg- und Talbahn des Lunaparks.

Steht man am Bug des Schiffes, so sieht man das Wasser in die nächste Schleusenkammer strömen, sich aufbäumend und schäumend und tobend muß es von dorther, wo man es nicht mehr braucht, dorthin, wo man es braucht.

Nachdem wir die drei Treppenstufen auf der Atlantikseite erklommen haben, hören die elektrischen Kanalschlepper auf, uns zu ziehen, nur die Neger, die uns an die kleinen Lokomotiven gebunden und wieder losgebunden haben, bleiben an Bord und spielen vierzehn Stunden lang Domino.

Diese vierzehn Stunden lang fahren wir mit eigener Kraft ganz langsam, bis wir gegen Mitternacht auf einem anderen Weltmeer auftauchen.

Woran hat uns dieser Tag vorbeigeführt! An Flamingos und an Baggern, an Krokodilen und Leuchtbojen, an Kolibris und an den schwimmenden Demag-Drehkränen »Ajax« und »Herkules« mit je fünfzig Tonnen Hebekraft, an Port Miguel mit seinen glasgedeckten Veranden und seinen goldenen Palmengärten und an schwimmenden Gesteinsbohrern, an den Ruinen der französischen Maschinen aus der Zeit des ersten Panamatraums und an kobaltblauen Schmetterlingen, an fliegenden Fischen und einer schwimmenden Kraftstation.

Und an unerfreulichen Dingen. An Kasernen zum Beispiel, luftig gebaut wie Bungalows und anscheinend doch nicht bewohnbar, denn lange Reihen von Zelten stehen davor, der Eingang mit Gaze verhängt. Darin schlafen die, die sich von den Werbeplakaten an den Straßenecken lokken ließen. Zwei Jungens, man weiß nicht, ob sie Pfadfinder oder Soldaten sind, sitzen am Schleusenkai. Wir fragen sie: »Hallo, guys, you belong to the army?« – »Sure, we stay in Camp Clayton.« – »Have you been here a long time?« – »Two months, and jail looks good to us.«

Sie meinen damit, jedes Zuchthaus scheine ihnen ein Paradies, seit sie hier in Garnison sind. Wir sehen aber auch das Zuchthaus in concreto. Die schwarzen Westindier, vom Dominospiel aufstehend und scheu ans Ufer lugend, flüstern mir zu, wer abends die Drähte berühre, sei gleich tot. Canal Zone Penitentiary ist eine lückenlos geschlossene Holzhalle im Einschnitt des Gambo-Hügels: ein Glasturm mit Maschinengewehr für den Wächter; auf einer terrassenförmigen Erhöhung die Häuser der Beamten. Das ganze Tal: ein Käfig aus stählernem Draht.

Marine – die »Blaue Flotte« – fährt vor uns, neben uns und hinter uns, und überall gibt es Befestigungen und Geschütze.

Zwischen den Staukammern sind breite Dämme, und auf diesen spielt sich etwas ab, was wir längst vergessen haben: Leben. Festländisches Leben. Wir starren hinunter. Drei Mädchen – einander untergefaßt haltend – gehen spazieren. Ein weißgekleideter Herr zieht vor ihnen seinen mit Luftlöchern geschmückten Strohhut. Männer ohne Rock tragen dort, wo der Gentleman seinen Revolver trägt – ein Telefon, das heißt ein Hörrohr mitsamt Mikrophon und

Draht; von Zeit zu Zeit gehen sie zu einem der Zementkandelaber, schalten sich ein und sprechen.

Ich habe – seit zehn Tagen zum erstenmal – Strümpfe und Schuhe angezogen, Hosen und ein Hemd mit Kragen und Krawatte. In Miraflores, der letzten Schleuse, frage ich vom Deck herab einen der Knaben, die auf dem Kai spielen, ob er mitkommen möchte. Der Kleine sagt nichts. »Ne sais-tu pas répondre?« schilt die Gouvernante. »Ah, Madame est française?« – »Non, Monsieur, je suis de la Suisse.« – »De quelle ville, Madame?« – »De Berne.« – Dütsch? Ja, dütsch. Reden wir deutsch. Von Berner Burgern und Bürgern. Sie hat schon lange nicht mehr Deutsch sprechen gehört. Freilich, freilich kennt sie Herrn Dr. W., er ist ein Freund ihres Vaters.

Wir stehen uns jetzt gegenüber, auf gleicher Plattform. Als das Gespräch begann, schrie ich von vier Meter Höhe hinab, jetzt bilden Deck und Kai eine Fläche. »Das ist ein sehr gelehrter Mann, der Herr Dr. W., und auch ein netter Mensch ist er, hier aber gibt's keine besonders netten Menschen, überhaupt keine Ansprache, ich möchte ...«

Bei jedem Wort muß sie einen Schritt vorwärts gehen, denn unser Schiff sinkt, sie ist schon nahe an dem Seil der Lokomotive, am liebsten möchte sie es überspringen.

»Bleiben Sie heute in Balboa?« fragt sie herunter.

»Nein, wir fahren gleich weiter«, rufe ich hinauf, dorthin, wo ich nur ihre Beine sehe. »Schade«, ruft sie.

»Sehr schade«, schreie ich, ich sehe auch ihre Beine nicht mehr. Das letzte Tor der letzten Schleuse öffnet sich, der Panamakanal entläßt uns, wir fahren in den Pazifischen Ozean hinaus.

Am Ende des Piers von Miraflores weist ein transparenter Pfeil nächtlichen Schiffen den Weg. Unter dem Lichtpfeil steht das Mädchen aus Bern. Sie winkt mit dem Taschentuch. Die drei Kinder, die sie zu betreuen hat, müssen auch winken, obwohl sie nicht wissen, warum. Hier spielt sich das Ende eines Romans ab, der nicht begonnen. Vielleicht wäre er von Claude Farrère.

Ein Motorboot kommt heran, macht an uns fest, der Lotse klettert die Strickleiter herab. Nach ihm die Neger, sie drängen sich am Heck des Kahns zusammen.

Beleuchtet sind die Straßen von Panama, Hauptstadt der Republik, beleuchtet die Fenster von Balboa, der Festung des Kanals, und ihrer auf den vorgelagerten Inseln zum Herstellungspreis von zwölf Millionen Dollar ausgebauten Forts. Sogar auf Palo Seco, einer Sammelstelle für die amerikanische Leprakolonie von Agua Bendita in Kolumbien, brennen Lichter. Achtern funkelt noch der Pfeil oberhalb der Schleuse von Miraflores. Aber darunter ist niemand mehr, der mir winkt.

Old Panama liegt im Dunkel, es ist eine Ruine. Vor dreihundert Jahren hat Morgan, der große Pirat, die Stadt eingeäschert.

Wir dampfen südwestlich bis Cap Mala und den siebenten Breitengrad entlang, ganz nahe dem Äquator. Bei der Insel Quileo, zur Republik Panama gehörig, wenden wir Nordwest. Es geht an vielen Staaten vorbei: Costarica, Nikaragua, Honduras, San Salvador, Guatemala, Mexiko.

Gewiß, auch die Anstreichearbeit hat ihre Nachteile. Die Befürchtung, daß die Strippe, mit der man seinen Schwebesitz in einer Höhe von sechs Metern befestigt hat, nicht kunstgerechtdauerhaft geknüpft ist, gehört nur örtlich zu den höchsten der Gefühle. Zu ebener Erde arbeitet man sicherer.

Ganz mechanisch läßt sich's allerdings auch unten nicht machen. Nach ehernem Brauch müssen bestimmte Teile des Schiffes in bestimmten Farben gestrichen werden, die Ankerspills und die Innenseite der Windfänge, die Alarmglocken, die Feuerlöschgeräte, die Hydranten und das Geländer der Kommandobrücke zinnoberrot, die Türen braun, die stählernen und die hölzernen Mastbäume ledergelb (buff), das ganze Deck, Reling, Davits, Funkenrahe, Maschinen und Winden zuerst mit roter Bleifarbe und dann schwarz, Rettungsboote und Wände oben weiß und unten mastgelb. (»Finishing color« steht auf den Farbentöpfen – nie habe ich daran gedacht, daß das Wort »Firnis« vom lateinischen »finis« kommt.) Man muß achtgeben, daß der Pinsel mit einer Deckfarbe nicht ausrutscht, fährt er in den andersfarbigen Teil, so ist alles verdorben.

Die Lacke besudeln den Körper des Anstreichers, und die Tropensonne brennt diese Flecke ein. Für ewig? Mit heißem Wasser und Seife gehen sie nicht weg, am allerwenigsten unter der Seewasserdusche.

Schwellen und Türklinken sind aus Messing und werden mit »grease« poliert (weiß der Teufel, wie die Putzpasta, Schmiere und alle diese Dinge auf deutsch, geschweige denn auf seemannsdeutsch heißen).

Weitaus am schlimmsten ist es, die alte Farbe und den darunter befindlichen Rost von den Eisenplatten des Decks abzukratzen. Der steel scraper, den man mit beiden Händen festhält, macht keine Haarstriche. Man muß aufdrükken, sonst geht nichts weg, kein Stäubchen des tief eingefressenen Rostes. Wenn man aber aufdrückt – zuerst entsteht auf dem rechten Daumen eine Blase und auf beiden Handflächen Schwielen. Man will schlau sein, stützt den Kratzerstock nicht mehr auf den Daumen, sondern auf die anderen Finger. Auch hier bilden sich Blasen, und der Anfänger glaubt, dadurch, obwohl er noch nicht eine einzige Platte fertig hat, von weiterer Entrostungsarbeit befreit zu werden. Stellt sich als Irrtum heraus. Er kann Handschuhe anziehen, was ihm früher nicht eingefallen ist, da die anderen keine anhaben.

Im Personalstand unseres Schiffes sind zwei definitive und mehrfache gelegentliche Änderungen eingetreten; kurz nach Abfahrt von Jacksonville erkrankte ein Matrose und stöhnte nächtelang vor Unterleibsschmerzen, bis in Lemon Bai ein Arzt an Bord kam, Blinddarmentzündung konstatierte und den armen Kerl, dessen Zustand sich in den langen Tagen der Seefahrt sicherlich verschlimmert hat, nach Colon zur Operation nahm; er wurde auf der angeseilten Matratze in ein Spitalsboot hinabgesenkt.

Glücklicher war ein Heizer, der im Maschinenraum stürzte, sich den rechten Unterarm und den Beckenknochen brach. Er war deshalb glücklicher, weil sich der Unfall in Culebra Cut ereignete und er schon wenige Stunden später, bei Pedro Miguel, ärztliche Hilfe bekam; er humpelte vom Deck zu einem Wagen des nahen Ancon-Hospitals. Die anderen Fälle waren Fußverstauchungen und ein Durchfall mit Fieber.

Vertretungen mußten erfolgen, und so habe ich zwei Tage in der Mannschaftsmesse und vier Tage in der Offiziersmesse als Steward fungiert. In der Mannschaftsmesse ist der Zinnteller mit Suppe, dann der mit Fleisch und Gemüse und der mit Pudding aufzutragen und schließlich die Blechtassen mit Kaffee.

In der Offiziersmesse wird vor dem Essen der Tisch gedeckt, die Bestecke, Zucker- und Butterdosen und die Servietten in ihren Ringen angeordnet. Es gibt eine Speisekarte, und jeder Offizier kann eines von den beiden Fleischgerichten wählen; serviert wird hier in Porzellantellern und Porzellantassen. Die »steam table«, worin die aus der Küche geholten Speisen warm gehalten werden, steht nicht wie bei der Mannschaft im Eßzimmer, sondern in einem Nebenraum, der Pantry. Zwei Mittagessen sind zurückzustellen: für den eben wachehabenden Offizier und den im Dienst befindlichen Ingenieur.

Nach dem Frühstück (½9), dem Dinner (½12) und dem Supper (½6 Uhr) sind in der Pantry die Schüsseln, Gläser, Teller und Tassen zu waschen, die Speisereste wegzuschütten und das Eßzimmer zu reinigen. Kaltes Fleisch und eisgekühlter Tee bleiben nach dem Abendbrot auf dem Tisch für die Offiziere, die in der Nacht von der Wache kommen.

Während ich auftrage oder, an die Anrichte gelehnt, darauf warte, bis der Gang vorbei ist, werde ich vom Kapitän oder von den Offizieren ins Gespräch gezogen, befragt, und man disputiert mit mir. Äußerliche Betonung eines Standesunterschiedes, das Distanzhalten und das Katzbukkeln, der Begriff des Respektverhältnisses, all das, was in Europa und insbesondere in Deutschland jeder Zigarrenfritze von seinem »Untergebenen« verlangt, existiert nicht. Man spricht mit dem Fabrikbesitzer, dem Präsidenten des Verwaltungsrats, dem Chef genauso wie mit dem Laufburschen; der Kapitän bittet den Öler um eine Zigarette, ein Leichtmatrose fragt den Ersten Ingenieur um Feuer. Sie sind durchaus nicht alle gleich, sie sind sogar viel ungleicher als in Europa, aber da sich jedermann nur nach dem Dollar bemißt und vom anderen weiß, »wieviel er wert ist« (dieser Wertbegriff wird auch in allen Biographien, Nekrologen, Handbüchern und Festreden ziffernmäßig angewendet), und da jedes Dollarplus ein Plus der Lebensform bedeutet, das durch keinerlei andere Eigenschaft ausgeglichen werden kann, so ist die Hervorhebung des Unterschiedes überflüssig.

Von Kaiser Franz I. wird erzählt, daß er beabsichtigte, allabendlich mit den Bauern seines Schloßdorfes Kegel zu spielen, diesen Wunsch jedoch aufgab, als ihn bei der ersten Partie ein Bauer fragte, wann er denn die Leibeigenschaft aufheben wolle.

Keiner der amerikanischen Kaiser hat eine solche Frage zu befürchten, denn Kaiser und Bauern denken über alles gleich und sind nicht nur für die Beibehaltung der allgemeinen Leibeigenschaft, sondern auch der allgemeinen Geisteigenschaft, Kaiser und Bauer lesen genau dieselben niveaulos aufgemachten Zeitungen, genau dieselben hirnverbrannten Magazine, dieselben phantasielos-abenteuerlichen Kurzgeschichten, alle sehen dieselben Kitschfilme, und alle hören das uniformierte Programm des Radios, des Grammophons und der Sonntagskirche. Ob sie nun für Hoover oder für Smith gestimmt haben, sie sind begeistert darüber, daß Hoover Präsident wurde, da er persönlich ein hochanständiger Mensch ist – wäre Smith gewählt worden, könnte *er* jetzt der hochanständige Mensch sein. (Das ist übrigens überall so: vor drei Jahren habe ich in Warschau den Pilsudski-Putsch erlebt, die vier Tage, in denen sich auf den Straßen die Leichen häuften, bis am Morgen des 16. Mai 1926 Pilsudski in der allgemeinen Meinung ein »persönlich hochanständiger Mensch« geworden war.)

Außerdem sei Smith Katholik, und die Religion bleibe besser von der Politik fern. Wirft man bescheiden ein, daß Hoover Protestant sei, also die Religion auch bei ihm nicht von der Politik fernbleibe, bekommt man zu hören: das sei etwas ganz anderes, ein Protestant wird nie ..., aber bei den Katholiken, ha, »ich habe einen Katholiken gekannt ...«, »in unserer Stadt war eine katholische Famili ...«.

Über die Minderwertigkeit der Neger – über die Notwendigkeit der Todesstrafe – daß Sacco und Vanzetti vielleicht unschuldig gewesen seien, aber man durfte sich von Schreiern nicht einschüchtern lassen – darüber, daß es zum Teufelholen ist, kein Glas Bier trinken zu können, die Prohibition jedoch aufrechterhalten werden muß, »weil die Arbeiter am Samstag ihren Lohn vertrinken würden« – über Automobilmarken und Lebensfragen ist man sich vollkommen einig.

Die Gespräche und Ansichten und Ausdrücke, die mathematisch gleichen, die man von Kaufleuten auf Manhattan und von Beamten in Washington und von Arbeitern in Pennsylvanien gehört hat, hört man in der Offiziersmesse und auf dem Achterdeck wieder. Die Main Street der selbstbewußten Engstirnigkeit führt nicht nur, wie Sinclair

Lewis meint, von jeder Kleinstadt des Ostens geradewegs zu jeder Kleinstadt des Westens, sie verläuft auch durch den Broadway New Yorks bis an die Landungsplätze und darüber hinaus auf beide Ozeane. Wir schwimmen auf Gopher Prairie durch den Meerbusen von Tehuantepec.

Was fragt man mich? Warum »thé Kaiser« den Krieg »gestartet« hat. Ob er ein Sadist war. Ob die Deutschen froh sind, daß Amerika sie vom Kaiser befreit hat. Ich sehe mich in die spaßige Lage versetzt, Wilhelm II. verteidigen zu müssen, indem ich etwas über die Kriegsursachen sage. O weh! Ich erfahre erst hier, Kaiser Wilhelm habe den Mord in Sarajevo persönlich organisiert, um jedem seiner vielen Söhne einen Thron zu verschaffen.

»Und daß Captain Schweiger der Freund, der beste Freund des Kaisers war, wissen Sie auch nicht?« Nein, ich weiß nicht einmal, wer Captain Schweiger ist! »Der hat die ›Lusitania‹ versenkt mit tausend Frauen und Kindern, mit hundert Amerikanern, und deshalb haben wir sofort den Krieg an Deutschland erklärt.« So? Ich glaube, die Kriegserklärung kam mehr als ein Jahr später. Wir streiten, und schließlich wird der »World Almanac« geholt, ein Buch mit hohen Auflagen, weil es alle Wetten entscheidet und als Hilfsmittel für Kreuzworträtsel unentbehrlich ist.

Ich borge mir das Jahrbuch aus und lese es abends: die Gesetze der Bundesregierung und Gesetze einzelner Staaten, die Kerkerstrafen auf Ehebruch und Bruch des Eheversprechens, die Verbote des Theaterspielens und des Sports am Sonntag, des Unterrichts in der Entwicklungslehre; lebenslänglicher Kerker für jeden, der das viertemal verurteilt wird, auch wenn er nur eine Übertretung des Prohibitionsgesetzes begangen hat. Ich lese das projektierte Gesetz gegen die noch immer vorkommende Lynchjustiz an Negern.

Und ich lese, nicht ohne persönliche Anteilnahme, das Einwanderungsgesetz, besonders den Absatz 2 des Artikels: »Excluded classes«, worin jenen die Einreise verboten wird, die der Idee eines gewaltsamen Umsturzes anhängen und Mitglieder oder Freunde von Organisationen sind, die Unglauben (disbelief) oder Opposition gegen die Regierung lehren; auf die Übertretung dieser Bolschewiken-Klausel steht die strengste Strafe des Einwanderungsgesetzes: fünf Jahre Kerker und Geldstrafe bis zu fünftausend Dollar.

Das lese ich vor dem Schlafengehen im Meßraum, nicht mehr in meiner Hängematte, denn keine Lampe bescheint sie. Wir liegen schon lange in freier Luft, auch zur Nachtzeit.

Tagsüber gehen wir nackt herum, nur mit dem Hut bekleidet, nicht von wegen »wenn doch jemand kommt«, sondern weil Sonnenstich unangenehm ist. Man möchte sich auch die Haut vom Körper reißen, dieses enganliegende unbequeme Kleidungsstück. So ist uns eingeheizt. Brennenden Leibes fahren wir Mexikos Ufer entlang, und was sehen wir dort auf dem Festland, was winkt uns höhnisch herüber? Schnee! Es sind, wie ich der Karte entnehme, zwei feuerspeiende Berge, der Vulcano de Safa (14118 Fuß hoch), auf indianisch Pico Helada genannt, und der Vulcano Colima, 12745 Fuß.

Cap San Lucas ist die Südspitze der kalifornischen Halbinsel, deren unterer Teil zu Mexiko gehört. Wir sind zum 24. Breitengrad emporgestiegen, und noch glühen wir nachts unter dem Kreuz des Südens, noch schlafen wir auf Deck. Aber wir haben wieder Hosen an, wenn wir arbeiten.

Dave Dunge. Kein Zweifel, er haßt mich. Das wußte ich schon in den ersten Wochen der Reise, obwohl er sich verzweifelt zusammennahm – er fürchtete, ich würde in einem der Häfen desertieren. Dann wäre er um sein, das heißt um mein Geld gekommen.

In Jacksonville sah ich den Agenten der Schiffahrtskompanie mit Post an Bord kommen. Wenige Minuten später standen oder saßen die Offiziere und einige Matrosen herum und lasen Briefe. Ich erhielt nichts. Das war mir unverständlich, denn ich hatte in New York gebeten, mir alles nachzusenden. Erst nachts lagen zwei Briefe auf meiner Hängematte, die vorher nicht dort gewesen waren. Uneröffnet. Dave Dunge hatte jedenfalls den Auftrag gegeben, meine Briefe aufzufangen und ihm einzuhändigen, wenn er aus der Stadt komme. Er wollte sich überzeugen, ob mir Deborah schreibe. Möglicherweise hat sie es getan – dann hat er eben den Brief. Bin nicht neugierig.

Ich schreibe diese Tagebuchnotizen entweder im Meßraum oder – bohrt sich die Sonne nicht allzutief in mein Fleisch – irgendwo auf dem Schutzblech sitzend, das befestigt ist über den vier durch das ganze Schiff führenden Röhrenleitungen für Dampf, Frischwasser, Wasserspülung und Wasser für die Feuerlöschschläuche.

In den ersten Tagen machte sich Sid, ein A. B.-seaman, der eine Kreatur Daves ist, an mich heran. »Was schreibst du da?« – »Einen Zeitungsartikel über unsere Reise.« – »Zeig mir, was du schon geschrieben hast.« Er versteht natürlich nicht deutsch, obwohl er auf einem Getreideschiff in Bremen war, von dort einen Abstecher nach Berlin gemacht hat und immer vor den anderen mit mir »deutsch« spricht: »Bringe Sie mir thwei Bier.« Und dann, mit seinen Sprachkenntnissen genugsam imponiert habend, beteuert er: »Oh, I like Berlin. The Köllnischer Fischmarkt – that's a wonderful place.« Hab ich gar nicht bemerkt, es wird wohl in Berlin places geben, die more wonderful sind als ausgerechnet der Köllnische Fischmarkt, aber ich sage: »Oh, yes, it's really a fine place.«

Er will also sehen, was ich geschrieben habe. Ich gebe ihm ein paar Seiten, in meinem so unbequem hingekritzelten Manuskript könnte kaum ich, geschweige denn Sid das finden, was er sucht, den Namen »Deborah«. Daß es kein Brief an sie ist, hat er wohl gemerkt, denn es ist deutsch, und Deborah versteht nicht einmal die Worte: »bringe Sie mir thwei Bier« und »Köllnischer Fischmarkt«. Vielleicht aber ließe sich erkennen, wie weit meine Liebe zu Deborah gediehen ist oder ob ich Dave Dunge als gehörnten Liebhaber verhöhne.

»Was kann man denn so viel über unsere langweilige Reise schreiben? Übersetz mir etwas daraus.« Ich lese ihm vor, was ich eben über den Panamakanal notiert habe, und er geht.

Dave Dunge hegt sicherlich keinen Zweifel an den deutschen Sprachkenntnissen seines Spitzels und weiß daher aus Sids Geheimbericht, daß meine Schriftstücke persönliche Mitteilungen nicht enthalten. Trotzdem hängt Dave mir die übelsten Arbeiten an: die Dampfsirene anzustreichen, die auf einer hohen Stange vor dem Rauchfang befestigt ist, oder die Brillen der Mannschaftsaborte zu lackieren. Das tue ich mit sichtlichem Vergnügen. Ich schimpfe nur über den nächtlichen Wachdienst am Vordeck, damit Dave mich auf diesem Posten belasse.

Offen darf er mir seinen Haß ja nicht zeigen, denn er hat meinen Lohn noch nicht in der Tasche. Mit schlechtgespielter Freundlichkeit unterhält er sich mit mir. Ich überlege, ob ich ihm das Geld nicht erst nach der Landung auf dem Ufer auszahlen soll, wo sicherer Boden ist. An Bord würde ich bei einer Rauferei den kürzeren ziehen. Er kann mir auch die Strickleiter wegziehen, wenn ich aussteige …

Ohne viel raffinierte Gesprächsübergänge zeige ich eines Abends in der Messe meinen Browning. »Muß ihn immer bei mir haben, wohne in Berlin in gefährlicher Gegend, und wenn man so viele Reisen macht …« – »Hast du ihn denn schon gebraucht?« – »Leider«, brumme ich. »War das Unglück meines Lebens.« – »Weißt du, daß du furchtbar eingehst«, sagt mir einer, »wenn man erfährt, du hast eine Schußwaffe an Bord genommen?« Nein, das wußte ich nicht, hab ich doch die Schiffsartikel unterschreiben müssen, ohne sie gelesen zu haben. Aber ich erwidere: »Hab dem Capt'n den Revolver gezeigt, er hat sich ihn erklären lassen und mir wiedergegeben.«

Seit dieser öffentlichen Vorführung meiner Waffe trage ich sie wirklich in meiner Hosentasche. Nachts lege ich sie unter das Kissen der Hängematte. Sonst würde sie bald verschwinden.

Ich bin wieder Kellner in der Offiziersmesse. Die Gespräche kenne ich schon auswendig. Jeder der Offiziere hat einen anderen Bildungsgang, der eine die Ingenieurhochschule absolviert, der andere war noch beim vorigen Trip ein Öler; der eine hat Will Dunant gelesen, einen der zehn eben modernen Vulgärphilosophen Amerikas; der andere ist informiert über Sigmund Freud (sprich: Professor Fruhd), da seine Frau ganz »crazy« mit Psychoanalyse ist; der eine ist Quäker und hat Smith gewählt, der Captain – nach eigener vertraulicher Angabe – sogar Mitglied des Ku-Klux-Klan, der nationalistisch-amerikanisch-protestantischen Femeorganisation, und gleichzeitig – siehe sein Abzeichen – Mitglied der Freimaurer, die Menschenliebe und Weltverbrüderung zu propagieren glauben.

Sie sind über alles einig. »Der Kellogg-Pakt macht jeden Angriffskrieg in den nächsten dreißig Jahren unmöglich.« – »Sure, die amerikanische Kriegsflotte (Nachrichten über die eben im Senat verhandelte Cruiser-Bill bringt der Funker) muß die stärkste der Welt sein, aber nur deshalb, weil wir die größte Küste der Welt zu schützen haben.« Die militärische Besetzung von Nikaragua? »Die war notwendig, um dort endlich Ordnung zu schaffen, und man sollte es mit allen mittel- und südamerikanischen Staaten so machen. Und die Weiber und die Pazifisten sollte man einfach einsperren.« Über Sozialisten und »radicals« wird überhaupt nicht mehr gesprochen; woran die aufgehängt gehören, darüber besteht keine Meinungsverschiedenheit. »Die Kerle wollen ja nur Geld machen.« – Lenin? »Aber seien Sie nicht so naiv, der Mann wird schon sein fettes Bankkonto gehabt haben wie alle anderen.«

Nach dem Essen, den letzten Bissen noch im Mund, hasten alle davon – ich brauche nicht einmal die Aschenbecher hinzustellen. Meine Gäste gehören zum Volk derer, die allmorgendlich und allabendlich den gleichen Fraß im Automatenrestaurant herunterschlingen, die sich vor der Arbeit und nach der Arbeit von den Fußtritten des Schaffners in die kompakte Masse der Untergrundbahnfahrer hineinfetzen lassen, sie gehören zum Volk derer, die ihren Sporttrieb vor den telegrafisch bewegten Diagrammen der Baseballwettspiele, ihren gesellschaftlichen Ehrgeiz beim Lesen der Society news, ihren wirtschaftlichen Ehrgeiz bei Betrachtung der Wolkenkratzer und ihren sexuellen Ehrgeiz beim Besuch der Burlesks und anderer leg shows ausleben, ihre literarische Bildung aus ephemeren Kitschgeschichten der Magazine und der Filme beziehen, zur wissenschaftlichen Aufklärung im Gänsemarsch in den High Schools und Colleges antreten und politisch von der Schule und hernach von den klischierten Tageszeitungen ausgebildet werden.

Wohin kann man während der Mittagspause auf einem Schiff rennen? Zwei wollen gemeinsam mit dem diensthabenden Öler im Maschinenraum das Kreuzworträtsel der Zeitschrift »Individuality« lösen. Ein anderer die Biographie Henry Fords im Magazin »Personality« zu Ende lesen. Einige spielen Dame oder Halma in der Kajüte mittschiffs. Die meisten haben sich aus der Bücherkiste, die von der »American Merchant Marine Library Ass.« zur Verfügung gestellt ist, einen der hanebüchenen, mit bunten Illustrationen versehenen Liebesromane ausgeborgt. Kapitän und Chefingenieur lassen kein Radioprogramm aus, obwohl manchmal alle 35 amerikanischen Broadcastingstationen nacheinander die gleichen, von Reklamen für die Zigarettensorte »Lucky Strike« unterbrochenen Musikstücke senden.

Eine Bäuerin auf dem Balkan hat selbständigere Gedanken, ein Eskimo interessiert sich mehr für Lebensfragen als der Americano. Es ist, als ob ein riesenhaftes Megaphon das in Reih und Glied angetretene Hundertzwanzigmillionenvolk zu streng einheitlichen Übungen in »individueller Betätigung« kommandierte. Jedes Wort, das sie sagen werden, weiß man schon im voraus, es sind ja nicht so viele Worte. »All right« zum Beispiel. Das bedeutet: »Ganz richtig« – »ja, sehr gerne« – »nein, das macht nichts«– »schon recht« – »aber, bitte« – »das stimmt«. Und wenn zwischen ihrem »sure« und »all right« etwas eingefügt werden muß, so kommt ein »damned« davor, damit sie Zeit gewinnen, dieses Wort aus ihrem Gehirnmagazin hervorzuholen.

Sie hasten vom Essen weg und stehen bei der Arbeit herum, sie sind das Volk, das in der Pause eilt und sich bei der Arbeit Zeit läßt. (Sklaven und Emigranten werden's schon erledigen.) Mit Vorliebe sprechen sie über den Krieg. Wieso ich denn bestreiten könne, daß die Deutschen die Gefangenen im Schützengraben gekreuzigt, ihnen den John Henry abgeschnitten und in den Mund gesteckt haben? »Well, Sie haben es nicht gesehen, die Front war viele tausend Meilen lang, aber bei uns stand es in den Zeitungen und wurde von der Kanzel herab verkündigt.« Ich brülle, sie sollten sich schämen, zehn Jahre nach dem Krieg solchen Mist zu glauben, der 1914 bei uns auch zu lancieren versucht wurde gegen Belgier und Serben. Nun denken sie, mein Nationalgefühl sei empört, und das tut ihnen leid, sie haben ja nichts gegen die Deutschen, im Gegenteil, sie sind jetzt gegen England: »Wir wollen ja nicht sagen, daß es das deutsche Volk war – unter Millionen Soldaten finden sich auch ein paar sadistische, kriminelle Naturen, das ist doch selbstverständlich. Und die anderen machen es eben nach …«

Von Rußland wissen sie auch nur solches Zeug, das scheinbar politisch ist, aber den gewünschten sexuellen Einschlag hat, von der Sozialisierung der Frau (Benützungsdauer: eine halbe Stunde) und von Millionen räubernder, schändender und geschlechtskranker Knaben. »In Moskau betteln doch nachts Menschen auf der Straße, auch Kinder.« Ich halte ihnen entgegen, daß es im reichen Amerika ebensoviel Bettler gibt, unbefugte und »licensed«, daß Kinderarbeit noch schlimmer als Kinderbettel ist und daß am Hallowe'en und am Thanksgiving Day die Straßen New Yorks voll armer Kleiner sind, von ihren Eltern oder von fremden Bosses kostümiert und zum Tanzen, Singen und Betteln angehalten. Und die Buben, die in den nächtlichen Waggons der Untergrundbahn ausrufend mit unbeschreiblich schweren Zeitungspaketen herumlaufen? Und in Wall Street die zerlumpten Zehnjährigen, den Börsenbesuchern die Stiefel putzend, statt zur Schule zu gehen? Und … meine Diskussionsgegner lachen mich aus. »Das ist business, mein Lieber. Unsere größten Millionäre haben so angefangen!«

Es ist Februar geworden. Noch 1200 Meilen haben wir zu machen, und die Tagesration beträgt 240 Meilen. Jeder wäscht seine Taschentücher, Socken, Hemden und Unterhosen. Auch ich. Nicht sehr gut. Aber ein solch großartiges Kunststück, wie uns das die Frauen weismachen wollen, ist es nicht, das weiß zu machen.

Der Koch, ein schöner irländischer Bursche, gab mir gestern Adressen in Los Angeles an, Lokale, wo man tanzt und Whisky kriegt, wo auch Mädchen hinkommen, die in Filmen mitspielen, natürlich nur in kleinen Rollen, ein Hotel, wo man billig und ungestört wohnen kann, ein gutes Restaurant. Auf meine Frage, wieso er sich so gut auskenne: seine Braut sei in einem Modengeschäft von Los Angeles angestellt. Er zeigte mir auch ihr Bild, das über einem Paket Briefe liegt, sie schreibt ihm nach jedem Hafen und er ihr auch. »Da bist du ja glücklich, daß du übermorgen wieder in Los Angeles bist!« – »Ach was, hol's der Teufel!« Dann brummte er etwas von der verdammten Navy, und als ich fragte, was denn die Kriegsmarine mit seiner Freundin zu tun habe, erklärte er mir die tragikomische Situation einer Seemannsliebe:

»Jedes Schiff unserer Kompanie macht im Jahr viereinhalbmal den gleichen Trip, von Portland (Oregon) nach New York und wieder zurück. Es läuft also die Häfen neunmal an. Bei einem dieser neun Hafenurlaube in Los Angeles habe ich meine Braut vor drei Jahren kennengelernt und seither jedes Jahr neunmal gesehen. Ich war auf der ›Hiawatha‹. Wie's die verfluchte Hölle will, die ›Hiawatha‹ macht immer am Zehnten eines Monats in Pedro (dem Hafen von Los Angeles) fest, manchmal auch einen Tag früher, manchmal einen Tag später, aber immer so um den Zehnten herum, und das ist gerade eine schlechte Zeit für mein Mädel, du verstehst. Zwei Jahre schon geht das so, da ist mir jetzt die Geduld gerissen, und in New York hab ich mit dem Koch von der ›Hannawah‹ getauscht. Der war natürlich froh, zwei Wochen früher in Portland bei seiner Familie zu sein. Die ›Hiawatha‹ segelte also am 3. Dezember von New York, und wir sollten vierzehn Tage später los. Aber wie's die verfluchte Hölle will, kommt die Geschichte mit dem Untergang der ›Vestris‹ dazwischen, die Schifffahrtsgesellschaft schickt eine Kommission zur Untersuchung der Rettungseinrichtungen, dann erscheint eine Kommission vom Hafenamt, und wir müssen Weihnachten in New York feiern. Ich dachte mir nichts dabei, daß wir acht Tage verlieren, denn ob ich am 24. Januar oder am 1. Februar bei meiner Freundin Anker werfe, kann mir egal sein. Da laden wir in Baltimore Kargo auf Kargo und bleiben vier Tage länger. Hol's der Teufel, denke ich, wenn's nur nicht noch ein Tag mehr wird! Das wäre verdammt!

Nun, wir segeln am Elften von Baltimore, und ich freu mich, doch zurechtzukommen. Bums, da ist die ganze Kriegsmarine wegen ihrer verdammt blödsinnigen Manöver, und wir müssen zwei Tage in Lemon Bay sitzen, bevor wir durch den Panamakanal dürfen. Und übermorgen sind wir in Los Angeles – am Zehnten.«

Er sah noch einmal den Kalender an, so wie Polikuschka voll hoffnungsloser Hoffnung noch einmal das Futter seiner Pelzkappe durchsucht, ehe er sich erhängt. Nein, das verlorene Geld ist nicht in Polikuschkas Mütze, und auf des Kochs Kalender steht der Zehner blutigrot.

Übermorgen werden wir in Los Angeles sein, und ich werde von Bord gehen. Seit drei Tagen schwimmen wir entlang der kalifornischen Halbinsel, die mexikanisch und feucht ist, morgen überschreiten wir die Alkoholgrenze. Tiajuana, einst nur berühmt durch Pferderennen, ist jetzt das Ziel allabendlicher Autorennen: die Herrschaften aus Hollywood fahren hinüber, um gut zu trinken.

Einen Wunsch an mich hat der Erste Maat, ein leidenschaftlicher Amateurphotograph: ich möge ihm einen Katalog von Zeiß-Jena schicken. Gern, und ich habe auch einen von Goerz zu Hause, den ich nicht brauche. »Ach, Sie werden sicherlich vergessen?!« Da fällt mir etwas ein: »Mate, machen wir einen Tausch: knipsen Sie mich, wenn ich im Hafen von Bord klettere, und schicken Sie mir das Bild. Bekomme ich's, kriegen Sie beide Firmenkataloge.« Er ist einverstanden, ich soll ihn holen, bevor ich aussteige.

Kaum mehr in Erinnerung haben wir die Tage, da wir mit heraushängender Zunge in der Sonnenglut lagen. Kalt ist es, niemand schläft mehr auf Deck. Heute zeigt das Thermometer 50 Grad Fahrenheit, und ein steifer Westwind stößt und rollt unser Boot. Rollt unser Boot dem Hafen zu.

Ich werde ausbezahlt und bringe Dave Dunge meine

42 Dollar 50 Cent aufs Vorderdeck, das von der Kommandobrücke aus einzusehen ist. Droben steht der Captain. Dave sagt kein Wort, während er meinen Lohn in die Blusentasche schiebt.

Nur noch dreißig Meilen nach San Pedro, dem Hafen von Los Angeles! Ein lokaler Wind, »Santa Ana« genannt, von Osten wehend, versucht noch im letzten Moment, uns abzudrängen. Wir schaukeln und dampfen vorwärts. Es ist die Zeit der Flut.

Zweiundzwanzig Meilen lang haben wir das Ufer von Santa Catalina an unserer Backbordseite, die Kaugummi-Insel. Ein vielgepriesenes Eiland, Theater und Kasino sind dort, ein Vogelhaus mit goldenen Pfauen, silbernen Schwänen und orangeroten Flamingos. Unterseegärten, über denen Schiffe mit gläsernem Boden schwimmen, so daß man Meeresgetier und Meeresgewächs beobachten kann. All diese Lustbarkeiten waren noch nicht da, als die spanischen Seefahrer hier landeten und die Insel der heiligen Katharina widmeten.

Der gehört sie nicht mehr, sie gehört dem Mr. Wrigley, dem Kaugummifabrikanten, der das Eiland für eine oder zwei Millionen kaufte, um einen Staat zu besitzen und Herrscher zu sein. Ein neuer Trieb war erfunden und der Menschheit aufgepfropft worden. Zähne und Kiefer der Amerikaner und solcher, die es scheinen wollen, wurden in unaufhaltsame Bewegung gesetzt, auf daß der Kaugummikönig ein wirkliches Königreich erwerben könne, eine große Insel nur für sich allein. – Mr. Wrigley meditierte wie der träumerische russische Hasenfellhändler: Wenn ich der Zar wäre, so wäre ich noch mehr als der Zar, denn ich würde ja außerdem mit Hasenfellen hausieren! Und so hat Mr. Wrigley sein stilles, privates und einsames Reich als öffentliche Vergnügungsstätte jedem zahlenden Gast zugänglich gemacht. Santa Catalina di Chewing Gum!

An einem ähnlichen Unternehmen kommen wir vorbei,

bevor wir den Leuchtturm von Fermin Point erreichen, die Südspitze von Los Angeles. Ein alter, zitronengelb angestrichener Schoner ankert seit Jahr und Tag mitten im Meer. Vor zehn Jahren hätte kein Mensch für den Kasten fünfhundert Dollar bezahlt, und jetzt bringt er seinen Besitzern mehr ein als der stattlichste Passagierdampfer. Er ist eine Spielhölle geworden mit Roulette und Bakkarat und Poker, ein Nachtlokal mit Damen und Jazzband und Tanz, eine Trinkstube mit schottischem Whisky und deutschem Bier und französischem Kognak. Regelmäßiger Bootsverkehr bringt allabendlich Gäste aus Los Angeles. Kein Puritanismus und keine Prohibition können dem Lasterschiff etwas anhaben, denn es ankert ja – wenn auch nur fünf Schritte – außerhalb der Küstengrenze. Geschäftsadresse: 35,35 Grad nördl. Breite, 118,15 Grad westl. Länge.

Der Lotse kommt an Bord und geleitet uns in den Hafen. Grün und golden leuchten die Hügel, grün und golden. Pinien hinter Long Beach, am Horizont sind die Bohrtürme von Signal Hill, berühmt durch den großen Petroleumskandal. Fast alles im Hafen dient dem Öl: Zisternenschiffe und Zisternenwaggons, die Ladeschläuche der Pumpstationen, die Schläuche, wie Därme aus den Tankdampfern hängend, die Raffinerien und die über alle Hügel verstreuten Reservoire, die Speicher, auf deren flachen Dächern hunderttausend Möwen sitzen – all das trägt rot und gelb die Aufschriften »Shell« oder »Standard Oil Company« oder »General Petroleum Corporation« oder »Pan-American Oil Co.«.

Was nicht Öllager ist, ist Holzlager – ungeheure Waldungen Kaliforniens liegen, gefällt und zu Brettern zersägt, rechts und links unserer Fahrt. Die Kreosotstationen vereinigen beide Substanzen des Hafens von San Pedro, hier wird das Holz mit einem Ölprodukt konserviert.

Wir werfen die Leinen aus und vertäuen auf Berth 158. Die Schauerleute, die ausladen, sind nicht mehr Deutsche und Italiener wie in New York, nicht mehr Polen wie in Maryland, nicht mehr Neger wie in South Virginia und Florida, nicht mehr Westindier wie im Panamakanal, sondern bronzefarbene, glatthaarige Mexikaner. (Amerikaner sind es nirgends.)

Drei Beamte der Hafenbehörde erscheinen an Bord und stellen den hier losheuernden Matrosen die Zeugnisse aus. Auch ich bekomme ein mit dem amerikanischen Adler rundgestempeltes »Certificate of Discharge« eingehändigt, worin der U. S. Shipping Commissioner und der Captain unterschriftlich bestätigen, daß der Matrose E. E. K. ordnungsgemäß abgefertigt wurde und daß sein Charakter very good und seine Fähigkeiten gleichfalls very good sind. Nicht ohne Stolz steckt der Seemann ein solches Zeugnis in die Tasche.

Ich bin fertig. Ziehe meinen Zivilanzug an, Kragen, Krawatte und Hut, packe meine Siebensachen. (Mehr als sieben sind es wirklich nicht.) Der Landungssteg ist ausgeworfen – Dave Dunge steht dort, er hat eine Trosse in der Hand.

Ich gehe in die Kabine zum Ersten Maat. »Wollen Sie mich jetzt photographieren?« – »All right.« Dave Dunge erschrickt, als er mich mit dem Vorgesetzten ankommen sieht. »Ich bin abergläubisch, Mate«, sage ich zu meinem Begleiter, »ich spucke immer in die Hände, bevor ich aufnehme, dann wird das Photo gut.« Lachend spuckt der Maat in die Hände. Dave Dunge wird es wohl als Drohung auffassen.

Das Gesicht rückwärts gewendet, die Hand an der Revolvertasche, steige ich von S. S. »Hannawah« hinab auf Berth 158. Nichts geschieht.

Erst als ich unten bin, schreit mir Dave Dunge den übelsten amerikanischen Fluch zu, den, mich selbst zu schänden: »... yourself, ye son of a bitch.«

Die Matrosen neben ihm lachen. Ich rufe hinauf: »I

don’t need to do it, I have your girl for that. – Brauch ich nicht, dazu hab ich dein Mädel.«

Er spuckt nach mir.

Aus harter Wirklichkeit gehe ich nun nach Hollywood.

Fauler Zauber

I. Wild-West

HIER WAREN WIR SCHON EINMAL. Lang, lang ist's her. Mit Karl May zogen wir durch Kalifornien. Wir hatten Allan Marshall, den Goldgräber, zu retten, gegen den die beiden Schurken Morgan, Vater und Sohn, einen Raubmord planten. Mit uns waren außer Old Shatterhand und seinem roten Bruder Winnetou noch Bernard Marshall, der Bruder des bedrohten Allan, dann der Trapper Sam, genannt Sans-Ear, der immer »zum Beispiel« sagte und »hihihi« hinzufügte, und der Neger Bob.

Hier, in der Nähe des Cahunga-Passes, warfen wir das Lasso über einen Büffel, schlachteten ihn. Bernard Marshall wurde dafür von einem Gaucho der nahen Hazienda mit dem Lasso gefangen, auf dem Boden geschleift und wäre sicherlich dabei zu Tode gekommen, wenn Old Shatterhand nicht zum Beispiel mit seiner Silberbüchse den Mustang des Cowboys getötet und Bruder Marshall befreit hätte, hihihi. Auch Rothäute trafen wir, Shishis, Schlangenindianer auf dem Kriegspfad, aber es waren keine stinkenden Coyoten, keine Comanchen, sondern wackere rote Männer, Freunde der Apachen, wie uns Winnetou erklärte, und daher auch unsere Freunde.

Das alles kann uns heute noch passieren, wenn wir den Cahunga-Paß hinauffahren, mit der Straßenbahn zum Beispiel, hihihi, zum Filmatelier der Universal. Dort finden wir Prärie und eine Gruppe von Blockhäusern mit dem

Store, in dem wir für eine Handvoll Nuggets Mokassins kaufen können, einen Sattel und Gewehrmunition.

Hollywood dreht hundertfünfzig bis zweihundert Western Pictures, das heißt Wildwestfilme, im Jahr, und braucht daher die Straße, die einmal in dieser Gegend keine Kulisse, sondern Wirklichkeit war. Freilich, wenn man den Raum dringend zu anderen Zwecken benötigt, so kalkuliert man, daß sich das nächste Western Picture in einem fremden Atelier gegen hundert Dollar Miete aufnehmen ließe und die eigene Western Street beseitigt werden kann.

Wie wird eine Western Street am billigsten beseitigt? Indem man sie niederbrennt. Und wie rentiert sich der Brand einer Western Street am besten? Indem man bei dieser Gelegenheit ein Western Picture aufnimmt.

In jeder mittleren Stadt Amerikas wird vor dem Hauptfilm entweder ein Collegian Picture oder ein Western Picture gezeigt, die nicht nach Europa kommen, außer in der Karikatur eines großen Filmkomikers. Das Collegian Picture hat immer die gleiche Handlung: der ungeschickte Student, von den Kollegen verspottet, von der Angebeteten verschmäht, springt im letzten Augenblick in ein Wettspiel ein, verschafft seiner Mannschaft den Sieg und sich selbst Ruhm und Girl.

Da sind die Western Pictures reichhaltiger, die haben nicht alle ein und dieselbe Handlung, sondern es gibt zum Beispiel nicht weniger als zwei ganz verschiedene Handlungen, hihihi!

Entweder: der edle Cowboy liebt die schöne Farmerstochter, die von dem schurkischen Cowboy, dem heavy, geraubt wird.

Oder: der edle Cowboy liebt die schöne Farmerstochter, aber ihr Vater will sie unbedingt einem heavy aus der Stadt geben, der ihn sonst auf Grund der Hypotheken von Haus und Hof vertreiben oder den Menschen und dem Vieh des Ranchos das Wasser entziehen würde.

In beiden Fällen siegt, das ist eben im Leben schon nicht anders, der edle Cowboy, so wie ja auch der ungeschickte College boy schließlich den Preis erringt, und das allabendlich höchlichst überraschte Publikum Amerikas jubelt begeistert.

Neu ist in fast jedem dieser Filme der Darsteller des Helden. Alljährlich findet in einer Stadt Arizonas ein öffentlicher Wettkampf der amerikanischen Cowboys statt, das Rodeo: Zureiten wilder Mustangs – Einfangen von Büffeln – Lassowurf – Reiterkünste; der Sieger wird als Cowboy-Star von einer Filmgesellschaft engagiert, und so zieht der Kuhtreiber in eine Villa von Beverly Hills oder in einen Bungalow von Maliboo Beach und gibt zum Beispiel Autogramme, hihihi. Tom Mix kam solchenwegs von der Hazienda ins Atelier und bezog dreitausend Dollar Wochenlohn, aber jetzt ist er ohne Engagement – Hoot Gibson und Ken Maynard haben seinen Ruhm verdunkelt, und Fred Thompson. Der war ein wirklicher Cowboy, denn er starb, kaum daß er aus dem freien Licht in das der Jupiterlampen kam; und sein Hengst, der »Silver King«, steht unbeschäftigt im Atelier der »Famous Players«, alle Cowboys, alle Sieger des Rodeo abwerfend, allen Lockungen von Zucker und Krippe hartnäckig trotzend – der einzige Charakter von Hollywood.

Die Rosse der anderen Reiterstars haben auch nicht viel zu tun. Während der Liebesszene mit der Farmerstochter grasen sie vor dem Blockhaus, im dritten reel (Western Pictures haben nur drei Akte) lassen sie sich's gefallen, daß auf ihren Pferderücken sich der heavy mit der geraubten Maid schwingt, beziehungsweise der edle Cowboy zwecks Verfolgung. Das sind Großaufnahmen.

Aber bei dieser Jagd sitzt der Verfolger nicht mehr auf dem Pferd, obwohl zum Beispiel ganz Amerika das glaubt, hihihi. Er sitzt bequem auf einem an das Aufnahmeauto montierten Sattel, der auf Sprungfedern schaukelt. Der

Cowboy hält Zügel in der Hand, obwohl ja kein Pferd neben dem Auto angebracht ist, sondern nur ein Stück Pferdemähne – die Perücke eines Pferdes! So jagt er auf asphaltierter Straße kühn durch die Wildnis. Die Kamera ist derart auf ihn gerichtet, daß im fernen Hintergrund der verfolgte Reiter mitsamt seiner Sägespänepuppe im Bilde bleiben. Immer kleiner wird die Distanz, die Puppe ist keine Puppe mehr, sondern das Double, eine Ersatzperson der Hauptdarstellerin, und schließlich die Hauptdarstellerin selbst. Der Edle reißt sie vom Pferd des Schändlichen auf seinen neben dem Auto federnden Sattel, unter dem sich zum Beispiel ein Sofa befindet, damit alles bequem ist und nichts passieren kann, hihihi.

Die Aufnahmen der drei Akte leitet ein Anfängerregisseur, und sie dauern kaum drei Tage. Denn alles, was nicht Großaufnahme ist, die Verfolgung mit dem Sheriff zum Beispiel, das Dahinjagen der Mustangs, das Gefecht am Ufer, hihihi – das alles, viele tausend Meter, wird aus früheren Western Pictures übernommen. Greift nur hinein in die stock shots, und wo ihr's packt, da ist es interessant.

Das Publikum merkt nicht, daß es die gleiche Handlung mit den gleichen Bildern wiedersieht, wenn nur der Cowboy der neueste Cowboy ist, Held aller alten und jungen Jungen. So wie's mit der Politik, dem Sport und dem Wagemut ist, ist's mit dem Cowboy in Amerika: eine vergessene Generation hat selbst noch aus Tollkühnheit oder Romantik diese Reiterkunststücke getrieben, die nächste begeisterte sich nur, indem sie von Buffalo Bill in den Büchern las, die dritte aber nimmt sich nicht einmal die Mühe des Lesens, sondern sitzt gummikauend im Lehnstuhl und schaut zum Beispiel den immer von neuem verwässerten Kitsch immer von neuem an, hihihi.

Sieh mal an, auf ihre alten Tage macht sie plötzlich Zicken.

Viel tausend Jahre war sie da, und man mußte mit ihrer Existenz rechnen, manchmal fand man, daß sie komisch, manchmal, daß sie niedlich sei, aber nützlich, nein, nützlich fand sie keiner.

Sie selbst, vom Vergnügungswahn und Betätigungsdrang der Zeit erfaßt, ging zum Film und wurde anfangs nur als komische Alte verwendet. Aber jetzt, nach Jahren, ist sie als Hauptperson entdeckt worden, man hört die Filmbaumeister sie verfluchen, denn es gibt keine Riesenbauten mehr, man hört die Filmschauspieler sie verfluchen, denn es gibt keine Reisen zwecks Naturaufnahmen mehr, man hört die Filmdirektoren sie segnen, denn sie erspart Millionenausgaben.

In jedem Studio von Hollywood sind ihr zwei Tempel errichtet, die sich durch Anbauten immerfort vergrößern: die Miniaturenfabrik und das Trick Department.

Vor dem arbeitenden Aufnahmeapparat steht auf hohem Gerüst das winzige Modell einer Kirchenkuppel, der oberen Stockwerke eines Hauses mitsamt dem Dach, der Vertikalgliederung einer ganzen Straße. Und die Großbauten, in denen sich die Schauspieler bewegen, sind knapp über ihren Köpfen zu Ende, alles ist ebenerdig, denn das nah an die Kamera gerückte Modell wirkt genau wie die lotrechte Fortsetzung der Realität.

Erstaunt erfahren wir im Miniatures shop, daß die vielen hundert auf einem Tisch aufgestellten, kaum dezimeterlangen Kanonen und Tanks die Kanonen und Tanks waren, mit denen die Armeen des Weltkrieges, die Statisten des Films »Rivalen« (»What's Prize Glory«) ins Feld zogen. Die Aeroplane, französische und solche mit dem Eisernen Kreuz, hängen als winziges Kinderspielzeug auf Drähten, sie, die wir riesenhaft über den Kolonnen schwirren sahen. Und das hat mit diesen Dingen die Perspektive getan.

Ein Schiffchen – wir möchten's gerne dem kleinen Peter mitbringen, es hätte gerade noch Platz in unserem Koffer – Millionen Kinobesucher, schaudernd und kreischend, sahen es mit einem Eisberg zusammenstoßen und mit lebendigen Menschen, Weibern und Kindern und Männern und Greisen im Weltmeer untergehen, mit wirklichen Schauspielern und Komparsen, die zu ihrem Glück nicht auf dem Dampfer, sondern so weit *hinter* dem Dampfer standen, bis ihre Größe der seinen entsprach.

Das Prater-Riesenrad aus »Karussell des Lebens« (»Merry-go-round«), wo es sich als gigantische Himmelsuhr im Hintergrund drehte, da haben wir's nun: zwanzig Zentimeter Durchmesser das ganze Rad des Schicksals.

Dieser filigrane Eisenbahnzug ist der, dem die Leute bei »Sonnenaufgang« zuwinkten. Der Bahnsteig mit den Schauspielern war beträchtlich von der Kamera entfernt, damit das Größenverhältnis stimme.

Was da auf Brettern an der Wand aufbewahrt ist, Feuerwehrwagen, Autos, Luftpumpen für artesische Brunnen, Bäume, Telegrafenstangen, Schiffskessel, Windmühlen, des Henkers Haus und andere Gebäude (einige beschädigt vom Feuerbrand, der aus allen ihren Fenstern lohte und sichtbarlich das Dach verzehrte) – hei, wär das etwas für Peter zum Spielen!, ohne Hintergrund, ohne Perspektive und mit etwas mehr Phantasie, als der Film sie hat.

Nicht nur die Spielwarenfabrik des Ateliers ist darauf aus, den Kinobesucher für sein gutes Geld zu betrügen, sondern auch der Filmstreifen begeht jetzt Schwindeleien in einem Ausmaß, von dem unsere Vorfahren keine Ahnung hatten.

Ein Liebespaar treibt auf einer bequemen Steinplatte sein Spiel. Der Operateur, der allgegenwärtige, dreht. Dergestalt aber, daß die Szene nur ein Sechstel der Filmfläche einnimmt. Den Rest des Objektivs verdeckt er, fünf Sechstel bleiben unbelichtet. Ein Maler des Trickateliers stellt nun den Hinter- beziehungsweise Vordergrund her, der, auch wenn er keine vergrößerte Photographie ist, »enlargement« heißt. Und was ist aus der bequemen Bühne geworden! In schwindelhafter Höhe ragt der Stein aus anderen Felsenzacken empor, schwebt er neben anderen Felsenzakken. Eine einzige Bewegung aus dem Sechstel, und die Liebenden sind zerschmettert. Zwischen ihnen klafft nun ein schmaler, aber tiefer Spalt. Drei Sechstel des Films nimmt diese grauenhaft gefährliche Landschaft ein, nachdem der Filmstreifen – das bereits belichtete Szenensechstel und noch zwei andere Sechstel verdeckt – vor dem enlargement abgerollt wurde.

Ein drittes Mal wird gedreht, abermals ohne Schauspieler: aus dem Magazin werden alte Aufnahmen von Blitzen oder Wolken geholt, und auf den restlichen zwei Sechsteln des Bildchens zucken und ballen sich die kosmischen Gefahren über dem Haupt der Liebenden zusammen. Bei dieser double exposure können auch zwei Spielhandlungen oder gar drei auf einem Filmblättchen aufgenommen werden, Verkehr unten in der Straße, Schneegestöber hoch oben im Berg, eine Liebesszene vor dem Haustor, aus den Fenstern dreier Stockwerke schauen Menschen, und auf dem Rand des Daches kämpft der Detektiv mit dem Mörder den Todeskampf. Rauchen darf freilich keiner der Darsteller, sonst würde der Zigarettenrauch plötzlich haarscharf abschneiden.

Soll außer dem enlargement noch eine Aktion sichtbar sein, Riesenräder, Straßenleben oder Eisenbahnverkehr, so muß sie, auf Glas gemalt, vor den Miniaturen aufgestellt werden. Das alles bewegt sich lautlos, kein Regisseur ist bei dieser Aufnahme, niemand schreit durch das Megaphon, keine Schreibmaschinen klappern das Aufnahmeprotokoll, und keine Scheinwerfer heben und senken sich schwer, keine Schauspieler und keine Statisten werden wieder und wieder zurückgerufen.

Es ist totenstill in den Aufnahmeräumen des double print und der double exposure, wo sich der rollende Filmstreifen mit bewegten Handlungen füllt, niemand ist dabei als die, die Herrscherin geworden ist und alles regelt und entscheidet: die gute ehrliche Perspektive.

Individualität, erzeugt am laufenden Band

KLAR, DASS MR. SEARS seine gedruckte Biographie besitzt, denn er hat ein großes Geschäft gemacht und ist daher ein Herrlicher, ein Nachahmenswerter.

Hören wir, wie das Genie in Mr. Sears erwachte: »Er war 1886 Bahnhofsbediensteter in North Redwood, Minnesota, wo zwei Züge täglich durchkommen. Eines Tages hatte er ein Paket Uhren zu expedieren, dessen Annahme vom Adressaten, dem Geschäftsmann des Ortes, abgelehnt worden war. Sears verkaufte die Uhren an seine Bekannten, und da diese mehr verlangten, als im Paket waren, kam er auf die kühne Idee, bei Bezahlung der ersten Sendung gleich eine zweite zu bestellen ...«

Nun, er übersiedelte nach Chicago, nahm einen Uhrmacher für Reparaturen als Sozius auf, Mr. Roebuck (der Herrliche Nr. 2), und vollzog nach kurzem Zwischenspiel in Minneapolis, 1895 n. Chr., die Rückkehr nach Chicago. »Sears, Roebuck & Co.« versandten nun nicht bloß Uhren, sondern alles.

Heute hat die Firma acht Millionen Kundschaften, viele Filialen, 32000 Angestellte und begnügt sich keineswegs damit, die Fabrikanten nach dem Warenpreis zu fragen und zu dem einzelnen Stück das Porto zu addieren, sondern unterhält eigene Werkstätten, eigenen Bahnhof, eigenes Postamt, eigene Bank und ist natürlich Aktiengesellschaft mit einem General als Präsidenten.

Das Geheimnis des Erfolges ist – außer der Gottverlassenheit der amerikanischen Provinz und des hundertprozentigen Herdeninstinkts von Onkel Sams sämtlichen Neffen – der Katalog. In den muß man hineingetreten sein.

Es ist wohl das verbreitetste Buch aller Jahrhunderte. Alljährlich erscheint es zweimal in einer Auflage von je zehn Millionen Exemplaren. Obwohl der Satz und die Klischees nur wenig geändert werden, die Massenauflage das Papier verbilligt, die Heftmaschine 1500 Exemplare per Stunde bindet, die Versendung als Drucksache erfolgt, kostet das Warenverzeichnis die Firma einen Dollar pro Stück.

Ein dickes Buch, dieses Wunschbuch des Kleinbürgers. Man erzählt von einem Mann, der bei Sears, Roebuck zwölf Rollen Toilettepapier bestellte und rückgefragt wurde, ob er Sorte Nr. 1160 oder 1161 laut Katalog wünsche. »Hätte ich Ihren Katalog«, antwortete er, »brauchte ich doch die Bestellung nicht zu machen!«

Die tausend Seiten Katalogpapier werden gratis und franko verschickt. Das »franko« versteht; sich übrigens von selbst, bei Sears, Roebuck ist alles franko, in die Warenpreise immer das Porto einbegriffen. Der Kunde hat auf der dem Katalog beigelegten Bestellkarte nur die Nummer der gewünschten Ware auszufüllen und in den gleichfalls beigelegten Briefumschlag einen Scheck zu stecken. (Manche senden Dollarscheine oder Briefmarken.) Binnen vierundzwanzig Stunden rollt ihm die Ware zu.

Station 1 ist das Postamt der einlaufenden Briefe. Sie werden gewogen, damit man die Mindestzahl der Pakete abschätze, die heute zu expedieren sein werden. Vierzig Bestellungskarten gehen auf ein Pfund.

Freilich weiß man noch nicht, ob es ein Siebenzimmerhaus im Kolonialstil (Nr. C 3255) oder ein Fläschchen Tinte (3 R 3452) ist, was in einem der Briefe verlangt wird, ob der jeweils beigelegte Scheck auf 6000 Dollar oder ob er auf 27 Cent lautet.

Nun, das stellt sich schnell heraus. Neben der Waage arbeitet der Brieföffner, der mit elektrischen Armen 4600 Kuverts allminutlich aufschneidet. Am Brieföffner sitzen Mädchen mit mehr als elektrischen Armen. Innerhalb einer Minute weiden sie je 400 Umschläge aus, werfen mit der linken Hand Geld oder Geldanweisung aufs linke laufende Band, notieren mit der rechten Hand den beigelegten Betrag auf dem Bestellschein und schnellen ihn aufs rechte laufende Band. In siebzehn Minuten sind zwanzig Postkörbe mit Orders als Einlauf erledigt.

Das Geld jagt mit begreiflicher Hast in den vergitterten Teil des Saales, der Auftrag in die Manipulationsräume, wo er numeriert und kopiert wird. Von dort verständigt man per Rohrpost die betroffenen der 45 Warendepots, welchen Beitrag sie für das Schlußpaket dieses Adressaten zu leisten haben. Eine Zwanzig-Kilo-Hantel kommt mit einem Damenhut ins gleiche Paket, ein Bruchband zu einem Paar Eheringen.

Inzwischen sind die Karten nach den Bestimmungspostämtern geordnet und auf Grund der Fahrpläne die Anweisung gegeben, was zuerst versandt werden muß und bis zu welcher Minute. Achtundfünfzig Güterwagen warten im Bahnhof des Hauses, hundertsechzig Lastautos in der Kellergarage.

Eine dritte Amtshandlung erfahren die Aufträge, während man sie in anderen Gegenden des Hauses effektuiert. In der Kartothek wird nachgesehen, ob Name und Adresse des Bestellers schon eingetragen sind. Wenn nicht, muß das rasch erfolgen, denn von morgen an hat er auf lebenslängliche Zustellung des Katalogs Anrecht.

USA hat keine Einwohnermeldeämter, wo man die Adresse eines Übersiedelten, eines Verschollenen erheben könnte. Aber Sears, Roebuck & Co. besitzen den Namenskataster der Nation.

Wie, auch hier finden wir nicht den, den wir suchen?

Sollte er bettelarm geworden sein oder gestorben? Sonst wär's doch unmöglich, daß er niemals die Bücher bestellte: »Rote Asche« (Katalog Nr. 3R526) oder »Rebecca of Sunnybroke Farm« (3R742), ja, nicht einmal »Die Frau, die er sich wünschte« (3R947)!

Wäre er nicht gestorben oder verdorben, hätte er sich unbedingt einen Öldruck angeschafft, »Alt-Venedig« (8R5714) oder »Das Gartentor« (8R5716) oder gar »Einsamer Wolf im Schnee« (8R5712) (»this populär picture is still the best seller; noted for simplicity and depth of coloring«).

Wenn er noch am Leben wäre – nimmer könnte er so verhärtet sein, in einem Zimmer zu wohnen, das nicht eines der gedruckten und gerahmten Gedichte (Nr. 8R5761 bis 5772) schmückt und die der Preiscourant mit Fug und Recht also empfiehlt: »Jedes Heim hat einen Winkel oder eine Wand für eines dieser wohlbekannten Mottos. Verse über die Mutter, die Geliebte oder den Geliebten« (wer möchte nicht ein sweetheart sein? Anm. d. Übers.) »oder über die Freundschaft sind sorgfältig ausgewählt und für das gewünschte Gefühl ausgezeichnet geeignet. Zierliche Umrahmungen schmücken jedes Bild.«

Auch das hat er nicht bezogen. Also ist er tot? Nein, auch tot ist er nicht. Sonst müßte doch hier sein Grabstein bestellt worden sein.

Uns bleibt noch eine Hoffnung: er kann bei Montgomery, Ward & Co., dem anderen Postversandhaus, einkaufen. Und wenn man uns auch dort mitteilen sollte, daß er nicht zu den Beziehern des Katalogs gehört, dann, dann ist er unweigerlich verloren.

Dann läßt er sein Haus vom Baumeister bauen und nicht vom Postversandhaus, dann kauft er seine Bücher beim Buchhändler und seine Bilder beim Bilderhändler ... dann ist er also ein Bolschewik geworden, einer von jenen öden Gleichmachern, dann hat er aufgehört, ein freier Amerikaner, ein Individualist zu sein, wie es alle anderen mit derselben Individualität sind.

Wir wollen nichts mehr von ihm wissen, und wenn er stirbt, werden wir nicht einmal einen Immortellenkranz (3 C 127) für sein Gittergrab (9 J 2928) bestellen.

Hilfe! Grundstücke sind verrückt geworden

DAS IST DAS ERSTAUNLICHSTE, Überraschendste, unvorbereitet sind wir, da es niederprasselt.

Und doch: deckt es sich nicht am ehesten mit dem Begriff »Amerika«, den wir knabenweise empfingen, als wir lasen von Prärie und Sierra Nevada und Grand Cañon und Colorado, von Indianern und Goldgräbern und Trappern?

Fieber, Rausch, Abenteuer, Urwald, Wildnis, Jagd dringt auf uns ein …

Wo? Auf den gutgepflasterten, von Straßenbahnen durchfahrenen Straßen der zivilisierten Stadt Los Angeles, Cal.

Vor jedem Hauseingang auf Main Street steht eine ältere Dame oder ein elegant gekleideter Herr, der mit einem Krayon spielt. Sie halten einen Stoß Papier in der Hand und winken, reden, rufen, schreien allen halbwegs kreditfähig aussehenden Passanten zu, einen Zettel von ihnen anzunehmen.

Wozu verpflichtet die so eindringlich erbetene Annahme eines Zettels? Sie verpflichtet zu nichts, sie berechtigt, berechtigt zu einem ganztägigen unentgeltlichen Ausflug in wunderbare, wilde Gegenden Kaliforniens mit silbernen, goldenen, diamantenen, paradiesischen, rivierischen, miramarischen, venezianischen Namen.

Und wozu verpflichtet die Teilnahme an dieser unentgeltlichen, romantischen Fahrt in den Autobussen, die an der Straßenecke bereitstehen? Sie verpflichtet zu nichts, sie berechtigt zu einem guten Mittagessen und einem guten Abendbrot und zum Anhören von Vorträgen.

Das Ganze ist Propaganda für irgendeine subdivision, ein von subdividers gekauftes Gebiet, dessen Parzellen, »lots«, sie nun einzeln verkaufen wollen. Sie haben viel dafür getan, das Grundstück vielleicht schon als Stadt angemeldet (entweder als town, wozu es der durchgeführten Kanalisierung, Beleuchtung und Straßeneinteilung bedarf, oder als city mit Wasserwerk), vielleicht aber sogar als county.

Die Spekulanten haben den Alderman gewählt oder einen Stadtrat konstituiert, mit einem Mayor an der Spitze; sie haben natürlich auf dem Grundstück die zehn Familien ansässig gemacht, ohne die sie die behördliche Bewilligung zur Gründung des Ortes nicht bekämen; sie haben ihre künftige Großstadt in Bezirke eingeteilt: in diesem Bezirk des Bezirks wird Handel getrieben werden, in jenem die Industrie blühen, in jenem jedermann in seinem Heim glücklich sein, dort die internationalen Fußballmeisterschaften ausgefochten werden, hier der Prachtbau der Oper stehen, und dort kann man sich begraben lassen.

Es ist alles da, die Straßen sind asphaltiert und tragen Straßenafeln, Kandelaber des elektrischen Lichts erheben sich, Rinnsteine säumen das Gebiet ein – es fehlen nur die Häuser.

Ein einziges Haus erhebt sich bereits, eine Farm, auf der Hühner gezüchtet werden. Gleichzeitig dient es als Tract Office, man kriegt Auskünfte oder Grundstücke darin, und hier hält auch der besagte Autobus, auf das seine Insassen die Mahlzeit mitsamt lobpreisendem Vortrag einnehmen können.

Das Spießrutenlaufen durch das dichte, lückenlose Spalier der Schlepper und die Werbung durch Landpartien, das ist nur ein geringfügiger Teil der Grundstückspropaganda, die den ahnungslosen Besucher von Los Angeles mit trommelfeuerartiger Vehemenz überfällt. Die subdividers unterhalten in der Stadt riesige Läden, in deren Schaufenstern Fische schwimmen, Affen ihre Akrobatenkunststücke treiben, Goldfasane umherhuschen, Ameisenbären einen Ausgang durch die Glasscheibe finden möchten, Biberratten in einem Rad vorwärts zu laufen versuchen, ohne andere Wirkung, als daß das Rad kreist und sie selbst immerfort an der gleichen Stelle bleiben … Im Innern des Ladens: plastische Karten der morgigen Weltstadt, an den Wänden hängen Lagepläne, Preistabellen nach acre und lot, und es besagen Ankündigungstafeln: »Wir veräußern dieses Paradies als rohe Wüste« oder »Verschlaft nicht wieder eure Chance! Jetzt ist's an der Zeit.«

Exzesse führt das Radio auf. In Amerika gehören die Sendestationen (ebenso wie Telegraf und Eisenbahn) privaten Firmen, der Empfänger zahlt nichts fürs Abhören. Die gesprochene Annonce gestaltet das Broadcasting zu einem lukrativen Unternehmen, und überall hört man – zwischen den Sätzen einer Symphonie – Gebrauchsartikel anpreisen, von Zigarettensorten bis zu Staubsaugern. Nur in Kalifornien ist dafür fast gar kein Raum. Vierzig Prozent der Reklamesprüche sind von der Automobilindustrie gepachtet und vierzig Prozent von der Terrainspekulation. Da wird stundenlang für Zukunftsland animiert, dieses geschildert, bis sich der Äther biegt. Nun ist es zwar strafbar, in einem Privatbrief zu lügen (Mißbrauch der Post, also einer staatlichen Institution), nicht aber ist es strafbar, durchs Radio zu lügen, Millionen von Menschen irreführend und betrügend. Von diesem amerikanischen Recht macht die Realitätenvermittlung des Südwestens einen derartig ausgiebigen Gebrauch, daß von Kalifornien aus die Bewegung für ein Gesetz gegen Verbreitung falscher Nachrichten durch den Rundfunk eingesetzt hat.

Das alles, diesen ganzen Wirbel erzeugen die subdividers, die Unternehmergesellschaften, die Eigner der

Grundstücke. Aber die Agenturen, die den persönlichen Kontakt mit dem Käufer suchen und am Geschäft nur prozentweise beteiligt sind, die machen noch viel, viel mehr. Kalifornien allein hat zweiundsechzigtausend Licensed Real Estate Brokers, behördlich zugelassene Grundstücksmakler, von denen wiederum viele ein stattliches Personal haben. In winzigen Bungalows und in pompösen Eckläden hausen sie; proklamieren, daß sie Käufe, Verkäufe, Mieten, Pachten, Anleihen, Investitionen, Hypotheken, Eintragungen, Kündigungen, Beaufsichtigungen, Abschätzungen, Steuerfatierungen und Zulagenkontrolle durchführen; mit Kreide auf schwarzen Tafeln zeigen sie an, was sie an »stuccos«, Kalkhäusern, an »frames«, Holzhäusern, und an »acres« von unbebautem Terrain zu verkaufen haben; City Hall und Hall of Records sind Sehenswürdigkeiten von Los Angeles, dort drängen sich in einem unbeschreiblichen Chaos die Heerscharen der Real Estators um die Grundbücher; man kann mit keinem Menschen ins Gespräch kommen, ohne ein lot angepriesen zu bekommen, gehört er auch nicht selbst zum Real Estate Business, so gehören doch mindestens zwei seiner Schwestern oder zwei seiner Väter dazu.

Mit einem der Agenten in sein Spezialrevier zu fahren ist äußerst lohnend. (Wenn auch nicht für den Agenten.) Er fühlt sich als Städtegründer, gegen ihn ist Peter der Große ein kleiner Realitätenmakler, er liebt seine Heimat mit ihren wunderbaren Parks und ihren Wolkenkratzern, unbeschadet der Tatsache, daß sie noch nicht vorhanden sind. Wohlweislich lenkt er sein Kleinauto zunächst durch andere Bezirke im Süden von Los Angeles, durch Huntington Park, Bell, Maywood und Southgate, wo wirklich schon Haus an Haus steht und Straßenbahnen verkehren, obwohl das alles vor fünf, sechs Jahren Brachland war und man einen acre, der heute 1500 Dollar kostet, für achtzig Dollar kaufen konnte. Dann erst fährt er in seine Residenz.

So öde und leer sie ist – das Wichtigste ist bereits getan. Jawohl, das Wichtigste: die Chinesen, die noch im vorigen Jahr hier Gemüse anbauten, sind vertrieben, haha! Wir haben nämlich ein Gesetz, das die Pachtung von Grund und Boden durch Ausländer verbietet, und ein Chinese kann ja nicht Staatsbürger werden, haha! Und da drüben, jenseits des Feldes, haben Mexikaner gewohnt, die haben wir auch glücklich weggeekelt, haha! Sie wissen doch, wo Farbige leben, siedelt sich kein Weißer an, und die ganze Gegend wäre nichts wert …!

Das Reich des Maklers beginnt. Über die Straße ist ein Banner gespannt: »*Hier* lebe!« Auf den Feldern sprossen bunte Fähnchen und Reklametafeln. Die größte besagt: »Hier ist der Rathausplatz.« Und ein Pfeil weist zu einem Fabrikneubau außerhalb des Komplexes: »Dort! Dreitausend Menschen beschäftigt.«

Ja. Die Fabrik. Die ist das große Aktivum, und deshalb wird hier wirklich die Stadt erstehen, die der kleine Makler von seinem Fordwagen aus gründet. Er erzählt mir:

»Das Grundstück hat der Fabrikant von der Grundstücksgesellschaft unentgeltlich bekommen. Zu bauen hat er nicht viel, denn es gibt weder Frost noch Wind. Holz ist billig, und die elektrische Leitung wird ihm von uns gelegt. Das macht sich bezahlt. Die Arbeiter müssen Häuschen beziehen oder Wohnungen mieten, wo Leute leben, entstehen Geschäfte und Gasthäuser – kaufen Sie, ich rate Ihnen gut, in einem Jahr können Sie zu dreifachem Preis verkaufen!«

Welch eine Lektion! Die Preistreiberei der Spekulanten fordert als Opfer den Fabrikarbeiter, der hierherverlegt wird. Von seiner Miete wird das Grundstück der Fabrik bezahlt, mit seinem Lohn bauen Realitätengesellschaften und Makler, auf seine Lohntüte hin etablieren sich Geschäftshäuser und Gastwirtschaften.

Das (von hemmungsloser Propaganda unterstützte) Klima ist es, das den Zug nach dem Westen befehligt, wie früher das Gold und später das Öl die Welt in Scharen nach Kalifornien trieb. Wird auch dieses ungeheure Grundstücksgeschäft als »boom« enden, als Spekulationsmanöver mit nachfolgendem Riesenkrach?

Bisher ist die Stadt um so größer geworden, je kleiner ihr Name wurde: das zwerghafte Pueblo de Nuestra Señora la Reina de Los Angeles de Porciuncula ist zur riesigen Stadt Los Angeles emporgewachsen. Aber von dem Namen Los Angeles ist nicht mehr viel zu kürzen.

Außer dem Massengeschäft mit Häuserparzellen und Wohnstätten gibt es noch ein anderes, ein noch ungeheureres, eines, das das flache Land ergriffen hat und mit einem Regierungsprojekt zusammenhängt.

Gesperrt gedruckt seien die beiden Worte »BOULDER DAM«, die schon während der Präsidentenwahl Anlaß zu Kontroversen der beiden Kandidaten gaben und die man um so intensiver nennen hört, je weiter man nach dem Westen kommt.

Das vom Kongreß genehmigte Projekt, den Colorado River einzudämmen und ein gigantisches Reservoir anzulegen, wird einerseits Besiedlungsmöglichkeiten im bisherigen Überschwemmungsgebiet dieses Stromes, anderseits Bewässerung weiter Landstrecken in Arizona, Nevada und Kalifornien, dritterseits Wasserkräfte von einer Million PS schaffen; der zu erbauende Colorado-River-Aquädukt hat etwa siebeneinhalb Millionen Menschen des Südwestens mit Nutzwasser zu versorgen.

Damit soll das vierhundertjährige Bemühen um die Besiedlung Amerikas beendet, der Westen endgültig erobert werden. Die Romanze lockt, tu es den Pionieren gleich, versuche dich als Gründer einer neuen Generation von Millionären! Take a chance! Es war einmal ein Ire in New York, der kündigte an, er werde von der Brooklyn-Brücke in den Strom springen, um für seine Wirtsstube Reklame zu machen. Er hielt sein Wort und ertrank im East River. So nimmt der große Südwesten seine Chance wahr. Ein Rausch, der Rausch des Boulder Dam hat alles erfaßt, jeder Hausdiener, jeder Pikkolo spekuliert.

Man vergleicht das Projekt mit dem Panamakanal, und mit dem Börsenrausch der ersten Panama-Unternehmung, der Lessepsschen, hat die Stimmung wirklich manche Ähnlichkeit. Die Regierung warnt, aber sie warnt, indem sie animiert: die besten Grundstücke, die am Ufer des Lower Colorado River, seien den Kriegsveteranen Vorbehalten. Was kann denn das anderes heißen, als daß die neuen Ländereien, von denen man einige Parzellen den Helden des Vaterlands überläßt, das reine Paradies seien! Auf diese »Warnung« des Department of Water and Power schoß die Flut der Spekulation so hoch empor, daß es schwer sein wird, einen genügend hohen und langen Damm dagegen aufzurichten.

Sechstausendmal: »Nothing in!«

EINES TAGES HATTE DER LIEBE GOTT schlecht geschlafen, und sich übellaunig im Bette wälzend, vernahm er die Gebete der Menschen.

»Eigentlich ein verteufelt komisches Gefühl, sich da lobpreisen zu lassen für etwas, was man vor vielen tausend Jahren geschaffen und an das man sich gar nicht mehr erinnert.«

Er klingelte dem Petrus: »Sag mal, was hab ich denn damals, du weißt schon, in der historischen Woche, an den beiden letzten Tagen getrieben?«

Petrus sah seinen Chef mißbilligend an und begann die Schöpfungsgeschichte zu zitieren: »... und Gott segnete sie und sprach, seid fruchtbar und erfüllet das Wasser auf dem Meer, das Gewürm mehre sich unter der Erde und das Gevögel in den Lüften ... und Gott schuf den Menschen sich zum Ebenbild ... Und er sähe, daß es gut war.«

»Sahe, sahe«, unterbrach der Meister ungnädig, »was heißt: ›sahe‹! Was ich damals ›sahe‹, daß es gut war, kann der größte Bockmist gewesen sein. Man ist schnell zufrieden, wenn man ein Erstlingswerk fertig hat. Ich möchte mir das wieder anschauen, was ich damals sähe, diese Sachen vom fünften und sechsten Tag ... Wo kann man das sehen, aber alles, verstehst du ...?« Petrus nickte, reichte dem Herrn, der bei den letzten Worten aus der Wolke geschlüpft war, den Sommeranzug und sagte: »Hollywood.«

So fuhr der liebe Gott das kurze Stückchen zur Erde hinab und dann das lange Stück im Fahrstuhl des Hollywood Western Building (Ecke Hollywood Boulevard und

Western Boulevard) wieder hinauf. »Central Casting Corporation« stand auf dem Milchglas der Türe, die er öffnete.

Er mußte lange warten (was hab ich denn am siebenten Tag getan, fiel ihm unwillkürlich ein), aber schließlich trat ein Mann, nicht allzu wirsch (wann hab ich eigentlich das Wort »wirsch« geschaffen? fragte sich Gott), auf ihn zu: »Welche Spezialität haben Sie?« – »Ich bin der liebe Gott«, stellte sich dieser bescheiden vor. »Du lieber Gott«, lachte Mister Allan, »Sie sind wohl nicht ganz recht im Kopf? Erstens ist der liebe Gott ein ganz anderer Typ, und zweitens haben wir hier schon zweiundzwanzig bessere liebe Gotte. Unser Bedarf an lieber Gott ist gedeckt.«

Mr. Allan wandte sich zum Gehen und dann wieder um. »Sie können hier nicht registriert werden.« – »Ich möchte gar nicht registriert werden, ich wollte nur inspizieren ...« – »Ach so«, sagte Mr. Allan erschreckt und devot, denn er glaubte nun nichts Geringeres, als daß der alte Herr ein Mitglied der Association of Motion Pictures Producers sei, jemand von den Aufsichtsräten der CCC.

So durfte Gott durch ein Türchen in der Holzbarriere eintreten in das Büro. »Ich möchte mal sehen, was Sie an Lebewesen hier haben«, wünschte er.

»Wir haben alles hier, was es an Lebewesen gibt.«

»Alles?«

»Alles. Ohne Ausnahme. Bitte sich auszusuchen«, sagte Mr. Allan, »drüben in den Fächern ist die Kartothek mitsamt den Photos. Und hier das Register nach Typen geordnet.«

Er legte auf einen übermäßig langen Tisch, dessen Bestimmung dem lieben Gott vorläufig nicht klar war, den Folianten. »Hier sind die Heerscharen.«

Nicht ohne Scheu, um es ehrlich zu sagen, schaute der alte Gott auf das Buch, daß ihm der neue Herr der Heerscharen vorlegte. Darin also stand alles, was aus dem Männlein und dem Fräulein geworden war, die ER einst gesegnet hatte, fruchtbar zu sein und sich zu mehren. Wie haben sie sich gemehrt, in was haben sie sich gemehrt? Was gibt's? Was gibt es auf der Welt? Und Gott der Allmächtige, er griff nach dem Buch.

Weitaus an erster Stelle bewegten sich Frackherren und Damen, für Abendtoiletten geeignet, junge, alte und solche in mittleren Jahren, dann kamen Europäer (latin dress) und Amerikaner (american dress), und nun, fast von jeder Gruppe je eine ganze Seite, der Rest der Welt, männlich und weiblich:

Glatzköpfe. Polizisten. Herrenreiter. Alte Jungfern. Offiziere (eigene Uniform mit Orden vorhanden). Kammerdiener mit Mutton Chop (Backenbart) und glattrasierte. Jünglinge von 18 Jahren, von 17 Jahren, von 16 Jahren. Hexen. Morphinisten. Vollbärte. Aviatiker. Schminker. Riesen (elegante und gewöhnliche). Tänzer. Hotelpagen. Akrobaten. Dickbäuche. Cowboys. Zwerge. Underworld (Verbrecher und Dirnen, hu). Zahnlose. Kellner. Schwimmer. Exzentriks. Blonde. Kartenspieler. Langhaarige Frauen. Stabhochspringer. Schwertschlucker. Kindermädchen. Kapellmeister (mit Mähne und normale). Aktmodelle. Jokkeis. Mädchen mit brünetten Zöpfen. Musiker. Lassowerfer. Eisläufer. Golfspieler. Fechter. Boxer. Ringer. Skifahrer. Tennisspieler. Bogenschützen. Bumerangschleuderer. Stierkämpfer. Äquilibristen. Motorfahrer. Diskuswerfer.

»Allerhand, allerhand«, flüsterte der liebe Gott und wischte sich den Schweiß von der Stirne, aber das Register der Welt war noch lange nicht zu Ende, und vor seinem allwissenden Auge tanzten vorüber:

Blinde (auch Kinder). Bärtige Frauen. Krüppel. College Cheerleaders (die Beifallsorganisatoren bei den Wettspielen der Hochschulen). Masseusen. Feuerfresser. Erste-Hilfe-Leister. Steifbeinige. Schielende Frauen. (Auch ein schielender Greis.) Schlangenmenschen. Tambourmajore. Schiedsrichter für Boxkämpfe. Zauberer. Ein Pianist ohne

Finger. Puppenspieler. Im Kanu über Wasserfälle fahren Könnende. Silhouettenschneider. Entfesselungskünstler. Fassadenkletterer (auch für Türme verwendbar). Tätowierer und Tätowierte. Bauchredner. Seiltänzer. Peitschenkünstler. Jiu-Jitsu. Damenimitatoren. Herrenimitatorinnen.

»Wenn ich nur wüßte, was das alles ist«, sagte der Allwissende leise zu sich, aber Mr. Allan schien es doch gehört zu haben, denn er erwiderte: »Wir müssen natürlich auch die uninteressanten Sachen führen, ganz gewöhnliche Arbeiter zum Beispiel, Zimmerleute, Pflasterer, Dachdecker, Telegrafisten, Anstreicher, Schmiede, Heizer, Bergleute, Elektriker, Schildermaler und solche Sachen. Die nehmen wir meist von den Arbeitern aus den Ateliers heraus. Aber Spezialisten halten wir gleichfalls: Teppichknüpferinnen, Handweber, Spinnerinnen – Sie sehen ja.«

»Hier die technicians zum Beispiel«, bemerkte der liebe Gott höflich, um zu zeigen, daß er das Buch verstehe.

»Nein«, lächelte der Herr der Heerscharen, »das sind keineswegs Techniker, das sind Fachleute. Es steht ja immer dabei, welche Art von Technik er versteht. Catholic technician – das ist einer, der den katholischen Gottesdienst organisieren kann. Wir haben Techniker von Etikette, Hofzeremoniell, neapolitanischem Straßenleben, persischen Karawanen. Vor allem aber drillmen, gewesene Offiziere und Unteroffiziere, die Soldaten und Matrosen nach den Exerzierreglements aller Staaten auszubilden imstande sind …«

»Da bin ich sehr beruhigt«, wollte der liebe Gott unterbrechen, aber der andere ließ sich nicht.

»… wir können Menschen abrichten und Tiere, soviel wir wollen. Schlagen Sie mal Seite 420 nach, da finden Sie die Löwenbändiger, die Schulreiter, Leute, die, auf einem Pferde stehend, sechs andere Pferde lenken können, die Hundekarrenfahrer, die Kameltreiber, die Affendresseure, die Straußenreiter, die Schlangenbeschwörer, die Krokodilbändiger, alle mit ihren Haustieren. Hunde und Katzen haben eine selbständige Registratur, ebenso die Nationalitäten: Hindus, Neger, Mexikaner, Chinesen, Japaner, Spanier, Italiener, Holländer, Perser, Araber und Juden.«

»Nein, Ihnen fehlt wirklich nichts«, sagte der liebe Gott in seiner unendlichen Güte und fügte – nicht ohne Selbstgefälligkeit – hinzu: »Wo doch die Schöpfung *so* reichhaltig ist.«

»So reichhaltig?« Ein verächtliches Lächeln verschönte die ohnedies edlen Züge des Mannes von Hollywood. »Reichhaltig? Immerfort dasselbe! Glauben Sie mir: *das Universum wird stark überschätzt!* Gar keine Phantasie darin, gar keine Abwechslung, alles wiederholt sich. Von jedem Typus können wir so viel Exemplare haben, wie wir wollen. Schauen Sie sich nur einmal unsere Doubles an.«

»Wen?«

»Unsere Doubles. Die stellvertretenden Darsteller. Solche, die mit Stars oder mit anderen Berühmtheiten Ähnlichkeit haben. Da haben wir zum Beispiel vier Napoleon Bonapartes, ein Stück George Washington, drei Stück Abraham Lincoln, ein Stück Mussolini ...«

»Lenin haben Sie auch hier?«

»Nein, den überlassen wir den Herren Russen für ihre Filmchen. Aber den Zaren können Sie fünfmal haben – wir brauchen mehr davon, weil er gleichzeitig König Georg V. von England ist –, Queen Victoria ein Stück, Edward VII. zwei Stück, General Pershing zwei Stück, Herzog von Wellington ein Stück, Kaiser Franz Joseph zwei Stück, Theodore Roosevelt zwei Stück, Wilson zwei Stück, McKinley ein Stück ... Nur Coolidge haben wir nicht, der scheint selten zu sein. Neulich haben wir einen Coolidge gebraucht für einen Inaugurationsball im Weißen Haus. Da mußten wir für die paar Meter eigens einen Automobilhändler aus Texas kommen lassen, der ihm ähnlich sieht. Er hat sich ganz schön bezahlen lassen … Aber einen Ludwig XVI. besitzen wir – ich kenne ja das Original nicht, aber die Herren aus Europa sagen, daß er ihm kolossal ähnlich sieht. Sogar Phantasiefiguren haben wir lebend: Uncle Sam, John Bull und so weiter. Die Mehrheit aber bilden die Doubles für unsere Stars.«

»Wozu? Die spielen doch selbst!«

»Haha, sie spielen doch nicht alles selbst. Hat der oder die Große mit dem Rücken gegen das Publikum zu stehen, über eine Wiese zu laufen oder so, da springt die Stellvertretung ein. Besonders bei den Präliminarien, wenn drei bis vier Stunden lang die Lage einer Darstellerin und die Einstellungen des Objektivs geprüft werden müssen, wird ein Double verwendet. Der Star muß vor Energieverschwendung und vor den Schäden der Lichtbestrahlung geschützt werden. Außerdem vor Gefahren. Das Springen, das Tauchen, das Boxen, das Stürzen, das Raufen – das wird keineswegs von den 4000-Dollar-per-Woche-Gliedmaßen eines Fairbanks ausgeführt! Dazu ist der Extra da, der kriegt das gleiche Kostüm, wenn auch natürlich in billigerer Ausführung …«

»Die Gage aber …«

»Statistenlöhnung natürlich, zwischen fünf und fünfzehn Dollar pro Tag.«

»Und der Star?«

»Manchmal achthundert Dollar pro Tag. Das sind ja die großen Lieblinge des Publikums, und sie sind es, die den Erfolg machen. Übrigens lassen sich die weiblichen Stars nicht nur bei gefährlichen Szenen vertreten, sondern auch bei geringfügigen Dingen, beim Staubwischen oder Aufräumen einer Wohnung, beim Schreibmaschinentippen, beim Herab reichen einer Ware vom Regal – das können sie eben nicht, weil sie aus vornehmen Häusern stammen.«

»Aufgewachsen hinter grünen Jalousien«, glaubte der liebe Gott.

»Gewiß, und deshalb sind eben die Doubles vorrätig, die ihnen ähnlich sehen. Wir führen Mädchen auf Lager, hübscher und talentierter als die von ihnen vertretenen Frauen.«

»Ja, warum läßt man sie dann nicht die ganzen Rollen spielen?«

»Du lieber Gott, sie sind ja gar nicht engagiert, gehören zu keinem Ensemble einer Filmgesellschaft, sie sind nur hier in der Statisterie registriert, als Extras im Casting Office!«

»Aber man könnte sie doch engagieren?«

»Warum sollte man? Wer hat denn ein Interesse daran? Wir haben doch Stars mit attraktiven Namen, herrlichen Toiletten, Routine und einflußreichen Gatten oder Freunden.«

»Und deshalb kriegt das neue Talent keine große Rolle?«

»Im Gegenteil. Oft kriegt das neue Talent gerade deshalb eine große Rolle. Wir haben kleinere Firmen, ›Independent Producers‹, die können sich keine Berühmtheit für einige Monate engagieren, also verpflichten sie diese nur für eine Woche, zahlen dreitausend Dollar und nehmen mit ihr nichts als die Großaufnahmen und die Mitteleinstellungen auf. Und den Rest des Parts, alle Außenaufnahmen und Langschüsse spielt monatelang der Double. Da hat er doch seine große Rolle. Die Gage des Reichen kriegt der Arme freilich nicht, sondern höchstens fünfzehn Dollar pro Tag.«

So also sieht meine Welt aus, die ich als gut sähe, dachte der liebe Gott. Aber er sagte es nicht laut, und wenn er es auch gesagt hätte, so hätte es niemand gehört, denn es war inzwischen fünf Uhr geworden, und unaufhörlich wurde gerufen: »Nothing in.« – »Nothing in.«

An dem übermäßig langen Tisch saßen neun Männer vor neun Telefonen mit neun gläsernen Mikrophonen. Vor ihnen lagen Listen mit Namen, zusammengestellt nach den heute eingetroffenen Anforderungen der Filmateliers. Auf jedem »requisition sheet« hatte der Hilfsregisseur aufgeschrieben, welche Typen er morgen um neun Uhr bei Regen oder Sonnenschein – so lautet die Formel noch aus der Zeit, da es Glashäuser und Aufnahmen bei natürlichem Licht gab – zum »atmosphere work« dieser und dieser Art zu haben wünsche. Auch war angegeben, ob ein bestimmter »bit« zu leisten sei (kleine Gelegenheit zu individueller Leistung) oder gar ein »part« (eine Rolle, für einen engagierten Schauspieler zu winzig, für einen Extra ein unerhörter Glücksfall).

Die Leute vom Casting Office, die neun Herren an den neun Tischtelefonen mit den neun Glasmikrophonen, hatten für die geforderten Typen Namen eingesetzt und warteten nur darauf, den Betreffenden Bescheid zu sagen.

Auf erhöhtem Podium, vor einer Schalttafel, saßen zwei Telefonistinnen mit angeschnallten Kopfhörern, und während die Kontaktstifte wanderten, nannten, sie einen Namen, fügten »nothing in« hinzu, einen anderen Namen und wieder »nothing in«.

Nicht konnte sich der liebe Gott erinnern, dieses erschaffen zu haben, und da er weder die Funktion der neun Herren noch die der beiden Damen verstand, so mußte der Allwissende wohl oder übel um Aufklärung ersuchen.

Er erhielt sie.

Von den nach Hollywood kommenden Leuten, die kein Engagement bei einer Filmgesellschaft finden, melden sich fast alle bei der Central Casting, um wenigstens als »Extra Talent«, das heißt als Statist, Gelegenheitsarbeit zu erhalten. Sechsundneunzig Prozent dieser Ankömmlinge werden abgewiesen, da ihre Typen entweder filmisch nicht gebraucht werden oder genug andere Vertreter dieses Fachs vorhanden sind.

Die übrigen vier Prozent haben das Glück, als »Extras« offiziell registriert zu sein, gegenwärtig fünftausend Männer, sechstausend Frauen und zweitausend bis dreitausend Kinder. Jeder Registrierte muß täglich nach fünf Uhr eines der sechsundvierzig Staatstelefone des Casting Office anrufen und seinen Namen nennen, nichts als den Namen. Das Telefonfräulein wiederholt ihn, so daß ihn die Beamten hören können, die die Liste der zu Verwendenden vor sich haben. Steht der Name darin, so gibt der Beamte ein Zeichen und wird mit dem Anrufer verbunden. Andernfalls erwidert das Fräulein die verhängnisvollen Worte »nothing in«, was ins Deutsche übersetzt bedeutet: »Morgen gibt es keine Arbeit, keinen Verdienst und daher drei bis vier Tage für einen Menschen oder eine Familie nichts zu essen.«

Der liebe Gott, der sich die katastrophale Wirkung dieser zwei Worte ausmalte, sich diese Heime mit nothing in vorstellte, sie mit den Luftschlössern ihrer von fern her nach Hollywood gezogenen Besitzer konfrontierte, saß eine Stunde lang da und hörte achthundertfünfzigmal die Verdammung.

»Jawohl«, rühmte sich Mr. Allan, »einen solchen Betrieb haben wir. Sechstausend Anrufe pro Tag. Nur siebenhundertfünfzig Personen werden durchschnittlich täglich gebraucht von den dreizehntausend. Von den fünftausend Männern können nur hundertfünfunddreißig eine Beschäftigung für drei Tage in der Woche erlangen, von sechstausend Frauen nur dreiundvierzig. Und die Durchschnittsgage für den Tag einer Anstellung beträgt 8 Dollar 94. Das ist die Statistik der Statisterie.«

»Ich habe genug«, schrie der liebe Gott, denn seine unerschöpfliche Geduld war erschöpft. Nothing in, nothing in.

»Das ist noch gar nichts«, fuhr der andere unbeirrt fort, »Sie müssen am Vormittag kommen, wenn uns die Leute aufsuchen. Zweimal in der Woche haben die Männer, zweimal die Frauen und einmal die Kinder Interviewing

Day. Da erzählen sie, daß sie oder ihr Tier ein neues Kunststück gelernt haben, ein neues Kleidungsstück erstanden und so. Wenn sie hören, irgendwo soll ein persischer Massenfilm gedreht werden, erscheinen sie mit persisch zugeschnittenen Bärten; wird ein Großfilm aus dem englischen Militärleben geplant, so sind ihre Schnurrbartspitzen pomadisiert. Meistens wollen sie unser Mitleid erregen. Aber wir sind doch kein Wohltätigkeitsverein. Wenn wir einen Savoyardenknaben brauchen, und der eine hat das possierliche Äffchen, so kann nicht der andere Savoyardenknabe den job kriegen, obwohl er hungernde Enkel hat. Und der Frau, die nach Monaten endlich einmal bestellt wird und sofort wieder weggeschickt werden muß, können wir nicht helfen, auch wenn sie noch so herzzerreißend weint: eine schwangere Frau ist eben unverwendbar für den Film. Uns kümmert nur der Sinn des Films ...«

– – – – – – – –

»Nothing in – nothing in«, rief das Fräulein zum sechstausendstenmal.

Der liebe Gott stürzte hinaus und stöhnte noch auf der Straße: »Das also ist meine berühmte Welt! Ich habe es nicht gewollt, nein, ich habe es nicht gewollt.«

»Sehen Sie den?« fragte der Filmregisseur, mit dem der Doktor Becker eben vorbeiging. »Ein typischer Hollywooder Extra. Kommt aus Gott weiß was für einer Himmelsgegend hierher, glaubt, alles Glück der Menschheit hier zu finden, und wenn er das ›nothing in‹ kriegt, wird er verrückt und beteuert, er habe es nicht gewollt.«

Baggermaschinen baggern Gold

AUF DIE FRAGE eines San Franciscoer Interviewers, was dem Doktor Becker in Kalifornien mißfallen habe, gab dieser zur Antwort: die Tätigkeit der Goldbagger. Zwei Tage nach der Veröffentlichung des Interviews wurden Zuschriften abgedruckt: Einheimische gaben dem Doktor Becker recht und fanden es »geradezu verblüffend«, daß ein Fremder als erster den Finger auf diese schwärende Wunde gelegt …

Ob weitere Briefe an die Redaktion erschienen, erfuhr der Doktor Becker nicht mehr. Sicherlich aber ist die Behandlung dieser Wunde alsbald durch einen anderen Finger beendet worden, durch den an den Mund gelegten Finger der betroffenen Kapitalisten gruppe: schweigen!

An den Ufern des Sacramento und an den Hängen dahinter, wohin vor achtzig Jahren die Abenteurer aller Länder zogen, wo einer den anderen belauerte und einer den anderen umbrachte, in diesem Bezirk wird noch immer nach Gold gegraben und um des Goldes willen getötet – ach, wie biedermeierisch war jene wilde Zeit des Schürfens und Grabens und Erschlagens gegen den heutigen Massenraubmord. Meilenweite, meilenbreite Landstrecken, von denen Mensch und Vieh leben, tötet man. Die Leichname der Opfer kann man überall sehen, wenn man kreuz und quer die Täler des Sacramento durchzieht. An den Mörder selbst kommt man nicht leicht heran. Er hat sich mit Felsenwällen und Wassergräben umgeben, und vom Söller der Feste lugt ein bewaffneter Wächter über Land.

Inmitten all dieser mittelalterlichen Vorkehrungen haust

das Ungetüm der Neuzeit, ein Lindwurm mit Krallen aus Pittsburghstahl, mit einem von Elektromotoren bewegten Gebiß, mit einem elektrolytischen Greifer …

Das ist der Bagger.

Man kennt Baggerschiffe in den Seen, in den Hafenbekken, in den Strömen. Auf dem Festland kann sich ein Schiff unmöglich bewegen – o doch, es kann. Wo es sich um Gold handelt, gibt es kein Unmöglich, die Baggerschiffe Kaliforniens schwimmen auf dem Land.

Vom Strom, von den Deichen wird das Wasser hierhergeleitet, anderthalb Meter hoch ringsum das Erdreich überschwemmt, anderthalb Meter hebt sich der Ponton. Und schon schwimmt das Ungeheuer los auf seine Beute.

Stählerne Eimer, an eine ohrenbetäubend rasselnde Raupenkette gefesselt, zerren sich und den Bagger vorwärts. Beißen das Erdreich auf. Schlucken es. Rollen zurück in den Kotter. Speien es aus. Stürzen zum nächsten Bissen. Endlos ist die Kette und hemmungslos und unersättlich.

Auf dem Dach des Baggers sind Winden und Maschinen und ein Wächter, bereit, Alarm zu blasen, wenn eine Bande käme, die Goldsucher zu berauben.

Das Stockwerk darunter ist der »mud floor«, wohin die Eimer ihre Beute kotzen. Hier werden die Steine losgelöst vom Erdreich und hinter den Bagger in sein Kielwasser gestürzt.

Vom Schlamm aber, vom kostbaren Schlamm geht kein Klümpchen mit über Bord, alles wird durch Sandsiebe und Konzentratoren gepreßt, auf Tischen geschüttelt, bis sich das letzte Körnchen eines darin enthaltenen schweren Metalls hinabgesenkt hat in die Stahlretorten, in denen Quecksilber es beleckt und als das bloßlegt, um was es geht: Gold.

Vorwärts frißt sich der Bagger mit seinem Gebiß aus Eimern, seiner Magensäure aus Quecksilber und seinem

Darm aus Stahl, der Schütte für das Gestein. Verschlingt die blühenden Wiesen, die Felder, die Obstgärten, die Weinberge von Sacramento County mit Haut und Haar, mit Stumpf und Stiel, mit Halm und Acker.

Die Farmer, denen der Landstrich gehört, verkaufen ;ihn an Natomas Consolidated Gold Dredging Company, eine englische Gesellschaft. Die gibt ihnen als Abfindung so viel, wie das Land in zehn Jahren tragen könnte. Bezahlt werden also zehn Jahre, vernichtet wird auf Ewigkeit. Das, was wir die Leichname der Opfer nannten, ist das steinerne, kahle Gerölle hinter dem Bagger, Kieselhaufen, zwischen denen tausend Jahre lang kein Grashälmchen sprießen wird.

Wirklicher Wert, geopfert um eines fiktiven Wertes willen, um Gold.

Gold für nahezu zwölf Millionen Dollar wird in Kalifornien jährlich von den englischen Konzessionären gefördert. Überall im Distrikt von Sacramento, in Mother Love, El Dorado, Placer County, Sierra, Butte, Nevada, Shasta, Siskiyou, Trinity, stehen auf unzugänglich gewordenem Boden, umgeben von Hügelwellen hervorgezerrter Ziegel und von unheimlich blutroten Pfützen, die »dredgers«, die Baggermaschinen.

Und auf jeder von ihnen arbeiten – lehmbeschmiert, verstohlen hüstelnd und von verleugnetem Rheumatismus geplagt – in drei Schichten je zwanzig Menschen für fünf Dollar Tagelohn.

Im Sommer, wenn das Fahrwasser stinkend verdunstet, im Winter, wenn der Boden dem stählernen Kiefer des Baggers trotzt.

Nicht nur bei Tag. In dreihundertfünfundsechzig Nächten des Jahres beugt sich gierig und geizig und geil der Reflektor über die Wackeltische, ob nicht ein Stäubchen metallisch aufblinkt.

Nachtarbeit wird sogar in USA nur dort geleistet, wo

sich's um lebenswichtige Betriebe handelt oder wo (bei Bauten) die Verkehrsstörung rasch beseitigt werden soll. Die Gewinnung von Gold für England ist ein so lebenswichtiger Betrieb, daß seit Jahrzehnten die Nacht zum Tag gemacht wird.

Schon 1885, nach dem Zusammenbruch der privaten Goldgräberei, begannen Gesellschaften auf hydraulischem Weg das Unterste zuoberst zu kehren. Was in weitem Umkreis strömte, rieselte und tropfte, wurde in Schläuche gezwungen und gegen Hänge gespritzt, die des Goldgehalts verdächtig waren. Die armdicken Strahlen wühlten sich ins Erdreich, zermalmten und gemanschten pflanzigen Boden, rissen Minerale los, ganze Gesteinsblöcke aus ihrem Grund und wälzten in trübem Strom Lehm, Sand, Erde, Kies und Geröll zu tiefer gelegenen Rinnen.

Dort wurden an engmaschigen Sieben die großen Steine ausgeklaubt, um dem Wasser Abfluß zu schaffen, und der Schwemmsand in Pfannen nach funkelndem Gelb durchsucht. Das trug man zu den Aufsichtspersonen der Unternehmergesellschaft.

Die Arbeiter, die jahraus, jahrein mit nackten Füßen gebeugt im Wasser standen, waren die Söhne der Goldgräber von 1848.

Auch heute arbeiten an den Elektroturbinen und Konzentratoren des Baggers für fünf Dollar bei Tag oder bei Nacht nur Leute aus der Umgebung von Sacramento: nicht mehr Söhne, sondern bereits Enkel der Goldgräber, Enkel derer, die aus unendlichen Fernen unter unsäglichen Mühen hierherkamen, um ergiebige Stellen zu finden und den Ihren Reichtum zu hinterlassen, Gold!

Kriminalistik in Washington

WENIG VERKEHRSSCHUTZMÄNNER GIBT ES, und das Polizeipräsidium macht nicht soviel von sich reden wie das von New York oder gar das von Chicago, weder in Reklameabsicht noch als Gegenstand der Angriffe. Hier, in der Hauptstadt, handelt es sich um keine Sensationen für das Publikum, hier geht's dem Staat um sich selbst.

Wer – wie zum Beispiel der Doktor Becker – viele Bekannte hat in der Welt, darunter solche, die zwar bürgerlich sind, aber bürgerlich nicht ganz verankert, etwa während des Krieges in Genf tätig oder nachher in einen Dokumentenprozeß verwickelt gewesene Leute, tut gut daran, wenn er einem von ihnen hier begegnet, nicht freudig auf ihn zuzustürzen. Der Doktor Becker begrüßte auf so spontane Weise in Washington einen alten Wiener Freund, und nun stellte sich heraus: der alte Wiener Freund war gar nicht der alte Wiener Freund, sondern ein barscher Uramerikaner, der nur englisch zu antworten wußte. An dieser Tatsache änderte es nichts, daß der Doktor Becker am nächsten Tag im Ritz-Carlton den barschen Uramerikaner fließend wienerisch konversieren hörte.

Die Teilnehmer am Big Game lieben Anonymität und verzichten – darin der Washingtoner Polizei ähnlich – auf Ruhm.

Das Ministerium des Äußern ist einer von den Bankhaltern des Großen Spiels und opfert dafür jährlich den Betrag von hunderttausend Dollar, die es niemandem verrechnet. Aber wir wollen hoffen, daß dieser Fonds in wichtigen Fällen erhöht oder überschritten wird, denn sein

Zweck ist wichtig: »The contingent fund is used for the purpose of enabling the Department of State to keep a close watch on affairs in other nations, in order that the United States may at all times be apprised of any foreign developments which might affect its interests.«

Da von den Einnahmen der Vereinigten Staaten mehr als ein Drittel in Armee und Flotte investiert werden, kann man sich ausmalen, was hier für Spionage – Verzeihung, für Evidenzhaltung von Nachrichten ausgegeben wird.

Der Doktor Becker sprach auf der Pennsylvania Avenue mit einem einstigen Kriegskameraden, der sich nicht verleugnete wie jener alte Wiener Freund. Am Abend empfing der Doktor Becker den Besuch eines Detektivs. Der wollte wissen, was der Doktor Becker in Washington treibe, ob er einen militärischen Grad bekleide, und so nebenbei fragte er, ob der Doktor Becker Bekannte in Washington, ob er jemanden getroffen und wo er die Bekanntschaft dieses Jemand geschlossen habe.

Hinter jedem dorischen oder korinthischen Portikus, hinter dem eine Zentralbehörde amtiert, ist auch eine Geheimabteilung tätig. So ungeschützt, wie es aussieht, ist der Präsident nicht, wenn er im Weißen Haus nachmittags von zwölf Uhr fünfzehn bis zwei Uhr den Untertanen die Hand schüttelt – zwei lebende Karyatiden stehen näher beim Besucher als dieser beim Präsidenten, handfest und bereit zu verhindern, daß sich zu den zwei in Washington getöteten Präsidenten ein dritter geselle.

Noch besser gehütet ist freilich der wahre Herr Amerikas: Mister Dollar. Der wird nicht gewählt auf ein paar Jahre, kommt nicht als Fremder hierher und geht nicht als Fremder von dannen. In Washington wird er geboren, und in Washington stirbt er. Der Doktor Becker durfte Se. Majestät den Dollar begleiten auf hochdero Lebensweg …

Im Bureau of Engraving werden alljährlich zweieinhalb Milliarden Dollarnoten, zehn Milliarden Staatspapiere, um achthundertvierundfünfzig Milliarden Marken, außerdem Zertifikate und Garantiescheine gedruckt, im Macerator des Schatzamtes an einem Tag bis zu hunderteinundfünfzig Millionen alte Dollarnoten rückstandslos vernichtet.

Die Schauplätze dieser Maßnahmen sind ziemlich gesichert; Wälle und Gräben ringsum, ein Heer von Wächtern, Meilen von Stahlplatten und Gittern, ein Glockenspiel von Alarmuhren, ein Zeughaus von Waffen in den Amtsräumen, eine Telefonzentrale mit direkten Leitungen zur Polizei, zu den Infanterie- und Kavalleriekasernen, zur Feldartillerie des Arsenals und sogar zur Festungsartillerie von Fort Meyer.

Auf vergitterten Schwebegalerien werden die Besucher durch einige Räume geleitet. Von dort aus sah der Doktor Becker weiße und schwarze Arbeiter, junge und alte Frauen an den Pressen, an den Walzen, an den Perforierungs- und Schneideapparaten, an den Farbeneimern, am laufenden Band. Immer wieder, immer wieder bringt der Conveyor neues Material, welches die Arbeiter mit maschinellen Bewegungen beider Hände einlegen, falzen, kontrollieren, verpacken, Milliarden und aber Milliarden von Dollars. Bei Fehlleistungen werden die Unkosten vom Lohn abgezogen. »Nach Hause nehmen dürfen sie die Arbeit nicht?« fragte der Doktor Becker. »Nein, Herr«, antwortete die bebrillte Führerin, die keine Ironie verstand.

Abgesehen von den strategischen und fortifikatorischen Maßnahmen gegen eine Eroberung der Dollarfabrik (wer die in Besitz bekäme, hätte ganz Amerika und alle Amerikaner in der Hand) gibt es erstaunliche Vorkehrungen gegen Falschmünzerei und Diebstahl.

Sogar die Nachahmung des mit Seidenfäden durchflochtenen, unbedruckten Papiers wird als Verbrechen der Münzfälschung geahndet. Zur Kontrolle und unausgesetzten Beobachtung der Druckbogen während ihres Behandlungsprozesses ist ein System eingerichtet, das nicht weniger als anderthalb Cent per Banknote kostet. Obwohl über eine Million Dollarnoten täglich gedruckt werden, fehlte innerhalb der letzten fünfzehn Jahre nur einmal ein Druckbogen; die Beamten gaben zu, daß ein Zählungsfehler vorzuliegen scheine, dennoch mußten die Arbeiter des Raumes, in dem der Verlust entdeckt worden war, den Fehlbetrag in vollem Währungswert bezahlen.

Von je drei Milliarden, die das Schatzamt passieren, sind durchschnittlich zwölftausend Dollar Falschgeld. Dessen Ursprung nachzuforschen ist Aufgabe der Division of Secret Service; kriminologische Laboratorien und eine Brigade von Detektiven verfolgen rückläufig den Weg des Falsifikats. Zu ihren Resultaten gehört die Aufdeckung einer Geldfabrik in St. Louis, von deren Fortbestand der Staat eigentlich Nutzen gehabt hätte. Denn die Münzfälscher hatten echte Goldstücke ausgehöhlt und mit Platin ausgefüllt, das ähnlichen Klang und das gleiche Gewicht wie Gold hat, damals aber viel weniger kostete. Bevor die ersten sechzigtausend Stücke dieser Privatmünze in Umlauf kamen, war der Preis des Platins enorm gestiegen, es war weit mehr wert als Prägegold, und der Staat machte an den beschlagnahmten Goldstücken ein glänzendes Geschäft.

Die Darstellung von Falschmünzerwerkstätten im Film, auch wenn sie ganz primitiv und unrichtig ist, erlaubt der Secret Service nicht – man soll niemanden auf eine solche Idee bringen; sind nicht andere, harmlosere Verbrechen genug da für den Film: Raubüberfälle, Giftmorde, Einbrüche? Es gibt keinen Dollar außer dem meinen, und du sollst dir kein Abbild machen …

Nicht nur daraufhin werden die Dollars untersucht, ob sie falsch sind, oft bedarf es auch kriminologischer Methoden, um ihre Echtheit zu beweisen und zu beglaubigen. Eine Kuh hatte das im Heu versteckte Papiergeld eines Farmers aufgefressen. Nachdem die Exkremente dieser echt amerikanischen Kuh in der Treasury mikroskopiert worden waren, erhielt der Bauer den halben Wert des verschlungenen Vermögens zurück. Nach dem Erdbeben von San Francisco kamen immense Mengen eingeschmolzener Münzen und verbrannter Scheine zur Agnoszierung nach Washington.

Dem Schmuggel zu begegnen ist ein stattlicher Menschenapparat vonnöten. Überall, wo ein schmuggelndes Schiff landen könnte, muß ein Zollhaus stehen; aber wo ein Zollhaus steht, landet kein schmuggelndes Schiff. Weshalb in Beaufort, North Carolina, die Erhebung von 1 Dollar 55 Cent Zoll den Staat 1500 Dollar kostet; und im Hafen von Maryland betragen die Spesen des Staates zur Kassierung von je 61 Cent Zollgebühr nicht weniger als 1000 Dollar!

Bei der Verhinderung der Alkoholeinfuhr haben die Polizeibehörden mitzuwirken, und sie tun dies mehr oder weniger, je nachdem, wie der betreffende Bundesstaat zum Volstead Act eingestellt oder wie hoch der »graft« ist, Tarif und Niveau der ortsüblichen Korruption. Beim Schmuggel anderer Waren aber, insbesondere von Juwelen, führen die Zollbehörden den Kampf allein, einen Kleinkrieg um winzige Dinge.

Bereits am Weesper Plein in Amsterdam oder auf Hotton Garden, dem Londoner Brillantenmarkt, sind amerikanische Detektive tätig. Jede des Juwelenschmuggels verdächtige Person wird vom Washingtoner Geheimdienst in Evidenz gehalten, alle gro ßen Brillantenkäufe werden aus Europa gemeldet und in die Kartothek eingetragen. Der Käufer kommt in Hoboken an. »Wo hast du die Ware, die du vor acht Tagen im Antwerpener Diamantenklub gekauft hast?«

Unaufgefädelte Perlen gelten nach dem Zolltarif als Edelsteine. Der Einfuhrzoll für Edelsteine beträgt zehn Prozent des Wertes. Perlenschnüre aber sind als Fertigschmuck mit sechzig Prozent zollpflichtig. Natürlich ziehen die Händler einfach den Seidenfaden heraus. Die Zollbehörde stellte sich nun auf den Standpunkt: nicht das Vorhandensein des Fadens entscheide den Begriff »Perlenschnur«, sondern ob die Stücke zur gemeinsamen Auffädelung ausgesucht und geeignet seien. Auf Grund dieser Ansicht wurde der Importeur einer solchen Garnitur mit einem Zoll von hundertundzehntausend Dollar belegt. Dem Einspruch gab der Oberste Gerichtshof statt und entschied, nur achtzehntausend Dollar seien zu zahlen, so daß sich das fehlende Schnürchen als eine Kostbarkeit von zweiundneunzigtausend Dollar entpuppte.

Eine beträchtlichere detektivistische Apparatur als Postbehörden anderer Staaten braucht das Post Office Department of the U. S. Government, denn hier gilt es nicht nur verschwundenen Sendungen nachzuspüren. Vor allem sind die Postillone der Prärie und wildwestlich gebliebener Bezirke vor Überfällen zu schützen, und außerdem ist es in diesen Regionen der Staaten noch immer beliebt, Lebewesen als Höllenmaschinen zu verwenden: in einem Paket schickt man dem Feind eine Giftschlange mit dem Weihnachtswunsch zu: »I hope this puts an end to you.«

In Amerika werden bestimmte Handlungen nur dadurch zum Verbrechen gestempelt, daß man sich zu ihrer Durchführung der Post bedient. So wird Pornographie erst dann mit Zuchthaus bestraft, wenn die Handschrift oder Druckschrift nicht persönlich eingehändigt, sondern frankiert zugesandt wird; ähnlich verhält es sich mit Mitteln zur Empfängnisverhütung, Aufforderungen zu Glücksspielen und sogar mit Wildbret, das außerhalb der Jagdsaison geschossen wurde.

Daß das Statistische Amt (Census Bureau) einen polizeilichen Überwachungsdienst unterhält, um die Angaben seiner Mitarbeiter und Korrespondenten zu überprüfen, muß jedem verwunderlich erscheinen, der Uncle Sam nicht kennt, seine Reklamesucht und seinen Rekordwahnsinn nicht kennt. Wer ihn aber kennt, dem wird es verdächtig Vorkommen, daß die Bewohnerschaften von Seattle und von San Francisco seit der letzten Volkszählung gigantisch zugenommen haben. Und alsbald eruiert man: beide Städte haben gemogelt, jede, um nach Los Angeles die größte Stadt der Westküste zu sein. Auch Amerika hat seine Tschitschikows: Gemeindefunktionäre, die in die Zählungslisten tote Seelen eintragen und auf Grund der erhöhten Bevölkerungsziffern ein erhöhtes Gehalt beanspruchen.

An achtzigtausend Erfindungen zum Schutz des Eigentums wurden seit Kriegsende beim Patent Office in Washington angemeldet, Panzerplatten, Einbruchsalarm, Sicherheitsschlösser und ein künstlicher Wächterhund mit gefletschten Zähnen, rotfunkelnden Augen und drohendem Bellen.

Vieles von dem, was durch die Geheimorganisationen Washingtons an außergewöhnlichen Steuerhinterziehungen, Schmuggel, Bestechungsaffären, Postschwindel, Münzfälschungen und Finanzbetrug, allzu plumper Übertretung des Anti-Trustgesetzes, ausländischer Handels- und Militärspionage auf amerikanischem Gebiet, Schwarzbrennerei im entlegensten Winkel aufgedeckt wird, kommt als großer Gerichtsfall wieder nach Washington zurück, wo Justizministerium, Verwaltungsgericht oder Handelsgericht darüber urteilen oder unter der Kuppel des Capitols der Oberste Gerichtshof das Wort der letzten Entscheidung spricht.

Jeder Deputierte oder Senator oder Beamte von Washington ist mit einer der großen Kriminalaffären befaßt, und jeder gilt, wie dem Doktor Becker im Lauf seiner Kreuz- und Querfahrten durch USA übereinstimmend versichert wurde, in solchen Dingen als Fachmann.

Seine Majestät der Kaugummi

DIE KAUGUMMIFABRIKANTEN BEHAUPTEN: Zentralamerikas Ureinwohner hätten die harzartige Absonderung des Sapotillbaumes (achras sapota) auf ihren Jagdzügen im Munde gehalten, um die Speichelbildung zu fördern und solcherart den Durst zu überwinden.

Diese Behauptung ist unwahr. Wahr ist vielmehr, daß in keinem Bericht der spanischen Konquistadoren eine ähnliche Beobachtung vermerkt wird und daß gerade in jenen Gegenden, wo diese Kiefer wächst, die kauende Seuche bis zum heutigen Tage kein Opfer gefunden hat.

Wahrscheinlicher ist die andere Entstehungsgeschichte: einem Kaufmann in New York war aus Mexiko eine Schiffsladung dieses »Chicle«-Harzes mit der Bestimmung zugekommen, es zu Gummi verarbeiten zu lassen. Dies erwies sich als unmöglich, das Material war nichts weniger als widerstandsfähig. Was aber sollte nun mit der Sendung geschehen? Der Empfänger – wohl jener Mr. Thomas Adams, den die Kaugummi-Industrie zum größten Wohltäter der Nation zu stempeln bestrebt ist – war Anhänger der amerikanisch-teleologischen Naturbetrachtung: nicht deshalb, kalkulierte der Yankee, wächst in China der Reis, weil ihn die Chinesen gerne essen, sondern weil in China der Reis wächst, ist er Nahrungsmittel der Chinesen; nicht deshalb kommen Eisbär und Seehund in der Arktis vor, weil sich die Eskimos gern mit einem weißen Fell bekleiden und mit Tran salben, sondern umgekehrt. Also, schloß Mr. Thomas Adams messerscharf, also werden die Amerikaner mein »Chicle«-Harz einfach aus dem Grunde fressen müssen, weil es da ist! Müssen! Wozu haben wir die Reklame.

Mitte des vorigen Jahrhunderts begannen die Plakate zu schreien:

> Tabak zu priemen ist giftig und unhygienisch.
> Kaut Chiclegummi!
> Kaugummi reinigt die Zähne!!
> Kaugummi desinfiziert die Mundhöhle und den Gaumen!!!
> Kaugummi macht die Zähne blitzblank!!!!
> Wer Chicle kaut, bekommt sofort einen wohlriechenden Atem!!!!!
> Kaugummi befördert die Verdauung – daher nach jeder Mahlzeit ein Kaugummi!!!!!!
> Wollen Sie gesund und schön sein? Dann müssen Sie Gummi kauen!!!!!!!

Wer wollte nicht gesund und schön sein? Das erwachsene Amerika kehrte zum Gummilutscher zurück.

Bei den besonders intimen Beziehungen, die zwischen Unternehmern und Behörden in Amerika bestehen, ist durchaus anzunehmen, daß die Rauchverbote in der Straßenbahn und in der Untergrundbahn (ja, ähnlich wie in Berlin ist sogar in einigen Kinos und Bibliotheken das Rauchen verboten!) von der Kaugummi-Industrie angeordnet wurden. Automaten sind da: Einwurf ein Cent, Auswurf ein Kaugummi. Solch ein Stückel Chicle reicht bis zur zwanzigsten Haltestelle. Alles kaut.

In den neunziger Jahren, als die Allgegenwart der Bazillen entdeckt und gleichzeitig der Glaube an die Heilwirkung von Pfefferminze und Krauseminze Mode wurde, setzte der große Aufschwung ein. Eilig wurden den Kaugummiplätzchen diese Ingredienzien beigemengt, und sie gingen nun als Bazillentöter reißend ab.

Der Hauptgrund für den Erfolg lag im amerikanischen Volkscharakter, der zu rasend geschäftigem Müßiggang neigt. Immerfort wird etwas getan und nichts geschieht, fleißig ist man beschäftigt und nichts wird gearbeitet, große Bewegungen werden entfesselt, auf daß alles beim alten bleibe, die »headline«, die Riesenüberschrift aller Zeitungen, wird heute leidenschaftlich diskutiert, um morgen total vergessen zu sein. Der Mann in der Subway oder auf der Fähre spricht mit dem Freund von irgend etwas, liest dabei in der Zeitung irgend etwas anderes, denkt wahrscheinlich an irgend etwas drittes, es sei denn, daß er das Kreuzworträtsel löst, streckt dem Schuhputzer die Beine hin, und damit auch Zähne und Zunge auf ähnliche Weise vom Faulenzen abgehalten werden, kaut er Gummi.

Im Automatenrestaurant verschlingen die New Yorker binnen fünf Minuten ihre Mahlzeit, um dann stundenlang die Wälder von Mexiko zu zerbeißen und zu zerlutschen.

Beim Raspeln von Süßholz, beim Kauen der Betelnuß, beim Priemen von Tabak, beim Zermalmen der Sonnenblumenkerne erntet man einen Geschmack. Der des Kaugummis geht jedoch nach einer Minute verloren, und für den Rest der Stunde bleibt ein klebriger Klumpen im Mund.

Die Kaugummi-Erzeugung ist die nationalste Industrie von USA. Seit dem Weltkrieg ist sie besonders gewachsen; als Soldat auf den Märschen und auf den Wachen hat sich jeder Amerikaner das Kauen angewöhnt und ganze Landstriche Europas für diese Tätigkeit erobert. Während vor dem Kriege nur 74 Fabriken mit einer Belegschaft von 2689 Personen und 1648000 Dollar Jahreslohn ein Rohmaterial von 322000 Dollar zu einem Produkt von 17159000 Dollar verarbeiteten, zahlt heute der Konsument bereits 150 Millionen Dollar jährlich, ohne daß sich die Zahl der Fabriken und der Belegschaften auch nur in annähernder Relation erhöht hätte, da alles maschinell erzeugt wird.

In riesigen Fabrikhallen der American Chicle Company auf Long Island bekommt man wenig Menschen zu Gesicht, und nur in den Versandräumen und in den Sälen der Fehlerkontrolle funktioniert ein Heer von Frauen, die immer noch billiger sind als die billigste Maschine, in weißen Kitteln und mit weißen Hauben zu Hunderten am laufenden Band.

Die Laboratorien kann man nicht besichtigen. Wie man den Geschmack von Ananas, Zitrone, Orange und Nelkenwurzelöl erzeugt, bleibt sekret, und ebenso die Farben.

Und außerdem wird dort um das Geheimnis gerungen, den Rohstoff synthetisch zu fabrizieren. Hat doch 1914 der kriegerische Konflikt mit Mexiko die furchtbare Gefahr heraufbeschworen, Nordamerika könnte eines Tages ohne Kaugummi dastehen. Ein Versuch mit dem aus Borneo eingeführten »Pontianac«-Harz hat sich ebensowenig bewährt wie die Versuche, den Chicle künstlich herzustellen. Daher ist die Behauptung eines sozialistischen Kongreßmitgliedes glaubhaft, daß die imperialistischen Gelüste der Vereinigten Staaten auf Mexiko geschürt werden von Mr. Wrigley und den übrigen Kaugummifabrikanten.

Vorläufig sind die Lieferanten des Rohstoffs noch Ausländer, heißen »Chicleros« und leben in den mexikanischen Kiefernforsten davon, mit Riesenmessern die Baumrinde zu ritzen, das Harz, das zur Heilung der Wunde herausquillt, zu sammeln und, in Jute verpackt, auf Schiffe zu verfrachten.

Da liegt nun der zukünftige Kaugummi auf Long Island City, jedes Stück sieht einem Baumstrunk gleich und enthält genausoviel schweren Unrat, als man in gerinnendes Harz hineinzustecken vermag, um das Maximum an Gewichtserhöhung zu erzielen …

Davon und überhaupt gereinigt, in handliche Stücke

zerschnitten, geknetet, in Platten gegossen und filtriert, tropft die Materie ein Stockwerk tiefer hinab, wo die Mischmaschinen stehen; verblüffenderweise nicht amerikanischen Ursprungs, sondern von »Werner Pfleiderer, Cannstatt-Stuttgart«.

Dick und süß von Zuckerstaub ist die Luft in dieser Mischhalle. Dem Chicle wird hier der feingemahlene Zukker zugesellt, die Salben für die unterschiedlichen Geschmäcke und die Öle für die unterschiedlichen Gerüche der einzelnen Sorten. Die Arbeit an den glühend fauchenden Pfannen, das Losreißen der Klumpen von den Walzen und die neuerliche Behandlung der Masse ist die schwerste; kein Amerikaner leistet sie, nur Italiener und Juden sind in der Kesselstraße am Werk.

Das Resultat: Teig. Der geht nun automatisch weiter, durch Räume mit künstlicher Luft von besonderer Temperatur und besonderer Konsistenz, durch Schneidemaschinen, Ausroll- und Formapparate, worin er zu Prismen, Stangen und Kugeln wird.

Zweihundert schräggestellte Kupferpfannen rotieren im coating department, welches in einer deutschen Kaugummifabrik »Dragier-Abteilung« heißen würde (der Verfasser weiß es aus der Pralinenindustrie). An der Wand hängen Tafeln mit den »Rekorden« einzelner Arbeiter – die Fabrikanten sind bemüht, die zu ihren Gunsten vollbrachte Höchstleistung als Sport hinzustellen.

In den bewegten Pfannen rattern rauhe Kugeln, in manchen rauhe Prismen. Sie reiben sich aneinander, sie schmiegen sich zueinander, sie stoßen sich durcheinander, bis sie glatt sind, poliert, und blitzblank leuchten.

Selbige höchst symmetrischen Körperchen mit den bunt strahlenden Reflexen sind also identisch mit den dreckbeschwerten Klötzen, die wir aus Mexiko ankommen sahen, und bald werden sie auch identisch sein mit dem schleimigen Klümpchen, das irgendein Bursche unter seinen Stuhl pickt, nachdem er es stundenlang im Mund hin und her gewälzt hat.

So freundlich und unschuldig und verlockend sehen die kau baren Kügelchen, Würfelchen und Plätzchen aus, sie sind fertig und rollen schnurstracks in die Kartonierungs-, Expeditions- und Verladeräume, wo die Maschinen individuell und vielseitig arbeiten, die Menschen aber mechanisch und eintönig.

Nächtliches Gericht

»MIR SCHEINT, Sie sind noch jetzt betrunken.«

»Ich trinke niemals, Sir.«

»Sagen Sie: Konstantinopel.«

»Kolstantip – Konstaltinkopel.«

»Sind Sie vorbestraft?«

»Nein, Sir.«

»Ich spreche Sie schuldig.«

– – – – – – – –

»Ich habe in der Lexington Avenue gestanden, da kommt der Polizist da mit dieser Dame und führt mich ab.«

»Bitte, er verfolgt ein Mädchen aus unserem Geschäft mit seinen Liebesanträgen. Den ganzen Tag hängt er herum vor dem Laden, wir haben Damenkonfektion, bitte, und lugt ins Schaufenster. Unsere Kundschaften sind dadurch geniert.«

»Wenn Sie sich noch einmal vor dem Geschäft blicken lassen, bekommen Sie dreißig Tage.«

– – – – – – – –

»Hab den Mann arretiert, weil er auf Madison Square immerfort die Passanten angerempelt hat.«

»Sind Sie schon vorbestraft?«

»Nein, Euer Ehren.«

»Ich spreche Sie schuldig.«

– – – – – – – –

»Ich habe einen Bäckerladen in Walker Street. Heute um fünf Uhr nachmittags fliegen zwei Steine gegen meine beiden Ladenfenster und zertrümmern sie. Ich stürze hinaus und sehe Burschen, die davonlaufen. Der eine – dieser da –

bleibt stehen und geht mir ruhig entgegen. Ich habe ihn festgehalten, und meine Frau hat den Polizisten geholt.«

»Wie alt bist du?«

»Sechzehn Jahre.«

»Warum hast du die Scheibe eingeschlagen?«

»Hab mit der Sache gar nichts zu tun, kenn die Jungs gar nicht, was da an mir vorübergerannt sind. Wollt für mein' Vater Pfeifentabak holen.«

»Willst du Zeugenschaft für dich ablegen?«

Ja, Herr.«

»Stell dich herauf, heb die Hand und sprich mir den Schwur nach.«

»… so help me God.«

»Ist dein Vater hier?«

»Ich, Euer Ehren. Es ist so, wie mein Sohn sagt.«

»Hören Sie, wenn der Junge das nächste Mal auch nur in den Verdacht kommt, eine Scheibe eingeschlagen zu haben, kommt er auf drei Jahre in die Fürsorge.« (Zum Angeklagten:) »Ich spreche dich frei.«

– – – – – – –

»Hat Spielzeug verkauft auf dem Grand Central-Bahnhof. Hab ihn nach der Lizenz gefragt, sagt er, Weihnachten braucht man keine Lizenz.«

»Ich spreche Sie schuldig.«

– – – – – – –

»Kommt vor einer Stunde betrunken nach Haus und schmeißt das Blechgeschirr nach mir. Hab ich meine Tochter nach der Polizei geschickt.«

»Nein, Sir. Komm gerade von der Arbeit nach Haus …«
»Von der Arbeit, du Lügner!«

»Schweigen Sie!«

»… sagt mir die da, die meine Frau ist, ich bin der Sohn einer Hündin und so. Hab ich ihr etwas zugeworfen.«

»Ich spreche Sie schuldig.«

– – – – – – –

»Dieser Mann (ein blinder Neger) bettelt täglich in der Untergrundbahn zwischen Bowling Green und South Ferry.« Magistratsvertreter: »Ist 41mal vorbestraft.«

»Dreißig Tage.«

– – – – – – – –

So und in diesem Tempo, guilty, not guilty, geht es die ganze Nacht, fünfzig bis dreihundert Fälle, am Sonnabend noch mehr, größte Ziffer: 495 in einer Nacht, 33 000 Fälle im Jahr. Wer schuldig gesprochen wird, muß in die daktyloskopische Abteilung, wo man nach der Kartothek feststellt, ob und wie oft er vorbestraft ist. Dann führt man ihn wieder dem Richter vor, der ihm nunmehr die Strafdauer zumißt.

Draußen, in einem mächtigen Käfig, warten die Verhafteten, noch erregt von dem Delikt und schon erregt wegen Verhandlung und Verurteilung, während die Zeugen mit nervösen Gesichtern im Zuschauerraum sitzen.

Immerfort liefern Schutzleute neue Arrestanten ein, vor dem Haus parken die »Grünen Minnas«, hierzulande »Black Maria« genannt. Sie haben Angeklagte gebracht und führen Verurteilte weg. Die, die weniger als fünf Tage bekommen haben, nach dem Seventh District Prison auf der Westhälfte der 53. Straße. Die, die auf unbestimmte Dauer oder bis zu sechs Monaten oder zu fünf Monaten neunundzwanzig Tagen (was mehr ist als das »Höchstmaß« von sechs Monaten, weil dabei der für gutes Verhalten ausgesetzte Strafnachlaß von fünf Tagen im Monat wegfällt), hinab auf die Teufelsinsel der Wohlfahrt, die Unmündigen nach dem Reformatory Prison auf Hart's Island.

In Brooklyn tagt ein Nachtgericht nur gegen Frauen, up town werden Frauen und Männer gerichtet, die am gleichen Tage nach vier Uhr nachmittags eines dem Inferior Criminal Court unterstehenden Bagatellvergehens verdächtig geworden sind. Dessen Nachtschicht heißt Night

Court und hat eine reiche Klientel: Trunkene und Prostituierte; Handwerker, die sich der Anwendung von Kinderarbeit schuldig gemacht haben; Theaterdirektoren, deren Vorstellung einen Besucher aus sittlicher Entrüstung vom Zuschauerraum zur Polizeiwachstube trieb (die Direktorin May West bekam nächtlicherweile für das Stück »Sex« zehn Tage aufgedonnert); Hauswirte, in deren Haus Prostitution ausgeübt wurde; Burschen, die in einen Raufhandel gerieten; Kaufleute wegen unlauteren Wettbewerbs; Eltern, die ihre Kinder nicht zur Schule schickten; Leute, die die Verkehrsvorschriften übertreten, die in der Hochbahn ausgespuckt, die einen Diebstahl unter hundert Dollar verübt, ohne Lizenz gebettelt oder ohne Lizenz Straßenhandel getrieben, eine leichte Körperverletzung oder sonst etwas begangen haben, was kleine Leute tun, die sich's nicht richten können und daher gerichtet werden.

Jeder Angeklagte kann den Zeugeneid ablegen oder sich der Zeugenaussage entschlagen, wenn sie für ihn belastend wäre. Ein Magistratsbeamter ist da, der »bridgeman«, um in leierndem Ton den Angeschuldigten die Rechtsbelehrung zu erteilen, daß sie Zeugen benennen und sofort holen lassen können, sich einen Rechtsbeistand nehmen oder Vertagung verlangen.

Wer freigesprochen wird, verliert dank dem schnellen Nachtgericht keinen Arbeitstag und hat keine Unannehmlichkeiten bei dem Unternehmer, wer schuldig gesprochen wird, kann dank dem Nachtgericht seine Unbescholtenheit, ein Jahr seines Lebens und vielleicht die ganze Bahn seines Lebens verlieren. (Die mitternächtig jagende Justiz sollte nur Freisprüche, Geldstrafen und Verwarnungen aussprechen dürfen und alle anderen Fälle den ordentlichen Gerichten überweisen – dann hätte sie einen sozialen Zweck.)

Unten, neben und gegenüber dem Gerichtsgebäude sind erleuchtete Geschäfte: die Läden der Rechtsanwälte. Mit

Lichtreklamen zeigen sie an, daß sie die zu einer Haftentlassung erforderliche Kaution jedermann vorstrecken. Ihre Angestellten – oft ist es die Advokatengattin – nähern sich den Leuten, die das Gericht betreten. Zwecks Kundenfangs, den man in ihrer polnischen Urheimat »Chappen« nannte.

»Somebody in trouble – hat jemand Ungelegenheiten?« fragen sie, um das Gespräch zu beginnen.

Reporter sind im Saal. Aber wenn es ihnen auch gelingen würde, am rollenden Band der Justizmaschine eine Besonderheit abzupassen – für den »editor« in der Redaktionsstube ist eine Sensation vom Nachtgericht noch lange keine Sensation von New York, und er schmeißt den Bericht in den Papierkorb.

Kleine Leute, die Anwälte hier, die Reporter hier, die Angeklagten hier und der Richter hier, der allmächtig ist.

Mutterseelenallein in Philadelphia

DER DOKTOR BECKER befindet sich zum erstenmal in einer Stadt mit Millionen Menschen, von denen er keinen einzigen kennt, keiner ihn kennt, ja, von denen er keinen einzigen aufzusuchen und sich auf irgendwen oder irgendwas zu berufen imstande wäre.

Das mag nicht vorteilhaft sein, aber es erfüllt den Doktor Becker mit dem eigentlichen Gefühl von Reise und Fremde.

Um sich nun mit dieser Stadt Philadelphia, von der er nichts und niemanden weiß, bekannt zu machen, liest er auf den Straßenbahnen die Namen der Endstationen und besieht Ansichtskarten. Den ersteren entnimmt er eine Haltestelle des Namens »Delaware River Bridge«, woraus er schließt, die Stadt liege am Delaware. Die letzteren belehren, beziehungsweise erinnern ihn, daß Philadelphia mitsamt Pennsylvanien von William Penn gegründet worden ist, daß hier die Unabhängigkeitserklärung Amerikas erfolgte und daß außer dem verehrtesten Manne Amerikas, nämlich George Washington, auch der zweitverehrteste, nämlich Benjamin Franklin, hierorts gewirkt hat. Sie besitzen ihre auf Postkarten reproduzierten Denkmäler, das des William Penn steht sogar auf dem Dach des Rathauses.

Die Independence Hall ist gleichfalls ansichtskartengemäß vorhanden, und der Doktor Becker, froh, einen Punkt zu haben, nach dem er fragen kann, begibt sich dorthin. Von seinem Hotel in Chestnut Street (er verdankt es einem schwarzen Gepäckträger) sind nur wenige Schritte zu dem für die Weltgeschichte und den Doktor Becker bedeutsamen Gebäude.

Aber unterwegs wird er durch eine Tafel verlockt, seinen Weg zu unterbrechen. Sie sagt: »The Drs. La Grange & Jordan, European Museum; established in Philadelphia in 1858, open daily, except Sunday, for gentlemen only.« Der Doktor Becker tritt ein und sieht sich in einem Panoptikum.

Auf einen Mann, der, wie einleitend bemerkt, in der Millionenstadt keinen Bekannten vermutete, muß die Überraschung mächtig wirken, urplötzlich Venus und Cupido gegenüberzustehen, den siamesischen Zwillingen und vielen anderen alten Freunden aus Castanschen Tagen.

Besonders bewegt betrachtet der Doktor Becker die Nr. 206, die ihn an ein in Deutschland verübtes Verbrechen erinnert, an den zwecks Erlangung einer Versicherungssumme verübten Bombenanschlag von Bremerhaven; auf den Gedanken, die Büste von J. J. Thomas habe hier nur Aufstellung gefunden, weil er ein Engländer gewesen, kommt der Doktor Becker nicht. Erst nach und nach merkt er, beim Vergleich des Katalogs mit der wächsernen Wirklichkeit, daß – wohl seit dem Eintritt Amerikas in den Krieg – alle deutschen Gestalten beseitigt sind aus diesem European Museum.

Nur Bismarck findet er – doch wo findet er ihn! Er findet ihn verbannt in die äußerste Ecke der Abteilung für Geschlechtskrankheiten. Solches schmerzt den Doktor Becker, und daher leistet er dem Museumskustos keine Folge, der sich ihm gerade in diesem Augenblick mit Bart und Brille naht, als Spezialist für Männerleiden vorstellt und angelegentlich empfiehlt.

Auch der Doktor Becker empfiehlt sich. Er geht in die Independence- und die anliegende Congress-Hall. Außer einigen Reliquien befindet sich daselbst die Geschichte Amerikas in gemalten Romanzen, in Genrebildern. Der

Doktor Becker staunt, wie idyllisch sich die Geschichte Amerikas vollzogen hat. Alles ging glatt von jenem zehnten Oktoberabend des Jahres 1492 an, da Christoph Kolumbus besonders inbrünstig das Salve Regina betete, worauf ihn promptest eine Brise zur lang ersehnten Küste der Vereinigten Staaten trieb, bis zu dem Tage, da Washingtons Mutter sich von ihrem Sohn verabschiedet, nicht ohne ihrem George den Rat zu geben, die Engländer auf Long Island zu schlagen und 42000 Gefangene zu machen. Ferner haben die farbenfrohen Maler des achtzehnten Jahrhunderts festliche Landungen und ländliche Feste verewigt, an denen Indianer glückstrahlend teilnehmen, aber nirgends ist veranschaulicht, wieso diese Gäste für ewig aus der Welt verschwanden. Ebensowenig fand der Doktor Becker die Einfuhr der Neger, die doch in der Geschichte Amerikas eine entscheidende Rolle spielten, künstlerisch dargestellt.

Nicht lange darauf erblicken wir in Gottes freier Natur, weit draußen im Westen von Philadelphia, einen Mann, der uns bekannt vorkommt. Und wirklich: es ist der Doktor Becker. Er hatte einen x-beliebigen Straßenbahnwagen bestiegen und ihn verlassen, als ihn die Gegend dazu verlockte. Sie hielt, was sie versprochen. An belaubten Hängen, an einer Meile von Bootshäusern, an unbeschnittenen Bosketten und märchenhaften Rasenplätzen entlang, durch felsige Hohlwege und breite Uferstraßen darf der Doktor Becker lustwandeln, und diese Parkanlage ist noch in winterlicher Vermummung schöner als alle, die er jemals gesehen.

Durch ein Baby im Kinderwagen mit dessen Großmutter bekannt geworden, fragt der Doktor Becker nach dem Namen der Gegend. Die Auskunft, es sei der Fairmount Park, wird in derart erstauntem Ton gegeben, daß der Doktor Becker es für gut befindet, um den bekundeten Mangel an Bildung auszugleichen, mit seinen, den Straßenbahntafeln entnommenen Kenntnissen zu prunken. Auf den Fluß zu seinen Füßen deutend, erwähnt er, herrlich sei der Delaware. »Nein, Herr, das ist nicht der Delaware, das ist der Schuylkill River, der Delaware ist auf der anderen Seite von Philadelphia. Waren Sie denn wirklich noch niemals in unserer Stadt?«

Philadelphia gehört zu den größten Städten des Erdballs, und die mißtrauisch akzentuierte Frage war hier berechtigter als zum Beispiel in der Tschainaja des Dorfes Karpilow im Kaukasus, wo die Antwort des Doktor Becker auf die gleiche Frage eine fröhliche Sensation an allen Tischen hervorgerufen hatte: der Mann ist zum erstenmal im Leben in Karpilow!

Zum Glück lacht das Baby in dem Moment, da die Großmutter von Fairmount Park der Ahnungslosigkeit des Fremden zu mißtrauen beginnt, und aller Großmütter Herzen werden weich, wenn das Enkelkind lacht. Sie verzeiht dem Doktor Becker, daß er wirklich oder angeblich noch nie in Philadelphia gewesen, zeigt sich zu einer weiteren Belehrung bereit und ihm eine Villa auf dem Hügel.

Er folgt der Richtung ihrer Hand. »Ein wunderschönes Haus«, sagt er nur, aber auch dies erweist sich als Fehler. »Es ist der Schandfleck von Philadelphia, man sollte es beseitigen.« – »Ja«, gibt der Doktor Becker zu, »ein wenig stört es dort oben.« Ach, er kommt aus den Fehlern gar nicht heraus, Großmutter bemerkt hart: »Nein, es nimmt sich wunderbar aus, deshalb läßt man es auch stehen, obwohl es ein Schandfleck ist. Haben Sie schon einmal von General Benedikt Arnold gehört?« – »O gewiß, er ist sehr berühmt in Europa, ein glänzender …« – »Er war der größte Lump, hat Amerika während des Freiheitskrieges verraten. Gleichzeitig mit dem edelsten Mann Amerikas hat der größte Schurke Amerikas in Philadelphia gelebt. Und das Haus dort oben ist sein Haus. Wir von der Patriotischen Damenliga wollten, daß es niedergerissen werde, aber …«

Aber dem Baby scheint das zum Lachen.

Großmutter weist auf eine weitere Sehenswürdigkeit hin. »Dort in den Felsenhängen können Sie sehr viele Höhlen finden, wo vor hundert Jahren Einsiedler hausten, lauter Deutsche. In der deutschen Gemeinde war der Wahn ausgebrochen, man müsse im Walde leben und sich von Wurzeln nähren. Meine Mutter hat noch einige von den Eremiten gekannt. Sie hat mir erzählt, es seien gute Leute gewesen. Aber ich glaube das nicht. Wir wissen, wie die Deutschen sind, wie furchtbar sie im Krieg die amerikanischen Gefangenen gemartert haben.«

Das Baby hat genug Luft geschnappt und der Doktor Becker genug mündliche Belehrung, jedenfalls mehr, als er in einer wildfremden Millionenstadt erwarten durfte. Er fährt, von Philadelphia befriedigt, wieder in sein Hotel zurück.

Menschenhandel in Hollywood

UND KEINESWEGS NUR DAS ELEND DER STATISTEN erschüttert den, dem es gelang, den inneren Wall von Gottes eigenem Filmland zu überschreiten. Auch das Elend der Stars ist oft groß.

Wir hatten das unbeschreibliche Glück, im Torgang einer Villa der weltberühmten Filmkönigin X. zu begegnen, die sich gerade entfernte.

»Sie wollte mich anpumpen«, sagte der Hausherr.

»An-pum-pen? Für wen? Wozu?«

»Sie kann die Miete nicht bezahlen.«

»Versteh ich nicht.«

»Sie haben eben keine Ahnung davon, was Verträge sind, Mr. Kisch.«

Doch! Verträge sind Fetzen Papier, so hat es Mr. Kisch im Krieg gelernt. Aber jetzt lernt Mr. Kisch, daß sie das nur im Völkerrecht sind, nur dort, wo man sie einfach zerreißen und ein paar Millionen Menschen opfern kann, wenn es der Vorteil einiger Menschen erfordert.

Sie sind mitnichten Fetzen Papier in einer Industrie wie der des Films. Hier kann kein Vertrag zerrissen werden, ob nun mit ihm offenkundig Menschenhandel und Sklaverei getrieben wird oder nicht.

Davon erfährt man selten etwas. Gerade die, die darunter leiden, wollen am wenigsten darüber verlauten lassen. Längst werden die Glashäuser nicht mehr zu Filmaufnahmen benötigt, jetzt wohnt man in Glashäusern. Außenaufnahmen sind rar geworden, aber das Privatleben vollzieht sich außen. Die Diva behält den Büstenhalter an, wenn sie schlafen geht. Weiß sie denn, ob nicht in der Zimmerecke eine Verehrerin oder ein Filmreporter versteckt ist oder zumindest eine Kamera?

»Was?« wurde erschreckt hervorgestoßen, »Sie wollen über Kontrakte schreiben, Mr. Kisch? Was geht das die Öffentlichkeit an! Und was hat das mit der Kunst zu tun?«

Nun, vielleicht geht das die Öffentlichkeit viel mehr an als das Ehe- und sonstige Privatleben der Filmdarsteller, und es hat mit der Kunst mindestens ebensoviel zu tun, wie der Hollywooder Film mit der Kunst zu tun hat! Wären nicht alle sozialen Verhältnisse hier verlogen, so würden auch die Produkte von Hollywood anders sein.

Mr. Kisch will über Kontrakte schreiben.

Spielte da in »Küß mich noch einmal«, dem Lubitsch-Film, ein junges Mädchen, hieß Clara Bow und machte sich gut. Ben Schulberg, damals ein kleiner Filmerzeuger, engagierte sie daraufhin mit geringer Gage und fünfjähriger Option (einseitiger seinerseitiger Option natürlich) für seine sehr billigen Filme. Ben Schulberg machte Karriere, wurde Produktionsleiter der Famous Players und hatte das Recht, für diese reiche Firma Menschen, d. h. Verträge zu kaufen. Wer kann dem jetzigen General Producer Schulberg näherstehen als der ehemalige Independent Producer Schulberg? Also kauft Schulberg von Schulberg den Vertrag auf Clara Bow. Der Verkäufer Schulberg macht ein gutes Geschäft, aber auch der Käufer fährt nicht schlecht dabei, er kann vor seiner Firma den Kauf glänzend verantworten. Clara Bow bekommt ja vier- bis fünftausend Verehrerbriefe wöchentlich, und diese »fan mail« (»fan« = Abkürzung von Fanatiker) besitzt als Beliebtheitssymptom auf der Hollywooder Menschenbörse Aktienwert. Noch wichtiger ist allerdings der Kassenrapport der Kinotheater. Aber auch das »box office« ist ausnahmslos fest auf Clara Bow.

Keinerlei materiellen Anteil an dem Geschäft hat Clara.

Auch wenn sie kontraktbrüchig werden sollte, könnte sie nicht bei einer anderen Gesellschaft filmen, da diese untereinander kartelliert sind. Sie kriegt höchstens eine Gehaltszulage, »to be happy«, denn sonst würde sie zu den Gerichten laufen oder gar zur Presse, und Veröffentlichungen über Verträge sind die einzige Art von publicity, die man in Hollywood nicht liebt.

Sue Carrol, recte Fräulein Lederer aus Chicago, kam nach Hollywood und lernte MacLean kennen, einen jugendlichen Komiker, der Filme erzeugte. Er engagierte das Mädchen mit fünfjährigem Optionsvertrag, steigend von 150 bis 300 Dollar. Da seine Fabrikation nur eine äußerst schüttere war, verborgte er Sue Carrol in den Produktionspausen zu guten Preisen an andere Firmen und schließlich zu einer Monatsgage von 1500 Dollar auf die Dauer eines Jahres an Fox-Film. Fräulein Sue Carrols vertragliche Gage ist gerade von 150 auf 200 Dollar gestiegen. Sie bietet ihrem Besitzer 50 000 Dollar bar als Abstandssumme, aber er lehnt es ab, sie aus dem Vertrag zu entlassen. Nun klagt sie, und das Gericht wird entscheiden.

»Ja, Mr. Kisch, Vertrag ist Vertrag! Sie mußte ihn ja nicht unterschreiben!«

Wäre der vertragsgemäße Inhaber von Sue Carrol, jener MacLean, noch immer Producer, so könnte er für die Verborgung nicht achtmal soviel verlangen, als die Gage beträgt. Denn die Firmen haben ausgemacht, einander für die Verleihung von Menschen nur deren Gage plus fünfundzwanzig Prozent zu bezahlen. Da muß man schon andere Tricks anwenden, um diese klare Klausel zu umgehen und höhere Leihgebühren herauszuschlagen.

Zum Beispiel so: Lupe Velez hat 1250 Dollar Gage. Die Konkurrenz ruft an, sie möchte die Dame gern für einen Film haben, sechs bis acht Wochen lang, also für

10 000 Dollar. »Nee«, sagt der Prinzipal der Dame geistesgegenwärtig, »haben kannst du sie schon, aber nur für 35 000 Dollar.« – »Nanu?« erwidert die Konkurrenz in fließendem Englisch. »Tja, wir wollen in fünf Wochen mit ihr einen Film zu drehen anfangen«, lügt der Verkäufer, »und wenn sie bei euch spielen soll, geht das eben nicht. Dann könnte sie erst in fünf Monaten drankommen. Diese fünf Monate plus fünfundzwanzig Prozent müßtest du bezahlen.« Und der andere bezahlt.

»Gewiß, Mr. Kisch, das kommt sogar sehr oft vor. Schließlich zahlen doch die Gesellschaften ihren Schauspielern nicht das Gehalt, damit sich die Konkurrenz ihrer im Bedarfsfall bedient!«

Die Filmgesellschaft A. will einen Regisseur engagieren, der bei der Firma B. angestellt ist, aber auf seinen Wunsch hin austreten könnte.

Der Vorvertrag zwischen A. und dem Regisseur wird skizziert, 1500 Dollar die Woche.

»Und wieviel haben Sie jetzt Gage?« fragt A.

Zu lügen hätte keinen Zweck, denn A. wird ohnedies B. anrufen, und die Firmen sind einander zur wahrheitsgetreuen Auskunft über Menschenpreise verpflichtet, sogar über die Ziffern bereits abgelaufener Verträge. Also antwortet der Regisseur ehrlich: »Neunhundert.«

»Seien Sie nicht böse«, sagt daraufhin A. und zerreißt den Vorvertrag, »da werden wir Sie selbstredend von B. kaufen!«

Die Verträge laufen bis zu fünf Jahren, die jährliche oder halbjährliche Option ist einseitig, das heißt: nur die Firma kann verlängern.

Nicht einmal privat darf der Künstler mit einer anderen Firma verhandeln, nicht einmal privat darf eine Firma mit einem anderswo engagierten Künstler verhandeln. Das ist

Kontraktbruch und wird mit fünf Jahren Engagementslosigkeit bestraft.

Mehr als einmal ereignet sich folgendes: in der letzten Novemberwoche richtet ein Schauspieler an seine Firma die Anfrage, ob er aus dem Vertrag austreten könne. Das möchte er gern, denn er weiß, eine andere Firma würde ihn engagieren; in ihrem neuen Film ist eine Rolle, bei der der Regisseur an ihn denkt. Also fragt er seine Chefs: »Kann ich aus dem Vertrag?« – »Nein.« Jedoch eine Woche später, am 30. November, nimmt seine Gesellschaft die Option nicht auf, sein Fach bei der anderen Firma ist bereits besetzt. Nun kann er schnorren gehen oder einen der »vierzehn Nothelfer« beauftragen, es für ihn zu tun.

Aber die vierzehn Hollywooder Agenten tun es nicht. Sie verschicken nur Listen an die Unternehmer. »Wir vertreten: ...« Erfolgt auf dieses Angebot eine Nachfrage oder verschafft sich der Schauspieler selber ein Engagement, so kriegt der Agent zehn Prozent der Gage. Kein Gagenschacher erforderlich. Die Preise dürfen ja im interstaatlichen Verkehr der Firmen nicht als Geschäftsgeheimnis behandelt werden, und höchstens das, was der Schauspieler im vorigen Engagement bekam, bekommt er jetzt, da er stellungslos ist, ein freier Künstler, ein free lancer. Nur selten steigt jemand im ziffernmäßigen Wert: wenn er einen Erfolg errungen hat oder mehrere Firmen ihn gleichzeitig verlangen.

Erfolg errungen! Erfolg ist ein Rollenfach. Wer nicht für dieses Rollenfach engagiert ist, gilt zumeist nur als gut, sofern er dem Erfolgreichen gute Möglichkeiten schafft, weiterhin recht erfolgreich zu sein. Im allgemeinen haben die Chargenspieler unter bedeutend schlechteren Verhältnissen zu arbeiten als der Protagonist, sie müssen jede Rolle übernehmen, auch die des Bösewichts, wodurch manche ihr ganzes Kapital, die Popularität als sympathischer Junge, für immer zerstören. Denn durch den Film ist der Erdball zu jenem Tiroler Dorf geworden, das den Darsteller des Franz Moor verprügelte.

Eine Rolle ablehnen? Maurice Stiller weigerte sich, die Regie von »Weg allen Fleisches« zu führen, seine künstlerische Kraft, edle Schauspieler und Millionen Dollar auf die Lebendigmachung eines solchen Dreckmanuskripts zu verschwenden. »Wissen Sie«, sagte Schulberg überlegen, »daß Sie mit dieser Weigerung Ihre Gage verlieren, 25 000 Dollar?« – »Nu, wennschon«, erwiderte der Schwede berlinerisch.

Und Stiller fuhr aus Hollywood fort, fuhr nach Europa. Er ist gestorben.

Nicht jeder wird mit dem gleichen Strafausmaß in das Sing Sing der Filmbranche eingeliefert, mancher nimmt's leichter, mancher nimmt's schwerer, mancher hält sich für glücklich, weil seine Zelle aus Gold ist, mancher hält sich für glücklich, weil er seine Zelle für Gold hält, und mancher hält sich für glücklich, weil die Daheimgebliebenen seine Zelle für Gold halten …

Man kommt mit einer jungen Schauspielerin zusammen. Sie wohnt mehr als bescheiden, mehr als ärmlich. Stolz aber zeigt sie die Zeitschriften ihres Vaterlandes, sagen wir Spaniens. Ihr Porträt ist Titelblatt, Postkarten, die sie sendet, werden faksimiliert, jedes heimatliche Blatt kabelt um ihre Meinung für die Weihnachtsnummer, Mädchen und Jünglinge fragen sie brieflich, wie's anzustellen ist, auch im glücklichen Hollywood zu landen, sie bekommt Heiratsanträge. Sie bleibt in Hollywood, vielleicht deshalb, vielleicht in der Hoffnung, doch – einmal eine Rolle spielen zu dürfen.

Liebe und Ehe sind ehern geregelt. In jedem Vertrag steht, daß ihn die Firma auflösen kann, wenn das Benehmen des (der) Engagierten öffentlichen Anstoß erregt. Und das tut sie auch, denn so allgewaltig die Filmbranche ist, allgewaltiger ist der Klatsch, besonders der durch die Presse verbreitete, und noch allgewaltiger die Macht des Sexualneides auf diesem puritanischen, scheinheiligen Kontinent.

Ist ein Prominenter einer Dame auf den Leim gegangen, die sich bei ihm als Schülerin der Schauspielkunst eingeschlichen hat und nach erreichtem Ziel mit Heiratsansprüchen hervortritt, tut er gut daran, das Sechs-Uhr-Flugzeug von Los Angeles nach New York zu benutzen, um das nächste Schiff nach Europa zu erreichen. Die Kollegen helfen ihm bei der Abfahrt.

Nicht ohne Neid hören umschwärmte, vergötterte Kinogrößen zu, erwähnt der europäische Besucher ein mittelmäßiges Abenteuer. Sie können sich's nicht leisten. Geht man mit einem Liebling der Welt in Los Angeles bummeln, so verkleidet er sich und gibt dem Begleiter Maßregeln, ja keine Andeutungen zu machen, nichts vom Film zu sprechen; er hat Angst – eine harmlose Schäkerei kann Erpressung oder Skandalartikel gebären.

Was anderswo als Flirt gilt, hier ist es riskante Tat, was in Filmateliers der Alten Welt Selbstverständlichkeit ist, ist in denen der Neuen eine Ausnahme. Ein Regisseur in Hollywood unterläßt es, den Mädchen im Atelier hilfreich unter die Arme zu greifen.

Ehe und Liebe vollziehen sich am reibungslosesten in der gleichen Gagenklasse. Es ist am vernünftigsten, wenn Douglas Fairbanks die Mary Pickford heiratet und beide zusammenbleiben. Nur liegen leider die Verhältnisse nicht immer so klar. Oft genug wird einer Schauspielerin die Rolle wegen Unfähigkeit weggenommen, während ihr Gatte ein neues blendendes Engagement kriegt. Eine Woche später ist die zur Mesalliance gewordene Ehe geschieden. Er sucht sich einen Star zur Gattin.

Aber nicht alles, was das Publikum mit scheuem Raunen nennt, ist Star. Es gibt gefeierte Größen, die monatelang ohne Beschäftigung und ohne Gage sind und sich, wie wir gesehen, die Miete ausborgen müssen. Und selbst einer, der für den Verkauf seines Schattens fürstlicher bezahlt ist als Peter Schlemihl, verdient noch keinen Bruchteil von dem, was die Geschäftsleute der Branche verdienen; Mr. Irving Thalberg, achtundzwanzig Jahre alt, General Producer der Metro-Goldwyn, macht zum Beispiel eine Million Dollar im Jahr. Sehn Sie, das ist ein Geschäft, so was bringt was ein …

»… jedoch ein jeder kann das nicht, das muß verstanden sein, Mr. Kisch!

Über Konfektionsarbeiter

AM ABEND VOR THANKSGIVING DAY, einem Nationalfeiertag, veranstalteten die Ladies Garment Workers eine Massenversammlung in Webster Hall.

Das eine der Tore von Webster Hall, festlich beleuchtet, führte zu dem Saal, in dem eine Gruppe junger Kaufleute oder Handelsangestellter ihren Thanksgiving-Ball abhielt. Durch dieses Portal war der Doktor Becker irrtümlich eingetreten, aber da es eine halbe Stunde zu früh war, setzte er sich im Vorraum auf einen Stuhl.

Nach und nach kamen viele andere Leute, gleichfalls fehlgegangen; das herumlungernde Ballkomitee belehrte sie, die Tagung der Kleidernäher sei nebenan. Jedesmal wurde diese Auskunft ironisch gegeben, und wenn die Arbeiter umkehrten, machten die feiertäglich herausgeputzten Kaufmannsjünglinge Bemerkungen, Witze, Grimassen, Gebärden oder lachten hinter ihnen her, mit der überlegenen Verständnislosigkeit, die man hierzulande der Arbeiterbewegung entgegenbringt. Der Bürger findet Lohnkämpfe sinnlos und Streiks uninteressant. »Unser Arbeiter fährt sein eigenes Auto, hat sein Radio zu Hause, und mehr will er gar nicht«, das ist das Urteil des hundertprozentigen Amerikaners (der freilich ein um so hundertprozentigerer Amerikaner ist, je mehr Prozent Europäertum er zu verschleiern hat).

Eine halbe Stunde später irrte sich niemand mehr in den beiden Eingangstüren von Webster Hall. Die Straße war schwarz von Menschen, die sich zum Meeting drängten. Keiner kam im eigenen Auto, die wenigsten sahen aus, als hätten sie ein Zuhause mit Radio, und daß sie »mehr gar nicht wollen«, zeigte der Verlauf der Versammlung keineswegs.

Es war für die europäischen Begriffe des Doktor Becker ein recht merkwürdiger Verlauf. Das Referat wurde in englischer Sprache gehalten, aber schon der nächste Redner opponierte italienisch, als ob das selbstverständlich und dem letzten selbst verständlich sei, er redete leidenschaftlich, lang und laut und vertrat den anarchistischen Standpunkt der New Yorker Zeitung »Rova di Liberta«, heftig wurde ihm von zwei jiddischen Rednern widersprochen. In merkwürdigem Englisch referierte ein Grieche von der Local Union of Greek Fur Workers; griechische Arbeiter stellen die ganzen Belegschaften jener Werkstätten, die ihren kapitalistischen, gleichfalls geschlossen organisierten Landsleuten (United Manufacturers' Organization) gehören. So hörte der Doktor Becker hier im südöstlichen New York unter armen Nadelarbeitern in der Sprache der Divina Commedia referieren, in der Sprache der Odyssee duplizieren und in der Sprache des Nibelungenliedes replizieren, im Deutsch vor der zweiten Lautverschiebung – dem Jiddischen.

Das schwere und ausgepowerte Gewerbe der Nadelarbeiter besteht in seiner Mehrheit aus polnisch-russischen Pogromflüchtlingen und ihren Söhnen; sie sind Leser der großen jiddischen Massenzeitungen, des sozialdemokratischen »Forwerts« und der kommunistischen »Freiheit«, und die Träger der Schneiderorganisationen, gegen die die Unternehmer natürlich mit antisemitischen Argumenten operieren und bei vielen christlichen Arbeitern damit Anklang finden. Waren Sprecher und Hörer der Versammlung auch politisch entgegengesetzt und polyglott, sie waren einheitlich in ihrer Verzweiflung. Deren Gründe wurden offen dargetan. Die Internationale Gewerkschaft der Damenschneider, die früher 125000 Mitglieder zählte, ist seit dem vierzehn Monate währenden Streik von 1926 bis 1927 fast lahmgelegt, die Vierzigstundenwoche abgeschafft, die Leute gezwungen, 54 und mehr Stunden wöchentlich im speed-up, dem Antreibesystem, zu arbeiten, oft auch am Sonnabendnachmittag und am Sonntag, der Wochenlohn ist aufgehoben und fast überall Stücklohn eingeführt, das Einkommen um dreißig Prozent gesunken, der Unterstützungsfonds für Erwerbslosigkeit, der vor zwei Jahren noch eine halbe Million Dollar betrug, restlos liquidiert und die Arbeitslosigkeit enorm.

Beschränkt man sich bei Beobachtung des New Yorker Straßenlebens nicht auf die elegante Fifth Avenue, auf die gesti und spekulierende Wall Street und auf den lichtschreienden Broadway, so begegnet man bald der industriellen Reservearmee, den Arbeitslosen und Arbeitsuchenden.

Wo die Siebente Avenue die 36., 37. und 38. Straße kreuzt, ist der Markt der Dressmakers. Alte Schneider aus Galizien und aus der Bukowina, aus Bessarabien und aus der Ukraine, aus den Schwitzbuden von Minsk, Kiew, Kischinew, Wilna und Whitechapel – vor vierzig Jahren sind sie hoffend, träumend und betend übers Meer gezogen und stehen jetzt hier an den Straßenecken, hoffend, träumend und betend, daß ein Vorarbeiter komme, um ihnen für eine Woche oder wenigstens für einen Tag oder wenigstens für ein Dutzend Mäntelfutter Beschäftigung zu geben …

Manche haben den ergrauten Bart und das Haar schwarz gefärbt, sie wollen dem Unternehmer jünger erscheinen. Vergeblich. Sie sind eine tragische Ausgabe des Witzes von dem alten Juden an der Theaterkasse von Czernowitz: seinen wallenden Bart mit beiden Händen bedeckend, verlangt er ein Studentenbillett.

Einige Blocks weiter, in den Straßen 27, 28 und 29, warten Kürschnergehilfen, greise und junge, Zuschneider und

Finishers, Stepper und Näher, tagelang auf das Glück, das die Arbeitsbörse bringen kann – wahrlich das bescheidenste Börsenglück.

Die Ladenfenster, in die die arbeitslosen Pelzwarenarbeiter neidisch lugen, unterscheiden sich durch nichts von denen auf dem Leipziger Brühl: braune Bärenpelze, silbergrauer Fuchs, weißgesprenkelte Antilopenfelle, brauner Biber und schwarzes Karakul werden im Licht der Straße zurechtgeschnitten, während sich der Handel im rembrandtschen Hintergrund des Ladens mit sichtbarer Lebhaftigkeit vollzieht.

Standardisiert sind die Geschäftslokale, die Firmentafeln auch. Auf den Fenstern der Hochhäuser im Nadeldistrikt steht zweihundert-, dreihundertmal in gleichmäßiger Beschriftung »Cloak- and Dressmaker« und darunter jedesmal ein anderer Firmenname. Ebenso auf den trüben Häusern der trüben Querstraßen, die immer trüber werden, je weiter sie sich von der Siebenten Avenue nach Ost oder nach West entfernen.

Die Fahrstühle weisen keine Ähnlichkeit mit jenen der anderen Citygebäude auf, mit den eleganten Elevatoren der Wohnhäuser, der Hotels, der Banken oder der Bürohäuser, sie sind Fabrikaufzüge, für Waren und Arbeiter berechnet, also ohne Täfelung, ohne Teppich und ohne Beschläge, ja, ohne Seitenwände, und der Fahrstuhlführer besitzt nichts weniger als eine Livree.

Zehn bis fünfzehn Menschen faßt die Förderschale der Konfektion, und immer sind Eisenkarren mit Modellpuppen – jede trägt eine Menge von Toiletten über dem musterhaften Leib – in Aufwärts- oder Abwärtsfahrt begriffen. Aus der Werkstätte des Subcontractors, des Zwischenmeisters, zum Jobber, der ihm Stoff und Auftrag geliefert, Preis und Termin diktiert hat, heben und senken sich die Kleiderpuppen, hinauf zur Ansicht, hinab zur Änderung, hinauf zur Ablieferung.

Eine Werkstätte wie die andere, ob sie nun eine Fabrik mit mehr als hundert Arbeitern, meist Italiener und Neger, oder nur ein kleiner contracting shop mit zwölf, meist ostjüdischen Schneidern ist, ob man darin Damenkleider näht oder Mäntel oder Herrenanzüge: längs der Fenster die breiten, stoffballenbeladenen Tische des Zuschneiders; in kleinen Läden hat er eine Schere, in größeren ein elektrisch bewegtes Messerrad, um nach dem aufgelegten Schnittmuster dreißig verschiedenfarbige Stoffe zu Kleidern von gleicher Fasson und Größe zuzuschneiden. Innerhalb dieses Rahmens von breiten Tischen hantieren Männer und Frauen an Nähmaschinen oder säumen mit der Hand Knopflöcher. Wie Marionetten bewegen sich die Presser mit den Bügeleisen, zu denen dreißig unentwirrbare Leitungsdrähte führen. Examiners bekleiden prüfenden Blicks die Modellpuppen.

In den shops an der Dritten Avenue empfangen die Arbeiter in Abständen von je einer Minute einen Schlag auf den Kopf: flimmerndes Dunkel huscht über ihre Augen, und ihr Gehirn rattert. Das ist die Hochbahn; die Lokal- und Expreßzüge von Nord nach Süd, von Süd nach Nord streifen die Fenster. Nur wenige Wohnungen sind in dem Häuserrand dieses schwebenden Schienenstrangs, das geborstene Geschirr zerbricht, man versteht sein eigenes Wort nicht, und durch den Schlaf rasseln die Waggons. Nur arbeiten muß man hier, etwa die Hälfte der Konfektionswerkstätten liegt an der Strecke. Die Schneider sind das Vorbeisausen der Züge schon gewöhnt, der Doktor Becker zuckt noch zusammen.

Auf bunte Lappen, Abfall von Stoff und Garn, tritt der Doktor Becker, da er durch diese Werkstätten wandelt, Enklaven Alt-Rußlands in Neu-Amerika. An den Nähmaschinen, an den Stoffballen, an den Knopflöchern, an den Modellpuppen und an den Bügeleisen stockt die Arbeit, wenn der Doktor Becker vorbeigeht; man versucht, ihn, einen vermeintlichen Konfektionär aus Berlin, ins Gespräch zu ziehen.

Die einen, und sie sehen aus wie die Redner von Webster Hall am Thanksgiving Day, wollen Löhne und Arbeitszeit der Fabrikschneider in Deutschland, die Stärke der Gewerkschaften wissen. Die ändern aber, danach fragend, wieviel Kapital nötig wäre, um sich in Deutschland zu etablieren, und wieviel Geld man als Unternehmer in Deutschland verdienen kann, ähneln in diesem Augenblick dem habgierigen Contractor, der wütend ist, weil das Erscheinen eines Besuchers seine Leute von der Arbeit ablenkt.

Friedhof reicher Hunde

NICHT GELANG ES DEM DOKTOR BECKER, nach Pottersfield zu kommen, zum Armenfriedhof auf Hart's Island.

Er war schon ganz nah, auf der Halbinsel City Island, von wo ein Motorboot hinüberfährt. Das hatte einige Kisten mit Leichen geladen, als der Doktor an Bord gehen wollte.

Kalt war der Tag, und es goß.

Die beiden Wächter, sozusagen als Brückenkopf vorgeschoben, prüften des Doktor Becker Legitimation. Sie war von der Justizverwaltung des Staates New York für alle diesem untergeordneten Institutionen ausgestellt, und da zwei davon auf der Toteninsel sind, hätte gegen eine Überfahrt des Doktor Becker rechtens kaum etwas eingewendet werden können. Leider aber war der Erlaubnisschein vor einer Woche abgelaufen.

Vergeblich bemühte sich der Doktor Becker, den Vorposten begreiflich zu machen, daß er kein verdächtiger Eindringling sei. Und zu einem Friedhofsbesuch könne es unmöglich einer Spezialerlaubnis bedürfen, wer wird denn einem tot Begrabenen einen Kassiber zustecken, wer wird den Inwohnern eines Friedhofs zur Flucht behilflich sein wollen? Was, führte der Doktor Becker ferner aus, was, wenn ich der Hinterbliebene eines der drüben Bestatteten bin? – »Dann bekommen Sie eine amtliche Erlaubnis, sobald Sie den Verwandtschaftsgrad beweisen.« – Und wenn ich das Grab eines der vielen Unbekannten besuchen will? – »Dann müssen Sie in City Hall triftig erklären, welches Massengrab Sie aufsuchen wollen.«

Gewiß nicht aus Unfreundlichkeit verhinderten die beiden Wächter die Überfahrt. Im Gegenteil: sie ließen das Motorboot mit den eingesargten Leichen warten, bis der Doktor Becker sein Plädoyer beendet und ihre Antwort entgegengenommen, und sie stellten ihm sogar das Telefon zur Verfügung, damit er über das Wasser mit dem Verwalter der so wohlgeschützten Insel verhandle.

Diesem las der Doktor Becker mit feuriger Betonung den vom Department of Correction in Albany, der Hauptstadt des Bundesstaates New York, ergangenen Erlaß vor, dem zufolge dem Doktor Becker der Permiß ausgefertigt worden war, insbesondere die Stellen, in denen er (wenn auch nicht unter dem Namen »Doktor Becker«, dessen er sich auf dem amerikanischen Festland nicht mehr ausschließlich bediente) geradezu als die einzige publizistisch-soziologisch-kriminalistische Persönlichkeit der Alten Welt bezeichnet wurde (jede auch nur um einen Grad gemäßigtere Charakterisierung gilt in Amerika bereits als Beschimpfung). Und hier sollte doch begründet werden, warum man das allgemeine Besuchsverbot ausnahmsweise aufhebe:

»The visitation problem at this institution became so serious that it was necessary to issue a general order prohibiting all visitations. You can readily appreciate that we have had hundreds of requests but naturally the order had to be rigidly enforced. I could not conscientiously grant one the privilege and deny others. I, however, have established the precedent of granting a special courtesy permit to those actively engaged in criminological and allied sociological activities and I believe that Mr. Kisch could be properly classified under this group and with that interpretation I would be pleased to grant him the special permit of visiting …«

Das nützte alles nichts. Der Doktor Becker gewann nicht das andere Ufer, wohl aber den Eindruck, daß man ihm zwecks Besichtigung der Gefängnisanlagen die Überfahrt sicherlich bewilligt hätte. Nur den Besuch eines Friedhofs, »wo wirklich nicht das geringste zu sehen ist«, wollte man gerade einem als so prominent Gebrandmarkten verwehren.

Kurzum, der Doktor Becker entfernte sich vom Brükkenkopf des Armenkirchhofs unverrichteterdinge und hätte die mißglückte Reportage überhaupt nicht oder bestenfalls erst niedergeschrieben, wenn er, an seinem Lebensabend mit der Abfassung seiner Memoiren beschäftigt, zu dem Kapitel »Mißglückte Reportagen« gekommen wäre.

Eines Tages, in der Villenvorstadt Hartsdale, verlockte ein offenes Portal, über dem »Canine Cemetery« stand, den Doktor Becker zum Eintritt in die Nekropole, die sich marmorn, bronzen und blumig einen sanften Hügel emporschwang.

Wieder goß es, und während ihn dieses Wetter an obgemeldete mißglückte Reportage erinnerte, bedauerte er, daß es regne, denn ein freundlicherer Tag mit Trauergästen an den zauberhaften Gräbern hätte den Gegensatz zwischen armen Hunden und reichen Hunden sinnfälliger hervortreten lassen. Bald hatte er dieses Bedauern vergessen – wahrhaftig, der Kontrast zu jedem Totenanger der Welt war groß genug.

Hartsdale ist der feudalste Hundefriedhof von Amerika, die Preise für Grabstellen sollen für gewöhnliche Sterbliche unerschwinglich sein. So ist er nicht überfüllt, obwohl ihn der smarte Tierfreund Dr. Samuel Johns schon 1896 errichtet hat. Man muß zugestehen, daß alle hier so liegen, wie sie gelebt haben: bequem.

Von den bekanntesten Bildhauern Amerikas wurden die Grabdenkmäler geschaffen, und ein Friedhofsbeamter zeigt dem Doktor Becker diejenigen Skulpturen, die über 80 000 Dollar gekostet haben. Das einzige ästhetische Kriterium ist – nicht nur für den Hundetotengräber – der Dollar.

Der Doktor Becker sieht sich die gemeißelten Dollars an. Büsten, lebensgroße Statuen, Hochreliefs und Basreliefs aus Marmor, Basalt und Bronze, alabasterne Rosenkränze und Arabesken, bemalte Medaillons, monumentale, mit Prunkketten eingesäumte Platten, ein steinerner Baum, gefällt vom unerbittlichen Schicksal. Überflüssig zu sagen, daß fast alle Porträts Hunde darstellen, seltener Katzen. Aus den Inschriften möchte der Doktor Becker die Verdienste und Eigenschaften erfahren, durch die man sich das Recht auf einen letzten Ruheplatz in diesem schönen Gebiet und auf ein ewiges Denkmal erwirbt.

Über Dolly steht nichts dergleichen auf ihrem Marmorobelisk. Nur zwei Daten: geboren 24. Oktober 1914, gestorben 6. Oktober 1918. Dennoch blickt der Doktor Bekker lange auf diese Buchstaben und Ziffern. Nicht jeder, der um diese Zeit geboren wurde, nicht jeder, der um diese Zeit starb, hat ein Grab, geschweige denn ein solches wie das vierjährige Hündchen.

Cornelius Vanderbilt, der über unzählige Kreaturen gebietet, gibt auf der in den Erdboden eingelassenen Platte die Namen dreier an, deren Andenken er ehren will, der drei Hunde Lassy, Sportie und Happy Boy. Frau Astor wiederum nennt keine Namen, ist aber dafür weniger karg mit Worten. Auf dem ihr gehörigen mächtigen Komplex steht: »In liebender Erinnerung an alle meine Hunde und Pferde – meine treuen und ständigen Gesellschafter.«

»Du warst unser Liebling.« – »Wir beklagen unseren zarten Kameraden.« – »Hier ruht Bella, unsere sonnige Freundin.« – »Beloved Pico, 1916–1924, beautiful, intelligent, heroic.« – »Süß warst du, unser kleiner Bill.« – »Proud, sunny, loving.« – »Schneeball! Nimmermehr wird dein Andenken aus unseren Herzen schwinden.« – »Hier schlummert Ami, geliebtes Mitglied unserer Familie.« – »Bébé, ewig beweint.« – »Schlafe süß, Ben.« – »Grumpy, 4. August 1913–20. September 1916. Deine Liebe, Anhänglichkeit und Verständnis bereicherten unser Leben. Warte auf uns!«

Beim Lesen des Epitaphs für »Nigger, den alten Gentleman« kann sich der Doktor Becker des Gedankens nicht erwehren, daß die Hinterbliebenen dieses schwarzen Pudels seinen Paten niemals »alter Gentleman« genannt hätten, weil er für sie das polare Gegenteil davon ist: ein Nigger. Zwar hört man manchmal das Wort: »ein farbiger Gentleman«, das ist jedoch kontradiktorisch gemeint, etwa so wie »Gentleman-Einbrecher«.

Auf einem einzigen Stein steht ein Satz, der dem Doktor Becker gefällt, denn es liegt ein Gedanke darin: »Jack as eher preceeds his master a few steps – Jack, wie immer seinem Herrn um ein paar Schritte voraus.«

Inschriftlich protzt ein Hinterbliebener, genau Namen und Stand nennend, mit seinen Weltreisen, indem er dem toten Hund bescheinigt: »Ah-Sum-Pupp hat 6600 Meilen mit seinem Herrn zurückgelegt.«

Einem anderen Hündchen hat die Anti-Vivisektionsliga um seiner erlittenen Qualen willen ein demonstratives Denkmal gesetzt.

Wo über einem Hügel das Sternenbanner weht, dort ist ein Kriegergrab, das heißt: das Grab eines Kriegshundes. Immerhin, denkt der Doktor Becker, immerhin haben auch die Kriegshunde an der Front das geführt, was Hunde unter sich wohl als »ein Menschenleben« bezeichnen mögen. Ob es aber gerade die waren, die hier bestattet sind, läßt sich füglich bezweifeln. Kein fühlender Hund konnte aus einer Welt, in der ungenießbares Fleisch und unbeknabberbare Knochen zum Himmel stanken, freudig bellend über den Ozean heimkehren, manche fühlenden Hunde starben dort, wo sich keine Fahne über den toten bläht.

Das haben vielleicht auch die maßgebenden Kreise empfunden, als sie, um den Ehrgeiz einer künftigen Hundegeneration aufzustacheln, auf dem höchsten Punkt des Canine Cemetery of Hartsdale ein kolossales Monument errichteten zu Ehren des unbekannten Kriegshundes. Feldmäßig ausgerüstet blickt er kühn dem Feinde des Vaterlands entgegen. Um was es geht, weiß er so, wie es seine zweibeinigen Kriegskameraden wissen ...

Hinabsteigend den Hügel, vorbeigehend an grünen Ranken, weißen Plastiken und blumigen Rabatten, unter denen Schoßhündchen in den Schoß der Erde gebettet sind, kann der Doktor Becker nicht finden, daß diese prunkvolle öffentliche Stätte einen Widersinn zu dem Armenfriedhof bildet, den zu betreten ihm verwehrt wurde. Der reiche Hund ist hier so begraben, wie er gelebt hat, und drüben auf Pottersfield geht es dem armen Menschen ebenso.

Bilderbogen: Tiefstes Chicago

I. Der Menschenmarkt

EIN AUTO hat ein anderes leicht angefahren, Kotflügel und Nummerntafel eingedrückt. So etwas geschieht fast täglich und überall. Trotzdem sammeln sich, da es hier – zwischen Union Station und North Western Station – geschah, im Nu einige hundert Personen, um den Schaden zu besehen und in dem Streit der beiden Chauffeure Partei zu ergreifen. Herangeritten kommt ein Schutzmann und überblickt, der Schweif seines Pferdes ist kunstvoll geknotet, die Gesamtsituation.

Die Leute, die sich um den Schauplatz des kleinen Autounfalls scharen, empfinden ihn als willkommenes Zwischenspiel ihrer Tätigkeit. Ihre Tätigkeit besteht darin: sich anzustellen, weil sie es nicht sind und es gern sein möchten. Schließlich werden sie abgespeist, aber auch das nicht im Ursinne des Wortes.

Sie hocken auf den Trittbrettern parkender Autos, sie stehen auf dem Trottoir und drängen sich in den Hausfluren, sie überlegen vor dem Schaufenster der Souvenir-Geschäfte, ob sie für ihre letzten zwanzig Cent eine Perlmutterplatte mit der bunten Ansicht eines Chicagoer Wolkenkratzers kaufen und in das europäische Heimatdorf schicken sollen, solcherart die dortige Meinung stärkend, daß sie in Amerika Millionäre geworden seien.

Wartend verbringen sie ihre Tage in Regen und Frost. Zwar sind Sitzgelegenheiten genug da, fast jedes der Geschäftslokale ist als Wartezimmer eingerichtet und mit Bänken versehen, jedoch darf man nicht so ohne weiteres hinein, es sind Arbeitsvermittlungen, Labor offices, Employment agencies. Nur wenn gerade eine Anforderung kommt, werden die Leute von der Straße hereingelassen, die Jüngsten und Stärksten ausgesucht, und die dürfen sich nun auf die Bänke setzen, bis ihre Papiere in Ordnung gebracht bzw. befunden worden sind.

Die anderen schlürfen wieder hinaus in den großen Freilichtwartesaal am Chicago River, und einzige Abwechslung in ihrer Lebensweise ist eben ein Auto, das in ein anderes stößt.

Jede Straßenecke schützen Schutzleute, und außerdem sind die Häuserblocks dieses Distrikts, der selbst offiziös »Slave market« heißt, der Obhut von Polizeikavalleristen mit kunstvoll verknoteten Roßschweifen anvertraut.

II. Floptown

Der angrenzende Straßenzug besteht aus Elendenquartieren. Abgebröckeltes oder verfallenes Gemäuer, morsches oder verfaultes Bretterwerk sind die Fronten, doch verschwinden sie hinter den eisernen, aus den Fenstern auf die Straße führenden Feuertreppen. Winzige Zimmer dienen als Massenquartiere; man kann sich zum Schlaf »hinschmeißen«, »flop«.

Auch hier in Floptown sind die Bürgersteige von umherstehenden Männern bevölkert. Von solchen, die nicht mehr nach Canal Street, auf den Sklavenmarkt gehen, bereits die Hoffnung begraben haben, Arbeit zu finden.

Anderseits kommt von Canal Street nach Floptown nur, wer noch ein Hemd hat und fünf Cent und die Eitelkeit, es waschen zu lassen. Man sieht ihn in der »cut rate laundry« sitzen und mit nacktem Oberkörper warten, bis der Chinese das Hemd eingeweicht, eingeseift, ausgewrungen, getrocknet, gerollt und geplättet hat.

Die Autochthonen lassen auf der Straße ihre Zähne klappern. Wohl dem, der wenigstens einen Mantel hat, wenn auch nur einen, dem man's ansieht, daß er so oft den Beruf gewechselt hat wie sein Insasse: der Mantel hat schon als Leintuch gedient, als Kopfpolster, als Decke, als Sack und als Packpapier.

Kirchenmissionen, Heilsarmee und Hobo College, die Landstreicheruniversität Dr. Benno Reitmanns, amtieren hier inmitten des Wohnbezirks ihrer Kunden.

III. Die Kuh der Frau O'Leary

Das Haus 558 De Koven Street steht auf lokalgeschichtlichem Boden. Am 18. Oktober 1871, eines Sonntags, um neun Uhr abends, ging die damalige Besitzerin dieses Hauses, Mrs. O'Leary, in den Stall, da eine bei ihren Untermietern versammelte Geburtstagsgesellschaft Milch brauchte. Die Kuh, wohl wütend darüber, noch zu nachtschlafender Zeit ausgenützt zu werden, versetzte der neben sie hingestellten Petroleumlampe einen Fußtritt, und im Nu brannte der Stall lichterloh.

Schreiend rannte Mrs. O'Leary auf die Straße; bevor jedoch Hilfe kam, hatte der Wind die Flammen auf die Dachstühle der Nachbarhäuser getrieben und von dort auf deren Nachbarhäuser und so fort und so fort, bis ganz Chicago in hellem Feuer stand. Erst am Dienstag hielt der umhertollende Wind erhitzt inne. Siebzehntausend Häuser, hölzerne und backsteinerne, waren niedergebrannt oder eingestürzt; hundertneunzig Millionen Dollar meldete man als Schadenersatz bei den Versicherungsgesellschaften an, die sich daraufhin eilends in Konkurs begaben; 98 000 Personen waren obdachlos, über zweihundert in den

Flammen umgekommen, etwa tausend verwundet. Die große behördliche Untersuchung stellte die Schuld der der Frau O'Leary gehörigen Kuh zweifelsfrei fest. Daraufhin wurde das Halten von Vieh innerhalb des Weichbildes von Chicago verboten.

IV. Die Bombe

Zur Polizeistation Desplaines Street, einem alten massiven Gebäude, das die hohe Obrigkeit in dem Bezirk der Obrigkeit repräsentiert, führt eine Freitreppe empor. Zu den Zellen und zu dem Saal des Polizeigerichts. Darin wird mit beachtenswerter Strenge und ohne Ansehen der Person jeder Untertan des Reviers verurteilt, der sich des Diebstahls von fünfzig Cent oder des Verbrechens der Trunkenheit schuldig macht.

In der Wachstube hängt ein Tableau mit vergilbten Photos; sie stellen die beim Anarchistenmeeting auf Haymarket am 4. Mai 1886 durch eine Explosion getöteten oder verwundeten Polizisten der von hier aus kommandierten Company A dar. Daß das Dynamit von einem der Lockspitzel geschleudert worden war, die auch nachher mit erstaunlicher Promptheit in den Wohnungen aller mißliebigen Arbeiterführer Sprengstoff und Höllenmaschinen auffanden, vor allem in der Redaktion der deutschen »Arbeiter-Zeitung«, geht aus der ganzen Situation hervor.

Einige Tage vorher hatte die Polizei acht Arbeiter erschossen, weil sie in der Fabrik von Cyrus McCormick, heute International Harvester Comp. Inc., für den Achtstundentag zu agitieren versuchten. Da die Forderung nicht verstummte, entschloß sich Cyrus McCormick, der damals der reichste Mann von Chicago war und den Unterhalt der Bezirkspolizei und des Gerichts offiziell aus seiner Tasche bezahlte, die ganze Arbeiterbewegung für immer zu beseitigen. Dazu bedurfte es aber eines Kapitalverbrechens, und für dieses war das Protestmeeting gegen den Massenmord der richtige Platz. Sollte ein Cyrus nicht imstande sein, etwas Dynamit zu kaufen und es in die Menge werfen zu lassen ...?

Die des Zusammenhangs mit dem Bombenwurf beschuldigten deutschen Arbeiterführer wurden am 11. November 1887 gehängt, einige endeten im Kerker (Lingg am Tage vor der Hinrichtung) durch Selbstmord oder infolge der Untersuchungsmethode.

Haymarket, nunmehr Commission Row, ist Gemüsemarkt, und die Markthelfer benützten – weniger aus politischen Gründen als aus einem natürlichen Bedürfnis – das Denkmal des mit ausgestrecktem Arm stürmenden Polizisten als Pissoir, so daß es nach Union Square verlegt werden mußte, auf einen Platz, mit dem es nichts zu tun hat und der ziemlich versteckt ist.

Ein zweites Monument in der Nähe ist dem Chicagoer Bürgermeister und Politiker jener Zeit, Carter H. Harrison, errichtet, der 1893 während der Weltausstellung eines für Chicago natürlichen Todes starb: er wurde erschossen.

Ein zweites Arrangement der gleichen vergilbten Photos schmückt in City Hall das Vorzimmer des Polizeipräsidenten neben etwa fünfzig silbernen Pokalen, die seine Mannschaften bei Baseball- und Fußballwettkämpfen gewannen, Siegestrophäen der Chicagoer Polizei. (Vor etwa Monatsfrist wurden sieben Bootleggers in einer Garage von einer anderen Platte überfallen, auf der Straße an die Wand gestellt und mit einem Maschinengewehr buchstäblich in Fetzen geschossen. Von den Tätern, unter denen sich Polizisten in Uniform befanden, fehlt jede Spur, ihr Bild hängt nicht in der Antichambre von City Hall.)

Wo sich Tailor Street und Halstead kreuzen, ist die Todesecke. Die Vendetta lauert im Immigrantenviertel, wie sie in der Urheimat der Bewohner gelauert hat. Doch wird nicht Blut hier mit Blut vergolten, sondern Alkohol mit Blut. Wer sich durch »high jacking«, durch Abfangen von Schnapstransporten, vergangen hat, muß ausgerottet werden mitsamt seinem ganzen Geschlecht, Kindern und Kindeskindern. Die italienische Familienehre deckt sich auf amerikanischem Boden mit Geschäftsinteresse, der Konkurrenzkampf ist's, der mit Kugel und Blei ritterlich ausgefochten wird.

Schärfer als einst und drüben die Capuletti und die Montecchi scheiden sich die Parteien durch ihre Zugehörigkeit zu den mächtigen Bootlegger-Konzernen, hie Capone, hie Moran.

Dieser Alkoholschmugglerbezirk heißt noch heute Gennaland, obwohl die drei Brüder Genna selig im Herrn entschlafen sind, jeder durch eine andere Revolverkugel; ihre Generäle Enrico Spinola und Oratio Tropea fielen an der Todesecke.

Noch ragt die Residenz der Brüder Genna, der Whisky-Mussolinis, an der Miller Street als zweistöckiges Ziegelhaus titanisch über die Nachbarschaft empor. (Amerika besteht mitnichten bloß aus Wolkenkratzern!) Eine ebensolche Rolle wie das Kommissariat Desplaines Street spielt in der Polizeigeschichte Chicagos der Palazzo Genna, der fünf Straßenausgänge hat.

In dem Prozeß gegen die Bootlegger Scalisi und Anselmi wegen Erschießung von unbo(o)t(legger)mäßigen Detektiven trat zutage, daß das Gennasche Haus das Kommando über die Polizeibesatzung des Bezirks innehatte und daß mehrere hundert Beamte der Maxwell Street-Wachstube allwöchentlich hierherkamen, um ihre Löhnung für Mitarbeit zu beheben. Scalisi und Anselmi wurden, da die Italiener Chicagos eine einflußreiche Wählermasse darstellen, freigesprochen.

Aber gegen die der Korruption öffentlich überführten Beamten ging die Behörde mit der drakonischen Strenge vor, die sie immer und überall gegen bekannt werdende Ungesetzlichkeiten des Polizeipersonals aufbringt: die Schuldigen wurden samt und sonders in ein anderes Revier versetzt.

VI. Der Trödelmarkt

Von wem das Polizeirevier Maxwell Street jetzt bezahlt wird, weiß die Öffentlichkeit nicht. Jedenfalls brandet um seine Schwelle der Elendenmarkt Chicagos allvormittäglich, am heftigsten sonntags.

Die Käuferschaft besteht aus Polen und Mexikanern, denen zuliebe sehr viel katholische Devotionalien – Heiligenbilder, Gebetbücher, Kruzifixe, Rosenkränze und Medaillen – in den Buden der ausnahmslos jüdischen Verkäufer liegen.

Deren einzige Konkurrenz, die Indianer, schlagen an der Kreuzung der Seitenstraßen die Kriegstrommel. Dazu tanzen sie, die rotbraunen Ureinwohner des Landes, im Federschmuck die heiligen Tänze des Stammes, um Käufer anzulocken für ihre Medizinen.

Maxwell Street, die Straße, deren Verkehr jeden Verkehr verhindert, ist ungepflastert. Das konstatiert man sofort. Und erst an irgendeiner Stelle, wo ein Riß im Erdboden klafft, merkt man, daß darunter Asphalt liegt. Nur ist er durch eine zollhohe Schicht jahrzehntelang festgestampften Straßenkots verdeckt. Die aufgefahrenen Schiebekarren teilen die ohnehin schmale Straße längsseits in drei Straßen, die vierte und fünfte Zeile bilden die Läden in den Häusern, vor denen handgreifliche Anpreiser und Kundenfänger arbeiten.

Die größten und auffallendsten Stände sind die, die das vollständige Inventar von Spiritusbrennereien feilbieten, blitzblanke Kupferkessel, Destillationsapparate, Retorten, Thermometer, Röhren und all das, was zur Fabrikation von Whisky in jeden amerikanischen Haushalt gehört. Hopfen in Säckchen für die heimische Brauerei und Edelhefe zur Herstellung von Bier kriegt man an benachbarten Ständen.

Gebrauchte Stehkragen kosten fünf Cent das Stück, für alte Hemden werden dreißig Cent verlangt, aber der Trödler läßt mit sich reden.

Ungeheure Mengen von Grammophonplatten liegen für fünf Cent per Stück, für fünfzig Cent per Dutzend zum Verkaufe auf. Man ist mißtrauisch – für diesen Spottpreis kann man doch unmöglich eine richtige Platte kaufen? Bereitwillig setzt der Verkäufer jede, die man aussucht, auf sein Grammophon, und siehe da, sie klingt tadellos. Zu Dutzenden kauft man ein und wird erst zu Hause merken, daß die Platten nicht funktionieren: die Edison-Phonographen, zu denen sie passen, werden seit zwanzig Jahren nicht mehr erzeugt.

Der Bücherkarren hat Einheitspreise von fünf und zehn Cent, alte Kalender und alte Magazine, spanische Schundromane und polnische Bibeln und einige zerlesene Schulklassiker, zum Beispiel in jiddischer Sprache einen Goetheschen Roman »Die Zores fün jüngen Werther«.

VII. Wer kennt die Völker

Je weiter westlich, desto armseliger wird die Gegend, desto zerfallener die Häuser, bis im Verbrecherdorf Cicero der Anblick der Hütten und des Schmutzes geradezu physisch ergreift. Der Westen Chicagos entspricht dem Osten aller anderen Großstädte, er ist das Elendenquartier; Ostgrenze der Stadt ist der Michigansee, an dessen Ufern der Luxus herrscht.

In geschlossenen Bezirken wohnen Polen, 320 000 an der Zahl, 130 000 Italiener, 116 000 Tschechoslowaken, 110 000 Neger, 61 000 Ungarn, 27 000 Griechen, die im »Delta« an der Blue Island Avenue davon leben, daß sie teils Besitzer, teils Stammgäste von Kaffeehäusern sind. Die Kopfzahl der Chinesen beträgt kaum 3000, aber trotzdem befehden sich Stämme und Bünde. Der heftigste dieser Tong-Kriege war der zwischen den Hip Sings und den On Leongs, der unter den Chinesen ganz Amerikas tobte und besonders in Chicago viele Todesopfer forderte.

Man kann es verstehen, daß einem jungen norwegischen Schaffner der Halstead-Straßenbahn nicht behaglich zumute war, als in seinem Waggon eine Gruppe von Irländern, geladen mit Whisky, das Fahrgeld nicht zahlen wollte. Man kann es verstehen, daß der junge norwegische Schaffner unter solchen Umständen diesen Beruf und diese Stadt aufgab, in die Heimat zurückkehrte, sich als Schriftsteller versuchte und Knut Hamsun wurde.

VIII. Revolution der Deutschen

Die Deutschen bilden weder sozial noch geographisch eine geschlossene Masse, es gibt unter ihnen Fabrikanten mit Luxuswohnungen an der Goldküste, Mittelklasse am Lincoln-Park von 1600 bis 2000 North und unterstandslose Aushilfskellner im Hull House. So kommt es, daß zum Beispiel die Italiener politisch weitaus energischer in Erscheinung treten als die zahlenmäßig mehr als doppelt so starken Deutschen. Sie und die Skandinavier stellen übrigens den geringsten Prozentsatz unter den wegen Prohibitionsvergehens verurteilten Ausländern, was beachtlich ist, denn die erste Erhebung gegen die Einschränkung des Alkoholverkaufes war von den Deutschen ausgegangen.

Lang, lang ist's her, aber die Erinnerung an »the Lager Beer Riot« von 1855 lebt heute noch fort. Von der Nordseite der Stadt, aus der deutschen Kolonie, wälzte sich eine Menschenmenge unter der Parole, die Bastille zu stürmen, gegen das Court House, in dem einige Gastwirte gefangen saßen, weil sie am Sonntag Bier ausgeschenkt hatten. In North Clark Street wollte ein Polizeikordon den Demonstrationszug aufhalten, aber die sonst so friedfertigen Deutschen waren diesmal nicht wiederzuerkennen; auf den Kampfruf hin: »Das sind die Kerle, die die Bierhäuser am Sonntag schließen«, stürzten sie sich gegen die Wache, es wurde geschossen, Menschen getötet und verwundet.

Wie groß die Zahl der Opfer war, ist nicht festzustellen, denn von diesem Vorfall ist im Zimmer des Polizeipräsidenten keine Trophäe aufbewahrt, und mitnichten erinnert ein Denkmal an den Zusammenstoß. Er endete übrigens mit einem Sieg des Lagerbiers. Durch den revolutionären Kampfwillen der Deutschen und durch das zwischen ihnen und den Iren geschlossene Lagerbier- und Whisky-Bündnis wurden die Behörden derart eingeschüchtert, daß sie das Verbot des Sonntagsausschankes aufhoben. Goldene Zeiten!

Eine Bank in Wall Street

AUF DEM WEGE, seinen Reisescheck abzuheben, kam der Doktor Becker durch Wall Street.

Er glaubte: die Insassen eines Pavillons von Tobsüchtigen, allesamt davon überzeugt, völlig normal zu sein, hätten sich zu einem Fest vereinigt unter der Devise »Bei den wirklich Tobsüchtigen«.

Oder war er in eine blutige Revolution geraten? Oder auf den Schauplatz eines Massenmordes?

Was ist denn geschehen? fragte der Doktor Becker.

Oh, die Börse zeige sich heute flau, und nur deshalb sei es hier so ruhig. Kopfschüttelnd setzte der Doktor Becker seinen Weg zur Chase Bank fort, von der er in Europa noch nie etwas gehört hatte.

Er suchte sich einen von den neunzehn Personenaufzügen aus, auf dem »Expreß« stand. Denn, dachte er, mein Konto ist in einer wichtigen Abteilung, bei der auch ein Expreß-Elevator halten muß. Er wurde in das 35. Stockwerk gehoben, was ihn einerseits beleidigte (er hätte sein Guthaben in einer vornehmeren Etage vermutet), anderseits aber über die Solidität des Unternehmens beruhigte – eine Winkelbank kann sich kein Gebäude leisten, das die Wolken kratzt.

Übrigens war sein Guthaben nicht oben, worauf er einen anderen Expreß nahm, um wieder hinabzufahren und sich beim Portier genauer zu erkundigen. Zu seiner Überraschung wurde er nicht 35 Etagen gesenkt, sondern 39. Das Rätsel löste sich erst, als er ausstieg und erfuhr, daß es auch Stockwerke unter der Erde gebe.

Er war vor jenen Räumen, die man in nichtenglischsprechenden Ländern mit dem englischen Wort »Safes« bezeichnet, während sie hier »Vaults« heißen. Der Doktor Becker betrachtete sie neugierig, ihn betrachtete man mißtrauisch. Und fragte ihn sogar, ob er hier ein Fach habe. Solches verneinte er, ihn hatte ein Privatgeschäft und nicht sein Fach hergeführt. Aber Kommittent der Bank sei er. Daraufhin setzte der Beamte das für den Verkehr mit Kommittenten strengstens angeordnete freundliche Lächeln auf und erläuterte dem Doktor Becker die Einrichtungen, vor allem das Tor zu den Kassengewölben, dessen moderner Mechanismus den Doktor Becker dummerweise an das Werk einer mittelalterlichen Turmuhr mit Wandelfiguren erinnerte.

Das Tor, vernahm er, sei aus nichtrostendem Stahl, einen Meter dick, wiege fünfundvierzig Tonnen, werde abends von drei Beamten verschlossen und könne nur von diesen zu einer vom Oberkontrolleur im Uhrwerk genau fixierten Stunde geöffnet werden.

Daß die betonten Vorsichtsmaßregeln bloß zur Beruhigung der Depotinhaber getroffen sind, nicht aber gegen die Einbrecher, und daß auch ein Panzerraum älteren Systems ebenso viele, das heißt ebensowenig Sicherheiten gegen Überfall und Einbruch biete, das war dem Doktor Becker, der einiges von Verbrechertechnik weiß, sehr klar.

Er ließ sich dies jedoch nicht anmerken. Ja, über einen optischen Trick (die Einstellung der Buchstabenchiffre selbst für eine neben dem Inhaber stehende Person oder für einen neugierig herüber lugenden Depotnachbar unsichtbar zu machen) heuchelte der Doktor Becker sogar Bewunderung, obwohl ihm in der Kriminalgeschichte kein Fall von unbefugter Chiffreverwendung bei der Öffnung eines Bankfaches bekannt war.

Etwa drei Milliarden Dollar in Bargeld, Wertobjekten und -papieren, erzählte der Beamte, seien hier untergebracht. Interessant sei ihre Übersiedlung in diese Räume gewesen: durch ein Spalier von Detektiven rasten zwischen dem alten und dem neuen Bankgebäude achtzehn Panzerautos hin und her, jedes innen bemannt mit fünf Polizisten samt Tränengasbomben und einem Maschinengewehr. Nur einer von den achtzehn jagenden Wagen barg die süße Last, die anderen siebzehn waren Convoy. Jede Fahrt dauerte fünf Minuten, und hundertundzehnmal mußte der Weg gemacht werden, bevor der ganze Reichtum, imstande, die Not einer Welt zu lindern, aus der einen Gruft in die andere gebettet war.

Das von der Not und von der Gruft sagte übrigens der Beamte nicht, im Gegenteil, er fügte empfehlend hinzu, hier herrsche keineswegs Grabesluft; so tief die Vaults auch in den Felsgrund von Manhattan gehackt sind, die Luft sei vorzüglich, da sie aus der Höhe des zweiten Stockwerks durch eine Röhre geleitet werde, an deren Ölschicht aller Ruß und Staub hängenbleibe.

Unter solchen Umständen konnte der Doktor Becker nichts anderes tun als versprechen, bei nächster Gelegenheit eine von den fünftausend Depositboxes zu mieten, und zwar nicht etwa eine von den kleinen, die für 7 Dollar 50 Cent zu haben sind, sondern eine für fünfzehntausend Dollar Jahresmiete.

Unbefriedigt von diesem Geschäft, das dergestalt der Bank in sicherer Aussicht stand, wollte der Beamte jedenfalls auch etwas für sich verdienen, sei es ein Lob, sei es eine Provision, und der Doktor Becker versprach ihm, bei der Miete des großen Kassenschrankes sich seiner Vermittlung zu bedienen.

Vorläufig aber kam es dem Doktor Becker darauf an, den Kreditbrief zu beheben. In seinem Selbstgefühl gegenüber der Bank bedeutend herabgemindert, glaubte er nicht mehr, daß die Expreßaufzüge vor seinem Konto Station machen, und nahm daher einen schlichten Local Elevator.

Im ersten, aber noch immer unterirdischen Stockwerk über den Safes geriet er in den Kreis von zweihundert bis dreihundert meist jugendlichen Gestalten, die er schon beim ersten Hinsehen für Straßenräuber hielt und beim ersten Hinhören als Börsianer erkannte. Sie waren wenig exklusiv, wenig zurückhaltend, sie umringten den neuen Gast und teilten ihm, der nicht wußte, ob er da mit Pierpont Morgan oder mit John D. Rockefeller spreche, zutraulich Geschäftsgeheimnisse mit. Das wichtigste schien zu sein, daß die Scheibe vor dem Schalterbeamten aus kugelsicherem Glas und die dünne Marmorplatte zwischen dem Beamten- und dem Parteienraum innen mit einbruchsicherem Panzerstahl wattiert sei.

Weshalb sich die Börsenmakler hier versammelten, hatte der Doktor Becker bereits aus der Aufschrift »Overnight Loans« erraten. Nun hörte er zu seiner Warnung, die gegen Bargeld verpfändeten oder über Nacht deponierten Wertpapiere seien nicht nur gegen Revolverkugeln und Einbruchswerkzeuge geschützt, sondern auch gegen Entwertung; ein Nachrichtendienst ermögliche es der Bank, binnen zwanzig Minuten nach Bekanntwerden einer Defraudation, eines Bankrotts oder eines Selbstmords das Pfand so günstig wie möglich loszuschlagen.

Befriedigt fuhr der Doktor Becker aufwärts. Zu seinem Erstaunen fand er alle Räume zugänglich; die Schiebetüren, die fast überall die Wände ersetzen, waren zumeist offen; an Mädchen vor lautlosen Schreibmaschinen und Mädchen vor lautlosen Additionsmaschinen, an konferierenden, diktierenden, spekulierenden oder Kredite ablehnenden Direktoren in prächtigen Sälen schritt er vorbei auf schwellenden Teppichen – völlig unbeobachtet, was ihn hinsichtlich der Direktoren und Prokuristen kaum verdroß. Außer an den Geldschaltern in den dem Parteienverkehr dienenden Räumen erblickte er nirgends eine Scheidewand zwischen Besucher und Beamten.

Sogar in den Sitzungssaal des Verwaltungsrats, wo Schreibeblocks und gutgespitzte Bleistifte für den Doktor Becker bereitlagen, trat er ungehindert ein, in den schönen, halbelliptischen Saal, dem des Obersten Gerichtshofs in Washington sichtlich nachgebildet. Auf jedem Klubsessel war eine goldglänzende Plakette befestigt, und der Doktor Becker las, wie die Kardinäle dieses Finanzkonzils heißen.

Im Telefonzimmer zählte er die Hinterteile von fünfundzwanzig Mädchen; die Vorderteile konnte er nicht sehen, weil sie einer durchlöcherten Wand zugekehrt waren, aber der Doktor Becker hätte auch umgekehrten Falles kein Vergnügen genossen, denn alle hatten vor den Mund ein Sprechrohr geschnallt und über die Ohren je eine Hörmuschel.

»Wieviel Anschlüsse?« fragte der Doktor Becker, streng wie ein Kontrolleur, die Aufsichtsdame. Sie schaltete das freundliche Lächeln ein. »150 Staatsanschlüsse, 900 Nebenanschlüsse und 100 direkte Leitungen zur Börse und zu den Filialen.« Unbestochen von dem Lächeln, inquirierte er weiter: »Wieviel Verbindungen stellen Sie täglich her?« – »In der vorigen Woche betrug der Durchschnitt täglich 27 500 Anrufe, das Maximum war 31 200.« – »Thank you.«

Hart schritt der Doktor in den Nebenraum. Ein unverständlicher Apparat verblüffte ihn nicht. Daß das, was daneben arbeitete, eine Schnellpresse oder eine Vervielfältigungsmaschine war, erriet er ungefähr. »Wie ist Ihre Arbeit?« fragte er unbestimmt, und die Presse stoppte. »Wir brauchen einundeinviertel Minute zur Reproduktion samt Entwicklung und Abzug.« Das Antlitz des Doktor Becker blieb kritisch, und er deutete auf den ihm rätselhaften Riesenapparat. »Und was reproduzieren Sie?« – »Der Photostat stellt die Kopien von Wechseln und einlaufenden Dokumenten her.« – »Thank you.«

Der Inspekteur Doktor Becker begab sich in einen mit Röhren gefüllten Saal. »Erklären!« – »Hier ist die Zentrale für den elektrischen Rohrpostverkehr zwischen den Abteilungen. Unser Tagesdurchschnitt beträgt 8000 Sendungen.« – »All right.«

Auch im »Krematorium«, wo die eingelösten Coupons einbruchsicher und feuersicher verbrannt werden, fand er nichts auszusetzen. Er ließ sich über die Handhabung der Schotten Vortrag halten, die im Falle eines Brandes alle Abteilungen verschließen und nur der brennenden den Zugang zum Feuerschacht öffnen – »Thank you.«

Er begutachtete die Garderobenschränke als sinnreich, besonders die Vorrichtung, vermöge welcher der Schirm außen aufgehängt, jedoch nur nach Aufsperren der Schranktür abgenommen werden kann. Im Einzahlungs- und Auszahlungssaal meldete ihm der Abteilungsvorstand, daß stündlich 3000 Parteien an den Schaltern zu erledigen sind. »All right«, sagte der Doktor Becker …

… da sah er die Tafel »Letters of Credit« über einem Schreibtisch. Er hatte keine Gelegenheit zu zögern, sich's zu überlegen, ob er der ihm durchaus vertrauenswürdig scheinenden Bank seinen Kreditbrief noch lassen sollte. Er benötigte den Betrag zufällig.

Kurzerhand behob der Doktor Becker den ganzen auf hundert Dollar lautenden Kreditbrief, solcherart auf die goldglänzende Plakette mit seinem Namen verzichtend, die andernfalls vielleicht einmal auf einem Klubsessel im halbelliptischen Sitzungssaal des Verwaltungsrats geprangt hätte.

Henkersmahlzeit, verabreicht von Mister Stein

ES WAR DER TAG, an dem der Doktor Becker in Chicago angekommen war. Die Interviewer hatten kaum sein Zimmer verlassen, als ihn eine Redaktion anklingelte, ob er eine Gastreportage über die heute abend stattfindende Hinrichtung schreiben wolle. Ja, sagte der Doktor Becker, er wolle eine Gastreportage über die heute abend stattfindende Hinrichtung schreiben. Wer es denn sei, der heute auf elektrischem Wege aus dem Wege geräumt werde. Es sei ein Neger, erwiderte der City Editor, aber der Name sei ihm augenblicklich entfallen.

Eine Stunde später hatte der Doktor Becker einen Admit in Händen to witness the execution of David Shanks at the County Jail at 12,05 a. m., gestempelt und unterschrieben von John E. Träger, Sheriff.

Im Gerichts- und Gefängnisgebäude, in dem sich der Doktor Becker nachts einfand, erfuhr er, die Hinrichtung sei abgesagt, was ihn weder verstimmen noch erfreuen konnte, da er nicht wußte, ob diese Verschiebung für den armen schwarzen Teufel David Shanks nur eine der in Amerika üblichen Verlängerungen der Todesqualen bedeute oder seine Rettung. Jedenfalls verließ der Doktor Becker das Kriminalgericht und ging in das Nachbarhaus, um an einer Bar Kaffee zu trinken.

Hier nun sah sich der Doktor Becker aus dem Regen in die Traufe gekommen oder – unbildlich gesprochen, obwohl es sich um Bilder handelt – aus einer Hinrichtung in viele.

Sie hingen an der Wand einer Nische, wo der, der Appetit hat, sein Abendbrot verzehren und sich manchmal an dem Gedanken begruseln kann, daß im nächsten Haus ein Armersünder genau das gleiche Menü als letzte oder als einzige irdische Wohltat zu sich nimmt.

Also hatte der Doktor Becker genügend Grund, sich die Tapete von Hinrichtungsbildern im Detail zu besehen und sogar seinen Bleistift hervorzuziehen, um sich einiges zu notieren, was dazu angetan schien, das kulturelle Niveau eines Landes einerseits und die Methoden von Henkersknechten anderseits zu illustrieren.

Kaum aber war der Bleistift des Doktor Becker gezückt, kam Mister Stein herbei, um sich dem des Journalismus verdächtig Gewordenen als Besitzer der Bar und als derjenige vorzustellen, der den auf den Photos verewigten Delinquenten das Henkersmahl hinüberbringe, ein »Chickendinner«, eine Mahlzeit mit gebratenem Huhn, für die er kein Honorar nehme.

Der Doktor Becker hatte während dieser Vorstellung immerfort auf ein Bild gestarrt und fragte nun den Mister Stein, wer von seinen Kunden darauf konterfeit sei. Das war freilich fehl, denn es erwies sich, daß dies der einzige Hingerichtete war, dem der Mister Stein kein letztes Abendmahl verabreicht hatte.

Das Bild stellte einen unzweifelhaft Toten vor mit verglasten Augen und einer verstümmelten Kinnbacke. Den Oberkörper des auf dem Boden liegenden Leichnams zerrt ein Vierschrot, auf dessen Uniformkappe das Wort »Guard« steht, der photographischen Linse entgegen, während ein anderer Dicker, »Warden« auf der Mütze, dem Kameramann zulächelt. Der Tote war, wie der Doktor Becker von Mr. Stein erfuhr, noch nicht tot, sondern nur in Agonie, da er – ein gewisser Harvey Church – aus einem der Öffentlichkeit unbekannt gebliebenen Grund in Hungerstreik getreten war. Am dreißigsten Tage der verweigerten Nahrungsaufnahme wurde er bzw. der Warden Mr. Westbroke für die Presse photographiert, und dann legte man Harvey Church noch die Schlinge um den Hals, obwohl dies zur Herbeiführung des Todes nicht mehr nötig war.

Auf einem anderen Bild sah der Doktor Becker einen kleinen Jungen mit mädchenhaftem Gesicht und hörte, dieser sei ein Chorknabe namens Viani gewesen und habe in seiner Zelle so schön gesungen, daß die Leute auf der Straße sich drängten. An seinem achtzehnten Geburtstag erhielt er das gebratene Huhn ...

Erst seit April 1928 wird nicht mehr gehängt, sondern elektrifiziert. Der erste war der Arzt des Hospitals auf dem Ashland-Boulevard, Dr. Rongetti, gegen dessen Verbrechen Galgen und Galvanostrom geradezu als milde Rüge erscheinen: er hatte an einem Mädchen eine verbotene Operation gegen ein vereinbartes Honorar von fünfzig Dollar vorgenommen, von denen er fünfundzwanzig Dollar vorausbezahlt erhielt; als der Rest am nächsten Tag von dem Freund der Patientin nicht erlegt wurde, führte dieser Arzt, wie er vorher angedroht, die erforderliche Nachoperation nicht aus und ließ das Mädchen unter gräßlichen Schmerzen sterben. Eine bestialischere, gemeinere Meuchelei vermag man sich nicht auszudenken, zweifellos steht sie in Amerika vereinzelt da. Und doch, und doch – ihre Ursache ist amerikanisch.

In sozialer Beziehung bemerkenswert ist der Fall eines jungen, auf dem Bild bereits glatzköpfigen Deutschamerikaners namens Karl Wunder, der eines Abends die Polizei rief: er war in seiner Wohnung von einem Fremden überfallen worden und mit ihm in einen Kampf geraten, wobei der Räuber die Gattin Wunders und Wunder den Räuber erschoß. Die beiden Leichen wurden beerdigt und die Waffe des bis heute nicht agnoszierten Räubers der Heeresverwaltung zurückerstattet, da sie ein Armeerevolver war. Wie erstaunte aber die Polizei, als sie bald darauf von der Militärbehörde die Mitteilung erhielt, der Revolver dieser Nummer sei während des Krieges an Karl Wunder abgegeben und nicht zurückerstattet worden.

Nun verhaftet, gestand der Witwer, er sei, um seine Frau loszuwerden, einfach auf den »Sklavenmarkt« in Canal Street gegangen und habe den ersten besten der dort Stellungsuchenden für hundert Dollar geheuert, mit dem eingehändigten Revolver die Frau zu erschießen. Nachdem der arme Lump im Hause erschienen war und den Auftrag ausgeführt hatte, schoß ihn Wunder über den Haufen, um sich des Mitwissers zu entledigen und die hundert Dollar zu sparen. Nur die Nummer des Revolvers hatte er zu beseitigen vergessen, weshalb er auf den Elektrostuhl kam.

»Diesem da«, sagt Mr. Stein und deutet auf das Photo eines gewissen Russell Scott, »habe ich viermal das Huhn gebracht, viermal hat er es aufgegessen, und viermal wurde die Hinrichtung im letzten Augenblick abgesagt. Das fünftemal, als es schon ganz sicher war, fand man ihn in der Todeszelle tot vor – er hatte sich erhängt.«

Die meisten hier an der Wand haben sich das Anrecht auf ein einmaliges Sattessen durch einen »hold-up« erworben, jene amerikanische Art des Überfalls, bei der der Räuber seine Waffe und die Kassenbeamten ihre Hände erhoben halten; wenn das nicht klappt, gibt es Tote durch Revolver und dann durch Hinrichtung.

Mehrere sind Alkoholschmuggler; sie haben sich ihrer Verhaftung durch Schüsse zu entziehen versucht und dabei einen Polizisten getötet (»geharget« übersetzt Mister Stein, entweder weil er vermutet, der Doktor Becker werde das englische Wort »killed« nicht verstehen, oder um zu zeigen, daß er auch »deutsch« kann).

Wie es den Verhafteten auf dem Polizeirevier ergeht, zeigen manche Bilder mit erstaunlicher Unverschämtheit: die Festgenommenen haben blutige Wangen und zertrümmerte Nasen.

Die Tasse Kaffee, die der Doktor Becker bei seinem Eintritt in das kleine Gasthaus bestellte, ist auf der Theke kalt geworden, indes er die Bilder an der Wand besah. Der Doktor Becker bestellt keine zweite Tasse. Er hat um diese Zeit eigentlich eine amerikanische Hinrichtung sehen sollen, ist aber in effigie über alle belehrt worden. So entfernt er sich, nicht ohne von dem Nährvater der Hinzurichtenden eine Geschäftskarte zu erhalten:

Delaware 4262

JOE STEIN

Court Restaurant

66 W Austin Ave. Chicago, Ill.

Filmkostüme

ES WAR EINMAL VOR VIELEN, VIELEN JAHREN, als es auf der Erde noch überhaupt kein Kino gab ...

»Das wird fein«, riefen die Kinder, »mal ein richtiges Märchen ...«

... also damals, 1905, kam zur Weltausstellung nach Saint Louis ein junger Amerikaner namens L. L. Burns mit seiner Truppe von zehn Indianern ...

»Großmama, gab es damals noch Indianer in Amerika?«

Jawohl, Kinderchen, damals gab es noch zehn Indianer in Amerika, und die traten in Schaubuden auf wie in der von Mr. L. L. Burns. Nun, und als die Ausstellung zu Ende war, kehrten die Indianer in ihren Autos nach Hause zurück ...

»Großmama, was ist denn das: Autos?«

Autos waren Flugzeuge, die sich nur auf der Erde bewegen konnten, so daß man nur sehr langsam vorwärts kam ...

»Großmama, konnte man denn durch die Häuser durchfahren?

Nein. Zwischen den Häusern waren Lücken gelassen, die nannte man »Straßen«, und darin bewegten sich die Autos und mußten immerfort anhalten oder ausweichen oder tuten – es war eine schrecklich langsame Zeit. Aber ihr dürft mich nicht immerfort unterbrechen, sonst kann ich euch das Märchen nicht zu Ende erzählen, verstanden, Kinderchen?

»Ja, ja, erzähl uns das Märchen. Wir werden mäuschenstille sein!«

Also, die zehn Indianer kehrten nach Hause zurück, und zwar in ihren alten Kleidern, in denen sie gekommen waren und die der Mr. Burns für viel zuwenig ausstellungswürdig und viel zuwenig indianisch gehalten hatte, weshalb er ihnen bei einem Schneider in St. Louis wilde Gewänder machen ließ. Mit diesen stand nun Mr. Burns da. Man riet ihm, damit nach Los Angeles zu gehen und einen kleinen Laden aufzumachen. Diese Stadt habe mexikanisches Blut in den Adern und liebe Masqueratos und Mummenschanz. Gut, sagte sich Mr. Burns, wenn ich jedes der zehn Indianerkostüme nur zweimal im Monat verleihe, so kann ich sechzig Dollar verdienen und damit zur Not leben …

»Da mußte er aber seinen Laden auch als Wohnung benutzen, um mit fünfzehn Dollar in der Woche auszukommen«, berechnete eines der Kinder.

Ja, das tat er, aber es ging ihm sehr schlecht. Er vermietete kaum sechs Kostüme. Da kam eines schönen Tages ein Mann ins Geschäft und sagte, er sei der Colonel Selig, der auf dem leeren Hügel Hollywood die beweglichen Bilder für die Schaubuden photographiere. Diesmal solle es ein großes indianisches Schaustück werden, und er brauche deshalb acht Indianerkostüme für anderthalb Tage. Und dann kam der Colonel Selig noch einmal und sagte, er wolle jetzt das größte seiner Western Pictures machen, eine Riesensache, für die er achtzig Dollar ausgeben werde …

»Achtzig Dollar für einen Film!« riefen die Kinder und klatschten in die Hände.

»Gab es denn damals keinen Star?« fragte eines.

Nein, damals gab es noch keine Stars, erwiderte die Großmutter.

»Ich fürchte mich so«, rief das Kleinste und schmiegte sich an die Großmutter.

Ja, also Colonel Selig wollte für seinen Riesenfilm eine Massenszene mit nicht weniger als fünfzehn Indianern in Originalkostümen machen. Haben Sie die, Mr. Burns? –

Sicherlich habe ich die, erwiderte Mr. Burns, aber er hatte sie nicht, sondern ließ sie in der Nacht nähen. Und das hat er immer so gemacht, wenn andere Gesellschaften nach Hollywood kamen, um Filme zu drehen, und von ihm Kostüme haben wollten, und da ist das Geschäft immer besser und besser geworden …

»Und Mr. Burns hat eine Aktiengesellschaft daraus gemacht, nicht wahr, Großmama?«

Ja, meine Kinder. Er hat die Western Costume Company gegründet, die jetzt ein Aktienkapital von drei Millionen Dollar hat, und …

»Drei Millionen zweihunderttausend Dollar«, verbesserten die Kinder.

… deren Präsident Mr. Burns ist. Er lebt noch heute.

»Hu, muß der alt sein!« riefen die Kinder.

Trotz seines Alters ist Mr. L. L. Burns, Präsident, noch ein rüstiger Mann, gerne bereit, uns herumzuführen in seinem Laden, der für zehn Indianerkostüme entschieden zu hoch und zu groß wäre. Er stand auf seines Daches Zinnen und zeigte mit vergnügten Sinnen nach Hollywood, Beverly Hills hin, wo seine Kundschaften wohnen. Das alles ist ihm untertänig, und seine Herrschaft ist befestigt, denn auf dem Dach, auf dem die Autos der Klienten und Angestellten parken, starren auch zehn Kanonen drohend über Kalifornien und den Pazifischen Ozean. »Für Kriegsfilme«, erklärt Mr. Burns.

»Welches Land interessiert Sie?« fragt er. »Sie können jedes sehen, mit Armee, Zivilbevölkerung und Kaiserhof, China, Indien, England, Serbien, Kongo, Persien, Österreich …«

»Aber, Mr. Burns, Österreich hat ja gar keine Armee, keine Zivilbevölkerung und keinen Kaiserhof!«

»Natürlich hat es das nicht zu Hause. Das haben wir eben hier. Kommen Sie!«

Und wir fuhren mit dem Fahrstuhl tief hinab, ins zehnte Stockwerk, in die österreichisch-ungarische Monarchie. Da stand sie, da hing sie, verstaubt und muffig und pompös, wie sie gelebt. Wir passierten die Burggendarmerie und die Arcierengarde, das heißt: weiße Waffenröcke mit goldenen Schnüren, kniehohe Lackstiefel und rotweißschwarze Schabracken, und sahen die Wiener Stadtpolizisten, deren angsteinflößensollende preußische Pickelhaube an der Spitze durch ein Kügelchen symbolisch gemildert war, wir wiegten uns vorbei an der Musikkapelle des k. u. k. Infanterieregiments Hoch- und Deutschmeister »Nummer vier aber stier« mit einer Lyra auf den Aufschlägen, wir ließen das Ulanenregiment Nr. 11 defilieren und Dragonerhelme, Stabsoffizierstschakos, Feldbinden, Blusen, Infanterieoffizierssäbel, Bajonettkoppeln, Patronentaschen, Faschinenmesser, Pallasche.

Wir sehen das Seidenfutter nach und finden die eingenähten Vignetten der Uniformierungsanstalten »Josef Mattura, Göding«, »Josef Szallay, Wien 1913«, »Alex Sohr, Wien I«, von Budapest und Steinamanger ganz zu schweigen. Auch auf jedem Knopf steht eine Firma, auf denen der Waffenröcke »F. J. I.«, auf denen der Hosen »Moritz Tiller Wien VII-2 Stiftskaserne« oder »Franz Josef Zimbler k. u. k. Hof-Lief. Mähr.-Weißkirchen«.

In einer Kammgarnbluse ist das Etikett eingenäht: »Max Kamareith & Co. Alsergrund«. Der Stoff ist echte Friedensware. Wir wissen das, denn wir kannten Herrn Max Kamareith, über den Mitte Juli 1914 der Konkurs verhängt wurde. Hätte er das verschieben können – einen Monat später wäre er ein steinreicher Mann geworden und sein Selbstmord nicht nötig gewesen …

Auch der Name des Besitzers steckt fast in jedem Rock, »Oblt. Hubert Graf Vojkffy«, »Gf. Deym« oder so, die Intendanz- und anderen Kanzleioffiziere haben, jeder auf seine Weise, ihren Namen vor dem Verkauf sorgfältig unkenntlich gemacht. Die Gesandtenfräcke, goldgestickt, schlank, altvorzeitlich und unnahbar, halten sich abseits.

Und da – man reißt die Hacken zusammen, man reißt die Knochen zusammen, Gewehr herrrauauss!, das Avertissementsignal geblasen, Wache antreten! – da: die k. u. k. Generalität. Da sind sie versammelt mit roten Lampassen und grünen Federbuschen und goldenen Bauchbinden und vor allem mit der Kriegsteilnehmermedaille von 1859, die sie zur Führung des Krieges von 1914 berechtigte. In den glanzvollen Uniformen und unter den grünen Federbuschen stecken die Persönlichkeiten: nichts ist darin.

Jetzt: militärische Versatzstücke, amtliche Versatzstücke, ein ganzes Versatzamt von Stücken. Das größte: die gold-silbern-elfenbeinern-perlmuttern ausgeschlagene Hof- und Staatskarosse der Habsburger.

All das ist original und in Wien erstanden. Zumeist im Auftrag des Regisseurs Erich von Stroheim, der daheim den österreichischen Leutnantsrang verlor und sich in der Ferne den österreichischen Adel erwarb. (Weisung für Auswanderer: Legt euch in Amerika den Adel oder einen Titel bei! Je prunkvoller, desto größer die Wirkung, öffnet alle Türen und Millionärstöchter. It's tested.)

Der Leutnant Stroheim, den sich die Vorgesetzten »gekauft« haben, hat sich hernach die Vorgesetzten gekauft, er, dem man das Recht absprach, eine Halbkompanie zu kommandieren, befehligt nun die österreichisch-ungarische Armee samt dem toten Kaiserhof, dem toten Franz Joseph I. und einen lebendigen Erzherzog extra.

Zwei echte Exemplare vom Goldenen Vlies mit Komturband und der Miniatur für den Frack, ruhend in einbruchssicherem Schrank, werden wir sehen, wenn wir in das Department »Orden und Medaillen« kommen.

Wichtiger als die österreichischen Königreiche und Bänder sind die Requisiten der Stars. Denen wird das Kostüm angemessen, aber nur geliehen. Alles kommt zur Costume Comp. zurück. Jackie Coogans Mütze. Charlie Chaplins Schuhe. (Der hat aber noch zwei private Paare – ich bitt Sie, der kann sich's leisten!) Der Schmuck von Norma Talmadge. Ramon Navarros Altheidelberger Studentenflaus. Die Knabenhosen von Mary Pickford. Das Empirekleid der Lady Hamilton recte Corinne Griffith. Der Pelzmantel des Zaren Paul recte Emil Jannings. Das Wams des Musketiers d'Artagnan recte Douglas Fairbanks.

Nur Turban und Burnus fehlen, die der Sohn des Scheichs recte Rudolf Valentino getragen – eine Verehrerin hat sie für fünftausend Dollar gekauft.

An alten Filmen vorbei – »Rivalen«, tausend Uniformen des Weltkrieges – »Der König der Könige«, tausend Schuppenpanzer der römischen Legionen – »Der Patriot«, tausend Monturen der Zarengarde – »Zwei Waisen im Sturm der Zeit«, tausend Hosen der Sansculotten – an dem echten Inventar einer farbentragenden Korporation vorbei, grünweißgoldenes Band, bestickt mit Namen der Mensurgegner, Paradeschläger, Banner, »Cheruscia sei 's Panier« – an Lohengrinhelmen und Carmenmantillen vorbei – an preußischen Litzen und hannoveranischen Koppelschlössern »Furchtlos und trew« vorbei – an Sänften und Kanus vorbei – an dem Piratenschiff des Schwarzen Korsaren mit geschnitztem Gangspill, gedrechseltem Feuerrad, bemalter Galleonsfigur und bronzenen Mörsern vorbei – an einem Riesenmuseum von Helmen und Sandalen vorbei – an dem friderizianischen Bruststern des Pour le mérite mitsamt orangenem Schulterblatt vorbei – an einer Bibliothek der Trachtenkunde und der Militärvorschriften und illustrierter Zeitschriften vorbei – an Waffen vorbei – an Perücken vorbei –

– geht es durch alle Länder und durch die Jahrhunderte, die Großmütterchen noch nicht kannte, die aber die Enkelkinder in wahrheitsgetreuer Darstellung und in diesen echtestechten Kostümen und grotesker Verniedlichung, Verpuppung und Verkitschung kennen.

»Alles echt«, rühmt sich Mister L. L. Burns, der mit seinem Pfunde von zehn falschen Indianerkostümen nach allen biblischen Vorschriften gewuchert hat. »Echtheit ist unser Prinzip, denn man kann nie wissen, welches Detail die Kamera bei einem long shot erwischt, man kann nicht Voraussagen, was zu einer Großaufnahme verwendet wird und wieviel Fachleute unter den Millionen sein werden, die den Film zu sehen kriegen, zum Beispiel Chinesen einen chinesischen Film.

Alles echt, rühmt sich Mister L. L. Burns, dessen falsche Indianerkostüme Zinsen und Zinseszinsen getragen haben, »alles echt.« Und er fügt hinzu: »Manchmal sogar zu echt. Wir müssen daran denken, daß die Kamera farbenblind ist. Hellgrüne und hellbraune Tuche photographieren weiß, rote und dunkelgrüne dagegen schwarz, Metallknöpfe, Mützenschirme und Lackschuhe würden störende Reflexe aufweisen, wenn wir sie nicht mit Seife oder Wachs überstreichen würden. So müssen wir etwas von der Wahrheit wegnehmen – den Rest besorgt die Filmfabrik.«

Mummenschanz und Quäkerstadt

DIE NEUJAHRSPARADE, einen Maskenzug von fünfzehntausend Personen, zu sehen stand die Bewohnerschaft Philadelphias Spalier von elf Uhr morgens bis halb fünf. Stand? Sie hing auf den Kandelabern. Sie klammerte sich an das Bronzemonument des Warenhausgründers Wanamaker (wann, zum Teufel, werden Tietz und Wertheim endlich ihre Reiterstandbilder in Berlin bekommen?) und der anderen großen Amerikaner. Sie hockte halsbrecherisch und unzüchtig in den Fenstern. Sie balancierte auf Fruchtkisten. Sie saß auf grobgezimmerten Estraden, unter deren Brettern Menschen gingen.

Die Tauben vor City Hall bekamen reichlich Erdnüsse zu picken. Um zwei Uhr, von einer lebensgefährlichen Bewegung der Massen, durch den aus den Wolkenkratzern niedergehenden Wolkenbruch von Papierfetzen mit Angst erfüllt, schwirrten die Tauben von dannen.

Es kam der Fastnachtszug. Zweieinhalb Stunden lang, zweieinhalb Tage langweilig. Neugierig sich die Hälse ausreckend, aber weder angeregt noch amüsiert, sah die Menge auf tänzelnde Männer in roten Perücken und Negermasken, auf Schalksnarren mit Schelle und Pritsche, auf rotbemalte Indianer im Federschmuck, auf Phantasiegestalten mit bunten Kopfgestellen à la Haller-Revue, auf Kinder in Biedermeierkleidern, gemeinsam einen Stern bildend, auf girlandengezierte Wagen.

Sich auf eine Obstkiste zu stellen kostete einen Quarter, auf eine Baumwollkiste fünfzig Cent, der Tribünenplatz einen Dollar. Je höher, desto teurer.

Ganz hoch, allerhöchst, auf dem Glockenturm des Rathauses, stand, die Hand leicht von sich gestreckt, William Penn. Er hat die Stadt gegründet mit einer kleinen Schar eingewanderter Quäker. In England waren sie verfolgt worden, weil sie sich allem Mummenschanz widersetzt hatten, dem des Hofes, dem des Heeres und dem der Kirche.

Der steinerne William Penn streckt die Hand von sich. Segnend oder abwehrend?

Noch immer führt Philadelphia den Beinamen »Quaker City«, obwohl die Gründer der Stadt in verschwindende Minderheit geraten sind. In der ganzen Welt gibt es nur hundertfünfzigtausend Quäker.

Vor nicht allzu langer Zeit sah man sie noch in ihrer alten Tracht, würdig und freundlich, durch die Straßen gehen. Jetzt gehen sie auch durch die Straßen, aber sie sind nicht mehr von den anderen Passanten zu unterscheiden.

Man muß sie aufsuchen, wenn man sie kennenlernen will. Sie haben in Philadelphia fünf oder sechs Kirchen – nein, sie haben keine Kirchen, sie sind gegen Kirchen und Gebetstuben, auch keinen Kirchhof oder Gottesacker haben sie, sondern nur »Meeting houses«, Versammlungshäuser, und »Burial grounds«, Beerdigungsplätze.

Ihr Sonntag ist der Firstday, mit dem die Numerierung der Wochentage beginnt, so daß ihr Mittwoch der Donnerstag der anderen ist. Die Worte »Januar«, »Februar« und so weiter verwenden sie nicht, sie zählen die Monate, wie sie fallen, sie halten die lateinischen Namen für überflüssigen Prunk.

Was ihnen ferner unbekannt ist, ist das förmliche »Sie«, obwohl die englische Gebrauchssprache kein Wort für »du« besitzt; die Quäker gebrauchen statt »you«, »your« und »yours« die Anreden »thou«, »thee« und »thy«.

Eine negative Sehenswürdigkeit: ihre Grabstätten. Kein Hügel, keine Kapelle, keine Gruft, kein Blumenbeet, kein

Gitter. Auf leerer Wiese kleine weiße Steinplatten, kaum zehn Zentimeter aus dem Rasen hervorragend, sagen, hier ist ein Grab. Darauf die Anfangsbuchstaben des Namens, Geburts- und Todesjahr. Nicht Spruch noch Wunsch.

Durch das, was fehlt, ist auch die Andachtstube bemerkenswert. Es fehlen: Orgel, Chor, Kanzel, Podium und Pulte für Gesangbuch oder Gebetbuch, denn die Quäker lehnen Geistliche und Gesangbuch und Gebetbuch ab.

Reihen von gepolsterten Bänken sind in der Andachtstube und dichte englische Jalousien an den Fenstern.

Stumm sitzt die Gemeinde da während ihrer Zusammenkünfte, und jeder einzelne harret, daß der Herr mit ihm rede. So vergehen oft Stunden, bis einem erstrahlet das Innere Licht. Nun erhebet er sich und überbringet die göttliche Botschaft; von seinem Platz aus spricht er, ein Freund zu den Freunden. Nur »Freunde« gibt es, das Wort »Quaker« wird in der Gemeinde derjenigen nicht angewendet, die es bezeichnet.

Neben dem Saal dieser fast wortlosen Andachten ist ein Gesellschaftsraum mit Klavier und altenglischen Stichen aus dem Quäkerleben. Einer stellt vor, wie Freundin E. Frey den weiblichen Sträflingen von Newmarket die Lehre Gottes predigt, wobei die zerrauften wüsten Gefangenen sichtlich von Reue ergriffen sind, als hätten sie allesamt aus Liebe zur Sünde, aus Unkenntnis der Tugend oder aus Mutwillen das Verbrechen verübt, das sie in den Kerker brachte.

Auch George Fox (1624–1690) hängt stahlgestochen an der Wand. Sohn eines Webers, selbst aber Schafhirt und Schuhmacher, hat er 1648 in Nottinghamshire (England) die erste Gesellschaft der Freunde gegründet; sie hieß damals »Kinder des Lichtes«. Er verkündete, daß Gott direkt zu der menschlichen Seele spreche, die in gegenwärtiger, lebender Hingabe an ihn denkt. Und niemand vernehme das Wort des LORD, ohne zu erbeben, to quake.

Fox gewann großen Anhang im Volk, da er das Priestertum als überflüssig und schädlich bezeichnete, Taufe, Abendmahl und Kommunion als Firlefanz ablehnte (noch heute ist kein Quäker getauft), Kriege und Kriegsvorbereitungen verdammte, die Ablegung jedes Eides verbot und später der offiziellen Hochkirche den Zehent verweigerte. Vor allem aber, weil er – für die damalige Zeit eine wahrhaft revolutionäre Auffassung – die Frauen den Männern gleichstellte. Diese Bundesgenossenschaft der Frauen war es vornehmlich, die es den Quäkern ermöglichte, die Einkerkerung ihres Führers Fox und ihre jahrzehntelange Verfolgung durch den Hof und den Klerus zu überdauern.

Als William Penn, einer von Foxens Getreuen, den Entschluß faßte, mit seinen Brüdern in Christo aus England auszuwandern, wandte er sich an König Charles II. und verlangte in traulichem Du, »Freund Karl« möge ihm ein Kolonialgebiet zuweisen, und zwar als Bezahlung eines von der englischen Krone an Penns Vater, einen Admiral, ausgestellten Schuldscheines. Heilfroh, die unangenehme Gesellschaft loszuwerden, verlieh ihm der englische König die waldige Halbinsel zwischen Delaware und Schuylkill River, nannte das Land »Pennsylvania« und wünschte den Pennbrüdern sicherlich, sie mögen niemals wiederkehren.

Das taten sie auch nicht, sie lebten freundschaftlich mit den Indianern, wie Fox es ihnen ausdrücklich vorgeschrieben. Aber von den anderen Pionieren Amerikas wurden sie deshalb scharf angefeindet. In einer zeitgenössischen Protestnote wird als Beweis für eine zweifellose Sinnesverwirrung von William Penn angeführt, »daß er in dem Lande, das er als Bezahlung einer Kronschuld zu Lehen erhalten, mit den Indianern umgehe, als ob sie ein Recht oder einen Anspruch besäßen, die irgendeiner Beachtung wert wären«.

Zum Glück für Penns Sylvanien gab es dort noch Leute ohne einen derart »deranged mind«, und so wurden, wie in den übrigen Bundesstaaten, die Indianer samt und sonders geschlachtet. Auch gegen die Sklaverei hatte der Quäkerbund Stellung genommen. Auf seiner Tagung in Germantown, Pa., 1688, wurde der »Handel mit Menschenleibern« verdammt, und siebzig Jahre später verlangte in Philadelphia die Fraktion John Woolmans, daß jeder an Import, Kauf oder Verkauf von Sklaven beteiligte Quäker aus der Gemeinschaft ausgestoßen werde. Und wieder geraume Zeit hernach wurden auch diejenigen cum infamia chassiert, die sich weigerten, ihre Sklaven freizulassen.

Wie in der Frage der Rothäute sind sie auch in der der Schwarzhäute nicht allzu wirksam gewesen, denn fast zweihundert Jahre mußten seit jenem Protest von Germantown vergehen, bevor sich die Anhänger und die Gegner der Sklaverei entscheidend trafen. Im Weltkrieg haben die Quäker, die, long, long ago, die Bergpredigt wörtlich genommen, sich zu Widerstandslosigkeit und Brüderlichkeit bekannt hatten und nicht zum wenigsten wegen ihres prinzipiellen Pazifismus im Mutterland verfolgt waren, keinen Protest gegen das Blutvergießen erhoben.

Sie beschränkten sich darauf, den Opfern des Gemetzels nachträglich Linderung zu bringen. Bei der American Relief Administration, die während des Krieges die Hungerhilfe in Belgien, Frankreich, Rußland und Serbien und nach dem Waffenstillstand auch in Deutschland leistete, waren die Quäkergemeinden mit der Handhabung des Verteilungsapparates betraut. Es war eine großangelegte Wohltätigkeitsaktion, aber ach, eine Wohltätigkeitsaktion nur.

Der Amerikaner, über seinen eigenen Edelmut zu Tränen gerührt, brachte seine Sympathie jenen entgegen, denen er die Verantwortung für die richtige Verteilung seiner Spende überlassen. Indem er seine Vollzugsorgane pries, pries er sich selbst. Deshalb pries er die Quäker und ihren Herbert Hoover.

Und als selbiger für die Präsidentschaft der Vereinigten Staaten kandidierte, setzte gegen ihn keine religiöse Kampagne ein. Obwohl es in den USA 18 ½ Millionen Katholiken gibt, riefen alle protestantischen Kanzeln Zeter und Mordio über Al Smith; als Katholik sei er nichts anderes denn ein Götzenanbeter und ein Schrittmacher des Papstes.

Gegen Hoover aber wurde kein Vorwurf des Heidentums und des Konkubinats erhoben, obschon er weder getauft ist noch das Sakrament der Ehe empfangen hat.

Denn die Quäker sind beliebt; die Tage, da sie die Leiden von Einkerkerung, Emigration und Denunziation ertragen mußten, sind längst vorbei, die Quäker treten nicht mehr gegen Gewalt und Unterdrückung auf, kein Amerikaner braucht bei Freund Hoover die sozialen Gefühle eines William Penn zu befürchten, die Quäker betätigen ihren Pazifismus, indem sie mit den herrschenden Gewalten in Frieden (pax, pacis) leben, sie tragen nicht mehr die ostentativ einfache Kleidung, sie verabscheuen den Mummenschanz nicht mehr –

– und es ist ihre Stadt, Penns Gründung, Philadelphia, Quaker City, durch die sich heute mehr als vier Stunden lang der Fastnachtszug bewegte mit tänzelnden, rotbefrackten Negermasken, mit klingelnd springenden Schalksnarren und Indianern im Federschmuck, mit Kindern und Erwachsenen in prunkvollen Phantasiekostümen.

Sein Liedchen bläst der Postillon

DER POSTMEISTER VON NEW YORK, ein kleiner korpulenter Herr, den zu frankieren nicht billig wäre, gibt uns, die wir das Postamt in Augenschein zu nehmen wünschen, die Erlaubnis.

»Vorher will ich Ihnen sagen, was wir leisten. Wollen Sie?«

»Sicherlich.«

Da singt der kleine Postmeister des großen New York ein Liedchen mit folgendem Text:

»Wir haben 18 000 Angestellte.

Wir empfangen, liefern ab und befördern täglich 16 Millionen Stücke gewöhnlicher Post.

Wir empfangen, liefern ab und befördern täglich 156 000 Einschreibebriefe.

Wir empfangen und verteilen täglich 75 000 versicherte und Nachnahmepakete.

Wir wiegen und befördern täglich 600 000 Pfund Zeitungen und Zeitschriften.

Wir finden täglich 100 Dollar in unbestellbaren Briefen.

Wir erzielen jährlich 30 000 Dollar durch Versteigerung unbestellbarer Pakete.

Wir erhalten täglich 2100 Adressenänderungen.

Wir behandeln täglich 350 000 Stücke falsch dirigierter Post.

Wir finden täglich die Empfänger von 200 unadressierten Paketen heraus.

Wir erhalten täglich 80 000 Poststücke ohne Angabe der Straße.

Wir versehen täglich 36000 Poststücke nach dem Adreßbuch mit Angabe von Straße und Hausnummer.

Wir lösen täglich 252000 Dollar für Postgebühren.

Wir zahlen jährlich 165 Millionen Dollar Postanweisungen aus.

Wir haben im Postsparkassendepot 25 Millionen Dollar.

Wir haben 92000 Postsparkassen-Einleger.

Wir nahmen vom 30. Juni 1927 bis zum 30. Juni 1928 77165071 Dollar ein gegen 74443632 Dollar im Vorjahr.« Damit hat der Postmeister von New York sein Lied zu Ende gesungen und verspricht, uns einen glänzenden postalischen Fachmann zur Führung mitzugeben.

Der allerglänzendste postalische Fachmann ist sicherlich der Postmeister selbst, laut Aussage des jungen Mannes, der uns bei ihm angemeldet hat. Sicherlich ist der Postmeister auch ein ebenso glänzender Republikaner, wie er der glänzendste Fachmann ist; wäre aber der Demokrat Smith statt des Republikaners Hoover zum Präsidenten der Vereinigten Staaten gewählt worden, so hätte sich sicherlich der glänzendste postalische Fachmann von seinem Amte entfernen und ein (wohl vorher vorbereitetes) Privatgeschäft übernehmen müssen, und an seine Stelle wäre sicherlich ein noch glänzendsterer postalischer Fachmann demokratischer Färbung getreten.

(Der geneigte Leser wird sicherlich die häufige Anwendung des Wortes »sicherlich« verzeihen, es muß in jeder amerikanischen Gesprächswendung mindestens einmal Vorkommen, ein Satz ohne dieses Wort ist nicht vollständig. Sure!)

Während wir uns solcherart den tiefen philosophischen Gedanken über die Vergänglichkeit aller irdischen Macht innerhalb des New Yorker Postbezirks hingeben, tritt der Mann ein, der unsere Führung übernehmen soll und gleichfalls einer der glänzendsten postalischen Fachleute von Amerika ist. Er sieht so amerikanisch aus, als ob sein

Ahn mit der Karavelle »New Netherland« vor dreihundert Jahren auf Manhattan Island gelandet und mit den Mohawk-Indianern zu handeln begonnen hätte. Andererseits sieht er auch einem Rechtsanwalt in unserer Heimat ähnlich, was nicht weiter verwunderlich ist, da die Passagiere der Karavelle »New Netherland« ja Brüder und Schwestern in Europa zurückgelassen haben.

»Mr. Kisch, meet Mr. Mautner«, fordert der Postmeister auf, worauf uns nichts anderes übrigbleibt, als »How do you do, Mr. Mautner« zu fragen, und ihm nichts anderes als »How do you do, Mr. Kisch«.

»You have a brother in Prague, a lawyer, haven't you?«

»Sure! Den Rechtsanwalt Dr. Richard Mautner«, erwidert er, und die Führung beginnt mit der Feststellung, daß wir beide als Einjährig-Freiwillige beim k. u. k. Infanterieregiment Nr. 11 gedient haben, wenngleich er bedeutend früher – man muß schon ein gewisses Alter erreicht haben, ehe man als glänzender postalischer Fachmann anerkannt wird. (Auch in Amerika ... Daß man hier sozusagen als Generaldirektor auf die Welt kommt, daß Knaben Präsidenten von Aktiengesellschaften sind und Jünglinge Alterspräsidenten – das haben die feschen Reiseschriftsteller erfunden.)

Wir gehen durch die Hallen des Postgebäudes, das außen ein marmorner Griechentempel und innen eine häßliche Fabrik ist, an schreibenden, tragenden, werfenden oder sonstwie hantierenden Weißen vorbei, unter denen wir gleichfalls Bekannte finden, und auch an Negern, bei denen sich aber keine landsmannschaftliche, verwandtschaftliche oder militärische Beziehung mit Mister Mautner und uns feststellen läßt.

Allen in den Manipulationsräumen tätigen Menschen zu Häupten rollen in drahtgeflochtenen Röhren die Postsendungen, vor ihnen rollen die Fließbänder, und unter dem Boden, auf dem sie stehen, rollen Eisenbahnzüge.

Die Pace-up-table, einen stählernen Tisch, umsäumen zehn Männer, und zwanzig Hände bewegen sich, um die heransausenden Briefe auf zwei Geleise zu verschieben – die Briefe in länglichen Umschlägen auf das eine, die kleineren und die Postkarten auf das andere. Die Schienen führen zu den beiden Stempelapparaten, die stündlich nur 30000 Briefmarken durch den Aufdruck New York, der Jahreszahl, des Datums und der gegenwärtigen halben Stunde entwerten. Nicht mehr als 30000 in der Stunde, also nur 720000 im Tag. Wie aber sang uns der Postmeister so schön: »Wir empfangen, liefern ab und befördern täglich 16 Millionen Stücke gewöhnlicher Post.«

Also sang er, und wenn auch die durchgehende Post bereits gestempelt ist, so bleibt doch mehr, als eine lendenlahme Stempelmaschine bewältigen kann. Deshalb sind sechzehn da, auf acht Pace-up-Tischen, umstanden von je zehn Männern mit zwanzig rasenden Händen, Postarbeit, Postarbeit!

Bei den Einschreibebriefen geht es etwas ruhiger zu, doch flößen die Waffen Angst ein, die den hemdärmeligen Beamten aus der hinteren Hosentasche gucken, einschüchternd große Revolver, eher halbwüchsige Kanonen als Revolver.

Es wird auch geschossen. Hierher und von hier. Aber nicht Revolverkugeln sausen, sondern Granaten, regelrechte 32-cm-Geschosse. Statt mit Sprengstoff sind sie mit Briefen gefüllt, sie kommen und gehen durch die ganz New York durchlaufenden pneumatischen Röhren, aus und zu den dreihundert Filialpostämtern. Per Sekunde lassen sich sechzehn dieser Granaten abfeuern; wehmütig denkt man bei ihrem Anblick an die idyllischen Tuben der heimatlichen Rohrpost.

Dort, wo die Geschosse einfallen, und dort, wo sie in den Lauf geladen werden, sind Schwerarbeiter am Werk, von Öl und Schweiß triefen diese Postillone, für die Lenau keine Verse der Zuneigung gefunden hätte. Aber Schulter an Schulter mit ihnen wirken leichtbeschwingte Gesellen; sie haben nichts mehr mit dem Verschießen der Riesenprojektile zu tun, deren Zünder bereits abgeschraubt und deren Inhalte ausgeschüttet sind. Sie verteilen die Briefe. Einen ganzen Packen in der linken Hand, schleudern sie mit der Rechten, routiniert wie alte Croupiers in Monte Carlo, einen Brief nach Philadelphia, einen nach Europa, einen nach Massachusetts, einen nach Chicago, einen nach Texas, einen nach San Francisco, das heißt in die auf Rädern stehenden Säcke, die diese Städte- und Staatennamen tragen. Wie Papierschlangen schwirren die Briefe auf ihren Flugbahnen übereinander und durcheinander in der Luft.

Transportation Platform heißt die Rampe, auf der die Opfergaben abgeliefert oder weitergeleitet werden. Die Lastautos der Firmen und die der Postämter (ihre Karosserie ist meist ein riesenhaftes Drahtnetz) werden von Negern ausgeladen und die Fracht teils ins Innere des Hauses befördert, teils in Schächte geworfen, teils auf die Schütten. Auch Laufkrane rollen aus den Manipulationsräumen heran, um sich zu entleeren.

Tief unten: Eisenbahnzüge, fünfunddreißig, nebeneinander. Dorthin kommt kein Spaziergänger, fahren keine Passagiere, die sich durch Herausstecken des Kopfes oder eines Armes verletzen könnten, dort wird niemand erwartet. Deshalb bedarf es keines Bahnsteigs, keiner Halle und keiner schamhaften Verkleidung der Felsen. An den grob gehackten Wänden der Schlucht reiben sich die Postzüge, so knapp geht's an den Felsen vorbei.

Die Kanzleiräume unterscheiden sich nur durch ihre Dimensionen von denen der Privatfirmen. Aber der Untersuchungsabteilung, wo Reklamationen und mangelhaft adressierte Stücke behandelt werden, drücken der Detailversand und die Einwanderung sozusagen ihren Poststempel auf.

Vieles von dem, was aus dem allumfassenden Katalog von »Sears, Roebuck, Chicago« oder einem anderen Mail-Order-House bestellt und geliefert wird, geht via New York. So schnell auch die Bestellung effektuiert wird, die Lebensbedingungen des kleinen Mannes wechseln noch schneller. Er hat inzwischen seinen Aufenthaltsort geändert oder ist stellungslos geworden oder hat seine letzten paar Dollar auf der Börse verspielt. Da muß nun die neue Adresse ermittelt oder das Paket zurückgehalten werden, und das Postmagazin ist mit ebenso mannigfacher Ware gefüllt wie die Versandhäuser selbst.

Sherlock Holmes und Mezzofanti müßten ihre Künste vereinen, um die Adressen der Sendungen zu entziffern, die meist von Landarbeitern Italiens, Polens, der Slowakei und des Balkans an ihre in die Neue Welt ausgewanderten Verwandten abgehen. Oft fehlt der Bestimmungsort, aber man hat auf dem Postamt Straßenverzeichnisse aller amerikanischen Städte, und wenn irgendwo »6404 Washington Street« steht, so weiß man, daß eine Washington Street mit so hoher Hausnummer nur die von Philadelphia sein kann. Außerdem kennen die Beamten die Straßen in den Fremdenbezirken aller Städte und serbische, bulgarische und griechische Buchstaben. Selbst Briefe ohne Adresse haben schon ihren Empfänger erreicht.

Die Pakete, deren Adressaten nicht ausfindig zu machen sind, werden geöffnet und ihr Inhalt sortiert, alte Männerkleider extra, alte Frauenwäsche extra, Hausgeräte und Stiefel extra; am Montag stellt man die Ware zur Besichtigung aus, am Dienstag versteigert man sie in der dichtgefüllten Auktionshalle. Heute ist Mittwoch, und wir sehen die Partiewarenhändler und -händlerinnen allerhand Trödel mißvergnügt betrachten, in Decken packen und in Bündel verschnüren. Gestern haben sie das erhandelt, heute tragen sie es davon, die Behauptung unserer reisenden Kollegen widerlegend, daß in Amerika abgebrauchte Ware einfach weggeworfen werde und von niemandem aufgehoben. Ach, seht euch die Elendenmärkte des New Yorker Südostens an – nur noch auf der Kasbah in Algier hält man solchen Dreck für marktfähige Ware!

»Tote Briefe«, solche, die ganz tot sind, werden vor der Überführung ins Krematorium noch obduziert, ob sich nicht ein Dollar oder ein Scheck in ihren Eingeweiden verberge. Eine Sektionsmaschine besorgt den Schnitt, und da liegen nun die postalischen Leichen mit aufgeklappten Leibern. Kommen die Anatomen und lugen hinein, jeder in 3200 pro Tag. Wenn sich eine Banknote oder eine Geldanweisung findet, wird der tote Brief noch ein Jahr lang aufgehoben; hat sich bis dahin der Besitzer nicht gemeldet, so gehört das Geld dem Staat und der Brief dem Krematorium.

Kurzum, genug wird dem Kunden geboten für seine zwei Cent Porto, und wir können nicht umhin, dem Mister Mautner unsere Anerkennung über sein Amerika auszusprechen.

In einem Theater, das erschossen wurde

AN DIESEM DREISTÖCKIGEN GRAUEN HAUSE, 10. Straße, Washington, ist keine Glocke.

Ich klopfe ans Tor, nichts rührt sich.

Zum zweiten Male klopfe ich. Ein Mann macht mir auf.

»Ich möchte das Haus besichtigen.« – »Da ist nichts zu sehen.« – »Nun, so möchte ich das Nichts sehn.« – »Go in.«

Da ist wirklich nichts zu sehen. Ein leerer Speicher mit drei Galerien rund um die Wände. Ein Warenaufzug mitten im Raum. Eine kleine Nebenkammer mit eingebauten Waschschüsseln. (Im Krieg hat hier eine Militärbehörde amtiert.)

Der alte Pförtner ruft mir zu: »Dort, wo Sie stehen, war die Bühne, rechts oben die Loge.«

Das Stück, das für heute, den 14. April 1865, angesetzt wurde, ist Tom Taylors exzentrische Komödie »Unser Vetter aus Amerika«.

Auf den schmalen Plakaten des Ford-Theatre an den Straßenecken steht zu lesen, daß es als Benefiz- und Abschiedsvorstellung der exzellenten Direktorin, Dramatikerin und Schauspielerin Laura Keene in Szene geht. Sie wird die Rolle der Florence Trenchard spielen.

Hohe Ehre ist der Benefiziantin widerfahren. Abraham Lincoln, der Präsident, erscheint in der Loge (rechts oben) mit seiner Frau.

Er kann sich zum erstenmal eine Zerstreuung leisten.

Mit dem heutigen Tag ist der furchtbare Krieg zwischen Nord und Süd zu Ende, die Niederlage der Sklavenhändler besiegelt.

Vor einer Woche ist die Armee der Konföderierten zu General Grant übergegangen, und heute ist der letzte Zwischenfall, ein Flaggenstreit auf Fort Sumter, erledigt worden. Es gibt keine Sezessionisten mehr und wird niemals mehr welche geben.

Es gibt keinen Kauf schwarzer Menschen mehr und wird keinen mehr geben. Die Inserate und Preislisten und Geschäftskarten der Sklavenhändler mit Angabe des Alters, des Handwerks, der Fähigkeit und des Preises werden der Geschichte angehören. Kein Schiff wird mehr nach Amerika segeln, auf dem »Schwarzes Elfenbein« verfrachtet ist, geraubte und gefesselte Männer, Frauen und Kinder aus Afrika. Plakate mit der Ausschreibung eines Preises von hundert Dollar für die Einbringung des geflüchteten Sklaven Baptist N. werden nicht mehr affichiert werden; nie mehr wird ein Farmer diese hundert Dollar und die Druckkosten der Anzeigen opfern, um einen entflohenen Sklaven wiederzukriegen und vor den entsetzten anderen teeren und federn zu können.

Das ist Abraham Lincolns Werk. Er setzt sich in die Loge, rechts oberhalb der Bühne; um die Balustrade der Loge ist ein Sternenbanner geschlungen.

Das Stück beginnt, es ist lustig und bringt auf andere Gedanken.

Im zweiten Akt, zwanzig Minuten nach zehn Uhr, ertönt ein Schuß.

Bevor man noch weiß, was geschehen ist, schwingt sich ein Mann über die Brüstung der Präsidentenloge, will auf die Bühne hinabspringen, sein gespornter Stiefel verfängt sich in dem Sternenbanner, und der Mann fällt mit einem Aufschrei vor die Soffitten, hierher, wo ich jetzt stehe. Er hat sich den Fuß gebrochen.

Jemand aus dem Publikum versucht, die Bühnenrampe zu erklimmen, um den Täter festzuhalten, aber der richtet sich auf, hebt einen Dolch – merkwürdigerweise nicht den Revolver –, und niemand wagt, sich ihm zu nähern. Ungehindert humpelt er über die leer gewordene Bühne rechts ab. Vor dem Bühnenausgang steht ein Pferd, auf dem er in die Dunkelheit davonjagt.

Abraham Lincoln ist blutend seiner Frau in die Arme gesunken. Er hat einen Schuß im Hinterkopf. Der Täter hatte – dort oben rechts – die Logentür geöffnet und aus unmittelbarer Nähe gefeuert. Man hebt den Präsidenten auf und will ihn ins Weiße Haus tragen.

Der Vorhang fällt. Ein Mann, der im Verdacht steht, das Reitpferd gehalten zu haben, wird festgenommen. Ebenso einige Leute, die knapp an der Präsidentenloge Galerieplätze innehatten, wie der Attentäter auch. Man fragt sie im Polizeibüro nach ihren Wohnungen, nach ihrer Herkunft, nach ihrem Verkehr.

Die Bahre mit dem Präsidenten hat kaum das Theater verlassen, als er das Bewußtsein verliert. Die Ärzte erklären, den Transport ins Weiße Haus könne Lincoln nicht überleben. Deshalb schafft man ihn ins gegenüberliegende Haus der Frau Petterson, wo man ihn im Erdgeschoß auf ein Bett legt.

Nachforschungen setzen ein, Verfolgungen aller, die der Sympathie mit den Südstaaten verdächtig sind. Zur gleichen Stunde, da das Attentat erfolgte, war an Lincolns Sekretär Seward, während er krank zu Bett lag, ein Mord versucht worden.

Man erfährt, wo der Präsidenten-Attentäter gewohnt hat – Nachbarn erkannten im Rampenlicht den fremden Mieter von Mrs. Mary Surrat. Sie und einige ihrer Freunde werden verhaftet.

Der Täter heißt John Wilkes Booth und ist Schauspieler. Sein Vater, der sich übrigens als unbeteiligt erweist, trägt die Vornamen »Junius Brutus«, des Tyrannenmörders, was zur Zeit der Großen Revolution häufig vorkam.

Die ganze Nacht umstehen die Ärzte das Lager Lincolns. Morgens nach sieben Uhr stirbt er.

Washingtons Garnison jagt nach dem Attentäter. Es wird eruiert, Booth habe seinen gebrochenen Fuß von Dr. Samuel Wudd verbinden lassen und in einer Fähre den Potomac übersetzt.

Vier Tage später umzingelt man das Versteck des Flüchtigen in einem Gehölz. Er soll gegen die Soldaten geschossen haben, worauf sie das Feuer erwiderten. Da sie sich ihm nähern, atmet er, schwerverwundet, sein Leben aus. »Bringt meiner Mutter meinen letzten Gruß. Was ich getan, tat ich fürs Vaterland, und ich glaube, es war eine gute Tat.«

Einige Tage vorher verübt, hätte sie das Kriegsglück zugunsten der Konföderierten wandeln können. Aber wer weiß, ob es dem Attentäter darauf ankam, vielleicht war er einer von jenen, die der Haßpropaganda des Krieges glauben und sich nicht damit abfinden können, daß der Todfeind von gestern als der Bundesgenosse von heute proklamiert wird.

Am 7. Juli 1865 werden als Booth' Mitschuldige Mrs. Mary Surrat, Lewis Payne, David Herold und Geo Atzerot in Washington gehängt. Den Arzt Wudd verurteilt man für seine Hilfeleistung zu lebenslänglichem Kerker; der Fährmann, der keine Ahnung davon hatte, wen er übersetzte, stirbt im Kerker. Wudd wird nach vier Jahren von Andrew Johnson begnadigt, der zur Zeit Lincolns Vizepräsident gewesen. (Gerüchte behaupteten, Johnson habe die Mörder gedungen, um Bundespräsident zu werden. Aber nicht deshalb, sondern wegen nachgewiesener Betrügereien machte man ihm später den Prozeß.)

Das Sternenbanner, das (hier oben rechts) den flüchtenden Attentäter zu fassen versuchte und verletzte, wird als

Trophäe im Schatzamt aufbewahrt. Im Hause, wo Lincoln starb, ist ein kleines Museum mit Bildern und Zeitungsausschnitten von der Tat und von der Hinrichtung. Und da es nun schon einmal auf Präsidentenmord spezialisiert ist, so sind auch Bilder vom Präsidenten James Abram Garfield hier ausgestellt, den am 2. Juli 1881 der New Yorker Rechtsanwalt Charles Guiteau erschoß, weil Garfield dessen Ernennung zum Konsul in Marseille nicht unterschreiben wollte, und des Präsidenten McKinley, der 1901 auf der Panamerikanischen Ausstellung in Buffalo von dem Anarchisten Leo Czolgosz getötet wurde. Dort, wo Lincolns Totenbett stand, sind Porträts, Totenmaske, Gedenkmünzen und Reliquien Lincolns und Andenken an die Zeit aufbewahrt, da die Sklaven keinen Lohn bekamen.

Der Leichnam von John Wilkes Booth wurde einige Jahre später auf Wunsch seiner Angehörigen exhumiert und in der Familiengruft auf dem Green Mount Cemetery in Baltimore begraben.

Hier, wo ein Schuß das Leben eines Theaters erledigte, ist gar nichts zu sehen. Rechts oben war die Loge, links unten die Bühne.

Technische Wunderwerke der Wunderstadt Chicago

DER DOKTOR BECKER gerät zum Beispiel in die Unfallstation der Western Electric, einer Fabrik zur Herstellung von Telefonapparaten.

Auf zwanzig Stühlen sitzen blutende Arbeiter, dem einen wird der Kopf rasiert, dem andern eine Kniewunde gewaschen, viele haben die Finger verletzt, auf einem der Operationstische liegt ein Mann mit gebrochenem Arm.

»Some hundred«, antwortet eine der Pflegeschwestern auf die Frage des Doktor Becker, wieviel Hilfeleistungen täglich notwendig sind.

Sie erschrecken? Oh, wenn es in dieser Fabrik 340 Unfälle täglich gäbe, so wäre das erst ein Prozent, denn die Western Electric beschäftigt hier 34000 Arbeiter, und die Belegschaft wechselt so oft, daß die Wahrscheinlichkeit gering ist, jemand könne nach und nach alle zehn Finger verlieren oder sich alle vier Gliedmaßen brechen.

Die Stockyards, die weltberühmten Schlachthäuser, dürfen besichtigt werden; überzeugen Sie sich, meine Herrschaften, daß unser Unternehmen die in dem Roman »Jungle« geschilderten Unappetitlichkeiten beseitigt hat.

Nicht beseitigt wurden die Arbeitsverhältnisse ... Upton Sinclair hatte auf das Herz Amerikas gezielt und den Magen getroffen.

Zum Gebrauch des Fremdenführers hat die Firma ein geheimes Buch herausgegeben, darin im Wortlaut verzeichnet steht, was auf unbequeme Fragen zu erwidern ist.

Diese Fragen und Antworten muß er auswendig lernen und darf das Buch niemandem zeigen. Der Doktor Becker notiert daraus:

FRAGE: Wie können die Mädchen in den Verpackungsräumen auf die Dauer die Schnelligkeit ihrer Hantierung aushalten?

ANTWORT: Die Mädchen lieben es, vor den Besuchern ihre Schnelligkeit zur Schau zu stellen. Wir raten ihnen ab (discourage) von jeder übermäßigen Hast.

Also, da haben wir's, ruft der Doktor Becker aus, nachdem er diese Stelle des Geheimbüchleins gelesen hat. Eitle Geschöpfe alle miteinander, diese Chicagoer Arbeitermädchen! Den ganzen Tag tun sie ihre Arbeit lässig, aber wenn ein Besucher kommt, da jagen ihre Beine das Trittbrett der Maschine wie Sechstagefahrer, ihre rechte Hand macht einen Griff, die linke einen anderen, in einem Tempo, daß den Besucher Schwindel befällt. Ja, Schwindel! Ich, der Doktor Becker, habe es schwarz auf weiß gesehen, gelesen, die Firma verrät den Bluff, sie selbst beschuldigt ihre Arbeiterinnen der Vorspiegelung falscher Tatsachen! Haha, mich kann man nicht foppen! Die Verpackerinnen Chicagos nehmen mich so wichtig, daß sie alle, in den Zeitungsfalzereien, in den Postversandhäusern, in der Elgin-Uhrenfabrik, in der Harvester Comp, zur Herstellung landwirtschaftlicher Maschinen, mit wahnsinniger, tödlicher Eile arbeiten, wenn ich mich nähere – nur um mir zu imponieren.

Aber eine kleine Frage möchte der Doktor Becker stellen. Wie ist es mit dem laufenden Band, Mr. Fremdenführer? Wieso weiß das Laufband, wann und wo Fremde vorüberkommen? Wieso verfällt das Laufband eben dann in einen solchen Amoklauf, daß die Arbeiterin mit ihrer – gewiß, gewiß! – vorgespiegelten Hast gerade noch zurechtkommt, ihre Handleistungen zu machen, an die ihre Nachbarin anknüpfen muß?

FRAGE: Wie können es die Arbeiter in dieser Atmosphäre von Blutgeruch, Exkrementen und Hitze beziehungsweise in der Temperatur der Kühlräume aushalten?

ANTWORT: Sie haben eine eigene Kleidung, welche die Poren schützt.

Nichts von dieser Kleidung merkt der Doktor Becker. Er sieht, daß sie angezogen sind wie Metzger überall, auch dort, wo die Arbeit nicht auf die Schlachtung von 750 Schweinen oder 250 Rindern per Stunde oder auf deren Entleerung und Zerteilung im Tempo des Rollbandes eingerichtet ist.

$42\frac{1}{2}$ Cent per Stunde beträgt der Normallohn bei vierzigstündiger Arbeitszeit in der Woche; Überstunden werden im Stücklohn bezahlt. Siebzehn Dollar die Woche, achtundsechzig Dollar im Monat, ein mehr als magerer Lohn im fettesten Bezirk Amerikas!

Die Arbeiter sind zumeist Polen und Neger. Seitdem man aber mit den Negern, die immerhin die Sprache des Landes sprechen und gewisse Möglichkeiten des organisatorischen Zusammenschlusses haben, in Chicago nicht mehr so umspringen kann wie auf den Baumwollplantagen des Südens (siebenundzwanzig Cent Tageslohn!), ersetzt man sie durch Waggonladungen von Mexikanern. Agenten durchfahren Mexiko, um Arbeiter anzuheuern und mitsamt ihren Familien nach Nordamerika zu verfrachten, wohin Angehörige anderer Völkerstämme natürlich nicht so leicht einzuwandern vermögen. Je mehrköpfiger die Familien der Mexikaner, desto besser, denn ihre Freizügigkeit ist dadurch vollständig beschränkt, sie sind willenlos ausgeliefert. Der Mexikaner ist es heute, der dazu verurteilt ist, am ärgsten ausgebeutet zu werden und die Löhne am tiefsten zu drücken.

Außer den Fordschen Werkstätten in Detroit und dem Beleuchtungswerk der General Electric Co. in Schenectady,

N. Y., gibt es wohl auf dem Erdball keine titanischeren Industrieanlagen als in Chicago. Diese blutjunge Stadt, immerfort wächst sie, immerfort wächst sie. Um siebzigtausend Menschen nimmt jährlich die Bevölkerung zu. Der Michigansee ist auf ungeheuren Strecken zugeschüttet worden, damit man neuen Boden gewinne für Autostraßen, für die Weltausstellung von 1933, für ein Stadion, für ein Aquarium. Früher gingen die Bewohner der Ostseite zur Sommerzeit im Badeanzug aus ihren Häusern zum See hinunter; jetzt müssen sie sich – zu Zehntausenden – in Badeanzügen in die Straßenbahn oder in den Autobus setzen, um zum Ufer zu kommen.

Eine prachtvolle, leuchtende Straße entlang des Sees ist der Michigan Boulevard, von Parisfahrern auch »Boul Mich« genannt. Hier und auf dem untertunnelierten Wacker Drive schießen die Wolkenkratzer nur so in die Höhe! Und dennoch ist Chicago, wo die größten Industrien, wo der ganze Getreidehandel, der Fleischexport, alle Postversandhäuser und vor allem der weltumspannende Alkoholschmuggel ihre Zentren haben, eine arme Stadt.

Die Milliardäre residieren während der Herbstsaison in New York, im Sommer an der Küste von Florida und im Winter in Beverly Hills, California. Manchmal sind sie in Nizza.

In Chicago leben wenige Großkapitalisten, denn trotz Michigansee, trotz Badestrand und trotz Boul Mich ist das eine wüste Siedlung voller Rauch, voller Kot, voller Pfützen, voller naßkalter Winde, voller Verbrecher, voller Armut.

Wolkenkratzer lassen sich photographieren und schildern. Die Holzhäuser Chicagos lassen sich nicht photographieren und nicht schildern. Sie spotten jedes Bildes. In Europa gibt es kaum etwas, was ihnen an Verfallenheit, Morschheit, Jämmerlichkeit ähnelt, die Erdhöhlen Armeniens und die Lehmhütten Bessarabiens sind besser, denn sie bieten wenigstens Schutz gegen Frost und Regen.

Es genügt, zwei oder drei dieser Wohnbuden einer Weltstadt von innen anzusehen – eine gleicht der ändern. So winzig sie ist, enthält sie doch vier oder fünf »Wohnungen«; für jede verlangt der Hausherr fünfundzwanzig bis dreißig Dollar Monatsmiete. Das ist ein enormer Preis, und er wird dadurch herausgeholt, daß in jedem Zimmer vier Schlafstellen von acht Personen benutzt werden, in zwei Schichten. Kinder schlafen in Obstversandkörben oder flachen Kisten, überall sah der Doktor Becker drei oder vier Matratzen oder Schlafkisten nebeneinander. Alle Mieter und Aftermieter benutzen ein gemeinsames Klosett, gewöhnlich im Keller. Manchmal gibt es keine Keller, denn unter dem Haus ist eine der ewigen Pfützen Chicagos; in sie sind Pfähle gerammt, und auf ihnen, zwei Meter hoch, schwebt das Haus in der sumpfigen Luft.

Zwei, drei Minuten, nachdem die Hochbahn den Loup, den Geschäftsbezirk, verlassen hat, saust man schon an diesen primitiv gezimmerten Unterständen vorbei. Je weiter man nach Süden und Westen kommt, desto beklemmender wird es, »back o' the yards«, hinter den Schlachthöfen, in Cicero, in Chicago Heights, in Valley, in den Bezirken, wo alltäglich ein Staatsanwalt oder ein anderer reicher Bootlegger ein paar Revolverschüsse in den Körper kriegt.

Da unten ist auch noch keine Kanalisation. Und wie die menschlichen Hundehütten durch den Hintergrund der strotzenden Paläste und fünfzigstöckigen Handelstürme erst recht zum himmelschreienden Skandal werden, so wird die sanitäre Vernachlässigung dieser Gebiete in ihrer Ungeheuerlichkeit besonders klar, wenn man die grandiosen Wasserversorgungs- und Bewässerungsanlagen Chicagos kennenlernt.

Der Chicago River, der seit Erschaffung der Welt in den Michigansee mündete, wurde plötzlich umgedreht! Denn aus dem See holt Chicago Nutzwasser und Trinkwasser, und das würde verunreinigt durch den Schmutz eines die Stadt durchfließenden Stromes. Früher störte das wenig, man benutzte den See als Trinkeier und Klosettbecken und Badewanne zugleich. Bis die Zahl der Sterbefälle an Typhus allzu hoch stieg. Viele Sterbefälle! Wißt ihr, was das bedeutet? Damit verminderte sich doch die Chance für das von ganz Chicago fieberhaft erstrebte Ziel: New Yorks Bevölkerungsziffer einzuholen.

Damals ward der Fluß auf seine alten Tage zum Wechsel seiner Richtung gezwungen, seither läuft er von hinten nach vorn.

Auch jetzt kann man nicht einfach die Uferwellen des Sees trinken, nicht vom Rand einer schmutzig-rauchig-sumpfigen Großstadt das Trinkwasser beziehen. Im See, kilometerweit vom Strand entfernt, mußte man Wassereinlauftürme bauen: unter dem felsigen Grund des Wassers wurden Tunnels gehackt – eine Million Dollar pro Meile erforderte die Herstellung –, und sie leiten neue Ströme, mächtigere als der Chicago River, unterirdische, in die zwölf Pumpstationen der Stadt.

Diese Wasserwerke. Die Wm. Haie Thompson Pumping Station, 50. Straße und Western Avenue, hat nahezu vier Millionen Dollar gekostet. Die Anlage besichtigend, bereut der Doktor Becker, zum erstenmal seit zwanzig Jahren, dem Ingenieurberuf entlaufen zu sein. Vier Milliarden Liter werden täglich in alle Teile der Stadt gepumpt, auf jeden Kopf der Bevölkerung kommen sage und schreibe 1100 Liter täglich, doppelt soviel als in New York, fast neunmal soviel als in Berlin, wo der einzelne 133 Liter konsumieren kann. Desinfiziert wird das Seewasser durch Chlorgas und solcherart allerdings getrübt: ein Projekt sieht Filteranlagen vor. Bis jetzt ist das Wasser Chicagos mit sechseinhalb Cent per tausend Gallonen (1 Kubikmeter ist 264 Gallonen, 1 Gallone = 3,8 Liter = 0,0038 Kubikmeter) das billigste der Welt, in manchen Großstädten stellt es sich fünfmal so teuer.

Industrieunternehmungen, wie etwa die Schlachthöfe, haben Abwässer, die denen von mehr als einer Million Menschen entsprechen, und die Imhoffbecken auf den Rieselfeldern sehen wie Öltanks aus, soviel Rückstände der Automobile ergossen sich in sie. Alles wird in den umgedrehten Fluß geleitet und durch Kanäle in den Mississippi.

Wunder der Wunder, solche Bauten erstanden, obwohl ein unberechenbarer Großteil der Steuergelder in die Hände der Korruption fließt und im letzten Jahr von einer Millionenbewilligung für die Sanitätsanlagen genau hundert Prozent unterschlagen und unter den Maßgebenden aufgeteilt wurden.

Als Goethe starb, als Bismarck geboren wurde, wehte hier feuchter Wind über Präriegras, keine Hütte stand. Vor neunzig Jahren war hier ein stilles Uferdörfchen, vor sechzig eine Fleischbank und ein Umschlagplatz für Getreide. Heute jagt Chicago, getreu seinem Wahlspruch: »I act, I move, I push«, dem Weltrekord zu. Das heißt: drei Millionen Menschen, weitaus in der Mehrheit unter grauenhaften Arbeits-, Ernährungs-, Wohn-, Geistes- und Moralverhältnissen lebend, handeln, bewegen sich, treiben einander an, damit ein paar Milliardäre von New York, Miami Beach und Florida eine Milliarde mehr einstecken und schließlich eine Stiftung von einer Million machen, für die sie von der ganzen Nation unausgesetzt, unausgesetzt als Genies und Wohltäter gepriesen werden.

Die Ballade von Sutter's Fort

HIERHER, IN DIESES ZIMMERCHEN des befestigten Handlungshauses »Sutter's Fort«, führte am 28. Januar 1848, einem regnerischen Tag, der Kommandant Johannes August Sutter seinen Angestellten James W. Marshall.

Marshall, von seinem vorgeschobenen Posten Coloma eben herbeigeritten, hatte vom Chef eine Unterredung unter vier Augen gewünscht in einer ungeheuer wichtigen Angelegenheit. Und draußen klatschte der Regen.

Es stand ein Tisch mit Papieren in dem Raum, alte deutsche Bücher und neue amerikanische. Johannes A. Sutter war ein Deutscher, 1803 in Kandern, Großherzogtum Baden, geboren, frühzeitig mit den Eltern nach der Schweiz übergesiedelt und dann in Paris bei der Schweizergarde Karls X. eingetreten. Die Julirevolution machte die Lakaien stellungslos, auch ihn, der seiner Wesensart nach alles eher war denn ein Lakai.

Er ging als Handelsmann nach Afrika und später nach New York, betrieb eine Schankwirtschaft; dort erzählten Trapper von ungehobenen Schätzen im Wilden Westen, und Sutter brach dorthin auf. Aus San Francisco ruderte er 1839 mit einigen Kanaka-Indianern und zwei Weißen den Sacramento hinauf, was vorher noch niemand unternommen. Er wollte sich in der Wildnis ansiedeln, anbauen und Waren versenden, vom Haß der Konkurrenten, vom Lärm der Städte nicht umtobt sein …

Aus Lehmziegeln, an der Sonne getrocknet, baute er sein Haus – dieses hier, um das der Wall läuft. Er taufte es »New Helvetia«, bald aber hieß es Sutter's Fort, weil die

Mexikaner, denen damals Kalifornien gehörte, es zu ihrem militärischen Stützpunkt machten und zum Kommandanten Sutter ernannten. Er konnte als loyaler Mexikaner gelten, wie er vorher als großherzoglich badischer Untertan, als Schweizer Eidgenosse, als französischer Königshüter, als afrikanischer Handelsmann loyal gewesen und nachher (vom nordamerikanisch-mexikanischen Kriege an) als amerikanischer Staatsbürger.

Jetzo Festungskommandant, hatte er an den vier Ecken der Umwallungsmauer je eine Kanone aufgestellt, und so stehen sie noch da, wahrscheinlich in den ganzen neunzig Jahren niemals verwendet. Den Krieg, in dessen Mitte er sich bald sah, hätten alle Kanonen der Welt nicht entscheiden können.

Das ganze Glück oder Unglück – wir werden schon sehen, was von beiden es war – begann in diesem Kämmerchen hier, wohin an jenem Januartag Anno Domini 1848 Sutter den James W. Marshall führte. Und draußen klatschte der Regen.

Zu Sutters Handelsgeschäften gehörte es damals, Holz nach San Francisco flößen zu lassen. Das Befahren des Sacramento, den er vor Jahr und Tag mit seinen weißen und roten Ruderern entjungfert, war inzwischen ein bequemes eheliches Vergnügen geworden, man hatte keinerlei Überraschungen mehr zu gewärtigen, keinen hinterhältigen Überfall unbekannter Völkerstämme und keine Tükken der Strömung und keine Klippen. Nur eines kostete Mühe: die Baumstämme aus den Waldungen nach New Helvetia zu bringen. Deshalb verlegte Sutter seihen anstelligsten Angestellten James W. Marshall mit zwei oder drei Gehilfen einige Meilen höher nach Nordosten, damit er dort, am American River, Nebenfluß des Sacramento, eine Sägemühle aufführe.

Und diese Zweigniederlassung oder dieser vorgeschobene Posten eben war's, von wo James W. Marshall an dem achtundzwanzigsten Januartage im Regen zur Zentrale der Firma beziehungsweise zum Vorpostenkommando heruntergeritten kam, mit geheimnisvoller Miene die Bitte um eine Privataudienz vorbrachte und vom Chef in dieses Zimmer hier geführt wurde.

Bevor sich die beiden Männer an den Eichentisch setzten, bat Marshall, Sutter möge die Türe versperren. Sutter tat das.

Marshall begann kaum mit seinem Rapport, als der Chef wieder aufstand, die Tür öffnete und einem draußen stehenden Angestellten zurief, mit der Abfertigung des nächsten Floßes auf ihn zu warten. Und draußen klatschte der Regen.

Nun sagte Marshall, was zu sagen er gekommen war. Im Nu war Sutter bei der Sache. Denn das da, das war, beim Himmel keine Kleinigkeit:

Marshall hatte oben eine Holzrinne angelegt, um das Wasser des American River auf die Schaufeln des Mühlenrades zu leiten. Vor vier Tagen wollte er nachsehen, ob die Rinne genügend dicht sei, und da habe er darin etwas glitzern gesehen, goldig glitzern …

»Und?« Sutter beugte sich aufgeregt zum Munde seines Nachbarn.

»… und rotgelbe Splitter gefunden, die ich mit der Hand herausgekehrt habe. Ich glaube, es ist Gold.«

»Hast du es hier?« Sutter zitterte, und draußen klatschte der Regen.

»Ja, hab es mitgebracht.« Marshall griff in die Tasche, zog ein Tuch heraus, band die Knoten auf, und es blitzten –

In diesem Augenblick öffnete sich die Tür, und Sutters Buchhalter trat ein, um etwas zu fragen. Er bemerkte, daß er störe, und entfernte sich mit einer Entschuldigung.

Wütend schob Marshall das Tuch in die Tasche. Sutter, an die Wichtigkeit der bevorstehenden Mitteilung nicht glaubend und mit anderen Gedanken beschäftigt, hatte vergessen, die Tür, nachdem er sie geöffnet, wieder zu versperren! Nur mit Mühe konnte Sutter den ärgerlichen Marshall beruhigen, der annahm, der Buchhalter habe spionieren wollen. Erst nachdem die Tür von neuem versperrt und ein Schrank davorgerückt worden war, zeigte Marshall die Stücke wieder.

Sutter schlug in der Encyclopaedia Americana den Artikel »gold« nach, behandelte die Körner mit aqua fortis und fand, daß es Gold von feinster Qualität sei. Er schloß die Chispas fort und schärfte Marshall ein, zu keinem Menschen darüber zu sprechen. Und draußen klatschte der Regen.

Ja, es war Gold. In der Zeit der antiken Sage ruderten die Argonauten hierher, um es zu finden, vor vierhundert Jahren kam der Konquistador Cortez um des Goldes willen an, nach ihm der portugiesische Seefahrer Cabrillo, und schließlich landete 1537 Sir Francis Drake in der Bucht von San Francisco, entschlossen, das ewig lockende Mineral aus seinem Versteck zu holen. Keinem war es beschieden. Dem Sägemüller Marshall war es beschieden.

Die beiden Männer, die einander – in dieser Stube hier – Verschwiegenheit gelobt, während draußen der Regen klatschte, waren nicht imstande, die Verbreitung des Geheimnisses aufzuhalten.

Sie vermuteten eine neue Einnahmequelle, vielleicht hofften sie, eine ganze Ader zu entdecken, aber von der Weltbedeutung des Fundes hatten sie keine Ahnung. Drei Wochen später ritten ihnen einige Knechte davon, jagten mit goldgespickten Satteltaschen nach San Francisco, um sich nach Jahren der Wildnis und der Enthaltsamkeit städtische Nächte und weiße Mädchen zu kaufen.

Panik entstand.

Am Dienstag, dem 15. März 1848, hatte sogar die San Franciscoer Zeitung »Californian« davon erfahren und brachte auf der zweiten Seite, dritte Spalte, ganz unten (ihr amerikanischen Journalisten von damals!) eine kurze Notiz:

»*Gold Mine found.* – In the newly made raceway of the Saw Mill recently erected by Captain Sutter, on the American Fork, gold has been found in considerable quantities. One person brought thirty dollars worth to New Helvetia gathered there in a short time.«

Acht Tage darauf stellte die Zeitung ihr Erscheinen ein: die Mitarbeiter, die Setzer und die Austräger, alles war hinauf in die Berge geeilt.

Und nicht nur sie, nicht nur ganz San Francisco, aus aller Welt strömte die Armada der Abenteurer heran, Hunderte, Tausende, befallen vom Rausch nach dem Metall, dessen Proben einige Wochen vorher im Knoten eines Taschentuchs geglitzert hatten, als draußen der Regen klatschte.

Rings um die Claims bildeten sich hölzerne Siedlungen. Bei Marshalls Brettsäge schoß eine Stadt empor: Coloma, allüberall auf dem Erdball mit sehnsüchtigem Schaudern genannt. Jetzt fährt man mit einem Schaudern anderer Art durch diesen Ort: kahle Bretterfronten, leere, dachlose und zerbrochene Häuser – kein Mensch wohnt mehr darin.

Kaum zwei Kilometer weiter: Placerville, das zuerst Hangtown hieß; denn hier wütete die Lynchjustiz am tollsten. Wer den »Vigilanten«, einer Maffia von Mächtigen, nicht paßte, wurde auf den nächsten Baum geknüpft. (Charakteristischerweise ist heute in Amerika eine ziemlich starke Strömung zur Glorifizierung der Vigilanten und ihrer »nationalen Selbsthilfe« im Gange.)

In Carson Hill fand man das größte Nugget, zweihundertvierzehn Pfund schwer, neunzigtausend Dollar wert. In Tuttletown ging Bret Harte zur Schule, seine Stadt »You bet« (Wetten wir) ist in der Nähe. In Grass Valley wohnte Lola Montez nach ihrer Vertreibung aus Bayern. In Jackass Hill verlebte Mark Twain einen lustigen Winter mit Bill Gillis. Aber am Donner Lake verendeten eines Winters die ersten Pioniere, fast die ganze aus Illinois gekommene Reed-Donner-Party, in Wind, Frost, Schneesturm, Verzweiflung und Hungersnot; zwölf Frauen und siebenundzwanzig Kinder waren darunter. In einem Krater ward der Ort Volcano erbaut. In North San Juan schürften die hydraulischen Bagger nach Gold; Herbert Hoover war hier in seiner Jugend angestellt.

Whisky Diggings hieß eine Stadt. Port Vine (Portwein) eine andere. Wild Yankee Diggings die dritte.

Es gab kein New Helvetia mehr. Sutter's Fort stand inmitten einer weitausladenden Stadt: Sacramento. Oh, Sutters Traum von Waldfrieden und Einsamkeit! Er war zu Ende mit jenem Januartag, da er Marshall in dieses Zimmerchen führte. Und draußen klatschte der Regen.

Da war ein Schuppen gewesen oder ein Stall neben jenem Zimmer, in dem einst James W. Marshall den Fund eröffnet hatte. Nun kein Stall und kein Schuppen mehr. Peter Slater herrschte hier über das Liquor Emporium, die erste Schnapsbude und die erste Spielhölle des Westens und wohl die wildeste beider Hemisphären. Mit Nuggets wurde bezahlt, mit Revolverschüssen Ordnung gehalten.

Die schweren Pferdekutschen, die Concord Stages, und die leichteren, die Prairie Schooner, brachten in Kassetten die goldenen Eingeweide der Sierra und die goldenen Gräten der Flüsse. Nebenher ritten, bis an die Zähne bewaffnet, die Besitzer. Siegten die Räuber, die sie überfielen, oder brachten die Diggers ihre Fracht glücklich in das Tal, sie kamen gleicherweise in Slaters Kaschemme und ließen Chinese Gin aufsetzen für alle Anwesenden, Ladies und Gentlemen.

Auf hohem Stuhl, dem Gambler's Lookout, saß der Croupier, zwei Pistolen neben sich, und achtete darauf, ob bei Pharo, Monte, Poker, Einundzwanzig, Roulette und Landsknecht fair gespielt werde. Versuchte einer zu schwindeln, so ergriffen zwei Indianer seinen Körper – sie hatten nichts weiter zu tun, als ihn hinauszutragen und auf Sutter's Fort Cemetery zu bestatten. Und draußen klatschte der Regen.

Sutters Knechte desertierten allesamt – wen wollte ein Monatslohn von vierzig Dollar locken, wenn eine Hacke, eine Pfanne genügte, um täglich hundert Dollar aus dem Fluß zu waschen oder aus dem Fels zu sprengen. Längst hatten die Indianer das Saufen gelernt und lebten von Trinkgeldern.

Geerntet wurde fast nicht mehr, am Halm vertrocknete Korn, auf den Ästen verfaulte Obst, in den Eutern versiegte Kuhmilch, in den Mühlen verschimmelte Mehl, in den Brettsägen vermorschte Holz, in den Manufakturen verrosteten Maschinen, Goldgräber fingen mit dem Lasso von den weidenden Pferden Sutters die, die ihnen gefielen, und schossen sich aus seinen Herden, um eines Stückchen Fleisches willen, die tüchtigsten Zugochsen.

General Sutter – diesen Titel hat ihm USA verliehen – geht mit finsterem Gesicht durch die Mißwirtschaft und empfindet erst jetzt, wie prachtvoll das alles war vor jenem Januartag, als es aus dem Taschentuch Marshalls golden glitzerte, im trüben Licht der Kammer da drinnen und des Regengusses da draußen.

Er hat auf Feststellung geklagt, daß alles Land sein sei. Und der Oberste Richter von Kalifornien gibt seiner Klage statt, 1855: die ungeheuren Ländereien mit allem, was darauf steht und wächst, seien des Generals Johannes August Sutter uneingeschränktes Eigentum, und niemand habe dort ohne seinen Willen etwas zu suchen.

Am 15. März 1855 ist dieses Urteil ergangen. Der Tag, an dem es Sutter erfährt, mag der einzige sein, an dem er jenen ändern Tag segnet, den Regentag sieben Jahre vorher. Sutter ist glücklich. –

Die Diggers sind aber keineswegs gewillt, das Feld zu räumen, das Goldfeld. »Sind wir hierhergezogen, viele tausend Meilen weit, haben wir hier in Wind und Wetter geschuftet, um uns von dem Schweizer vertreiben zu lassen?«

So sprechen sie, da das Gerichtsurteil bekannt wird, rotten sich zusammen, eine Revolte bricht aus, Sutters Meierhof »Ermitage« und alle Gebäude, seine Speicher und seine Gärten werden mit Gras, Baum, Blume und Zaun in Brand gesteckt, die Weinberge zertrampelt und verwüstet, Gewehrfeuer auf die Herden eröffnet, sogar das Geflügel mit Revolverkugeln ausgerottet, die Deiche durchstochen, die Brücken gesprengt, die Schleusen zertrümmert, seine ethnographischen Sammlungen, meist indianische Folklore, Pelze seltener Tiere, Mineralien, Vorräte und Bücher, alles in die Flammen geschleudert. Wer den aufständischen Goldgräbern begegnet von Sutters Dienern, Weiße und Kanaker, wird geteert und gefedert, tot oder lebendig an die Bäume geknüpft.

Nichts steht mehr. Nur das Fort blieb unversehrt, darin Militär ist, das Fort steht mit jener verhängnisvollen Kammer.

Sutter selbst war nicht da, als die Erneute Platz griff, er war auf dem Weg nach Washington. Zurückgekehrt, findet er Schutt und Trümmer. Nicht findet er seine Söhne, der eine hat sich erschossen, einer wurde ermordet, der dritte ist geflüchtet. Seine Tochter, von vier Männern geschändet, erleidet einen Wahnsinnsanfall.

Nun ist Johannes August Sutter, der sich noch vor einer Woche als einen der reichsten Leute des Erdballs betrachtete, ein Bettler, weniger als das. In Lititz, einer Kolonie der Mährischen Brüder in Pennsylvanien, findet er Unterschlupf.

Er strengt einen Schadenersatzprozeß an. Fünfundzwanzig Jahre lang, fünfundzwanzig Jahre lang interveniert Sutter beim Kongreß und beim Obersten Gericht in Washington. Obwohl er in unbestreitbarem Recht ist, obwohl er seine Ansprüche her abschraubt, erfolgt keine Entscheidung. Sie ist bis zum heutigen Tage nicht ergangen.

Johannes A. Sutter, der Gründer Mittelkaliforniens, stirbt in Jammer und Elend, nur die Mährischen Brüder begleiten ihn zu seinem Grab auf dem Lititzer Friedhof, wo er in der Nordostecke liegt, als einziger, der nicht ihres Glaubens.

James W. Marshall, dem Kalifornien Milliarden verdankt, lebte jahrzehntelang in San Francisco in einer Dachkammer mit vier Personen zusammengepfercht. Ihn, der das Gold gefunden, hatte das Gold nicht gefunden. Man sammelte für ihn; der Aufruf zur Kollekte ist noch erhalten. Sie ergab hundertzwanzig Dollar.

Aber Denkmäler haben sie jetzt beide, die Männer, die einst beisammensaßen in diesem Zimmer, an dessen einzige Fensterscheibe eben – wie damals am 28. Januar 1848 – der Regen klatscht.

Arbeit mit Charlie Chaplin

»CHAPLIN? Ja, wir können uns inzwischen bei ihm aufhalten, wollen Sie?«

Selbstverständlich wollte ich, denn er ist einer von den Gerechten, um derentwillen Amerika verschont werden muß vor dem Schicksal Sodoms und Gomorrhas.

Ein anderer dieser Gerechten ist der, der mir die Frage stellt, ob wir uns inzwischen bei Chaplin aufhalten wollen. Er heißt Upton Sinclair.

Wir waren eben in einer großen Filmentwicklungsanstalt von Hollywood, wohin Upton Sinclair seinen »Nash« gelenkt hatte, um einen Film abzuholen. Für seine Frau. Sinclair sprach von ihrem Leiden. Sie war von der ununterbrochenen verzweifelten Furcht erfüllt, krebskrank zu werden, obwohl sie vernunftgemäß die Grundlosigkeit dieser Angst einsah. Durch Suggestion und Wachhypnose Heilung suchend, wurde sie auf einen Magnetiseur aufmerksam, der sich bei seinen öffentlichen Experimenten »Nostradamus«, privat »Roman Astoja« nennt, aber ein Pole ist und okkulte Fähigkeiten zu entwickeln vermag. Aufnahmen der Trancezustände, in denen sich Roman Astoja Nägel durch Zunge und Arme sticht, enthielt der Filmstreifen, den Upton Sinclair abholen wollte. Er erzählte mir, der Film zeige auch, wie sich Astoja in Long Beach lebendig begraben und auf seinem Grab Fußball spielen läßt.

… Ein Fußballspiel auf dem Grab des Fakirs, fiel mir ganz unvermittelt ein, welch eine Filmgroteske! Für Chaplin! Der Fußballspieler Chaplin fühlt transzendentale Fähigkeiten, wird auf seinen Wunsch lebendig beerdigt, kratzt sich während des Wettspiels bis zur Erdoberfläche empor und wehrt einen gefährlichen Ball ab.

Diesen Einfall sprach ich nicht aus, er paßte nicht zum Ernst unseres Themas. Kein Wort sagte ich.

Aber Sinclair antwortete. Es war jetzt, da er das okkulte Gespräch mit dem Vorschlag unterbrach: »Chaplin? Ja, wir können uns inzwischen bei ihm aufhalten, wollen Sie?«

Ich erwiderte, daß ich längst den Wunsch ausgesprochen hätte, bei ihm eingeführt zu werden, aber noch gestern hatte ich von Filmgewaltigen erfahren, alle ihre Versuche, ihn kennenzulernen, seien gescheitert, und jeder, der sich in Hollywood brüste, Charlies bester Freund zu sein, habe ihn bestenfalls in Henris Restaurant einmal Abendbrot essen sehen.

»Ja, er wird furchtbar überlaufen«, sagt Sinclair, »mehr als hundert Menschen kommen täglich mit irgendwelchen Anliegen, um ihn zu sehen, ihm ihre Bewunderung auszudrücken, mit einem Projekt oder einem Pumpversuch.«

Sinclair stoppt seinen Wagen Ecke Longpré Avenue und La Brea Avenue vor einer Gruppe rotgedeckter Häuschen. Es ist nichts dahinter zu vermuten, am allerwenigsten ein Filmatelier, denn Filmateliers sind in Hollywood gigantisch ummauerte Komplexe mit Gittertoren und Pförtnern, jede Giebelwand für Kinoreklame ausgenützt. Hier ist auf winzigem Metalltäfelchen »Chaplin's Studio« graviert, und wir treten ins Büro ein, das heißt zu einem Fräulein, das abwechselnd mit Telefonstiften hantiert und Korrespondenz erledigt. Wir gehen vorbei in den Hof, der wirklich ein Hof ist und auf dem Filmbauten stehen. Anderswo wär er kein Hof, und wär er einer, hieße er »Stage Nr. 35«, Eintritt wäre verboten und ein Wächter majestätisch davor postiert.

Zwei Männer begrüßen Sinclair, es war gerade Aufnahme, erzählen sie, und einer sagt: »Dort kommt ja der Boß!«

Der Boß! Der Alte! Der Chef! Wir wenden uns um nach dem Boß. Nach Charlie Chaplin. Wenn er wenigstens in einem anständigen Anzug daherkäme, wie sich's für einen Boß, einen Chef, den Alten geziemt, so könnte er allenfalls außerhalb dieser Zeit – wenn er kein Boß, kein Chef, nicht der Alte ist – jener tieftraurige Vagabund mit den komischen Einfällen sein, den wir so sehr lieben. Aber er naht auch jetzt in den herabhängenden geflickten Hosen, in den geflickten großen Schuhen, mit der verschobenen Krawatte und mit dem zerschlissenen Röckchen. Er kommt eben von der Arbeit, er ist ein Boß, der arbeitet.

»Hallo, Upton«, ruft er von weitem, »daß Sie sich wieder mal anschaun lassen!« Sinclair äußert etwas über den Gast, den er mitgebracht. »Das ist fein«, erwidert der leibhaftige, eigenhändige, höchstselbstpersönliche Charlie Chaplin, und wir schütteln einander die Hände. Er flucht, seine Arbeit geht nicht vorwärts, er dreht einen neuen Film »City Lights – Die Lichter einer Stadt«, aber »jetzt ist wieder ein toter Punkt da, der Teufel soll es holen, wir können nicht weiter – wollt ihr mir helfen, Burschen?«.

Ja, wir Burschen wollen Charlie Chaplin helfen.

Es ist nicht ganz der Charlie Chaplin aus dem Film. Er kommt zwar aus der Arbeit, aber er ist nicht während der Arbeit oder, besser gesagt, er spielt gerade nicht. Sein Hut fehlt, das eingedrückte Melonenhütchen, und das Bambusstöckchen fehlt, und das schwarze Zahnbürstchen unter der Nase fehlt. Außerdem sind seine Stiefel gar nicht so überwältigend groß und gar nicht so überwältigend lächerlich, wie sie im Film erscheinen, es sind ausgelatschte, geflickte, zerrissene, vielleicht etwas zu große, aber immerhin gewöhnliche Schuhe, und erst die Kunst ihres Boß hat ihnen kosmisches Ausmaß verschafft. Jetzt, da er mit uns, die wir ihm »helfen« sollen, dem Vorführungsraum zueilt, sind die Stiefel unauffällig und der Boß alles andere als plattfüßig. Er trägt eine Hornbrille. Ohne sie kann er nicht einmal seinen Namen unterschreiben, so weitsichtig ist er.

Von seinem Haar fallen zwei Strahlen einer Fontäne silbern über die Mitte seiner Stirn. Auch am Nacken ist das Haar grau – dort, wo es nachwächst. (»Sie sollten es dort schneiden lassen, Charlie«, sagte ich einige Tage später vorsichtig zu ihm. Aber er macht kein Hehl aus seinem gefärbten Haar. »Sie sehen, daß ich mich nicht mehr darum kümmere. Was weiß wird, wird nicht mehr nachgefärbt. Schluß damit. Mit vierzig Jahren werde ich wieder ganz weiß sein, wie ich's mit fünfunddreißig gewesen bin.« – »Und was macht Ihre Frau jetzt?« – »Ich weiß es nicht«, bemerkt er mit einer Gebärde der Gleichgültigkeit, »aber ich habe zwei Kinder, und die sind bei ihr.«)

Jetzt sind wir im Vorführungsraum; während der Streifen eingelegt wird, spielt Charlie Chaplin auf dem Harmonium das Lied »Violetera« und singt spanische Worte dazu, die es nicht gibt, und lädt mich ein, in sein Haus zu kommen, dort werde er mir Orgel Vorspielen, bis mir Hören und Sehen vergeht. »Was, Jungens? «

Die Jungens bestätigen dem Boß wunschgemäß, daß er zu Hause eine großmächtige Orgel hat, auf der er sehr laut und brausend zu spielen versteht, ob's nun dem Besucher recht ist oder nicht.

»Ich spiele schrecklich schön«, lacht Chaplin. »Ihr versteht aber einen Dreck von meiner Musik.«

Der Jungens, die übrigens den Boß mit »Charlie« ansprechen, sind es zwei, und sie heißen Harry Crocker und Henry Clive. Harry Crocker ist ein junger Amerikaner mit Sweater und Humor, hat im »Zirkus« den Seiltänzer im Frack und glücklichen Nebenbuhler Chaplins gespielt und außerdem den Clown, den Charlie einseift, und noch einige Rollen. Henry Clive ist schon älter, achtundvierzig Jahre, und hat eine seriöse Laufbahn als Zauberkünstler an amerikanischen Provinzvarietés hinter sich. Der dritte der Jungens heißt auch Heinrich, wie die beiden anderen, und ist heute nicht da, aber das ist eine Ausnahme, wir werden keinen weiteren Besuch in Chaplins Studio erleben, ohne daß Mister Henry Bergmann, breitbäuchig und breitspurig, in einem dementsprechenden Stuhl sitzt. Nachts aber ist Bergmann-ur (so wollen wir ihn lieber statt »Mister« nennen, denn er ist ein ur-Magyare) selbst ein Boß, Besitzer eines Hollywood-Boulevard-Restaurants für Prominente und solche, die sie sehen wollen. Den Restaurateur Henry hat Chaplin erzeugt und ihm als Mitgift seinen allabendlichen Besuch gegeben, für den sich Bergmann-ur durch alltäglichen Besuch bei Chaplin revanchiert.

Ein schwarzlederner Lehnstuhl und vier hölzerne Sessel sind außer dem Harmonium das Inventar des Vorführungsraumes. Chaplin will mich in den Ledersessel nötigen, aber da ich ablehne, scheint er sehr zufrieden, denn er hockt sich mit untergeschlagenen Beinen darauf, es dürfte sein gewohnter Platz sein.

Und nun wollen wir den Film abrollen lassen. Vorläufig ist nur ein Viertel fertig, vierhundert Fuß, von denen noch mancher eingerenkt und mancher amputiert werden wird. Der Film rollt.

Bei der Stelle mit der Uhrkette (siehe unten) lache ich laut auf. Aber jemand legt mir die Hand auf das Knie und bedeutet mir, still zu sein. Wer ist es, der mir das Naturrecht, bei einem tollen Einfall Charlie Chaplins toll zu lachen, streitig machen will? Er heißt Charlie Chaplin und sitzt neben mir. Der Film ist noch nicht fertig, wir sollen ja »helfen«, mein Lachen ist fehl am Ort, wie wenn der arme Chaplin lacht, da er im »Zirkus« die Späße des Clowns erlernen soll.

»Großartig«, flüstern wir, nachdem das Filmfragment abgerollt, der Vorführungsraum erhellt ist.

Der Boß wehrt ab. »Möchten Sie mir erzählen, was Sie gesehen haben?«

Gewiß. Gern. Also ein Mädchen verkauft Blumen an der Straßenecke. Da kommt Chaplin …

»Oh, noch nicht.«

Vorher kommt ein Mann mit seiner Frau und kauft eine Blume.

»Ein Mann? Was für ein Mann?«

Ein Mann, der ein wenig wie Adolphe Menjou aussieht.

»Ja, ein eleganter Herr mit einer Dame. Das ist wichtig. Nun, und?«

Dann biegt Chaplin um die Straßenecke. Er sieht einen Brunnen an der Mauer und zieht die Handschuhe aus, um zu trinken. Das heißt: nicht die Handschuhe als Ganzes, sondern jeden Finger einzeln. Einer fehlt, und Charlie sucht ihn, ohne ihn zu finden.

»Sehen Sie, Charlie!« ruft Harry Crocker siegreich.

»Nein, es ist nicht klar. Wir werden die Stelle noch einmal drehen.« (Er erklärt mir, daß es ein Fehler ist, als ersten Handschuhfinger den abziehen zu wollen, der nicht da ist, ihn auf dem Boden zu suchen und dann erst die vorhandenen Handschuhfinger abzunehmen.)

Nun nimmt Charlie den Trinkbecher von der Mauer …

»Haben Sie erkannt, was ich vorstelle?«

??

»Bin ich diesmal nicht etwas anders als sonst?«

Ja. Sie haben eine kleine Schmetterlingskrawatte und die Handschuhe. Sie wollen diesmal ein etwas geckenhafterer Landstreicher sein, nicht? Darauf deutet ja auch der Einfall mit dem Trinkbecher hin.

»Bitte, erzählen Sie auch den.«

Chaplin nimmt den Becher, der an einer Kette hängt. Sie legt sich um seinen Bauch, und Chaplin bemerkt, daß das eine herrliche Uhrkette wäre, und versucht, sie von der Mauer loszulösen (siehe oben), während er trinkt. Es mißlingt, resigniert watschelt er weiter zu dem Blumenmädchen. Die Kleine bietet …

»Halt, halt. Da ist etwas dazwischen.«

Chaplin sieht mich ganz scharf an, angstvoll, fast flehend. »Etwas ist dazwischen.«

Nein, ich kann mich absolut nicht erinnern, daß etwas dazwischen war.

»Es kommt doch ein Auto!«

Ja, ein Auto kommt, ein Herr steigt aus und geht an Chaplin vorüber. Chaplin grüßt wie immer.

»Und was tut das Auto?«

»Ich weiß nicht«, sage ich.

Und Upton Sinclair meint: »Ich glaube, es fährt weg.«

»Teufel, Teufel«, murmelt Chaplin, »alles verdorben.« Auch seine Mitarbeiter sind niedergedrückt.

Ich erzähle nun weiter, was geschieht. Das Mädchen reicht Chaplin eine Blume, sie fällt zur Erde, beide bücken sich, Chaplin hebt die Blume auf, aber die Verkäuferin sucht weiter, sie sucht weiter, obwohl er ihr die Blume hinhält. Da erkennt er, daß das Mädchen blind ist. Er kauft die Blume und entfernt sich.

Um sich zu überzeugen, ob er sich nicht getäuscht hat, schleicht er nochmals hin …

»Nein, nein, er schleicht nicht.«

Er kommt das zweitemal sehr rasch, als ob er vorbeieile, bleibt aber stehen, indem er, auf der Stelle gehend, den Schall seiner Schritte allmählich abdämpft. Dann kehrt er, leise, auf den Zehenspitzen zurück und setzt sich neben das Mädel. Das hat eben die Blumen besprengt und schüttet den Eimer aus – Chaplin ins Gesicht. Er schleicht sich weg und kommt ein drittes Mal. Kauft wieder eine Blume. Die Kleine will sie ihm anstecken und fühlt dabei in seinem Knopfloch die ihm vorher verkaufte Blume. Sie erfährt so, daß der Mann ihretwegen zurückkam. Chaplin bedeutet ihr, das andere Knopfloch sei noch frei, aber sie erwidert, man könne nicht in beiden Knopflöchern Blumen tragen. Da bittet er sie, die Blume zu behalten. Sie befestigt die Blume an ihrem Busen … »… und …«

… sie ist verliebt!

»In wen?«

In Chaplin!

»Teufel, Teufel!«

??

»Geht nicht jemand vorbei?«

Nicht, daß ich wüßte.

»Teufel, Teufel! Haben Sie nicht wieder ein Auto bemerkt und wieder einen Herrn?«

Nein.

»Und Sie, Upton?«

Nichts bemerkt.

Verzweifelt vergräbt Chaplin sein Gesicht in den Händen, ein Bild des Jammers auf schwarzledernem Hintergrund. Auch die Mitarbeiter sind traurig. Was aber ist geschehen? Wo steckt das Unglück, wenn ich, ein hergelaufener Fremder, einen gag, einen Einfall, nicht verstehe?!

Oh, es ist mehr als ein gag, es ist die Grundidee des Films, die, absolut unklar, unter den Tisch gefallen ist – nichts Geringeres als das geht aus meiner Nacherzählung hervor. Die Straße ist eine elegante Straße, versinnbildlicht durch den ersten Käufer und seine Dame. Den aus dem Auto steigenden Herrn hält die Blumenverkäuferin für den, der die Blume kauft und ihretwegen zurückkehrt. Das Auto – wir haben das gar nicht beachtet – hat während der ganzen Szene an der Straßenecke gehalten.

Gerade als die Blinde auf Wunsch Chaplins die zweite Blume selbst ansteckt, kommt der Herr zurück und steigt ins Auto. *Ihm*, dem reichen Mann mit dem Wagen, gilt die erwachende Liebe. Und Chaplin soll diesen Irrtum jetzt merken und den ganzen Film hindurch die Rolle des reichen Verehrers durchführen, das Geld stehlen, das sie zur operativen Heilung ihrer Blindheit braucht, es beim Arzt erlegen, arretiert werden und das Mädchen nach abgebüßter Haft Wiedersehen. Und das Mädchen wird ihn zum erstenmal *sehen* und – auslachen, da es nicht ahnt, wer er ist, und da er so komisch aussieht, wie Chaplin eben aussieht …

Aber wenn das Publikum das tragische Quiproquo nicht blitzartig begreift, die Erschütterung Chaplins, das Fühlbarwerden seiner Bettelarmut und den Augenblicksentschluß zu Hochstapelei und Diebstahl um dieser Verwechslung willen, um seiner Liebe willen, um ihrer Liebe willen – wenn das Publikum all das nicht elementar erfaßt, so ist alles verloren.

»Wir müssen das Ganze von neuem drehen«, sagt Chaplin.

Und nun beginnt die ernste, schwere, qualvolle Arbeit der Dramaturgie und der Regie zu diesem Detail, die fast acht Tage dauert, und selbst im Übermut der Nächte unterbrach Charlie plötzlich die Stimmung: »Wie wär's, wenn wir das mit dem Blumenmädchen so machen würden …«

Bücher sind über Schauspieler, über Mimiker, über Regisseure, über dramatische Volkskunst geschrieben worden; warum hat noch niemand den Versuch unternommen, Charlie Chaplin, dessen Wirkung in der Bühnengeschichte nicht ihresgleichen hat, der eine Legendenfigur: eben Charlie Chaplin dichtete, inszenierte und darstellte, bei seiner Arbeit festzuhalten, sei es durch Stenogramm oder durch Diktaphon?

Acht Tage lang wurde die Szene probiert, jeder von uns war unzähligemal das Blumenmädchen (am seltensten Virginia Cherril, die sie spielen wird), jeder von uns war der Herr aus dem Auto, jeder von uns der Chauffeur, der den Wagenschlag öffnet, aber Charlie Chaplin war immer Charlie Chaplin, zu jedem Versuch eines Versuchs gab er sich her, hoffnungsvoll-hoffnungslos.

»Wie wär's, wenn …« So beginnt es immer. Einer springt auf, seines Einfalls voll, und postiert die anderen.

Die dramaturgische Unmöglichkeit der Anfangssituation ist bald festgestellt: die Tatsache, daß die Kleine Chaplin für den aus dem Auto steigenden Herrn hält, kann der Zuschauer keineswegs erfassen, weiß er ja noch nicht, daß sie blind ist. Also sollte man ihre Blindheit vorher zeigen. Das lehnt Chaplin ab, die tragische Entdeckung muß er mit dem Publikum gleichzeitig machen.

Könnte man die Autoszene so eindringlich gestalten, daß die Zuschauer sich wenigstens später daran erinnern? Wie wär's … Der Herr steigt aus dem Auto und sagt (Titel): »Chauffeur, warten Sie hier.« Chaplin schließt höflich die Wagentür des Fremden, das Mädchen macht eine paar Schritte zum Auto …

Oder so: der Herr geht hinter Chaplin in gleichem Schritt, bleibt stehen und zündet sich eine Zigarette an, so daß Chaplin die dem Fremden entgegengestreckte Blume auf sich bezieht.

Sollte der Mann mit dem Auto nicht etwas weniger indifferent sein, etwa ein auffallend hübscher junger Mensch, der übermütig aus dem Wagen springt? Zwar sieht ihn die Kleine nicht, aber das Publikum sieht ihn doch und merkt: der da ist sicherlich wichtig für das Mädchen! Die Leute hätten so vor Augen, was die Illusion der Blinden ist.

Wie wär's, wenn das schon als blind erkannte Mädchen zu Chaplin mit Bezug auf die zweite Blume sagen würde (Titel): »Geben Sie sie Ihrem Chauffeur.«

Wir wär's, wenn Chaplin dem Herrn in den Wagen helfen würde, und die Verkäuferin versuchte, ihm die zweite Blume durchs Fenster zu reichen, aber sie stößt an die Glasscheibe, und es ist gar nicht das Fenster, sondern die geöffnete Autotür, hinter der Chaplin steht.

»Wunderbar, wunderbar«, ruft Chaplin und probt das. Es ist wirklich wunderbar, wie er das spielt, aber plötzlich springt er auf seinen Lehnstuhl und sinkt da zusammen. »Es geht nicht. Ich kann doch nicht einen Lakaien abgeben, wenn mich eine Minute vorher die Blindheit der Kleinen erschüttert hat und ich mich in sie verliebt habe.«

Wie wär's, wenn der Mann sagt: »Chauffeur, nach Hause« oder »Ins Ritz-Carlton«, und das Mädchen sieht sich an seiner Seite in einem prunkvollen Palast oder in der Halle des Hotels … »Um Gottes willen, nur keine Vision!«

Wir wär's, wenn die Blinde, gleichsam durch Chaplin hindurch, gleichsam durch die Luft dem Auto nachsehen würde … Und Chaplin bemerkt plötzlich, daß sie ihn für den Reichen hält. Man müßte auch das Auto zeigen, wie es um die nächste Ecke biegt und dann noch um eine Ecke und wieder um eine Ecke. Und dazwischen das nachstarrende Blumenmädchen. Zwar kann kein Mensch ein Auto mehrfach einbiegen sehen, aber die Kleine ist doch blind, *sie* kann es …

So geht es, wie gesagt, tagelang. An dem Aufbau der Straßenecke, wo man mit dem Auto laborieren kann, oder oben im Bungalow, wo der Kriegsrat abgehalten wird, oder in der Garderobe oder vor dem großmächtigen Denkmal dreier allegorischer Figuren, dessen Zweck uns Chaplin so lange als Geheimnis zu bewahren bittet, bis dieses Denkmal und dieses Geheimnis vor allen Bewohnern aller Weltteile enthüllt werden wird.

Von jeder dieser Lokalitäten ließe sich eine Episode erzählen. Zum Beispiel aus der Garderobe, die eigentlich gar keine Garderobe ist, sondern der gesellschaftsfähigste Raum des ganzen Studios. Links ist ein mit Spiegel und Schminktisch ausgestattetes Kämmerchen, auf der anderen Seite das Badezimmer. Eines Nachmittags tranken wir Tee, als eine sehr berühmte Dame, die beste Freundin Chaplins, gemeldet wurde. Er ging ihr entgegen, und ich trat in den Seitenraum, um mich zu kämmen.

Vor dem Spiegel lag ein Kamm, weiß, aber nicht sehr rein: es stak ein Büschel ausgekämmter, dunkler Haare darin. Ich schob sie heraus, warf sie auf die Erde und brachte meine Frisur in Ordnung. Dabei fiel mir ein, man könnte auf dem blitzsauberen Parkett das kleine Haarbüschel sehen und erkennen, daß jemand unbefugt die Garderobe des Boß benutzt habe. Vielleicht waren die Härchen sogar zu einem bestimmten Zweck da? So hob ich sie auf und legte sie wieder auf den Kamm.

Harry Crocker kam herein, um sich auch ein bißchen schön zu machen. »Sehen Sie«, sagte er und zeigte auf das schwarze Etwas, das wieder auf dem weißen Kamm war, »das ist der Schnurrbart. Er hat ihn schon fünfzehn Jahre, immer denselben, ein New Yorker Theaterfriseur hat ihn dem Boß angepickt. Kein anderer Bart taugt etwas für monatelange Aufnahmen bei jeder Witterung. Und den New Yorker Friseur können wir nicht mehr ausfindig machen. Wenn der Bart kaputt ist, sagt Charlie, wird er glattrasiert weiterspielen.« Ich muß wohl bleich geworden sein. Kinder, denkt einmal an: Chaplin ohne sein Bärtchen – und ich wäre schuld.

Die Gespräche mit Chaplin drehten sich immer und immer wieder um die Einheit von ästhetischem und sozialem Zweck. Er, in dessen Werk diese Einheit sich verkörpert, er, der als ein »radical« und »bolshevik« gesellschaftlich fast geächtet ist, spricht immerfort Zweifel aus, vielleicht aus Gründen der Diskussion, vielleicht um von den Besuchern neue Argumente zu erhalten, vielleicht infiziert von der Atmosphäre Hollywoods. »Wenn alles so einfach wäre, wie wir es uns wünschen! Wie ist es mit Poe, meinem Lieblingsautor? Ich kann nirgends eine Spur von Liebe zu den Entrechteten in ihm entdecken – so leidenschaftlich ich auch suche. Und Shakespeare! Dieser unerträgliche Spott über den gemeinen Mann …

Hier wird das Gespräch stürmisch. Wir schreien auf ihn ein, die Könige habe Shakespeare noch mit ganz etwas anderem beschüttet als mit Spott, und Shakespeare sei Rebell gewesen gegen das absolute Königtum und für die nächste Gesellschaftsklasse, den Adel, er wollte also zeigen, daß Adel nicht Plebs sei …

»Nein, nein«, überschreit Chaplin uns, »Shakespeare ist homosexuell, die Homosexuellen sind, vielleicht wider Willen, eine Kaste, und jede Kaste denkt aristokratisch. Alle Männer bei Shakespeare sind verkleidete Frauen und alle Frauen verkleidete Männer. Julia liegt oben und Romeo unten, sie ist über die Balkonbrüstung gelehnt und doziert, er ist im Garten und girrt. Selbst die königlichen Greise sind Weiber, Lady Macbeth aber ist ein Mann, und Porzia zieht sogar die adäquate Kleidung an und erscheint als Anwalt vor Gericht. So wie Hamlet zu Ophelia spricht, so spricht kein Mann zu einer Frau, das ist keine Entladung, keine sexuelle Sublimation, das ist Verachtung, das ist obszön …

Und Chaplin spielt den Hamlet, spricht Shakespearesche Blankverse, die wie Peitschenhiebe auf eine Sklavin sausen. »Nein, nein, da ist kein soziales Fühlen, und es ist – dennoch Genie.«

(Es sei ihm hier das letzte Wort gegeben, obwohl er es keineswegs behielt.)

Wir sprachen oft über Filme, Charlie kennt keinen der russischen. (Hollywood!) Gestern war er im Kino und regt sich nun endlos darüber auf, daß die als Vorspiel gegebene Tanzvorführung einen wallenden silbernen Hintergrund hatte, der die Wirkung ruinierte.

Auch von seinen Filmen erzählt er Episoden. Die Affen im »Zirkus« hatten ihn fürchterlich zerkratzt, und sechs Wochen lang mußte er in ärztlicher Behandlung bleiben. Noch jetzt sind zwei Wunden zu sehen.

Und das Gebrüll der Affenbesitzer. Die Affen haben nämlich vier verschiedenen Extras gehört, und jeder hielt den seinen für die Hauptperson. »Dreh den Apparat nach unten«, schrie einer dem Kino-Operateur zu, »du siehst doch, daß Jonny auf der Erde ist.« Der andere: »Jetzt, jetzt! Mungo wendet das Gesicht herüber.« Charlie spielt die Szene: vier Affen, vier Bändiger, sich selbst und den Kameramann.

»Nächte einer schönen Frau« war kein Erfolg. Was ich, Mr. Kisch, von »Shoulder the Arms« halte? Ich kenne den Film nicht, er durfte in Deutschland nicht gespielt werden.

»Und in Amerika darf er jetzt nicht gespielt werden, weil Hindenburg darin vorkommt, der Präsident eines befreundeten Staates. Dabei ist er gar nicht verspottet, nicht einmal der Kaiser und der Kronprinz! Ich habe die Hetzerei nicht eine Sekunde lang mitgemacht, niemanden habe ich karikiert, nur einen preußischen Offizier, der mit den preußischen Soldaten schlecht umspringt. Und da ich ihn verprügle, kommen die deutschen Soldaten und schütteln mir dankbar die Hände. Das war den Militaristen nicht recht: ein amerikanischer Soldat, der mit den ›Hunnen‹ Händedrücke tauscht! Ich bin sehr stolz auf diesen Film, inmitten der wahnsinnigsten Kriegspsychose ist er entstanden und zeigt den ganzen Unfug und die Schrecken des Krieges. Es ist ein revolutionärer Film – nein, nicht pazifistisch, revolutionär angesichts der Zeit. Sie müssen ihn sehen, Sie müssen ihn sofort sehen.«

Er wirft das Bambusstäbchen und das Hütchen hin, läuft in den Vorführungsraum. Nun sitze ich dort, wo ich vor einigen Tagen bei dem Fragment von »City Lights« neben einem saß, der mir Beifallsäußerungen verbot. Heute sitzt einer neben mir, der mich immerfort am Knie packt und mich in die Schulter stößt. »Passen Sie jetzt gut auf – jetzt kommt eine feine Szene.« Du Pferd an meiner Linken, stoß mich nicht, wer braucht mir bei einem Chaplin-Film den Rat zu geben, gut aufzupassen!

»Sehen Sie, das hat man mir auch verübelt, daß ich einen stinkenden Käse als amerikanische Liebesgabe ankommen lasse. Und daß der Unterstand überschwemmt ist …« (Der Soldat Chaplin legt sich ins Wasser, nimmt aber einen Schalltrichter vor den Mund, um nicht zu ertrinken. Frühmorgens zieht er die eingeschlafenen Füße aus dem Wasser und reibt sie, bis er bemerkt, daß es die seiner beiden Nachbarn sind.)

»Die Szene da« (Chaplin ist als Baum verkleidet hinter den deutschen Linien) »haben wir im Freien gemacht. Kein Double konnte mich vertreten, in einer mörderischen Hitze mußten wir herumjagen, bis ich zusammenbrach. Sehen Sie den Dicken? Kennen Sie ihn?« Ja, ich erkenne ihn, es ist Bergmann-ur, er sitzt friedlich vor mir und gedenkt der Hetzjagd hinter einem fliehenden Baum in mörderischer Hitze.

»Sehen Sie …? Sehen Sie …«

Um des Teufels willen: *ja*, ich sehe. Sehe alles, stören Sie mich nicht!

Aber dann kommt eine Stelle, schöner als Gorkis Novelle von der alten Dirne, die sich von einem Schreiber Briefe an einen erfundenen Geliebten verfassen läßt.

Die Feldpost hat dem Soldaten Chaplin zu seiner Enttäuschung nichts gebracht, nicht einmal eine Karte. So begnügt er sich damit, einem Kameraden über die Schulter zu schauen, der einen Brief aus der Heimat liest. Chaplin nickt befriedigt, denn er erfährt, daß es zu Hause allen gut geht. Chaplin lacht über die Bemerkungen, die die beiden Kinder gemacht haben. Die braune scheckige Kuh aber ist vor acht Tagen krank geworden und gestorben. Chaplin weint über die braune scheckige Kuh, und seine Tränen fallen auf den Nacken dessen, den der Brief angeht.

Der dreht sich wütend um, und Chaplin zuckt chaplinisch die Achseln, er watschelt schuldbeladen davon, denn er hatte kein Recht auf diese Freude und dieses Leid …

Da lege ich meinem Nachbarn die Hand aufs Knie.

Mit den Schwarzfahrern der Ozeane

IHR HABT DREI CHEERS AUF MICH AUSGEBRACHT, als ich euch verließ, und ich bin sehr, sehr stolz auf diese Ovation!

Ja, ja, ich weiß, diese Ehrung ist etwas Obligates, sie ist der Spaß der Abwechslung, den ihr euch leistet, sie ist die willkommene Gelegenheit zum Massengebrüll, eure Hochrufe sind an sich ironisch gemeint. Ihr wißt nicht einmal, daß ich Doktor Becker heiße und woher ich komme, ihr bringt selbst dem alten Malaien, der die Aborte reinigt, manchmal ein so plötzliches und so tosendes Hurra dar, daß der Alte erschreckt die Kübel fallen läßt und zu zittern beginnt, obwohl es schon achtundzwanzig Jahre her ist, seit er als einer von euch hierherkam, und eure Massenscherze gewöhnt sein könnte. Ich weiß, es besteht ein strenges Verbot, den Deputationen der in USA wie Giftschwämme emporschießenden Frauenligen, die mit dem unbarmherzigen Kneifer der Wohltätigkeit alle Kerker und ähnliche öffentliche Wohlfahrtseinrichtungen besehen – ich weiß, es besteht ein strenges Verbot, diesen Damen bei ihren Besuchen von Ellis Island eure Abteilung zu zeigen.

Denn ihr pflegt auch ihnen Huldigungen darzubringen, sogar heftigere, ihr begleitet euer Hurra, indem ihr mit den Füßen in das Blech der Heizung kickt, ihr werft die Arme hoch, flattert mit den Händen, rollt die Augen, fletscht die Zähne, verzieht den Rest des Gesichts, schlottert mit den Knien, quietscht, rasselt, kobolzt, kräht, popelt, miaut und klettert die Möbel hinauf, bis die spitznäsigen Jungfrauen und die breitbäuchigen Gemahlinnen der Babbits von Schreikrämpfen befallen werden.

Hurra für euch Jungens! Ihr, die Abteilung der »stowaways, boardjumpers and steamship-deserters«, ihr seid die feinsten Kerle des Landes, in das man euch nicht hineinläßt. Ihr seid die, die sich ohne Geld, ohne Schiffskarte, ohne Paß und ohne Papiere nach Amerika aufmachen, auf den Dampfer einschleichen, im Schiffsrumpf verstecken, in einem Frachtraum luftdicht einschließen lassen, dort einsam und hungernd wochenlang hocken, bis man die Schotten öffnet, die Ladung zu löschen. Dann springt ihr, wenn ihr ertappt seid, die Treppe hinauf und über die Reling, schwimmt durch die Meeresflut, um den Kai zu erreichen beziehungsweise nahe dem Ziel zu ertrinken ... Oder ihr stehlt euch zu nachtschlafender Zeit an der Bordwache vorbei zur Landungsbrücke.

Ihr seid blinde Passagiere, aber eure passive Blindheit ist keine simulierte wie die des Zeppelinfahrgastes, der nicht gesehen werden wollte, um hernach von allen gesehen zu werden, euch treibt nicht Ruhmsucht, obwohl ihr mehr Ruhm verdienen würdet als alle Trencks und Schinderhannese der Welt, ihr seid die wahren Abenteurer, die Brüder des jungen Austernräubers Jack London und anderer Hobos, ihr habt die Folgerung ziehen wollen aus der Lektüre Karl Mays und wolltet Tramps oder Trapper werden wie Old Wabble und der Blaurote Methusalem, ihr seid ...

Ach Gott, ich weiß! Hab ich doch mit fast allen gesprochen. Gut, gut, es sind ganz gewöhnliche Fälle von Grenzüberschreitungen darunter, Leute, die keinen Heimatschein besaßen oder denen aus sonst einem Grunde die Einreisebewilligung verweigert wurde oder die nicht jahrelang warten wollten, bis die Immigrationsquote auch ihre Anmeldung erfassen würde. Die fuhren also einfach nach Kanada, das noch immer eine britische Kolonie ist, und wurden beim Überschreiten der Grenze nach den USA erwischt.

Aber steckt nicht auch darin schon Unternehmungsgeist und Wagemut?

Die hundert Dollar für die Reise aus Europa, die definitive Loslösung von der Heimat zu riskieren, nahezu ohne Chance, daß der Einlaß glücken werde! Bedenkt die Stimmung einer solchen Überfahrt!

Und die Chinesen? Sie kamen gewiß nicht um des Abenteuers willen. Man sieht es ihnen an: da sitzen sie an ihrem Tisch, achtzehnjährige Menschen mit großen Augen und mädchenhaften Gesten (auch die Neger haben ihren eigenen Tisch) und stricken bunte Jacken. Sie kamen aus Not, sie kamen, um dem Henkerbeil zu entgehen, das die Anhänger Sun Yat-sens zu Tausenden in den Nacken trifft, sie kamen vielleicht, um ihre Freunde und Verwandten in den Chinatowns von New York und San Francisco zu besuchen. Wie anders hätten sie hereinkönnen, denn indem sie als Heizer heuerten und auf dem ersten Anlegeplatz zu desertieren versuchten oder sich von einem Landsmann in der Bemannung irgendwo hinter der Kohle und hinter den Ballen verstecken ließen!

Dann sind die Europäer hier – Burschen, aus der deutschen Schule durchgebrannt, aus der französischen Kaserne, aus der englischen Fabrik oder aus dem italienischen Kerker, und die nun unwiderruflich zurückgebracht werden. Vergeblich alle Schlauheit, alle Verwegenheit und alles Leid der Fahrt.

Da erzählen mir drei Gesellen, daß sie nur erwischt worden seien, weil sie den norwegischen Dampfer, mit dem sie herübergekommen waren, vor Verbrennung geschützt hatten. Er hatte Teppiche geladen, und zwischen den Ballen steckten die drei, gemeinsam sparend mit der Ration von sechs Laiben Brot insgesamt. Eines Nachts, schon hinter Neufundland, schmolz eine durch den Frachtraum führende Röhre durch, und die Teppichballen fingen Feuer. Die Freunde rannten auf Deck. »Feurio! Feurio!« Alarm wurde geblasen, der Brand gelöscht und – die drei Retter im Hafen der Immigrationspolizei übergeben. »Das nächste Mal«, sagen sie optimistisch und bitter, »da lassen wir lieber alles verbrennen, bevor wir uns verraten.«

Wie aber, wenn ihr alles verbrennen lassen *müßt*, wenn ihr nicht hinauslaufen *könnt*, wenn ihr in einer Kammer mit teuren Waren seid, die abgeschlossen ist? Wenn dort eine Feuersbrunst ausbricht, dann könnt ihr lärmen und um Hilfe schreien, und niemand hört euch in dem Riesendampfer mit den stampfenden Maschinen! Es ist kaum ein halbes Jahr her, da lief in New York ein britischer Dampfer aus Südamerika ein, der »Steel King«, und man fand bei der Landung fünfzehn Leichen mit verzerrten Gesichtern, in denen ein furchtbarer Todeskampf erkennbar war: blinde Passagiere, sie hatten ein entstandenes Feuer erstickt, aber die Rache des getöteten Elementes ereilte sie, indem es mit seinem Rauch und Qualm nun sie erstickte, einen nach dem ändern, jeder sah den Würger kommen, und keiner konnte fliehen …

»Ach was«, sorglos äußern das die drei, »wir suchen uns schon ein gescheites Plätzchen aus.«

Vorläufig seid ihr dort, wo ihr am wenigsten gern seid: in Sicherheit.

Vorläufig seid ihr das, was ihr am wenigsten gern seid: beobachtet.

Vorläufig fehlen euch die beiden Dinge, um derentwillen ihr ein verteufelt langes Stück auf dem Gefahren- und Entbehrungsseil vorwärtsbalanciertet, die beiden Dinge: Freiheit und Amerika.

Das ist schlimm, und deshalb geht's euch schlimm. Ihr pflegt wohl nicht zu weinen, und »Insel der Tränen« heißt also Ellis Island nur für die anderen, für die, die daheim Haus und Habe veräußerten, sich schon eine Existenz in Amerika gesichert hatten, mühselig herüberkamen und nun in den Baracken gehalten sind, tage- und wochenlang auf die Entscheidung wartend, ob sich ihnen die Türe zum Fährboot öffnet oder ob sie zurückgeschubst werden auf den ratzekahl ausgerupften Fleck der Heimaterde.

An der Bangigkeit, mit der dieses Urteil erwartet wird, ändert die Tatsache nichts, daß die Auswandererbaracken keineswegs so überfüllt sind wie vor dem Kriege, insbesondere 1907 und 1914, da das kleine Ellis Island je eine Million Seelen bei sich sah. Jetzt sind in den hauptsächlichen Ländern des Menschenexports amerikanische Konsularärzte und Auswanderungsinspektoren tätig, welche die Untersuchung des physischen und moralischen Gesundheitszustandes besorgen.

Immerhin sehen wir im Hafenbecken der Insel unausgesetzt Motorboote landen, von den großen Dampfern kommend, aufgeregte oder still verzweifelte Familien mit plump gezimmerten Kisten und riesigen Reisekörben bringen.

»Was ist mit denen los?« frage ich die Übernahmebeamten.

»Ach, alleinreisende Frauenzimmer, sie wurden von ihren amerikanischen Angehörigen nicht abgeholt, oder Familien, sie haben halt ihre Papiere nicht in Ordnung oder sind unterwegs erkrankt.«

»Aber durchweg Fahrgäste dritter Klasse.« Mit diesen Worten kontrapunktiert wiederholt einer der Beamten die Aufklärungen seiner Kollegen.

»Nur Passagiere dritter Klasse«, bestätigen die anderen.

»Wirklich niemals andere?« forsche ich eindringlich, denn ich will darüber ganz beruhigt sein, daß reiche Leute niemals behelligt werden.

»Niemals. Wirklich niemals. Allerdings ...« (Aha, da haben wir's, das »allerdings«!) »... allerdings, wenn eine besondere Anzeige gegen jemanden vorliegt, zum Beispiel wegen eines Verbrechens, da müssen wir den Betreffenden herbringen. Einmal hatten wir sogar eine Gräfin hier, die wollte mit ihrem Liebhaber nach Amerika!«

»Aber das sind ganz seltene Ausnahmen«, tönte der Kontrapunkt.

»Ganz seltene Ausnahmen«, echoten die anderen.

Die armen Leute werden hinaufgeführt in ihre Schlafsäle und mit allerhand Weisungen und Überprüfungen gemartert: zum Beispiel wird ihnen ein mit Bibelzitaten in allen Sprachen angefülltes Buch vorgelegt, das Steerage Alphabetical Call Book, an Hand dessen sie beweisen sollen, daß sie des Lesens mächtig sind. Die Zitate, meist den Psalmen und der Apokalypse entnommen, sind in der veralteten Schreibweise der ersten Bibelübersetzer abgefaßt, zum Teil kirchenslawisch statt serbisch und russisch – kein einfacher Landarbeiter, kein Handlanger, kein Dorfmädchen vermag das zu lesen, am allerwenigsten im aufgeregten Zustand einer solch entscheidenden Prüfung.

Aber es ist die Bibel! Die spielt auf Ellis Island, wie überall in Amerika, eine große Rolle.

Die New Yorker Bibel-Gesellschaft hat eine Vertriebsstelle hier, auf daß kein Europäer das gottesfürchtige, allem Irdischen abgekehrte Amerika ohne den Kodex der Frömmigkeit betrete!

Und der riesige Aufenthaltssaal wahrt seinen Charakter als Kirche. Bänkereihen, Steinfliesen, Orgel und Kanzel. Daß in einer Ecke Tagesbetten für Säuglinge sind, stört diesen Eindruck keineswegs, denn in USA gibt es Kirchen mit Sportsälen, Bühnen, Fechtböden, und sogar Tanzunterhaltungen finden in manchen statt.

Eine Wechselstube hat sich nahebei etabliert, und sicherlich irren sich die Schalterbeamten beim Einwechseln von europäischen und asiatischen Valuten niemals zu ihren Ungunsten und schädigen sich auch nicht etwa dadurch, daß sie den Auswanderern allzu günstige Kurse berechnen.

Wenn Dollar und Bibel so sinnfällig in Erscheinung treten, wie dürfte da das Sternenbanner fehlen! Weht es doch stolz vom Gipfel jeder Milchbude, bläht es sich doch vom zerfallenen Dach jedes Schuppens. Hier ist es doppelt vertreten, zwei Riesenfahnen hängen von den Galerien bis zum Boden der Einwandererhalle herab, diese der Breite nach in zwei Hälften teilend. Soll das Banner die verdächtigen Ausländer verhöhnen: immer werdet ihr unter meiner Blähung leben?! Soll es ihnen Hoffnung einflößen: bald wird dies eure Nationalflagge sein?!

Abseits von den Auswanderern und abseits von den blinden Passagieren, noch mehr abgesperrt als diese, sind die, die keine Hoffnung mehr haben: die zur Deportation Bestimmten. Zumeist strafrechtlich verurteilte Leute, sie werden nun, nach verbüßter Haft, in das Land zurückgeschickt, aus dem sie kamen (nicht immer also in die Heimat). Sie haben sich mit ihrem Schicksal längst abgefunden, sie waren sich über die Unvermeidlichkeit dieser Konsequenz wohl schon damals klar, als sie ihr Delikt begingen, sicherlich aber, als sie verurteilt wurden, und sie haben die Nase voll von dem Kontinent, den sie bereits zur Genüge von seinen besten Seiten kennengelernt haben, seine Gerichte, seine Anwälte, seine Kerker …

Ihr aber seid am übelsten dran von allen Zwangsbewohnern, ihr, die ihr die Vereinigten Staaten noch nicht kennt und eure Hoffnungen darauf gesetzt habt. Diesmal müßt ihr zurück, so nah auch die Bedloe-Insel mit der Freiheitsstatue ist und Staten Island; die Milchglasfenster eures Kerkers sind von einem Gitternetz umgeben; gelingt es auch hie und da einem Waghalsigen, hinüberzuschwimmen, man fängt ihn fast immer wieder.

Schade. Ich sähe lieber euch in Manhattan als alle alten und neuen Yankees, die dort die Gegend um Wall Street und Fünfte Avenue bevölkern, ihr seid feine Kerle, ihr Passagiere, die man die blinden nennt, weil sie die Welt *sehen* wollen, ihr Schwarzfahrer der sieben Meere, ihr Nassauer der fünf Erdteile, ihr Zechpreller der zwölf Weltstaaten, ihr Verächter der Paßbehörden, ihr Überlister der Grenzkontrolle, ihr Landstreicher zu Wasser, ihr Freien im Kerker.

Ich erwidere herzlich euer dreifaches »Hurra« und wünsche euch eine baldige, glücklichere Wiederkehr.

Getreidebörse

I. DEINE SACHE IST'S, die verhandelt (ver-handelt) wird auf der Chicagoer Getreidebörse, Board of Trade of Chicago, dem entscheidenden Platz des Erdballs.

II. *Du mußt,* um dich einigermaßen zu orientieren, zuerst die Händlergruppe Nr. 1 vornehmen, die unwichtigere. Sie steht, geht und agiert zwischen den Tischen an der Fensterfront. Auf den Tischen liegen Papiersäckchen mit leibhaftigem Getreide, Proben, den in Chicago angekommenen Waggons entnommen und vom Landwirtschaftsinspekteur des Staates Illinois gradiert. Die Kassenkunden (cash grain dealers, jene Gruppe Nr. 1) befühlen die Ware. Sie beriechen sie. Sie zerbeißen sie. In ihren Kontoren lassen sie die Körner sogar zwischen zwei feuchten Löschblättern wachsen, aber das hat mit dem Kauf nichts mehr zu tun, der ist dann schon abgeschlossen, und die Feldarbeit auf dem Löschpapier geschieht nur, um zu erfahren, wie das gekaufte Getreide am Ablieferungstag mit anderen Sorten gemischt, »verschnitten« werden kann. So, das ist die Händlergruppe Nr. 1.

III. *Nun widme dich* der Gruppe Nr. 2. Das sind die Leute am »Pit«, einer flachen, rund ins Parkett geschnittenen Mulde von etwa vier Meter Durchmesser. Stiegenförmig ist der Umfang des Kreises erhöht, und auf der Rundtreppe stößt, drängt, beschreit und bedroht sich die Börsenmenschheit. Jeder will näher an die Mulde heran, in die Mulde hinein, und mit Recht! Denn was ist darin? Nichts ist darin.

Hier werden weder Körner befühlt und berochen, zerbissen und zerfleischt, noch geht's hier überhaupt um Getreide, hier wird mit edlerer Ware gehandelt: mit Kontrakten.

IV. *Du darfst beileibe nicht glauben,* daß das, was als Ernte verkauft wird, gesät ist. Ach nein! Man beabsichtigt nicht einmal, das alles zu säen und zu ernten – der Umsatz der Chicagoer Weizenbörse stellt ein Vielfaches des amerikanischen Weizenbestandes dar, er ist sogar höher als die Welternte.

Aber wie gesagt, am Pit wird ja nicht Getreide gehandelt, sondern Kontrakte.

V. *Heimgebracht sind nur die Lieferungsverträge* (»futures«) für je 5000 bushel Weizen (ein bushel wiegt 60 amerikanische Pfund) ab März, Mai, Juli oder Dezember. Nun werden sie in der Runde verkauft und gekauft.

An wen, von wem? Der Pit ist der innerste Kreis, an den nur Inhaber einer großen Getreidehandlung herangelassen werden oder ihr Vertrauensmann; dem hat die Firma für fünfzigtausend Dollar einen auf seinen Namen lautenden Börsensitz gekauft.

VI. *Der Nachrichtendienst.* Los geht es täglich um 9 Uhr 20 vormittags mit einem Glockenzeichen und dem gestrigen Schlußkurs. Heute nacht hat in der Ferne, wo keine Nacht, sondern Tag war, das Gefecht weitergetobt, und von dort, vom Frontabschnitt Liverpool, liegen nun Berichte vor: Schiffe aus Argentinien und Australien nähern sich dem Hafen, auf der Liverpooler Börse ist Angebot größer als Nachfrage, der Liverpooler Kurs notiert niedriger als gestern.

VII. *Ungünstige Meldungen.* Chicagos Firmen haben aus den Frühkabeln von den europäischen Vertretern erfahren, daß in Südungarn, Pommern und Rumänien fruchtbringender Regen eingesetzt hat. Die nach Oklahoma, Missouri, Panhandle, Texas und Salina-Kansas entsandten Reisenden depeschieren, die Felder seien genügend feucht.

Es meldet der kanadische Geschäftsfreund, die dortige Regierung habe den Frachttarif herabgesetzt. In der »Chicago Tribüne« steht: Die Kongreßmänner MacNerry und Haugen monierten gestern bei der Regierung Maßnahmen gegen die Spekulation. All das sind schlimme Botschaften, man wird die Ware in der nächsten Zeit nicht vorteilhaft abstoßen können.

VIII. *Was wären günstige Meldungen?* Froher empfände es der Händler, wäre in Idaho ein jäher Frost, in Buenos Aires ein Streik der Hafenarbeiter, im Wolgagebiet eine Hungersnot oder gar im Calumet District, der Speichergegend Chicagos, eine schöne Feuersbrunst ausgebrochen, oder wenn der Staat die vollkommene Aufhebung der Börsenkontrolle beschlossen hätte. Am frohesten wäre der Makler freilich, könnte er riechen, ob Mr. Cotton, der König der Haussisten, seinen Leuten Aufträge zum Kaufen gegeben. Aber »Big Bull« arbeitet geruchlos.

IX. *Und noch immer kein Erdbeben,* das unseren Nachbarstaat zerstört! Kanada handelt sein Getreide durch eine Vereinigung, die sich Pool nennt, und verkauft weit unter dem Weltmarktpreis, weil dort die Arbeitskräfte und die Fracht billiger sind und die Kooperative der Farmer den Zwischenhändler bis zu einem gewissen Grad ausgeschaltet hat. Das ist schlecht für die Chicagoer Börse. Und das Erdbeben kommt nicht, Kanada zu verschlingen.

X. *Nur eine einzige Freudenbotschaft* ist heute in den Blättern, aber sie reicht aus: Kansas meldet eine voraussichtliche Mißernte. Mißernte!

Trara, die Hausse ist da, trara, die Hausse ist da. Von weitem hört man schon den Ton …

Die gute Nachricht von einer bevorstehenden Katastrophe in Kansas wiegt für den Tag alle Gegenargumente auf. Bartlett-Frazier hat seinen Maklern Auftrag gegeben, viel zu kaufen, zu gleicher Zeit hat er seine Spekulationskunden davon überzeugt, daß durch diese Mißernte die Getreidepreise in die Höhe gehen werden; so bekam die mächtige Firma verschiedene Orders.

XI. *Du beobachtest jetzt* einen Makler von Bartlett-Frazier. Mit Aufträgen bewaffnet, kommt er an den Pit. Er versucht, zum gestrigen Schlußpreis zu kaufen, der auf einer Tafel vermerkt ist: 1 Dollar 30 Cent per bushel. Heute schreiben wir März, also ist Mai der nächste Termin, und auf diesen konzentriert sich der Einkauf deines Freundes. Zuerst schreit er in den Saal, er möchte einen Kontrakt (5000 bushels) Maiweizen zum gestrigen Schlußkurs kaufen. »Buy five May-wheat one thirty.« Dabei hebt er den Arm, Handfläche zu sich gekehrt, Zeigefinger ausgestreckt.

XII. *Verstehst du seine Technik?* Warum beginnt er mit einer so kleinen Quantität? Damit die ihn geschlossen umringende Konkurrenz nicht sofort merke, wie sehr er mit Aufträgen beladen ist. Husch, husch, schnell würden da die Preise in die Höhe sprießen!

Das ist nicht seine einzige Vorsichtsmaßregel. Er hat die Aufträge an mehrere Makler verteilt, um den Verdacht, seine Firma wolle den heutigen Markt aufkaufen, im Keim zu ersticken. (»Im Keim zu ersticken«, diese Redewendung stammt todsicher von der Getreidebörse.)

XIII. *Dein neuer Freund hat außer* der ausgestreckten oder auszustreckenden Hand noch eine zweite. In dieser hält er eine Karte, die ihrerseits zwei Seiten hat, eine rote für die Notierung der Käufe und eine blaue für die Verkäufe.

Vorläufig notiert er nichts, weder rot noch blau. Denn auf sein Angebot »1,30« hat ihm das eisige Schweigen der sonst so glühend Beredten geantwortet. Sie haben erkannt, daß sozusagen ihr Weizen blüht, und halten an ihrem blühenden Weizen fest.

XIV. *Er holt Rat ein!* Dein Vertrauensmann kehrt der unfreundlichen Tafelrunde den Rücken und gibt dem Telefonisten seiner Firma einen Wink: Ich kann für den Preis nichts kriegen.

Die Telefonisten, Vorposten der Getreidehandlungen, bilden eine geschlossene Kette, jeder Stift hält den Stift der direkten Leitung gezückt. Am andern Ende des Telefondrahts, fern vom Schlachtenlärm, sitzt in seiner Operationskanzlei, am grünen Tisch, der Disponent. Und er befiehlt: »Kaufen Sie zum nächstbesten Preis!«

Daraufhin stürmt unser wackerer Kämpe von neuem vor. Er steigert sein Angebot um ein Achtel Cent pro Einheit.

XV. *Aha! Schön gerät die Phalanx* der Gegner ins Schwanken. Kleine Makler begnügen sich mit kleinen Profiten. Man hört ihre Antwort: »I sell five May-wheat one thirty and one eighth«, und sieht ihre Antwort: die Hand ebenso ausgestreckt wie der Käufer, nur ist die Handfläche nach außen gekehrt.

Hüben wird auf der roten und drüben auf der blauen Seite der Kontrakt eingezeichnet, der eben seinen Besitzer gewechselt hat.

Es steigert sich der Lärm, es gibt kein Halten mehr, die Nachfrage wird größer als das Angebot, zeitweise hört man nur den Chor der Käufer, die Verkäufer schwingen höhnisch ihre Finger und ihre Stimme.

XVI. *Hoch oben* auf dem Auslug mitten im Saal, auf der »bridge«, steht ein Beamter der Börse. Ununterbrochen notiert er den Preis sämtlicher Verkäufe und steckt die Zettel in Tuben. Von seinem Verkehrsturm fährt eine Seilbahn die Getreidepreise zu den Telegrafisten des Tickers, dessen Tastendruck sich gleichzeitig in Hunderttausenden von Handelshäusern, Banken, Zeitungsbüros und Börsen Amerikas äußert.

Die Seitenwand des Saales ist auf ihrer oberen Hälfte schwarz: die Kotierungstafel. Auf schmaler Galerie springt ein Mann rhythmisch umher. Auch ihm meldet der Ticker die Preise. Aber er braucht keinen Streifen zum Ablesen. So unartikuliert und alles übertönend dem Laien der Börsenlärm erscheint, der Mann auf der eisernen Estrade hört die Morsezeichen des Tickers heraus und schreibt die Ziffern in wahnwitzigem Tempo mit Kreide in die Rubriken März-, Mai-, Juli- und Dezemberweizen. 130 steht schon dort, er fügt nur 1/8 hinzu, verlöscht die Zähler mit dem Schwamm und ändert sie: 2/8, 3/8, 5/8, 7/8, und nun ist Schluß mit den Brüchen, es geht aufs Ganze, statt 130 schreibt er 131 hin – das Getreide der Welt kostet einen Cent per bushel mehr.

XVII. *Telegramme, Telegramme, Telegramme.* Die beiden Telegrafengesellschaften »Western Union« und »Postal Telegraph« unterhalten Leitungen vom Board of Trade of Chicago nach den Knotenpunkten des Produktenverkehrs, nach Winnipeg, Minneapolis, Kansas City, Saint Louis, Duluth, Portland-Oregon, Galveston, New Orleans und allen Getreidehäfen und Börsenstädten von USA und Kanada. Überdies spannen sich den Großhändlern direkte Drähte an ihren Einkaufsfilialen und zu den Maklern auf dem flachen Land. Ohne Unterlaß rennen Angestellte an die Telegrafenschalter, um den Kommentar zu den kühlen Ziffern des Tickers in alle Richtungen der Windrose zu senden, die Stimmung dieses Saales, die Laune der am Pit sich balgenden Männer und die daraus folgenden Ratschläge:

> hausse in chicago unserer ansicht nach anhaltend stop ueberbietet konkurrenz um einen halben cent.

Und auch Antworten und Mitteilungen langen ein:

> konkurrenz bietet dreiviertel cent über gestrigen markt.

Daraufhin steigert sich die Hausse, und es wird verdient.

XVIII. *Wer verdient, was wird verdient?* Der Makler verdient in erster Linie seine Kommission, einen halben Cent per bushel beim Barkauf, 1/8 Cent beim Spekulationskauf, die Firma verdient zumeist an den Preisschwankungen stufenweise vom Beginn bis zum Abschluß des Kurses und an den einsetzenden Kaufanträgen der spekulierenden Kundschaft; diese Käufe werden binnen kurzem wieder verkauft, und von neuem wird Provision verdient. Etwa 49 Millionen Dollar werden jährlich an der Chicagoer Börse allein an Kommission verdient, also über 30 000 Dollar pro Kopf der 1617 Börsenmitglieder. Und das ist nur der geringste Teil der Einnahmen.

XIX. *Der kleine Mann*, der spekuliert, wird fast immer zugrunde gerichtet: er kauft in der Hausse, weitere Aufwärtsbewegung erhoffend, und gibt nicht ab, bevor die Baisse ihm Angst einjagt. Nachdem die Ware nicht bar gekauft, sondern nur ein Vorschuß gezahlt wird, den das Fallen der Getreidepreise auffrißt, kann der kleine Spekulant bei einer Baisse nicht im Markt bleiben, er muß ausverkaufen und verliert sein Geld.

XX. *Anders der Großhändler!* Auch er kauft viel, aber er verfügt entweder durch Export über seine wirkliche Ware, oder er deckt sich für spätere Exportkontrakte ein. Nimmt er Getreide zu einem Termin, so verkauft er dasselbe Quantum zum nächstspäteren Termin, lagert es in seinem Speicher ein und verdient die Differenz zwischen dem Kostenpreis des einen Termins und den Zinsen und Lagergebühren des anderen Termins. Das ist spreading, etwa Ausbreitung der Spannung.

Märzweizen notiert heute 1 Dollar 30, Maiweizen korrespondierend fünf Cent höher, also 1,35. Für die heute gekaufte und heute ab Mai verkaufte Ware hat der Großhändler 1,30 bezahlt, welcher Betrag sich bis zum Ablieferungstermin durch Zinsverlust und Lagerspesen um dreieinhalb Cent erhöht. So hat er beim Ein- und Verkauf am selben Tage kraft seiner Speicher anderthalb Cent per bushel verdient – oft viele tausend Dollar. Und außerdem sind seine Scheunen gefüllt mit Getreide, das er bei einer Hausse glänzend abstoßen kann.

Noch wichtiger aber als spreading ist hedging, die Taktik, sich einzudecken. Der Exporteur unterhält auf dem flachen Land Leute, die in kleinen Quantitäten von den Landspeichern zusammenkaufen; damit sichert er sich einen Preis, auf Grund dessen er anbieten kann, und macht seine wirkliche Ware vom Marktwert abhängig.

Bleibt ihm die Ware in den Lagerhäusern, dann kann er im April entscheiden, ob er seine Kontrakte mit wirklicher Ware erfüllen oder den Kontrakt zurückkaufen soll und zum übernächsten Termin Weiterverkäufen.

XXI. *Vielerlei Waren.* So wird gehandelt an jedem der Pits, an einem mit Weizen, am ändern mit Korn, Hafer, Baumwolle und Leinöl und an einem dritten, an dem die Herren nicht stehen, sondern sitzen und korpulent sind, mit Rindvieh, Schweinen, Innereien und Talg.

Auch Provisionen sind hier ein Börsenartikel. (Mit Schiffsfrachten spekuliert man nur in New York und auf der erstaunlichen Baltic-Shipping-Exchange in London.)

XXII. *Finale furioso.* Um ein Uhr schellt die Glocke: Beginn des Endkampfes. Fünfzehn Minuten später werden die Waffen ruhen. Nur ein Viertelstündchen, jedoch was für eines, meine Freunde!

Die Telegrafenbeamtenfinger verfitzen sich.

Der Kotierungstafelausschreiber verlöscht die Ziffern mit der Kreide und schreibt mit dem Schwamm.

Die ausgestreckten Hände am Pit sind heiser.

Die Stimmen bewegen sich matt in den Armgelenken.

Das Papier der Orderbücher fährt nur dünn und unleserlich über den Bleistift.

Die Pagen raufen sich die weißen Vollbärte.

Und dann glockt der Schlag.

Zwei bis drei ehemals menschliche Stimmen versuchen noch ein Geschäft abzuschließen, aber der Mann im Krähennest klimmt bereits herab. Man kann zwar Kulissenkontrakte tätigen, aber die sind nicht mehr legal.

XXIII. *Das Nachspiel* beginnt, die Rückversicherung derer, die zu große Quantitäten über ihren Bedarf gehandelt haben; wer hunderttausend bushel lang ist, einigt sich mit einem hunderttausend bushel Kurzen für den morgigen Börsentag auf ein Gegenseitigkeitsgeschäft, bid and offer, wodurch beide vor dem Risiko einer übertriebenen Kursschwankung gesichert sind. Eine gewisse Summe unter oder über dem heutigen Schlußkurs wird als Grundlage erfeilscht. Hier betätigen sich kleine Spekulanten, die entweder ihren Einsatz von zehn Dollar verlieren oder ihn doppelt und dreifach zurückgewinnen.

XXIV. *Opfer der Börse: der Kleinbauer.* Der Landmann, der nicht Speicher noch Kapital hat, um dort mitspielen zu können, wo es um sein Produkt geht. Ist die Ernte gut, so läßt die Börse sie ihm oft am Hals; ist die Ernte schlecht, so hat er nichts, was er zum guten Preis verkaufen könnte. Oft muß er eine Anleihe für Maschinen, Arbeitskräfte und Instandsetzungen aufnehmen, die der Bankier zu einem Moment einfordert, da er weiß, daß die an Zahlungs Statt gegebene Frucht bald an Wert steigen wird.

Das alles interessiert die Börse nicht, denn sie ist ein Geschäft, und ihre Mitglieder wollen hier nichts weiter als Geschäftsleute sein. Oder doch …?

XXV. *Siehe, was sich begibt* nach Schluß der Börse: diese Menschen, die den Menschen Wölfe sind, diese Wölfe, die einander anfallen und zu zerfleischen versuchen, die Börsianer, deren Optimismus ein die Welternte vernichtendes Elementarereignis innigst erhofft, diese um die Provision heulenden und um den Spekulationsgewinn sich balgenden Kornwucherer …

… sie streuen, wenn sie das Gebäude verlassen, den nunmehr überflüssigen Inhalt der Mustersäckchen auf die Straße …

… sie füttern die Tauben.

In jedem Schubfach eine Leiche

ES IST KEIN ZUFALL, daß das »Mortuary«, das Leichenschauhaus, am Hafen steht, aber es ist ein Zufall, daß das Sicherheitsmuseum nur wenige Schritte davon entfernt ist.

Im Sicherheitsmuseum werden Schutzmaßnahmen für Industriebetriebe gezeigt, Grubenlampen und Gasmasken, denen schlagende Wetter nichts anhaben können, Netze für Treibriemen, automatische Bahnschranken und Warnungstafeln, Schutzbrillen und Gegengifte und dergleichen mehr.

Im Leichenschauhaus sind die Menschen, denen keine Schutzmaßnahme geholfen hat. Von der Straße oder aus dem Wasser wurden sie hierhergebracht, manche direkt, manche auf dem Umweg über das Hospital.

Der gutgekühlte Kellerraum erfährt seine Einteilung durch tiefe Schränke mit Schubfächern. Die lassen sich ganz leicht herausziehen – und schon steht der Doktor Bekker den Helden der Unfallchronik, der Selbstmordchronik und der Kriminalchronik Auge in Auge gegenüber. Nur ist ihr Auge gebrochen.

Der Doktor Becker holt sich einige Schubfächer hervor, weil auf ihnen Namen geschrieben sind, die er aus den Zeitungen der letzten Tage kennt. Zum Beispiel den Alkoholschmuggler Sigmund Weiß, der vorgestern aus den »Tombs«, dem Untersuchungsgefängnis, zur Verhandlung vorgeführt werden sollte, wobei ihm beim Zuschnüren seiner Schuhriemen ein Revolver aus der Tasche fiel; der Hüne, so stand's in den Haupttiteln der Abendblätter zu lesen, wehrte sich mit Bärenkräften gegen die Wegnahme seiner

Waffe und wurde von den bedrohten Gefängniswärtern erschossen. Da liegt er nun, der Hüne: ein schmächtiger Jüngling mit blondem Haar, und hat acht blutige Wunden im Leib.

Wie die Notwehr aussah, in der sich seine Häscher befanden, ermißt der Doktor Becker, nachdem er das Nachbarfach herausgeschoben hat. Von dem darin enthaltenen Mann, dessen Name unbekannt geblieben ist, war gleichfalls in den Zeitungen zu lesen. Einige Tage lang war er in verschiedenen Filialen von »Fanny Farmer's Candies« mit erhobenem Revolver erschienen, »Hände hoch!«, und hatte die Kasse geplündert. Daraufhin ließ man Fanny Farmer's Candies Stores von Detektiven bewachen. Vorgestern nachmittag, in der Filiale Lexington Avenue, wurde er erschossen. Die Detektive konnten zu ihrem Leidwesen diesmal kein Heldenmärchen von brutaler Gegenwehr und Feuergefecht auftischen, denn der »Revolver« des Getöteten erwies sich als eine harmlose Nachahmung aus Glas ...

Der Tote, ein etwa dreißigjähriger Mann von slawischem Typ, lächelt.

Er lächelt vielleicht, weil das Personal durch einen gläsernen Scherzartikel sich ins Bockshorn jagen läßt, er lächelt vielleicht, weil die Kasse gut gespickt ist.

Hinter dem Ladentisch lauert der Tod, aber der lächelt nicht, der zittert, der feuert sinnlos vor Angst. Vier Einschußwunden sind zu zählen, von denen wohl schon die erste tödlich war. Der junge Mann lächelt ...

Opfer der Autos, Kinder darunter. Zerschmetterte Schädeldecken, von herabstürzenden Lasten oder vom baumelnden Seil haken des Krans, sind Kennzeichen toter Hafenarbeiter. Ihr Weg vom Arbeitsplatz zum Leichenschauhaus war nicht lang, kaum zwei Minuten weit sind die Docks entfernt. – Aufgeschwemmte, angeschwemmte Wasserleichen füllen die Schreine, schwarz das Gesicht, grün der Körper. Opfer des Hudsonflusses? Nein, Opfer von Manhattan, Opfer des mörderischen Festlands. Das Wasser war nur letzte Narkose.

Sechzehntausend Bewohner New Yorks nehmen jährlich in diesen Schubfächern Quartier, zweimal in jeder Woche findet auf Harts Island eine Beerdigung statt, wobei man sich niemals bemüht, bevor man nicht mindestens fünfzig Tote beisammen hat. Den anderen wird von den Angehörigen ein Begräbnis bereitet.

Das Leichenschauhaus hat eine Kapelle; sie gleicht nicht den anderen Kirchen und Kapellen New Yorks, kein Vanderbilt und kein Morgan haben sie errichtet. Verflucht nüchtern sieht sie aus, hat vier schofle Bankreihen und eine Nische, die nicht einmal ein Heiligenbild ihr eigen nennt, nur sechs Kerzen und ein winziges Kruzifix aus dem Fünf-Cent-Basar von Woolworth; Woolworth hat ja auch Zehn-Cent-Waren, aber dieses ist ein Fünf-Cent-Kruzifix. Macht nichts. Wenn der Tote wenigstens einbalsamiert werden könnte! In New York werden fast alle bemittelten Leichen einbalsamiert begraben.

Der Doktor Becker schaut dem Mann bei der Arbeit zu, der das hier im Mortuary besorgt. Der Balsamierer läßt sich nicht stören. Nur der Arm des Leichnams hat ihn gestört, weshalb er sich ihn um die Hüfte legte. Das wirkt wie eine Gruppe im Panoptikum: ein Kranker umschlingt mit seinem Arm den Körper des Arztes, der sich mit der Medizin über ihn beugt. Eine Flasche hat Maestro Balsamo der Leiche unter den Kopf geschoben. Benötigt er gerade diese Tinktur, so legt er eine andere Flasche als Kissen unter.

Nebenan fügen Neger aus Kistenbrettern Särge zusammen. Wenn sie gefüllt und zugenagelt sind, wird ein Zettel angehängt mit dem Namen des Verstorbenen und seiner Herkunft als Toter: »Received from Penitentiary« oder so. Manchmal steht nur »Man« oder »Woman« statt des Namens da, das Alter und eine Nummer. Genauere Angaben kann man in der Aufnahmekanzlei nachlesen, auf einer

Karte sind Tascheninhalt und Kleidungsstücke beschrieben, die jene Nummer hierher mitbrachte, das sprechende Porträt des Verstummten, Fingerabdrücke, besondere Merkmale, Todesursache, Obduktionsbefund. Auch hier ist das Alter notiert, nicht in runden Zahlen, sondern – der Leichenbeschauer macht den Doktor Becker ausdrücklich darauf aufmerksam – ganz genau: »54 Jahre« zum Beispiel.

»Wieso wissen Sie das so sicher?« erkundigt sich der Doktor Becker.

»Das macht die Praxis. Ich habe jeden Tag mehr als vierzig Leichen zu beschreiben, und die meisten davon werden bald agnosziert. Da kriegt man schon einen unfehlbaren Blick!«

Der Doktor Becker, der bisher kaum an das Vorhandensein unfehlbarer Blicke geglaubt, möchte sich genau davon überzeugen, daß er nun endlich einem solchen begegnet ist.

»Wie alt bin ich nach Ihrer Schätzung?« fragt er daher.

Der unfehlbare Blick bohrt sich in die Augen des Doktor Becker, prüft dessen Gebiß und besieht dann den Doktor Becker von hinten.

»Die Hautfalten auf dem Nacken sind nämlich das untrüglichste Kennzeichen«, erklärte der Leichenbeschauer.

Ach so, denkt der Doktor Becker, wenn es untrügliche Kennzeichen gibt, dann hat's der unfehlbare Blick leicht, unfehlbar zu sein …

Diesen Gedankengang unterbricht der Beamte mit der apodiktischen Feststellung: »Sie sind 31 Jahre alt!«

»Oh, fast 33«, erwidert der Doktor Becker.

»Wann werden Sie 33?«

»Im April.«

Der bis vor kurzem unfehlbare Blick schüttelt den Kopf. »Hätte ich nicht gedacht! Um ganze zwei Jahre habe ich mich noch nie verrechnet. Sie sind besonders gut erhalten.«

Daraufhin erwähnt der Doktor Becker, er habe jung geheiratet und immer solid gelebt, was wohl auf die Hautfalten des Nackens nicht ohne Einfluß geblieben sei.

Die Seziersäle betretend, sieht der Doktor Becker Ärzte und Studenten um die Toten bemüht, die wertvolles Material sind. Und gestern, als sie noch lebten, waren sie überflüssig für die Welt und für sich selbst, weshalb man sie in der Strafanstalt verrecken ließ oder im Hafen Selbstmord begehen und ohne Namen bestatten wird, nur mit genauer Angabe des Alters.

Der Doktor Becker aber zählt 44 Jahre.

Hollywoods Natur, Kultur und Skulptur

DASS HOLLYWOOD EIN PARADIES IST, ein Feengarten, ein Zauberland, das weiß jeder. Wir wollen eine so feststehende, allgemein bekannte Tatsache nicht einschränken und nicht abschwächen, denn dies würde uns nur in den Ruf prinzipieller Oppositionsmacherei oder Originalitätshascherei bringen. So begnügen wir uns, dem obigen Axiom eine kleine Ergänzung hinzuzufügen, nämlich die, daß keine Villenkolonie der ganzen Erdkugel auf einem unfreundlicheren, scheußlicheren, unfruchtbareren Fleck steht als Hollywood. Es war Wüstenland, bevor sich die Filmindustrie aus Gründen der Beleuchtungsstärke und des Regenmangels hier ansiedelte, und es ist Wüstenland geblieben.

Warum aber sollten Kunst und Reichtum in glücklichem Verein nicht imstande sein, auch auf ödem Grund jene geschmackvollen Kastelle mit farbenglühenden Gärten zu schaffen, die wir in den illustrierten Zeitschriften und auf kolorierten Ansichtskarten als die Heime unserer Lieblinge verzückt betrachten?

Das eine schließt das andere nicht aus, und so können wir es nur als einen unglückseligen Zufall verzeichnen, daß die Villen gleichfalls übelster Kitsch sind und die »Parkanlagen« aus Suppengrün bestehen.

Keine einzige Außenaufnahme kann in der Natur von Hollywood gemacht werden, Liebesspiele und Jagdszenen im Suppengrün wären kein box office, kein Kassenerfolg.

In Hollywood selbst wächst kein Gras. Aber in den Ateliers kann es der Regisseur natürlich anordnen, und dort, wo gestern noch der Ahnensaal eines mittelalterlichen Schlosses stand, wuchert heute Präriegras in gewünschtem Ausmaß. Solcherart eingegraben sind Rasenplätzchen auch vor einigen Villen; und auf den Landstraßen, welche hier – das ist doch klar! – »Boulevards« heißen, sind sogar Palmen und Eukalyptus und Pfefferbäume angebracht. Dieser Rasen und diese Bäume werden über Nacht niemals weggeräumt, das Wetter schadet ihnen ja ebensowenig, wie es ihnen nützt, und stehlen – wer sollte diese Flora stehlen?

Auf den Bergen die Burgen sind solide Gotik, Spätgotik aus der Zeit 1925 n. Chr., mitsamt Schießscharten für die Armbrustschützen, Zugbrücken für die Reisigen und Rundtürmen für die fanfarenblasenden Wächter, kurzum alles so, wie es der Filmherr braucht, wenn er am Abend aus der Welt des Scheins flüchtet, ihr entrückt sein will. Die Berge aber, auf denen diese edlen Felsennester stehen, sind echt: ihr Grau und ihre Höhe erinnern an Misthaufen und Abraumplätze.

Jedes Haus hat seine Garage, zu der von der Landstraße aus eine kleine Rampe hinaufführt. Aber mit den Autos ist es wie mit den Palmen und dem Gras: weil es hierorts weder schneit noch regnet, noch das Auto gestohlen wird (Stars stehlen einander selten die Autos, da das auch im Film nur selten vorkommt und jede sonstige Anregung fehlt), so fährt es vor die Garage, aber nicht in die Garage, in die es schwer zu navigieren ist. Nun stehen die Autos vor ihrem Heim, als hätte der Operateur eben abgeblendet.

Alles ist so provisorisch. Die Wohnhäuser zum Beispiel, einstöckig, mit Falzziegeln gedeckt, spanischer Stil, ein Blumentöpfchen unter jedem Rundbogenfenster und ein Balkönchen unter jedem zweiten, und die ebenerdigen, aus fertiggelieferten Holzfassaden bestehenden Geschäftshäuser. Quadratkilometergroße Lücken klaffen zwischen Haus und Haus. Wo soll man, bitte, die zu jedem besseren Boulevard gehörigen Plakate hinkleben, wenn keine Wände da sind? Nun, man füllt eben die Lücken in den Häuserfronten mit Plakatwänden aus, die von Hermen gehalten sind.

Noch ein neues Mittel der Anpreisung tritt von Hollywood aus seinen Eroberungszug durch die Staaten an: das Denkmal im Dienste der Reklame. Ansätze der weltumwälzenden Idee, die Skulptur zur Hebung des Kundenfangs zu verwenden, dieser Kunstgattung endlich einen praktischen Zweck zu geben, waren in Amerika schon vorhanden; bessere Firmen, besonders Aktiengesellschaften mit propagandawürdiger Ware, setzten ihren tüchtigsten Verwaltungsräten auf öffentlichen Plätzen Monumente. Immerhin mußten besagte Verwaltungsräte zu diesem Behufe tot sein.

In Los Angeles errichten sich die Kaufleute ihre Denkmäler bei Lebzeiten. Da steht ein überlebensgroßer Mann auf der Weltkugel. Wir treten näher und sehen, daß er eine Tasse zum Mund führt – Advertising für eine Kaffeesorte. Ein bronzener Rennfahrer jagt im bronzenen Rennauto, das seinerseits auf bronzenem Sockel fixiert ist – aus Gold ist der Name der Autofabrik. Das bezopfte Mädchen an der Büffelkuh melkt für das nächste Milchgeschäft. Rotjackige Hotelpagen, einen Koffer unter dem Arm, haben ihre Statuen – die Adresse des Hotels steht darunter. Ein Dampfer schwimmt auf Wellen eines Postaments – benutzen Sie nur *diese* Schiffahrtsgesellschaft. Von Donatello könnte das Reiterstandbild des heiligen Georg sein, der den Drachen ersticht – sinnige Propaganda für einen Drugstore, der heiße Würstchen, kalte Getränke und Schundromane führt.

Wenn die Skulptur, warum nicht auch die Architektur? Wir bauen Reklame. Vom Film haben wir's gelernt, vom Film, wie man baut. Konditoreien sind Windmühlen, deren Flügel sich drehen, ein Geschäft mit Eiscreme hat die Form einer riesigen Eismaschine mit rotierender Kurbel, das Kabarett ist eine getreue Nachbildung des Moulin rouge, ein Gasthaus, das frugale Kost ankündigen will, präsentiert sich als grauer Kerker mit Gitterfenstern, ein anderes zeigt an, daß es schnellen Imbiß gewährt, indem es in einem neugebauten Wrack wohnt, über dem die drei Buchstaben SOS zucken, in einem Eimer essen die Gäste der Milchhalle. Das alles keineswegs etwa in einem Lunapark, sondern auf dem »Boulevard«.

Nicht immer ist die bauliche Logik verständlich. Warum ein Restaurant die Form eines braunen harten Hutes hat, warum das größte Kino Hollywoods als chinesisches Theater eingerichtet ist, warum der jüdische Gottesdienst in einer kreuzgeschmückten Kirche mit der Aufschrift »Unitarian Church« … halt! Da hätten wir uns beinahe blamiert. Diese kreuzgeschmückte Kirche ist wirklich eine Kirche und keine Synagoge, nur verhängt sie an israelitischen Feiertagen ihre Heiligen und Altäre und Weihbekken und vermietet sich an die Frommen der Filmbranche. Bis vor einigen Jahren wurde sie bloß für den Versöhnungstag abgegeben, aber es stellte sich für beide Teile als rentabler heraus, für alle israelitischen Feiertage zu mieten beziehungsweise zu vermieten. Große Möglichkeiten für das nacheifernde Europa: in der Kaiser-Wilhelm-Gedächtniskirche predigt der Berliner Oberrabbiner und in der Alt-Neusynagoge spendet der Fürst-Erzbischof von Prag allen Gläubigen den Apostolischen Segen. Natürlich gegen gute Dollars.

Es ist ein liebliches Plätzchen, dieses Hollywood, sowohl was natürliche Gaben als auch was architektonische Anlage, Skulptur und überhaupt Kultur anlangt, und wir sehen jetzt, woher die Geistigkeit seiner Filme quillt.

Ein Mehr ist über diese Örtlichkeit nicht auszusagen, über die mehr ausgesagt wird als über irgendeine andere der beiden Hemisphären, da sie – um die Charakterisierung Hamlets umzukehren – von Gebärdenträgern und Geschichtenspähern bevölkert wird.

Bei Ford in Detroit

BEIM ERSTEN BESUCH DER FORDWERKE fällt zuerst auf, daß fast alle Arbeiter geschwollene Wangen haben. Man fragt, woher das kommt. Erhält zur Antwort: »Ja, Mister Ford ist Nichtraucher.«

Das heißt, er duldet keine Raucher. Oh, nicht etwa bloß bei der Arbeit – der am Fließband Beschäftigte hat keine Zeit, einen Zug aus der Zigarette zu tun. Aber auch vor und nach Arbeitsantritt ist das Rauchen verboten; in den Werkstätten, die keinen feuergefährlichen Bestandteil enthalten und ohnehin voll von Staub oder Ofenglut sind, außerhalb der Hallen, in den Straßen, auf den Plätzen und an den Sümpfen zwischen den Fabrikgebäuden, an denen rauchende Eisenbahnwagen entlangfahren, im Autobus, der die Fremden durch die besichtigungsreifen Teile der Betriebe führt, in der Cafeteria, wo Ingenieure und Beamte zu Mittag essen, darf nicht geraucht werden.

Um nun über das Fehlen der Zigarette hinwegzukommen, kaut die Belegschaft tagsüber Tabak, so daß man glaubt, alle hätten geschwollene Wangen. Von Zeit zu Zeit spucken sie den Priem aus, gleichgültig, wohin. In der Eisengießerei zielen sie in das sodahaltige Wasser, das über glühendes Eisen läuft und den Kameraden ins Gesicht spritzt …

Denn Mister Ford ist Nichtraucher.

Karren mit Nahrungsmitteln sind in den Werkstättenhallen aufgefahren. Fünfzehn Cent kostet ein Päckchen mit drei belegten Broten (zwei mit Fleisch, eins mit Marmelade). Aus dem Suppenkessel daneben wird für fünf Cent ein Papierbecher gefüllt. Für eine Flasche warmen Kaffees sind zehn Cent zu erlegen, doch erhält man fünf für die leere Flasche zurück. Vor den Karren und vor dem Suppenkessel stehen die Arbeiter in langer Reihe an.

Etwa acht Minuten dauert es, ehe man drankommt. Die Mittagspause in den Betrieben mit drei Schichten ist fünfzehn Minuten, in den anderen zwanzig Minuten. Demnach müssen die heiße Suppe im Papierbecher, die Brötchen, der Kaffee (der wird aus der Flasche getrunken) und allenfalls ein Apfel binnen sieben Minuten verzehrt werden. Stehend oder auf der Erde kauernd. Bänke oder Stühle gibt's nicht. Die Kantinen sind an drei Gesellschaften verpachtet, die ihre Rayons abgegrenzt, keine Konkurrenz zu fürchten haben und sich um die Bequemlichkeit ihrer Gäste nicht kümmern.

Denn Mister Ford ist nicht nur Nichtraucher, sondern er ist auch Nichtstammgast der Nahrungsmittelkarren.

In der Mitte jeder Halle ist eine Estrade, auf der die Arbeiter ihre Straßenkleider auf einen Bügel hängen können, wenn sie einen Kittel anziehen. Das tun nur die wenigsten. Sie gehen lieber im verschwitzten Hemd und im verschwitzten Anzug nach Hause, ohne Mantel, auch im Winter, weil bessere Kleidungsstücke gestohlen werden, falls man sie unversperrt aufbewahrt. Bei Ford vollzieht sich der dreimalige Schichtwechsel nicht so, daß Trupps einander ablösen, jeder Mann hat zu einer ändern Stunde und Minute an seinem Platz zu sein. Wer also die Werkstatt verläßt, wo einige tausend Menschen fieberhaft mit ihren Griffen beschäftigt sind, kann unbeobachtet etwas mitgehen lassen.

Es gibt wenig Aborte, und man muß Schlange stehen.

Denn Mister Ford ist nicht nur Nichtraucher und Nichtstammgast der Karren, sondern auch Nichtkleiderableger und Nichtbenutzer der Aborte in seinen Werkstätten.

Die neue Anlage Rouge Plant, Rote Fabrik, heißt so, weil sie am River Rouge liegt, aber Mr. Henry will für den ganzen Bezirk den Namen »City of Fordson« einführen, wogegen die Vorstadtgemeinde Dearborn protestiert, deren Gebiet das ist.

Die ursprüngliche Fabrik, Highland Park, wird eben aufgelöst, das Gelände einer anderen Industrieunternehmung überlassen.

Tausende von Angestellten und Arbeitern hatten sich in der Nachbarschaft der Fabrik angesiedelt – nun erwachen sie eines Morgens zehn Meilen weit von ihr entfernt.

Zehntausende können die Wohnungsmiete in Detroit nicht erschwingen und fahren mehr als zwei Stunden nach Rouge Plant, meist stehend, da Autobusse, Straßenbahnen und Fähren überfüllt sind. Die außerhalb des Verkehrsnetzes wohnenden Arbeiter pflegen sich ein altes Kleinauto zu kaufen und holen täglich Kollegen gegen eine monatliche Vergütung ab – das sind die Arbeiterautos, die man vor den amerikanischen Fabriken in Massen parken sieht und als Beweis für den Wohlstand anführen hört.

Henry Ford aber, Nichtraucher, wohnt in Dearborn.

Durch Gespräche mit Arbeitern das zu ergänzen, was einem gezeigt wird, gelingt innerhalb der Ford-Werke nicht; erstens hat keiner Zeit, zweitens hat keiner Lust, sich den Mund zu verbrennen. Unmöglich ist es aber, irgendwo in oder um Detroit jemanden kennenzulernen, ohne daß die Rede auf Ford kommt. Jedermann hat dort begonnen oder arbeitet dort, aller Herren Länder sind in des einen Herrn Land vertreten – eine Fremdenlegion der Industrie. Die Leute sprechen wenig von Politik und wissen auch nicht, welcher Art der Landsmann ist, der sich für ihre Erzählungen vom Betrieb so sehr interessiert. Dennoch äußern sie nichts als Klagen.

Das Schlimmste sei das lay off.

Und es ist das Schlimmste.

Für einen Fehler bei der Arbeit, für ein geringfügiges Vergehen (wäre es nicht geringfügig, so würde ja der Arbeiter ohne weiteres entlassen) wird man »abgelegt«. Auf einen Tag oder länger, bis zu vierzehn Tagen. Über diese strafweise Einzelaussperrung findet man kein Wort in den Büchern, die Ford betreffen.

Auch in strafrechtlichen Werken steht nichts davon. In strafrechtlichen Werken steht, niemand dürfe seinem Richter entzogen werden, der nach den Paragraphen entscheiden soll und nach Anhörung von Zeugen und Sachverständigen und Plädoyers. Strafrecht, Strafgesetz und Strafvollzug sind bei Ford Motor Company einfacher geregelt. Wer in einen Streit gerät, während der Arbeitszeit einen Schluck Milch trinkt oder sonstwie dem General-Foreman, dem Werkmeister, Anlaß gibt, wird laid off. Bekäme – beispielsweise gesprochen – John D. Rockefeller wegen eines Fehlers an der Werkbank die gleiche Strafe, das heißt in der Höhe seines halben Monatseinkommens, so wäre das keineswegs die gleiche Geldstrafe, denn John D. Rockefeller könnte die eine Million Dollar von Ersparnissen bezahlen, der Fordarbeiter die sechzig Dollar nicht. Für diesen bedeuten vierzehn Tage lay off: Hunger samt Frau und Kind, Vorwürfe, unfreiwilliges Herumlungern daheim.

Zwar könnte er anderswo Arbeit suchen, es gibt in Detroit Automobilfabriken genug, Chrysler-Dodge, General Motors, Packard, Studebaker, aber bevor er eine neue Stellung findet, läuft die Karenz ab, und er kann zurückkehren zu Ford.

Bei der Wiedereinstellung wird sein Wochenlohn auf fünfundzwanzig Dollar gekürzt, wodurch der Strafende Nutzen hat. Oft, wie zum Beispiel im Frühjahr 1927, werden Zehntausende »aus betriebstechnischen Gründen« abgelegt, alsbald jedoch wieder aufgenommen, allerdings nicht zu dem längst erworbenen Lohn, sondern für fünf Dollar pro Tag. (Die Fordwoche hat nur fünf Arbeitstage.)

Zuzugeben ist, daß Mr. Henry Ford infolge der Konkurrenz, insbesondere jener der General Motors, das Geld nicht mehr so scheffeln kann. Seine Hartnäckigkeit ist schuld. Wie viele Unternehmer, die an die Verwertung einer neuen Erfindung gerieten und durch deren Konjunktur hochgekommen sind, betrachtete er sich als unfehlbar. In einem Prozeß, den Henry Ford gegen die »Chicago Tribüne« anstrengte, weil sie ihm Unintelligenz vorgeworfen, bestand er die einfachste Bildungsprobe nicht, und die verklagte Zeitung veranstaltete nachher ein Preisausschreiben: achtjährige Schulkinder sollten die von Ford nicht gelösten Fragen beantworten. »Seine Bücher« hat er nicht geschrieben und später zum Teil desavouiert.

Eigensinnig hielt er an dem Automodell T fest, als es längst überholt und sogar lächerlich geworden war. Statt mit seinem titanischen Apparat die gesamte Erzeugung von Kleinautos in die Hand zu bekommen, blamierte er sich mit der Propagierung der Kleinflugzeuge (Fliver-Planes), die in Massen abstürzten, und mit anderen Projekten, bevor er sich zum A-Modell und zum achtzylindrigen Lincoln-Wagen entschloß. Inzwischen hat die Konkurrenz ihn vielfach überflügelt.

Nun spart er an Löhnen.

Wird ein Arbeiter verletzt, erhält er ärztliche Hilfe und – muß an seinen Arbeitsplatz zurückkehren. Hat er den rechten Arm gebrochen, so wird ihm eine Tätigkeit zugewiesen, zu der er nur den linken Arm braucht; er ist einer der vielen Substandardmen geworden. 3595 Arten von Verrichtungen (insgesamt gibt es 7882 in den Fordwerken) können durch Erwerbsbeschränkte ausgeführt werden, davon 670 durch Beinlose, 2637 durch Einbeinige, 2 durch Armlose, 715 durch Einarmige und 10 durch Blinde. Sogar im Hospital sind Metallarbeiter tätig; ein schwarzes Wachstuch, über das Krankenbett gespannt, ist ihre Werkbank, auf der die Patienten Schrauben an Bolzen befestigen. Das klingt so unwahrscheinlich, daß man zitieren muß, was in dem Buch »Mein Leben und Werk« von Henry Ford über die Einführung der Krankenarbeit gesagt ist: »Die Insassen des Krankenhauses waren dazu genausogut imstande wie die Leute in der Fabrik und verdienten auf diese Weise ihren regelmäßigen Lohn. Ja, ihre Produktion war zwanzig Prozent höher als die gewöhnliche Fabrikproduktion. Keiner wurde natürlich zu der Arbeit gezwungen, aber alle waren arbeitswillig. Die Arbeit half ihnen, die Zeit zu vertreiben, Schlaf und Appetit waren besser als zuvor, und die Erholung machte raschere Fortschritte.«

Wer nicht imstande ist, weiterzuarbeiten, bekommt keinen Lohn und auch keine Krankenunterstützung. Nur im Fall einer dauernden, im Betrieb erworbenen Invalidität wird man nach der Compensation Bill entschädigt.

Im ersten Stockwerk des B-Building zahlt man die Löhne aus. Es dauert durchschnittlich eine halbe Stunde, bevor der einzelne seine Tüte erhält. Addiert das zu der mehrstündigen Fahrt von und zum Betrieb und zu der achtstündigen, fast pausenlosen Arbeitszeit!

Die Maschinenanlagen, an denen Besucher vorbeigeführt werden, strotzen vor Reinheit. Es gibt wohl nirgends in der Welt eine blitzblankere Metallwarenfabrik. Daß Fords Kraftwerk, die Glasöfen, die Papiermühle und die Lederfabrik so kristallklar sind, erscheint weniger verwunderlich, denn die Zahl der dort beschäftigten Menschen ist relativ gering. Aber auch die gefegten oder makadamisierten Straßen und die Plätze zwischen den achtschlotigen

Werkstätten bilden einen angenehmen Kontrast zum übrigen Detroit, selbst die Sümpfe innerhalb des Werkbezirks haben gepflegte Ufer, und die Lokomotiven der Fordschen Eisenbahn Detroit–Toledo–Ironton sind spiegelglattes Nickel.

Unter den Drehbänken der Motorenwerkstätte liegt kaum ein Häufchen Eisenfeile, und das laufende Band funkelt wie ein Alpenbach.

Hart an hart stehen die Arbeiter, so daß sie unter dem Arm des Nachbars nach dem heranrollenden Bestandteil greifen, knapp vor dem Gesicht des linken Nachbars die Behandlung des Stückes in Angriff nehmen, unmittelbar vor dem Gesicht des rechten Nachbars vollenden müssen.

Buchstäblich haarscharf über den Köpfen, denn ihr Haar wird gestreift, rollt der Conveyor, an dem auf glitzernden Ketten verschiedene Dinge hängen, wie auf einem Christbaum die Gaben.

Jeder hat nach der für ihn bestimmten Gabe zu haschen, sonst fährt sie unweigerlich von dannen, und das gäbe eine schöne Bescherung.

Warum aber ist kein Platz? Sahen wir nicht ungeheure Flächen innerhalb der Anlage, sind die Hallen nicht hoch genug, um das Gleitband mit seinem stählernen Behang in weniger gefährlicher Kopfnähe laufen zu lassen?

Oh! Entfernung ist Zeitverlust.

Und Zeit ist Arbeitslohn. Dies ist der Grund für das Gedränge, der Grund dafür, daß keine Bänke oder Tische fürs Mittagessen da sind, keine Kammern, wo man Kleider wechseln könnte, wenig Aborte und Waschräume, der Grund fürs Rauchverbot.

Nicht eine Sekunde vom Arbeitslohn geht verloren, Tag und Nacht rollt das Band, an das Menschen geflochten sind.

Ein Griff nach der Kette, Auflegen der Schraubenmutter, ein Griff nach der Kette, Einstecken der Schraube, ein Griff nach der Kette, zwei Hammerschläge, ein Griff nach der Kette, Ansetzen des autogenen Bohrers, Funken stieben, ein Griff nach der Kette, Befestigung der Bleilamelle, Paraffinpappe, eine Hülse, ein Bündel Kerzen, eine Kurbelwelle, und immer dazwischen ein Griff nach der Kette, ein Griff nach der Kette, Handbewegung und Ergebnis, Körperhaltung und Einsatz, Mensch und Maschine, immerfort gleich. Die Motoren, fertig, rattern an Probeständen.

»Final Assembly Line«, das letzte der laufenden Bänder, ist kein Bach mehr, sondern ein Strom, 268 Meter lang, mit vielen Nebenflüssen. Aus dem Bottich mit Emaillack taucht die Hinterachse empor und rollt heran, die Räder, schon bereift, münden, Kotflügel schwingen sich über sie, das Chassis kommt, dem Rahmen aufmontiert wird der Motor, Kühler spannen sich vor, die Lackierer spritzen Farbe auf, die Karosserie mit Ledersitzen und Fensterscheiben und Laternen stülpt sich als Ganzes übers Ganze, nur festzuschrauben ist sie noch.

Jetzt zeigt sich, daß das Fließband das Tempo der Arbeit bestimmt, nicht aber die Arbeit das Tempo des Bandes. Nur wenige Arbeiter bleiben an seinem Ufer stehen, viele fahren mit dem Stück weiter, sitzend auf Wägelchen von kaum dreißig Zentimeter Höhe, wie fußlose Bettler sie verwenden; hier auf dem Boden schleifen die Beine des Arbeiters, der seinem Stück nachjagen muß, um es abzudichten und es abzufeilen, es fahrend behandeln.

Mehr und mehr nähert sich die Summe der Bestandteile dem Begriff Automobil. Und plötzlich schwingt sich ein Mann auf den Chauffeursitz, drückt auf die Hupe, Schrei eines Neugeborenen, und auf dem stark geneigten Band, das läuft, läuft schneller ein lebendes Wesen, reißt sich los von der rollenden Nabelschnur, läuft in eine Halle, die A-A heißt.

Acht Inspektoren befühlen und begucken das Auto. Türklinken werden geprüft, Fensterscheiben, Kühler, Räderwerk. 550 Autos kommen hier täglich zur Welt. Händler und ihre Angestellten, die Autonummer in der Hand, warten, lassen Benzin einpumpen und fahren auf neugeborenen Wagen heimwärts.

In Dearborn, dort, wo es auch Ford »Dearborn« nennen muß, ist ein Flugfeld und seine Flugzeugfabrik. Ein Hangar und zwei andere, die aber Werkstätten sind. Nichts von Conveyor, nichts von Taylorismus, nichts von Fordismus ist hier zu beobachten, der metallene Ford-Tri-Motor, Stout Type, Fassungsraum für vierzehn Passagiere, Preis 65 000 Dollar, wird nach den Methoden jeder Flugzeugfabrik erzeugt.

Trotzdem dient das als Ziel einer Sightseeing, und so sind auch einige Museumsobjekte da, der Aeroplan »Pride of Detroit«, der in 193 Stunden um die Welt flog, der Aeroplan der arktischen Expedition von Captain Byrd, eine Kopie des Doppeldeckers, mit dem Bleriot 1909 den Ärmelkanal überquerte …

Weshalb aber Sightseeing? Die Besucher werden von den Führern eindringlich bewogen, einen Aufstieg über Detroit zu unternehmen, Preis acht Dollar.

Rechts und links vom Eingang zum Fordschen Riesenkomplex ist je eine eiserne Hügelwelle aufgeschichtet, Reste von vierhundert Kriegsschiffen, »Eagle Boats«, vom USA Shipping Board dem Mr. Ford zur Abwrackung übergeben; ein Teil wird zur Erzeugung von Vanadiumstahl für Autos verwendet, der Rest als Autotransportschiffe auf dem River Rouge und dem Detroit River.

Hat man diesen rostroten Damm passiert, ist Fords engerer Hoheitsbezirk zu Ende. Man darf sich im Auto, oder während man auf die Straßenbahn wartet, eine Zigarette anzünden und nach Hause fahren durch den Osten Detroits, der Stadt, die mehr Verbrechen aufweist als Chicago, mehr Morde, Totschläge und Raubüberfälle aufweist als irgendeine andere Stadt des Erdballs. Mister Ford aber ist Nichtraucher.

Und das nennt sich Fußball!

I. Vor der Abfahrt zum Wettspiel

»Ein gefährliches Spiel, dieses amerikanische Fußball!«

Der Doktor Becker stellte es bereits fest, als er – es war Sonnabend Punkt halb zwei Uhr nachmittags – in der Halle der Untergrundbahn stand, um zu dem Wettkampf von New York University gegen Missouri University hinauszufahren.

Er hatte noch nie ein amerikanisches Fußballspiel gesehen. Aber seine Ansicht, daß »dieses amerikanische Fußball« ein roher und lebensgefährlicher Sport sei, stand für ihn – es war, wie vielleicht bereits gesagt wurde, Sonnabend Punkt zwei Uhr nachmittags – felsenfest. Nicht so fest stand der Doktor Becker selbst. Anfangs eingekeilt in eine kompakte Einheit von Wartenden, war er allmählich an den Rand des Bahnsteigs gedrängt worden; die vorderen Reihen hatten sich Plätze in den Untergrundbahnzügen erkämpft, indem sie die Aussteigenden trotz deren fluchend-tretend-boxender Gegenwehr in die Waggons zurückschlugen und sich selbst hinterherzwängten. Jetzt hing der Doktor Becker, an Nachbarn geklammert, Sonnabend Punkt halb drei Uhr nachmittags, schräg über der Schienenstrecke.

Eine verzweifelte Lage, fürwahr. Doch sehnte er sich nach ihr zurück, als er – es war Sonnabend Punkt drei Viertel drei Uhr nachmittags – von seinen Hintermännern in einen Waggon gepökelt ward, der eine Masse von Vergnügungssüchtigen zum Yankee-Stadion hinausbrachte. Neue Gedanken vermochte der Doktor Becker keineswegs zu fassen, und so spann er den Gedanken, daß »dieses amerikanische Fußball« gräßlich roh und unbedingt lebensgefährlich sei, etwas weiter aus. Selbstverständlich wollte er – hatte er doch noch kein Spiel gesehen – damit nur sagen, dieser Sport verrohe das Publikum und sei für das Publikum lebensgefährlich. Nun begann sich der Doktor Becker vorzustellen, wie bequem es die Spieler im Vergleich zu den Zuschauern haben, wie … Hier irrte Becker.

II. Am Rand des Spielfeldes

In geschlossenen Formationen strömte das Volk dem Stadion zu, die Autofahrer im Auto, die Fußgänger zu Fuß, wie wohl nicht erst bemerkt werden muß, da sich dies bei uns ähnlich verhält. Auffallend anders dagegen die Tatsache, daß Menschen mit Lebensgefahr und einer Aufopferung, deren seit Arnold Winkelrieds Tagen nur das amerikanische Erwerbsleben fähig ist, sich den Autos in den Weg warfen; mit Stentorstimme befahlen sie, und als dieses nicht fruchtete, beschworen sie mit flehenden Gestikulationen die Autolenker, ja doch bei ihnen zu parken. Sie hatten den Raum gemietet, Sonnabend ist der einzige Tag, an dem sich die Spekulation lohnen kann, daher ihre Todesverachtung. Aber mit stahlharten Gummireifen fuhren die Wagen über diese Verkehrshindernisse hinweg.

III. Starr vor Staunen im Stadion

erscheint der Doktor Becker. Wir können ihm das nicht verübeln. Mit Tausenden hatte er sich an und in der Untergrundbahn gedrängt, mit Zehntausenden von Fußgängern und Tausenden von Autos das letzte Stück des Weges zurückgelegt – und nun ist der Zuschauerraum des Stadions leer!!

Denn man muß doch den Ausdruck »leer« von einem Hause gebrauchen, in dem nicht weniger als 40000 Plätze unbesetzt sind.

Daran ändert die Tatsache nichts, daß 45000 Plätze besetzt sind. Das Yankee-Stadion faßt 85000 (das Berliner 30000) Personen, und von denen fehlt eben nahezu die Hälfte.

IV. Präludium des Spiels

Vorläufig wird auf dem Spielfeld ein Marschreigen von einer Militärkapelle exekutiert, die keine Militärkapelle ist, sondern das uniformierte, aus Studenten bestehende Orchester; auch der Regimentstambour mit dem hohen weißen Federhut über dem gestrengen Gesicht ist im Privatberuf ein Hörer der New Yorker Universität. Sie trippeln ab. Beifall.

In die Manege jagen die Spieler von Missouri. Beifall. Es sind ihrer dreißig. Obwohl nur elf jeweils auf dem Felde tätig sind, treten immerfort Ersatzmänner ein, wir werden das alles später sehen.

Ein läuft die Mannschaft von New York University mitsamt ihren Substituten. Stürmischer Beifall. Die New Yorker haben violette Hemden und olivengrüne Hosen, die Gäste aus Missouri orangerotschwarz gestreiften Dreß. Alle tragen Helme, die Einheimischen weiße, die Missourianer goldfarbene; runde massive Platten schützen die Ohren – bei anständigen Wettspielen reißt man einander nicht mehr die Ohrläppchen ab. Auch sind die Spieler vollständig mit Watte ausgestopft, was dem Doktor Becker nicht gefallen will, denn ein Fußballspiel mit Binden und Bandagen dünkt ihm (du Europäer!) unlogisch.

Der Referee erscheint, eine Art Unterschiedsrichter. Lebhafter Beifall. Der Umpire erscheint, eine Art Oberschiedsrichter. Stürmischer Beifall.

V. Die Einpeitscher der Ekstase

Nun aber mag es an der Zeit sein, etwas über Entstehungsgeschichte und Art der hier wiederholt gebrauchten Begriffe »Beifall«, »Lebhafter Beifall« und »Stürmischer Beifall« zu sagen.

Da bewegen sich nämlich an der Außenlinie sympathische junge Leute, die den amtlichen Titel»Cheer-leaders« führen. Diese Organisatoren der Ovation stellen sich mitten im Spiel, mit Megaphonen bewaffnet, vor die einzelnen Sektoren der Arena und ordnen brüllend an, welcher Mannschaft oder welchem Spieler jetzt zuzujubeln ist. Haben sie das getan, so legen sie den Schalltrichter von sich und dirigieren – bei gleichzeitiger Ausführung von Gelenksübungen: tiefe Kniebeuge, Arme vorwärts heben und seitwärts strecken – den kollektiven Freudenruf. Ritus und Rhythmus scheinen altindianischen Ursprungs zu sein, am häufigsten wird der Doktor Becker den anfeuernden Spruch zu Ehren des Quarterbacks von Missouri namens Rosenheim oder zu Ehren des linken Außenstürmers von New York namens Jerry Nemecek erklingen hören.

Rah, rah, rah,
Sis, bum bah,
N. Y. U., N. Y. U.,
Nemecek, Nemecek, Nemecek.

(Ohne Gewähr für die Richtigkeit der Rechtschreibung.)

VI. Der Ball

Der Ball ist beileibe nicht rund wie ein normaler europäischer Ball. Er hat die Form einer Pflaume, und zwar einer Pflaume, die sehr groß, aber noch nicht reif und noch nicht rund ist, hingegen spitz auf beiden Seiten. So sieht er aus. Mit Recht.

Eine Detonation erschreckt den unvorbereiteten Doktor Becker; in der Mitte der Seitenlinie wurde eine Pulverladung zur Explosion gebracht, das Spiel beginnt.

VII. Naturgeschichte des Spiels

Der amerikanische Nationalsport wird schlankweg »Football« genannt, als ob es kein anderes Fußballspiel gäbe, als ob es mit dem Fuß oder mit dem Ball etwas zu tun hätte. (Siehe unten.) Zwar wird das in Europa vorkommende Fußballspiel auch in Amerika teils in Treibhäusern gezüchtet (Professionalismus), teils wuchert es im Freien (Amateurismus), aber niemals heißt es »Fußball«, sondern »Soccer«, was eine Ver(fuß)ballhornung des Wortes »Association« sein dürfte. Das sogenannte Football ist jedoch nichts anderes als Rugby mit einigen veränderten Spielregeln.

Das Spiel wickelt sich in Viertelzeiten ab, viermal je fünfzehn Minuten. Hundert Meter lang ist das Feld, je fünf Meter werden durch eine Linie markiert. Es gibt zwei Tore (Goals); die Querstange ruht nicht auf dem oberen Ende der beiden senkrechten Pfosten, sie ist in deren Mitte angebracht. Die drei Stangen bilden also den Buchstaben H, was aber keineswegs andeuten soll, daß das Goal ein Heiligtum darstellt, wie das auf vernünftigen Kontinenten der Fall ist; es spielt im Gegenteil eine untergeordnete Rolle und steht außerhalb des eigentlichen Spielfeldes. Dieses beginnt mit dem fünf Meter vom Goal entfernten ersten, quer über das ganze Feld verlaufenden Strich, der Goal Line. Gelingt es einer Mannschaft, den Ball über die gegnerische Goal Line zu *tragen*, so hat sie damit ein »Touchdown« erzielt – den großen Erfolg, der etwa unserem Tor entspricht.

Die Mannschaft, die ein Touchdown erringt, heimst sechs Punkte ein und hat das Recht, einen ihrer Spieler aus einer Entfernung von zwanzig Metern ungehindert gegen das Mal schießen zu lassen; geht der Ball *über die* Querstange, so ist's gut: das gilt einen weiteren Punkt.

Dreimal darf eine Partei anwerfen und muß innerhalb dieser drei »Forward passes« den Ball mindestens zehn Schritte vorwärts bringen. Wird der Ball mit dem Fuß über den Torpfosten getreten, Goal from field, so zählt das drei Punkte.

VIII. Der Spielverlauf

Der Ball wird also immerfort getragen. Oder vielmehr: zu tragen versucht. Denn die gegnerischen Elf sind insgesamt darauf aus, zu vereiteln, daß die zehn Schritte, geschweige denn ein Lauf über die Torlinie gelinge.

Wie verhindern sie das?

Sie verhindern das, indem sie ihre behelmten Köpfe dem Träger des Balles in den Bauch rennen, ihn bei den Füßen packen, ihn ins Gesicht boxen oder mit ähnlichen Zärtlichkeiten regalieren.

Naturgemäß stürzt innerhalb eines Zeitraumes von längstens einer Viertelminute der jeweilige Ballbesitzer auf die Erde, Freund und Feind über ihm zu einem beängstigenden Klumpen von Leibern. Es pfeift der Schiedsrichter, es entwirrt sich der Knäuel.

Nur der zuunterst liegende Spieler, noch vor kurzem stolzer Träger des Balles, bleibt zumeist auf dem Boden, verwundet oder ohnmächtig oder beides. Schwarze Klubdiener jagen über den Platz, um das Opfer durch künstliche Atmung und Essig zu sich zu bringen. Auch der Arzt kommt mit dem Medikamentenkasten. Der Schiedsrichter jedoch kann Schlamperei auf dem Spielfeld nicht leiden, er läßt den Menschenrest wegtragen.

Inzwischen haben sich die überlebenden Spieler, Zeit ist Geld, mit Eiswasser erfrischt, und weiter geht das friedliche Spiel. Wieder eine Viertelminute lang, manchmal eine halbe.

IX. Wie wird angeworfen?

Die anwerfende Mannschaft begibt sich drei Schritte hinter den Ball und hält, zu einem Kreis geschlossen, mit vorgebeugtem Oberkörper eine geflüsterte, chiffrierte Beratung ab. »4 wirft an 7, 9 gibt an 2 ab« oder so.

Dann schreiten zehn Mann vor und stellen sich sprungbereit in einer Reihe auf; der elfte, der Quarterback, bleibt hinten, und ihm wird gewöhnlich der Ball zugeschleudert. Denn er ist als einziger nicht gedeckt.

Den anderen zehn Spielern stehen auf einen Schritt Entfernung die elf Feinde geduckt gegenüber, entschlossen, jeden erbarmungslos niederzuschmettern, der das Leder bekommt.

X. Der rein symbolische Ball

Der Ball vertritt etwa die Stelle des Stäbchens beim Stafettenlauf. Man könnte ihn durch ein anderes Symbol ersetzen, das über die Goal Line zu tragen ist. Das ganze Spiel: eigentlich ein Lauf, den der Gegner verhindern soll. Phalanx gegen Phalanx.

Auch das Treten des Balles mit dem Fuß kommt bei diesem merkwürdigen Fußballspiel selten vor und bedeutet wenig. (Siehe oben.)

XI. 45 000 Stehaufmännchen

Erstaunlich ist nicht, daß das Publikum mit Aufregung und Huronengebrüll den Kampf begleitet, sondern daß sich diese Aufregung alle viertel oder halben Minuten legt.

Im Moment des Anwerfens springen die 45 000 (sonst wohl: 85 000) Menschen von ihren Plätzen auf, um sich im Augenblick des Schiedsrichterpfiffs wieder zu setzen. Der Anblick dieser sich unausgesetzt setzenden und ständig aufstehenden Massen ist von monumentaler Komik.

In der Pause werden außer dem Musikreigen allerhand läppische Unterhaltungen geboten, zum Beispiel balgt sich ein Mann im Bärenfell (der Bär ist Sinnbild von Missouri) mit einem violetten (also New Yorker) College Boy herum.

Auf der Pressetribüne arbeiten die Berichterstatter. Am Morseapparat, am Telefon, am Radiomikrophon. Einer klopft die Tastatur des Diagramms – zur gleichen Sekunde bewegt es sich auf den Fassaden der amerikanischen Zeitungsgebäude. Menschenmassen stehen davor, sehen und hören, daß der Schiedsrichter »Abseits« gibt; sie brüllen »Lüge«, »Schiebung« ... in St. Louis, in San Francisco, Tausende von Meilen entfernt.

XII. Kritische Betrachtungen des Doktor Becker

In europäischen Sportbegriffen befangen, beirrt durch den Namen »Fußball« und durch das Vorhandensein eines Tors und eines Lederballs, hat der Doktor Becker sich nahezu drei viertel Stunden lang bemüht, den Sinn des Spieles zu begreifen, der dem glücklichen Leser dieses Artikels hier dargereicht wird.

Die allgemeine Aufregung erfaßte ihn nicht, und so hatte er Zeit, sich Betrachtungen hinzugeben, deren Resultat hiermit veröffentlicht sei.

1. Dem europäischen Fußballspiel ist das amerikanische *gleich*: an Betätigung von Solidaritätsgefühl, von Schnelligkeit und Geistesgegenwart;

2. dem europäischen Fußballspiel ist das amerikanische *überlegen*: durch Entwicklung größeren Mutes und durch die gleichzeitige Stählung des Oberkörpers sowie der Arme;

3. dem europäischen Fußballspiel ist das amerikanische *unterlegen*: durch den Vorteil, den in Amerika der körperlich starke Spieler gegenüber den schwächeren hat und der durch keinerlei Geschicklichkeit auszugleichen ist.

XIII. Resultat und Skalp

Als der Doktor Becker zu diesem Ergebnis gekommen war, pfiff der Schiedsrichter das Wettspiel beim Stande 27:6 für New York ab. Die siegreiche Mannschaft demolierte die Torpfosten, um sie als Trophäen nach Hause zu tragen.

An der Untergrundbahn, an der Straßenbahn und an den Autobussen – es war Sonnabend Punkt fünf Uhr nachmittags – erneuerten sich lebensgefährliche Kämpfe.

Vierzehn Dinge in Sing Sing

WIR WISSEN NICHT, warum das Gittertor, das von den Kanzleiräumen aus abwärts führt, goldgestrichen ist, wir treten ein durch das goldgestrichene Tor und sind starr vor Entsetzen. Schon allerhand haben wir gesehen, gelesen und gehört – aber das da!

Das da ist die Main Cell Hall, jetzt »Old Cellhouse« genannt.

Man stelle sich einen rechtwinkligen Felsblock vor, etwa achtzig Meter lang, zehn Meter hoch, fünf Meter breit.

In diese achtzig Meter Seitenlänge sind vorne fünfundsiebzig Löcher gehackt und hinten auch fünfundsiebzig, obwohl der Block nur fünf Meter breit ist.

In die zehn Meter Höhe sind sechs Stockwerke gebohrt, jedes mit ungefähr zweimal fünfundsiebzig Höhlen.

Der Felsen ist kein natürlicher Felsen: vor hundert Jahren wurde er aus grauem Stein aufgerichtet, solcherart, daß die Höhlungen frei blieben, nicht erst gehackt werden mußten.

Diese Arbeit leisteten Sträflinge, vielleicht Diebe, vielleicht Räuber, vielleicht Betrüger und vielleicht Meuchelmörder, an jener Stelle des Hudsonufers, wo einst die Sinck-Sinck-Indianer bestohlen, beraubt, betrogen und gemeuchelt worden waren von Menschen, die sich und ihren Nachkommen dadurch Reichtum, Macht, Ehre und Standesbewußtsein und vor allem das Recht errungen hatten, Verbrecher unnachsichtig zu strafen.

Die Sträflinge aber bauten für sich und ihre Nachkommen diese steinerne Wabe.

Drei Jahre arbeiteten sie, von 1825 bis zum Jahre 1828.

Fünfzig Jahre später, 1878, wurde der Bau als untauglich und gesundheitsschädlich erklärt, weil die Menschen in diesen Kerkerhöhlen unweigerlich an Lungenschwindsucht und Gicht zugrunde gingen.

Nach weiteren fünfzig Jahren sind diese 930 feuchten, kalten, niedrigen, engen Steinlöcher noch im Gebrauch und 930 Menschen darin.

Manche für ein Jahr (Sing Sings kürzeste Mieter) und viele für zehn Jahre, für fünfzehn, für Lebensdauer. (Sing Sing hat unter seinen 1730 Insassen nicht weniger als 128 Lebenslängliche, abgesehen von jenen, die jeweils im Totenhaus darauf warten, bis eine Partie Verurteilter beisammen ist und die Einschaltung des elektrischen Stroms sich lohnt ...)

Die amtlichen Maße der Zellen lauten: 6 Fuß (180 cm) Höhe, an der Tür 18 Zoll (45 cm) und im Innern 3 Fuß (90 cm) Breite, 7 Fuß (210 cm) Länge.

Darin ist tagsüber ein Klappbett und ein Schemel, in der Nacht auch ein mit Exkrementen gefüllter Eimer und ein Mensch.

Das Kopfende des Bettes stößt an die Querwand, hinter der das Kopfende der jenseitigen Zelle ist, die Beine jedes Häftlings sind gegen die Tür gerichtet.

Eine gußeiserne Platte bildet die untere Hälfte der Tür, ein Gitter die obere. Diese Klapptür, von innen nicht zu öffnen, wird außerdem vom Gefängniswärter mit einem Schlüssel versperrt, und nachdem dies überall geschehen, senkt der Oberschließer noch eine Stahlstange herab, die sich als Riegel vor je fünfundsiebzig menschliche Obdache schiebt.

Auch waschen muß man sich auf dem Gang. Wo wäre denn in der Zelle Platz dazu?

Rings um den Zellenblock und über ihn ist ein Haus gestülpt. Der gemauerte Deckel ist größer als der Inhalt, und als Zwischenraum bleibt ein Korridor, auf dem die Wärter patrouillieren und die Gefangenen sich morgens in Reih und Glied stellen, um gemeinsam ihre Eimer zur Senkgrube zu tragen.

Auf einem der Höfe ist etwas zu sehen, was es in keinem anderen Gefängnis der Welt gibt: ein Vogelhaus.

In bunten Käfigen hüpfen, zwitschern und plappern Zeisige, Kanarienvögel, Papageien und sogar Kolibris.

Auf die Frage, wie sie herkommen, erfahren wir, es seien Geschenke an die Gefangenen. Ja, aber warum sind die Vögel dann nicht in den Zellen?

»Wo? Im alten Zellhaus? Binnen drei Tagen würden sie sterben. Oft richten Gefangene Mäuse oder Ratten ab, doch selbst diese Tiere krepieren schnell, sie halten die Luft dort nicht aus.«

Der Mensch, der diese Luft aushalten, in diesem hundertjährigen Dumpf Nacht für Nacht schlafen muß – was Wunder, daß er morgens froh ist, herauszukommen, und sei es auch nur in die shops, in die unhygienischen und mit längst überholten Maschinen versehenen Arbeitssäle.

In der Weberei, die die Armen- und Krankenhäuser des Staates New York mit Strümpfen und Unterwäsche beliefert, geht alles drunter und drüber, doch wird uns erklärt, vor acht Tagen habe in der Versandabteilung eine Feuersbrunst gewütet, wodurch der Betrieb desorganisiert sei.

Gleichfalls nur für den Staatsgebrauch gearbeitet wird in der Schuhwarenfabrik, der Blechschmiede, der Bürstenbinderei, der Druckerei und in der Matratzenfabrik von Sing Sing und jährlich für zweimal hunderttausend Dollar Fertigware geliefert, abgesehen von den Arbeiten, die man für die Instandhaltung der Gefängnisanlage, der Sträflingskleidung und dergleichen leistet. 185 verschiedene Artikel werden hier erzeugt.

Die Arbeitszeit beginnt mit dem achten Glockenschlag. Mittags um zwölf Uhr rangieren sich die Arbeiter in Reihen und marschieren in den Speisesaal – unter den lustigen Klängen einer zwölfgliedrigen, im Hof postierten Sträflingsmusikkapelle, was ein alter Brauch von Sing Sing ist. Von ein bis vier Uhr wird die Arbeit fortgesetzt.

Bezahlt wird sie – und das ist die vom nutznießenden Staat verübte Ungeheuerlichkeit – mit anderthalb Cent für den sieben stündigen Arbeitstag.

Das Projekt, den Sklavenlohn auf zehn Cent zu erhöhen, eine noch immer menschenunwürdige Bezahlung menschlicher Kraft, ist nicht Wirklichkeit geworden. Ohne Penny verläßt der Sträfling nach jahrelanger regelmäßiger und fruchtbarer Arbeit das Gefängnis. Und vorher, in der Zeit seiner Haft, kann er die im Wert von drei Dollar per Woche bewilligte Menagezubuße und Zigaretten nicht kaufen, die sich der von Haus aus wohlhabende Zellennachbar leistet.

Der Häftling, der während der Arbeitszeit raucht oder sich sonst gegen eine Anstaltsregel vergeht, wird in eine Korrektionszelle des Old Cellhouse gesteckt und aus der A-Klasse, zu der jeder bei der Aufnahme in die Anstalt automatisch gehört, in eine niedrigere versetzt. Dadurch verliert er das Recht, jeden Monat an vier Werktagen und einem Sonntag Besuch zu empfangen, monatlich einen Wochentags- und vier Sonntagsbriefe zu schreiben und Gebrauch zu machen von dem Warenkauf bis zu drei Dollar wöchentlich.

Nicht weit vom Speisesaal ist das Vorstandszimmer der Mutual Welfare League, der Gefangenenorganisation von Sing Sing. Jeder eingelieferte Sträfling ist als solcher Mitglied der Liga und darf an den Wahlen seiner Werkstätte oder seiner Arbeitsgruppe teilnehmen; je fünfundvierzig Mann werden von einem Delegierten vertreten.

Die Delegiertenversammlung konstituiert einen Vollzugsausschuß, an dessen Spitze ein gewählter Sekretär steht und ein Sergeant-at-arms, der den Ordnerdienst bei allen von den Sträflingen veranstalteten Aufführungen und Spielen sowie bei den Mahlzeiten versieht. Die Liga wahrt die Interessen der Häftlinge gegenüber der Direktion und Schlichtet Streitigkeiten unter den Gefangenen.

Es ist wohl nur dieser Organisation zuzuschreiben, daß in Sing Sing kein Beamter oder Wärter eine Waffe bei sich hat. (Wogegen zum Beispiel in den Tombs, dem Stadtgefängnis von New York, die Aufseher mit Revolver, Schlagring und Schließeisen ausgerüstet sind, ohne dadurch verhindern zu können, daß in regelmäßigen Zeitabständen einige von ihnen erschossen werden.)

Die Baseballmannschaften der M. W. L. trainieren täglich nach vier Uhr nachmittags auf dem von Tribünen umsäumten Spielplatz am Ufer des Hudson, aber nur einmal im Jahr haben sie das sportliche Vergnügen, ein Wettspiel gegen einen Klub auszutragen: alljährlich kommen die »New York Giants« nach Ossining und schlagen die »M. W. L.«.

Während die streitbare Jugend baseballt, geht der gesetztere Mann spazieren oder liest die Tagesblätter, auf die er oder ein Kollege abonniert ist; Austräger und Zeitungsstand sind in diesem Gefängnis nicht geduldet.

Bei Beginn der Abenddämmerung ertönt das Signal »Kübel holen«. Mit diesem Gefäß in der Hand treten nun alle den Weg zu ihrer Wohnung an. Die Bretter, die das Bett bedeuten, sind aber noch nicht heruntergeklappt, da die im Alten Zellhaus wahrhaft eingelochten Sträflinge nach zwei Stunden wieder geholt werden: sie müssen in die Kapelle zur – Kinovorstellung. Sie müssen, auch wenn sie den faden Film schon vier- oder fünfmal gesehen haben, sie müssen bis halb zehn Uhr nachts hinaus aus ihren Felsenlöchern, denn jede Stunde des Aufenthalts darin erhöht die Sterblichkeitsziffer von Sing Sing!

Das Spital beherbergt eben zweiundsechzig Kranke, Leute, die fast erblindet sind, Leute, die Gichtknoten an den Knöcheln der Zehen und Finger haben, Tuberkulöse.

In drei Längsschiffe ist die Kirche geteilt, das mittlere dient dem katholischen Gottesdienst, das linke dem protestantischen, das rechte dem jüdischen, auch Andachtsübungen der Heilsarmee und der Christian Science werden hier abgehalten, und jeder Sträfling kann in den Worten seiner Religion vernehmen, daß Gottes Gnade unerschöpflich strahlt. Oder er lenkt seinen Blick verstohlen durchs Fenster und sieht dann den roten Ziegelbau des Totenhauses, in dem die Toten leben, bis man sie zum elektrischen Stuhl schleppt …

Kein Verlaß ist auf die Gnade Gottes! Anscheinend vermag sie ebensowenig durch Zuchthauswälle einzudringen, wie man aus ihnen hinausdringen kann.

Wer denkt nicht an Flucht, wer träumt nicht von Freiheit! Aber überall dort, wo sich die Mauern kreuzen, lugen gläserne Türme über Strom und Land. Die Türmer haben Dienst bei Tag und bei Nacht; ein Griff, und der Scheinwerfer schießt los, um die Spur eines entwichenen Wildes zu suchen.

Der Jagdruf erschallt. Die Bedeutung seines Klanges ist an allen Wänden angeschlagen:

»Im Falle einer Flucht ertönen aus der Alarmsirene durch zehn Minuten Pfiffe von dreißig Sekunden in Abständen von je dreißig Sekunden, während im Falle einer Meuterei fünf kurze Pfiffe von je zwei Sekunden Dauer mit einer Sekunde Intervall ertönen; bei diesen Signalen haben sich sämtliche Wärter eiligst in den Dienstraum des Oberwärters (principal keeper) zu begeben und zu dessen Verfügung zu halten.«

Im vorigen Sommer kenterte auf dem Hudson, etwa dreihundert Schritte von der Ufermauer des Zuchthauses entfernt, ein Ruderboot. Die Verunglückten, ein Mann und eine Frau, hielten sich über Wasser und schrien um Hilfe. Fast alle Gefangenen boten sich an, flehten darum, hinausschwimmen, Rettung bringen zu dürfen. (Es gibt im

Zuchthaus selbstverständlich keinen Kahn.) Die Wärter gaben die Erlaubnis nicht, und vor den Augen von Hunderten rettungsbereiten Menschen mußte das Paar ertrinken.

Vor kurzem fand man in einem Heizraum das Skelett eines Sträflings, der sich vor zehn Jahren hier versteckte, um bei passender Gelegenheit zu entkommen. In seinem Schlupfwinkel war er lieber Hungers gestorben, als daß er sich entdeckt hätte und damit seinen Fluchtplan für immer vereitelt.

Wir passieren den Eingang zur Classification Prison Clinic, die zur kriminologischen Untersuchung der Verbrecher von ganz Amerika bestimmt ist und die Einteilung, Unterbringung und Erziehung der Gefangenen nach Alters-, Bildungs- und Neigungsgruppen vornehmen – wird. Vorläufig hat man damit nur viel Reklame gemacht. Ebenso wie für die außerhalb des alten Komplexes aufgeführten sechsstöckigen Zellentrakte mit 680 beziehungsweise 704 Käfigen; der kleinere Trakt ist nach dem Outside-System gebaut, also mit einem Fenster in jeder Zelle, der größere nach dem Inside-System – ein Block, von einem Haus umgeben.

Die Anlage, mit Wasserspülung und Wasserleitung in jedem Käfig, ist bereits fertig, eine dreifache Kirche im Bau; es fand auch schon eine Exkursion hierher statt, zwecks Verkündigung, mit diesem Neubau hätten die Greuel des alten Sing Sing aufgehört. Vorläufig sind nur 279 und 308 Sträflinge darin, mehr könne man nicht unterbringen, bevor eine Umfassungsmauer gelegt sei, und das wird lange dauern.

Das Old Cellhouse ist noch immer voll besetzt, und obwohl es als ein Schaustück gräßlicher Vergangenheit gezeigt werden sollte, wie die wenigstens geräumigeren Kasematten der Peter-Pauls-Festung, bleibt es ein Beweisstück gräßlicher Gegenwart.

Gehen wir weiter. Da ist ein funkelnagelneues Ziegelgebäude in freundlichem Rot; hat dreihunderttausend Dollar gekostet und ist sein Geld wert. Offiziell heißt es »Condemned Cells«, die Leute von Sing Sing nennen es das Schlachthaus.

Siebenundzwanzig Zellen der Verdammten: ein Dutzend für Männer (drei sind eben besetzt!), ein Vierteldutzend für Frauen, ein halbes Dutzend Hospitalzellen (für die, die erkrankten und nun geheilt werden, damit man sie hinrichten kann) und ein halbes Dutzend »Zellen der letzten Minute«, auch »der Tanzsaal« geheißen, wohin man die Opfer am Morgen des Hinrichtungstages bringt. An diesen siebenundzwanzig Käfigen vorbei führt der Korridor zu dem Raum, der scheu nur »Dahinten« genannt wird …

Hier, meine Herren, sehen Sie den berühmten Stuhl, der den Geist des Mittelalters mit der größten Erfindung der Neuzeit, der Elektrizität, vereinigt. Auf diesem Stuhl – bitte, Sie können ruhig darauf Platz nehmen, der Strom ist nicht eingeschaltet – auf diesem Stuhl haben schon viele Männer und Frauen gesessen.

Am 7. Juli 1891 wurde als erster Harry A. Smiler in Sing Sing hingerichtet, seither haben die hierorts exekutierten Exekutionen die Zahl zweihundertdreiundneunzig erreicht; ein Blinder war darunter, zwei Einbeinige (von denen der eine seine Prothese einem besonders feindseligen Gerichtssaalberichterstatter mit dem Wunsche vermachte, er möge sie bald tragen müssen), mehrere Frauen (vor kurzem Mrs. Snyder mit ihrem Geliebten Grey), ein deutscher Priester namens Hans Schmidt, die Brüder Morris und Joseph Diamond und ihr Komplice Giovanni Farina, die in Brooklyn zwei Kassenbeamte einer Bank erschossen und vierundvierzigtausend Dollar erbeuteten, die märchenhaft schöne Gattenmörderin Marta Place. Der prominenteste Delinquent war der New Yorker Kriminalchef Leutnant Charles Becker, der vier Bravi gedungen hatte, um am 13. Juli 1913 den Spielklubbesitzer Rosenthal erschießen zu lassen, weil er an diesem Tage in der »World« eine eidesstattliche Erklärung veröffentlicht hatte, daß der Herr Kriminalchef an den Einnahmen der verbotenen hazard saloons mit zwanzig Prozent beteiligt sei …

Über der Tür zum »Tanzsaal« sehen Sie das Wort »Silence«. Es ist das einzige Wort, das in diesem Saal zu sehen ist, und es ist auch keines zu hören. Dort in den vier polierten Bankreihen sitzen die zwölf Zeugen, die großen goldglänzenden Spucknäpfe sind für den Fall da, daß einem der Zeugen zum Bewußtsein käme, er lebe im zwanzigsten Jahrhundert …

Die Elektrifizierungen finden hier um elf Uhr nachts statt, und zwar am Donnerstag, damit, wenn ein Zwischenfall sie verhindert, noch drei Tage übrigbleiben zur Vollstreckung des Gerichtsurteils: »… in der am Montag, dem …, beginnenden Woche vom Leben zum Tode zu bringen.«

Der Delinquent nimmt so auf dem Stuhle Platz, wie Sie jetzt dasitzen. Die Lederriemen sind daran befestigt, sie müssen nur noch über den Brustkorb, die Beine und die Arme des Mannes geschnallt werden, was kaum eine Minute dauert, da drei erfahrene Gefängniswärter am Werke sind. Ebenso schnell wird ein Kontakt auf seinem rechten Bein befestigt; ein zweiter legt sich, wenn man die in Salzwasser getauchte Ledermaske über sein Gesicht drückt, auf den heute geschorenen Hinterkopf.

Dann gibt unser Chefarzt, Dr. Sweet, dem Mann am Schalter das Zeichen.

Der Mann am Schalter ist Mr. Robert Elliot aus Long Island. Der hat einen feinen Job – hundertfünfzig Dollar für jede Hinrichtung, für einen einzigen Griff am Hebel. Dabei ist er Executioner für mehrere Staaten. Sacco und Vanzetti hat er auch umgebracht. Das war aber ein schlechter Job, denn vor einigen Monaten hat man dafür sein Haus mit Bomben beworfen, und alles ist vernichtet worden.

Er hat also den Hebel nur herunterzudrücken, so daß ein Strom von zweitausend Volt entsteht, der auf fünfhundert Volt herabgesetzt und wieder auf zweitausend Volt erhöht wird. Nach zwei Minuten nickt Dr. Sweet dem Mr. Elliot zu, und der schaltet aus.

Wer das erfunden hat, die Electrocution? Wer anders soll's denn erfunden haben als Edison, der alte Zauberer? Aber wie sie von Staats wegen eingeführt wurde, das ist eine echt amerikanische Geschichte, haha, ein Konkurrenzmanöver. In den achtziger Jahren propagierte Edison die elektrische Beleuchtung durch Schwachstrom, dessen Leitung große Kosten verursachte; das von George Westinghouse angewandte Stark- und Wechselstrom verfahren kam bedeutend billiger.

Die bedrohte Edison-Gesellschaft wies nun auf die Gefahren der Starkstromleitungen hin und trat für deren Verbot ein. Sie entsandte auch einen Angestellten, Harald P. Brown, nach Albany, dem Regierungssitz des Staates New York. Dort tötete Mr. Brown in öffentlichen Schaustellungen Pferde, Hunde, Katzen und Kaninchen durch Berührung mit dem Apparat der Konkurrenz. Und schließlich drückte die Edison-Company ein Gesetz durch, demzufolge alle Hinrichtungen im Staate New York nicht mehr durch den Strang, sondern durch Starkstrom vorgenommen werden sollten; damit war die Gefährlichkeit des Westinghouse-Systems allen Leuten vor Augen geführt. Business as usual.

Der Delinquent ist tot und wird in den Anatomiesaal geschafft, wo die Ärzte konstatieren, was aus einem lebendigen gesunden Menschen binnen zwei Minuten werden kann.

Daneben, meine Herren, ist die Leichenkammer mit sechs Regalen. Was diese kleine Kiste ist? Das ist ein Sarg.

Die Verwandten des Hingerichteten können den Leichnam abholen; wenn sie es nicht tun, bestatten wir ihn in Ossining ohne Kreuz und ohne Namen.

Das ist alles, was in Sing Sing sehenswert ist. Ich empfehle Ihnen, draußen noch einen Blick zu werfen auf den majestätischen Hudson, der mit funkelnden Opalen Fangball spielt, während drüben hinter den herrlichen Felsenpalisaden die Sonne untergeht, die Forste strahlen, alles Frieden und Freiheit atmet. Es ist eine Lust zu leben.

Eine Stadt macht nichts als Hüte: Danbury

EIN BLINDER NEGER stand im Schnee vor dem Bahnhof; seine Drehorgel war auf einen Kinderwagen montiert, und ihr Klang begrüßte den Doktor Becker, der gekommen war, um die einheitlichst spezialisierte Stadt Amerikas kennenzulernen.

Noch an zwei anderen blinden Bettlern, sie saßen im Schnee, und ein feuchter Novemberwind pfiff, kam der Doktor Becker vorüber, und er dachte vielleicht, daß die Angabe, die ganze Bevölkerung sei in ein und demselben Gewerbe tätig, nicht ganz richtig sein könne. Denn was haben zwei blinde Bettler und ein blinder Drehorgelspieler mit der Hutindustrie zu tun?

Nichts als Hüte, Strohhüte und Filzhüte, Damenhüte und Herrenhüte, weiche Hüte und harte macht diese Stadt. Millionen im Jahr, 75 Prozent des amerikanischen Bedarfs.

Diese Stadt heißt Danbury, liegt auf der Südwestspitze des Staates Connecticut und ist nicht berühmt geworden durch ihren einzigen berühmten Sohn, obwohl dieser das Berühmtmachen als Beruf betrieb, also nicht durch den Marktschreier Barnum, sondern durch eine merkwürdige Entscheidung des Obersten Bundesgerichtes in Washington, gefällt im »Danbury Hatter Case«.

Eine Hutfabrik hatte nämlich die Gewerkschaft auf Ersatz des durch eine Streikbewegung erlittenen Schadens verklagt und sogar dessen dreifache Summe, 78 000 Dollar, als Wiedergutmachung verlangt. Dabei stützte sich die Firma auf den Sherman-Act, der ursprünglich gegen die überwuchernden Preisdiktate der Trusts gerichtet war. Bald nach Erlaß dieses Gesetzes holte die Industrie zum Gegenstoß aus, indem sie die Gewerkschaften als Trusts und ihre Lohnforderungen als Preisbestimmungen hinzustellen versuchte. In einem ausdrücklichen Zusatzantrag zur Verfassung erhielten die Trusts zur Antwort, daß der Arbeiter keine Ware und sein Lohn nicht als Preis anzusehen sei. Trotzdem entschied der U. S. Supreme Court, im Fall der Hutfabrik von Danbury, die Gewerkschaften hätten Entschädigung für den Streik zu zahlen.

Die Bewohner der Stadt arbeiten in den Hutfabriken, oder sie sind in den Webereien damit beschäftigt, die Bänder und das Futter für die Hüte zu erzeugen, und mit der Bearbeitung der Hasenfelle, mit der Herstellung von Holzformen für die werdenden und von Kartonagen und Kisten für die fertigen Hüte. Der Rest sind Invaliden der Arbeit, und zu ihnen gehörten wohl die Bettler, die der Doktor Becker getroffen.

Aus dem Hafen von New York kommt das Rohmaterial in Lastautos hierher, blutige Felle von Millionen Hasen, in Australien und Rußland erschossen. Sie müssen zuerst in den Fellfabriken, den für shops, gewaschen und gereinigt werden, mit Quecksilbernitrat gebeizt und über verschlungenen, rotierenden Dampfröhren getrocknet und geweicht.

Das ist eine giftige Tätigkeit, und wenn man auch die Bürste in der mit dem Gummihandschuh geschützten Hand hält, so bleibt ein täglich achtstündiges Hantieren mit zwölfgradigem Quecksilbernitrat nicht ohne Folgen auf den Organismus. Außer den drei Blinden, die dem Doktor Becker auf dem Weg vom Bahnhof begegnet waren, erblickte er in den Straßen Danburys noch einige »Schüttler«, konvulsivisch zuckende Menschen, wie man sie während des Krieges in Europa sah – hierorts Opfer der Beize.

Seit einigen Jahren werden zu der Arbeit in den Räumen, wo tote Hasen und lebende Menschen gleichermaßen den Stickstoff- und Quecksilberdämpfen ausgesetzt sind, fast ausschließlich Syrer verwendet. Dergleichen vernichtende Dienste leistete einst der Sklave aus Afrika oder aus Australien, dann kam der widerstandslose, rechtlose Einwanderer aus Europa, und jetzt muß der Asiate daran glauben – so gut versteht es Amerika, sich aus allen Weltteilen seine Arbeitskräfte zu holen!

Dem toten Hasen, dem man schon das Fell über die Ohren zog, ehe es nach Amerika verfrachtet wurde, dem kann es gleich sein, was mit ihm geschieht. Er zittert nicht vor der Beize und nicht nach der Beize, seine Löffel und sein Schwanz sind nicht verwendbar, weshalb sie ihm ritsch, ratsch abgeschnitten werden.

Aus dem Balg wird das Haar entfernt, und siehe, da es von der Maschine herausgeschält wird, erweist sich der Haarboden, der alles zusammenhielt, als ein fadenscheiniges, strohdürres Netz, gerade noch gut genug, Tischlerleim daraus zu kochen. Was bleibt, ist Filz, er rollt per Laufband aus der Maschine zu kundigen Frauenhänden, die die letzten Hartbestandteile entfernen. In Fünf-Pfund-Paketen geht es hinüber in die Hutfabriken.

Die Huterzeugung in Connecticut ist erbeingesessen, sie hat schon in der Unabhängigkeitsbewegung Amerikas eine Rolle gespielt: das britische Parlament hatte 1750 zugunsten der englischen Industrie das Verbot erlassen, Hüte oder Wollwaren in einer Kolonie herzustellen oder gar in eine Nachbarkolonie auszuführen. Das war eines der ersten Motive zum Wunsch nach »Unabhängigkeit und Freiheit«, aber erst als England den Teezoll herabsetzte, brach die »Revolution« aus: der Chef der amerikanischen Teeschmuggler und Teeschieber, John Hancock, überfiel mit einer Bande vermummter Männer nächtlicherweile die im Bostoner Hafen ankernden Schiffe Englands und versenkte deren Teeladungen ins Meer, damit er seine eigenen Vorräte verkaufen und sogar zu noch besseren Preisen losschlagen könne. Als der Urheber dieses Konkurrenzmanövers vor Gericht erscheinen sollte, kam es zum ersten bewaffneten Zusammenstoß, die britische Miliz von Lexington wurde vertrieben, John Hancock war frei, und jedes Schulkind kennt ihn heute als Freiheitshelden.

Die Industrien, die die Aufstandsbewegung aus Selbsterhaltungstrieb unterstützen mußten, waren vor allem die durch die Zuckerzölle geschädigten Schnapsbrennereien und die durch die britische Bill gefährdeten Hutmanufakturen. (Aber der große John Jakob Astor, selbst Lieferant der Huterzeuger von Connecticut, verriet die amerikanische Sache, um seine Pelze vor der Beschlagnahme durch die Engländer zu retten.)

So alt ist also das Gewerbe, und schon mehr als hundert Jahre wird es in den gleichen Räumen betrieben – wenigstens sehen die Fabriken von Danbury so aus. Durchweg Holzbauten, die Latten schräg und wirr aneinandergenagelt, das Ganze rostrot angestrichen.

Der Doktor Becker glaubt, in Quetschen geraten zu sein, winzige Kammern oder lichtlose Säle findet er, Staub und Haare überall, schlechte Ventilation, schlechten Abgang der Dämpfe. Die Menschen arbeiten entweder in ärmellosen Leibchen oder – in den nassen Räumen – angetan mit Schaftstiefeln und Gummischürzen; in vielen Betrieben stehen sie mit kurzen Hosen über langen, zerfetzten Unterhosen da, wie Lumpenproletarier.

Nur Mallory, der größte Huterzeuger der Welt, hat ein modernes Fabrikgebäude. Auch ist seine Belegschaft bei einer Altersversicherung eingekauft. Wer austritt, bekommt die Police mit, braucht nichts zu vergüten, ist weiterversichert, wenn er weiter die Prämien einzahlt. Sehr loyal, nicht? Aber da man bei einem Konflikt oder bei einer Arbeitsniederlegung gewöhnlich noch keine neue Stellung in der Tasche hat und man die Prämien von dem neuen, vielleicht schlechteren Lohn selbst zahlen müßte, so ist diese Arbeiterfürsorge nichts anderes denn eine Aufhebung der Freizügigkeit.

Die anderen Unternehmer von Danbury haben nur ihre Fabriken versichert, sie scheinen zu kalkulieren, daß ein Abbrennen der schlecht gebauten und gut versicherten Holzbauten immer noch lukrativer ist, als ein neues steinernes Haus zu errichten.

Wenn man, wie es der Doktor Becker tat, einen ganzen Tag lang durch River Street und Allen Street wandert und in die Werkstätten eintritt …

(Man kann in Amerika fast in jeden Betrieb hineingehen, alles ansehen, sich vom Arbeiter die Leistungen erklären lassen, niemand kümmert sich darum. In Deutschland würde der Besuch eines Journalisten in der AEG den Verdacht wachrufen, der junge Mann wolle morgen eine Elektrizitätsgesellschaft mit billigeren Bezugsbedingungen eröffnen. Ein kleiner Erzeuger von Schaufensterpuppen in der Rosenthaler Straße begann einst zu schlottern vor einem Reporter, der durch eine Bemerkung etwas Fachkenntnis verriet: »Um Gottes willen, Sie wollen meine Fabrikgeheimnisse abgucken, um selbst ein solches Unternehmen zu gründen!«)

… wenn man also, wie es der Doktor Becker tat, die Betriebe von Danbury besichtigt, so fällt einem vor allem auf, wieviel Import darin steckt. Die Spezialmaschinen sind ausnahmslos aus Deutschland, die Panamahüte und die Leghornstrohhüte kommen aus Mantua und das Reisstroh aus Modena oder aus der Schweiz, die Arbeiter in der Beize sind aus dem Syrerland eingeführt, die übrigen Italiener, Schweizer oder Deutsche.

Schon in der dritten Generation leben die Deutschen hier, sie haben einen Unterstützungsverein »Concordia« mit eigenem Haus und eigener Bierbrauerei, sind sehr schwarzweißrot gesinnt, und in ihrem Vereinslokal hängt stolz eine Ehrentafel, »Honor Roll«, auf der verzeichnet ist, wieviel Mitglieder im Weltkrieg den Heldentod gestorben sind – gegen Deutschland, was wohl nebensächlich ist. Hauptsache: der Heldentod.

Nicht aus dem Ausland, sondern aus Amerika stammen in Danbury nur die Verwaltungsräte der Aktiengesellschaften und die Einzelbesitzer der Fabriken.

Kalt und feucht ist der Novembertag, an dem der Doktor Becker in Danburys Mauern weilt, und da man nach eingenommener Mahlzeit den Platz im Restaurant sofort räumen muß, da man ferner nicht stundenlang an der Bar des Drugstore sitzen kann und Kaffeehaus ein unbekannter Begriff ist, so muß sich der Doktor Becker dadurch erwärmen, daß er von neuem in den Fabriken umhergeht und die Technologie des Hütemachens, die er schon aus Europa kennt und heute vormittags zur Genüge studiert hat, noch genauer erlernt.

Es sind nicht weniger als sechsunddreißig Prozeduren – jede an einer eigenen Maschine und in einer eigenen Werkstatt durchgeführt –, denen sich ein Männerhut zu unterwerfen hat, bevor er fertig ist und genauso aussieht wie alle anderen Millionen Hüte.

So wie die Hasenhaare den im luftleeren Raum rotierenden drahtumflochtenen Holzkegeln angeflogen sind, könnte man den Filz schwerlich auf den Kopf stülpen. Erstens würde diese Clownmütze nur einem Wasserkopf passen, zweitens ist sie dünn, feucht und schütter. Einiges müßte man noch mit ihr machen, sie mit Weinhefe und Weinstein schränken und vielleicht walken und drücken, je nach der Kopfgröße.

Aber sechsunddreißig Prozeduren! An sechsunddreißig komplizierten Apparaten wird vollzogen das Waschen, das Trocknen, das Scheren, das Schleifen, das Plätten, das Glänzen, das Färben, das Bürsten, das Steifen, das Staffieren, das Aufnähen von Schleifen und Bändern (das eine ganze Armee von mindestens siebzigjährigen Frauen besorgt), das Einnähen des Schweißleders, das Stempeln der Firmenmarke.

An einem Tisch sieht der Doktor Becker einen vorne bedruckten und hinten gummierten Bogen in kleine Quadrate zerschneiden und je eines der Zettelchen in je einen fertigen Hut kleben. Das ist das Label, die Vignette, die besagt, daß das Fabrikat von Mitgliedern der »United Hatters of North America«, von gewerkschaftlich organisierten Arbeitern erzeugt ist; Union made.

Man findet diese Schutzmarke in vielen Warenpackungen, in Schuhen (Boot and Shoe Workers' Union Stamp), in Zigaretten (Union Label of Tobacco Workers), in Bucheinbänden (Bookbinders' Union Label), in Anzügen (Label of the Journeymen Tailors) und so weiter. Sie kennzeichnen die ganze Naivität des amerikanischen Lebens, das immer an eine Panazee glaubt und bald in der Gesundbeterei, bald in der Relativitätstheorie Einsteins, bald in der Prohibition dieses Allheilmittel sucht. Das Label ist auch eines.

Es soll von San Francisco aus seinen Weg in die Waren Amerikas angetreten haben. Dort drückten die in die Gewerkschaft nicht aufgenommenen chinesischen Zigarettenarbeiter die Löhne. Jene Unternehmen, welche sich an Gewerkschaftstarife halten mußten, sprengten das Gerücht aus, die in den Konkurrenzbetrieben tätigen Chinesen seien schmutzig und die von ihnen hergestellten Zigarettensorten unhygienisch. Um ihre Waren von den »unhygienischen« zu unterscheiden, legten sie ihren Schachteln das Label bei. Später nahmen die anderen Gewerkschaften dieses System auf: die Marke möge dem Konsumenten zeigen, daß der Hersteller kein Ausbeuter sei, sondern Gewerkschaftslöhne zahle.

Dieser kindliche Appell an ein soziales Verständnis des Käufers, des amerikanischen Käufers noch dazu! Dem ist es natürlich nur wichtig, seine Ware billig zu bekommen.

Fände der Zettel überhaupt Beachtung, so wäre es eine negative, denn der Bürger haßt, wenn er eine Arbeit zu vergeben hat, nichts so sehr wie die Unions, obwohl sie zumeist eher Zünfte als Gewerkschaften sind. Trotzdem bleibt dieses Warenzeichen, an dessen Lieferung der Fachverband allerdings jährlich ein paar Dollars verdient.

Das Einkleben des Labels ist das einzige, was der Doktor Becker nicht aus der europäischen Hutfabrikation kennt, und das Einkleben des Labels ist, nach dem Gesagten, nicht imstande, seine Enttäuschung herabzumindern. Jawohl, der Doktor Becker ist sehr enttäuscht. So gut kann das Europa auch. Er hatte wahrscheinlich gedacht, es gäbe hier eine Maschine, die ohne viel Federlesens und ohne Gefährdung des menschlichen Organismus die Hüte des Standards erzeugt. Eine traditionelle Industrie in einer auf Hüte spezialisierten Stadt Nordamerikas – das hatte sich der Doktor Becker als etwas Wunderbares, ein Paradies der Technik und des Arbeiters vorgestellt und deshalb den Entschluß gefaßt, nach Danbury zu fahren. Jetzt denkt er anders darüber und begibt sich zum Bahnhof, an den beiden, jedenfalls bei der Beize erblindeten Bettlern und an dem schwarzen Drehorgelspieler vorbei. Diesem legt er ein Zehn-Cent-Stück in den Hut, einen Hut, der, das Einkleben der Gewerkschaftsmarke mit eingerechnet, sechsunddreißig Prozeduren durchgemacht hat, wie alle anderen Hüte.

»Tolle Kiste«

»TOLLE KISTE!«

Und wir, an sich nicht geneigt, jede hingebrummte Bemerkung des Doktor Becker einem Evangelium gleichzusetzen, wir können nicht umhin, der obig hingebrummten Bemerkung des Doktor Becker diesmal vollkommen recht zu geben.

Es *ist* eine tolle Kiste!

Schon das Schiff, auf dem wir uns befinden …, nein, schon die Landungsbrücke, von der aus wir es betraten. Sie sieht aus wie eine Triumphpforte mit drei Bogen. Zwei dienen den Fußgängern und der mittlere den Lastwagen, Automobilen, Motorrädern und sonstigem Gefährt. Alle fünfzehn Minuten, da sich die Schiebetür der Station South Ferry elektrisch öffnet, strömen Automobile und andere Fahrzeuge durch die mittlere Wölbung und zweitausend Fußgänger teils auf die obere Plattform dieses Brandenburger Tores, teils in die beiden Seitenbogen. Zukünftige Passagiere. Sie stehen über dem Wasser. Ginge die vorderste Reihe einen Schritt weiter, sie fiele ins Meer. Jawohl, ins Meer, in den Atlantischen Ozean, denn der Hudson und der East River haben bereits gemündet.

Diesen Schritt können die an der Tete allerdings nicht machen, ein Gitter verwehrt ihn. Erst wenn es sich hebt, bewegen sich die drängenden Menschenreihen nach vorne. Sie fallen hierbei nicht in die Bai, sondern sind auf dem eben anlegenden Schiff, dessen unteres Deck die Durchgangsbogen und dessen Oberdeck die Plattform der Pforte genau verlängert. Das erste Auto fährt vom Heck bis zum

Bug, die anderen Fahrzeuge hinterdrein, die erste Menschenreihe schiebt sich vom Heck zum Bug, die anderen Menschenreihen hinterdrein.

»Vom Heck zum Bug?« Unsinn! Weder Heck noch Bug sind vorhanden. Nur der Schiffsrumpf, um Menschen aufzunehmen für ein Fährgeld von fünf Cent per Person, von fünfunddreißig Cent per Wagen. Der Schiffsrumpf hat demnach eine Daseinsberechtigung. Aber wozu Spitzen vorne und hinten? Weg damit. So. Es bleibt ein prismatischer Hohlkörper, seine Basis schiebt sich haarscharf an das Parterre der Landungsbrücke, seine Decke an deren oberes Stockwerk. (Drüben auf der Landungsseite klappt es ebenso, man braucht nicht einmal zu wenden.)

Kein Schiff also, sondern eine Kiste. Und zwar eine tolle Kiste, um die eingangs hingemurmelte Charakterisierung des Doktor Becker zu plagiieren.

Stellen Sie sich einen Straßenbahnwagen vor, der durch keine Straße fährt, keine Bahn ist und kein Wagen und auch sonst nichts mit einem Straßenbahnwagen gemein hat. Haben Sie? So, und jetzt multiplizieren Sie ihn mit fünfzig. Haben Sie? Nun wissen Sie, wie die New Yorker Fähren aussehen.

Von Manhattan, wo etwa fünf Millionen Menschen Tagesarbeit oder Nachtarbeit leisten, fahren sie alle Viertelstunden nach den Nachbarinseln oder aufs Festland hinüber, nach Hoboen und Jersey City und Weehawken, nach Staten Island, kurzum nach all den Schlafstuben von New York.

Um halb neun Uhr morgens und um halb sechs Uhr abends ergießt sich der Strom des Schichtwechsels in die Fährboote, deren jedes laut affichiertem Dokument einen Fassungsraum von 1600 Personen hat, aber um diese Zeit zweitausend aufnimmt, damit möglichst viele vor der erbarmungslosen Kontrolluhr in den Betrieben gerettet werden.

Die tolle Kiste, die nach fünf Uhr nachmittags von South Ferry abstößt, schafft die commuters, die außerhalb Manhattans lebenden Arbeitsmenschen Manhattans, nach Staten Island. Alle Viertelstunden zweitausend Passagiere, neun Knoten Geschwindigkeit.

Wenn man zum Ufer zurückschaut, sieht man zuerst die Frontseite der zweistöckigen Landungsbrücke: sie gleicht jetzt nicht mehr dem Brandenburger Tor, sondern dem grellen Portal eines Riesenzirkus.

Dahinter die Wolkenkratzer. Je weiter sich das Schiff vom Ufer entfernt, desto mehr ihrer Gipfel treten in das Gesichtsfeld, desto schärfer rücken sie zusammen, ein Felsenmassiv bildend; als erratische Blöcke ragen abseits das Whitehall-Gebäude und das der Telefongesellschaft in die Luft. Es ist noch heller Dämmer, in der Abendsonne glitzern die Fenster wie Kristallschiefer oder wie Gletscher in Alpenhöhen. Vielleicht hat sich die hingebrummte Bemerkung des Doktor Becker, »tolle Kiste«, auf diese Übereinanderschichten von riesenhaften Paketen bezogen.

Die Südspitze von Manhattan, die zweifellos ungeheuerlichste Landschaft von Menschenhand, im Kielwasser lassend, fährt die Straßenbahn weiter über das Meer. Hinter den Glasscheiben stehen oder sitzen Männer, reihenweise zugedeckt mit einer langen Leinwand – nein, es ist nur ein Zeitungsblatt, das jeder vor sich hält und das sich lückenlos an das des Nachbars fügt, wie das Schiffsdeck an die Landungsbrücke. Alle lesen Berichte über Rennen und Wettspiele, bei denen sie nicht waren, über Gesellschaftsempfänge bei Lady Sowieso, zu denen sie nie eingeladen werden, über neue Theaterstücke, die sie nicht besuchen können, über Börsenkurse und Aktiengesellschaften, von denen sie ebensowenig etwas haben wie von den Verdiensten des Unternehmens, für das sie arbeiten.

Die Mädchen sind anders als tagsüber in der Untergrundbahn. Dort saßen sie munteren Blickes mit übergeschlagenen Beinen und freuten sich ihrer Wirkung auf die Männerwelt. Hier aber sind sie zusammengesunken, der Kopf auf die Brust gepreßt, die Unterlippe hängt häßlich herab.

Schuhputzer pendeln auf jedem Fährboot zwischen City und Vorstadt, über die Hände Stiefelbürsten gespannt, einen Schemel unter dem Arm.

Ihr Kalkül ist richtig: wenn der Amerikaner schon stillsitzen muß, nichts weiter tun kann als Gummi kauen und aufgebauschte Zeitungssensationen studieren, so will er wenigstens die Zeit dazu verwenden, sich die Schuhe reinigen zu lassen.

Nur während des evening rush machen die Männer mit den Bürsten und dem Schemel schlechte Geschäfte – wer zur Nachtarbeit fährt oder ins Bett, braucht kein gewichstes Schuhwerk, vergeblich locken ihn die Rufe: »Shine them up? Polish?«

Hart an dem flüssigen Schienenstrang der Fähren, nahe von Staten Island klingen Glocken. Bojen sind es, die da läuten, Sterbeglocke und Warnungssignal zugleich. Es schwingen Tag und Nacht die Wellen den Klöppel, unter ihm liegen die Wracks eines schwedischen Passagierdampfers und eines gerammten Frachtkahns. Bim, bam, du New Yorker Schiff, das über Leichen schreitet, gib acht, verstauche dir nicht den Fuß.

Hinter den Glockenbojen schlüpft die Fähre in eine schwimmende Remise, den slip. Einem Billardball gleich klatscht das Fahrzeug an das geflochtene Mantinell und karamboliert nun mit der Landungsbrücke knapp und so leicht, daß es »press« stehenbleibt.

Dies ist der Augenblick des Anlegens. Wie aus einer Gießkanne spritzt alles auseinander. In der Mitte jagen die Autos vor, von oben und unten, nach rechts und links sausen Strahlen von Menschen zur festländischen Straßenbahn, zu den Autobussen, zu den Bahnhöfen.

Geleert ist die tolle Kiste, um sich mit neuen Zweitausend zu füllen, die den umgekehrten Weg machen.

Es ist ganz genau derselbe Weg, und er führt ganz genau zum früheren Abfahrtspunkt, aber es ist ein ganz anderer Weg, und der Abfahrtspunkt hat sich verändert. Denn die Dunkelheit ist angebrochen – New Yorker Dunkelheit!

Aufgeflammt sind die Lichtreklamen. Colgate meldet die Zeit auf rotem, brennendem Zifferblatt, Squibb squibbt »Magnesia-Milk«, das ein Abführmittel ist und eine Panazee zugleich, ein Scheinwerfer, den Passagieren der Überseeschiffe ins Gesicht fallend, läßt nach seinem Ursprung lugen: Hotel St. George.

Die feurigen Straßenkämpfe, ausgetragen zwischen Zahnpasta und Zahnpulver, zwischen Kaugummi und Konfekt, zwischen Rasierseife und Rasiercreme, der Bürgerkrieg der Zigarettensorten untereinander – hier setzt sich das als Seeschlacht fort.

Was aus der Nähe ein bedrohliches Felseneiland war, ist jetzt ein phantastisches Juwel, hängend an doppelter Perlenkette: den beleuchteten Brücken nach Brooklyn. Ein Familienschmuck mit schwarzen Partien, mit einem flammenden Brillanten in der Mitte, von dem wir wissen, daß er die Spitze des Woolworth-Turmes ist, mit den zwei Saphiren der Standard Oil, mit dem Rubin von Equitable-Trust; und von diesem Schmuck baumelt ein schwarzer Diamant, dessen Facetten glänzen, der Wolkenkratzer der Telefongesellschaft.

Und wär das alles wirklich ein Schmuck aus Perlen und Demanten und ebenso groß wie diese Gebäude – er wäre noch immer nicht so teuer wie diese Schatulle aus Beton, welcher möglicherweise der vom Doktor Becker gebrauchte Ausdruck »tolle Kiste« gegolten hat.

Erlebt zwischen Hollywood und San Francisco

DIESEN BRIEF, den ich Dir schreibe, Inez, niemals wirst Du ihn bekommen. Denn was darin steht, weißt Du so gut wie ich, haben wir es doch gemeinsam erlebt, und das Geheimnis, das ich vor Dir habe, darfst Du nicht erfahren, es hätte gärende Kraft, und Du würdest unsere Woche bedauern.

Du hast mich in diese Stadt geführt, durch diese Stadt geführt, aus dieser Stadt und wieder in diese Stadt, die Du liebst. Ich muß über sie aussagen, denn dazu bin ich geboren und bestellt, und Du hast es verlangt; hier oben im Lincoln Park auf dem grasigen Hang, als Du auf den flüssigen Kobalt starrtest und auf die goldenen Ufer, hast Du plötzlich meinen Arm ergriffen. »Du wirst günstig schreiben über San Francisco, nicht wahr?!«

Das hast Du nicht um San Franciscos willen gesagt, es war Dir klar, selbst im Augenblick der Rührung, daß diese Stadt meines Lobes nicht bedarf, daß sie besungen wurde von Besseren … Es gibt Bessere, Du weißt es, Inez, und das war das Schlimme für Dich und das Gute für mich, und das Gute für uns beide, und doch das Schlimme für Dich, aber das ist eine Anspielung, die Du nicht verstehst, und wir wollen nicht davon reden.

Wieder sitze ich auf dem grasigen Hang, Papier und Füllfeder in der Hand, unten ist flüssiger Kobalt, drüben goldene Ufer und hinter mir die Stadt, die Du liebst und über die ich jetzt günstig schreiben werde, nicht wahr?!

Dir danke ich sie, diese Stadt. Eigentlich hatte ich die Absicht, nach Chicago zu gehen. Am Mittwochabend sprachen wir Dich in Los Angeles an, Ecke Spring Street und Fifth, mein Freund und ich, Du gingst verächtlich weiter, Deinen Schritt beschleunigend, wolltest über den Straßendamm, aber der Polizist bedeutete Dir: Stop! »Sehen Sie!« sagten wir, da lachtest Du und gingst mit uns essen, ins spanische Restaurant.

Am nächsten Tag trafen wir uns – nur Du und ich, denn mein Freund hatte keine Zeit, hatte gemerkt, daß Du Dich mehr für mich interessiertest – in der Konditorei, und Du sagtest dort: »So. Und jetzt fahre ich nach Oakland.« – »Und ich«, warf ich ein, ohne Ahnung, wo Oakland liegt, »ich begleite Sie.«

So sind wir denn in Deinem kleinen Auto einen Abend und eine Nacht und einen halben Vormittag lang nordwärts gefahren, immer am Ufer des Pazifischen Ozeans, halb Kalifornien entlang, die Straße der Konquistadoren, die Straße der Missionare, die Straße der mexikanischen Soldaten, die Straße der Goldgräber. Es schien der Mond, und Du machtest fünfundvierzig Meilen die Stunde, manchmal auch weniger, und einmal stopptest Du sogar ganz, Inez.

Und dabei ließen diese fünfzehn Stunden noch Zeit zum Gespräch. Die Hazienda Deines Vaters in Südkalifornien wäre soweit ganz schön, hättest Du nicht die Sehnsucht nach der Stadt, in der Du geboren. Zum Glück ist die Schwester in Oakland verheiratet, man kann alle drei oder vier Monate den Karren anspannen und sie besuchen. In Los Angeles macht man Rast für einen oder zwei Tage, um das Alleinsein in einer Stadt zu atmen, und Oakland, oh, Oakland ist zwar der häßlichste Winkel des Erdballs, aber zugleich etwas Wunderwunderschönes: eine Vorstadt von San Francisco. »San Francisco wird dir gefallen, ich werde dir die Stadt zeigen.«

Du bliebst in Oakland, und mich brachte die Fähre über die goldene Bucht zu den Wolkenkratzern inmitten grüner

Hügel, zu den pittoresken Kähnen italienischer Fischer. Ich stieg aus im Ferry Building, vor dem ich dann allmorgendlich auf Dich wartete, die Jugend traf sich dort zum »hiking«, zum Wandern in den kalifornischen Bergen jenseits der Bucht; die Mädchen hatten Breeches an, wie Du im Auto, Inez.

Schön ist die Stadt, die Du mir zu loben befahlst; in die breiten, ebenen Längsstraßen ergießt sich alle fünfzig Schritte lang von rechts und links je eine steile Seitengasse. Durch diese städtischen Bergpfade schaukelt eine Kabelbahn auf und nieder, die Berg-und-Tal-Bahn des Lunaparks ist ein Nudelbrett dagegen. So auf und nieder geht die Stadt, als buckelte unter ihrem Pflaster noch immer das Erdbeben.

Der erste Abend in Market Street. Die Menschenmenge. Der Zahnarzt, der öffentlich ordiniert. Der Augenarzt, der das gleiche tut. Die funkelnden, glitzernden Lichter. Die Juwelengeschäfte. Die Modenhäuser. Die Schuhläden. Die Bars. Die Blumenhändler an allen Ecken. Die Frauen. Die Theater. Die Varietés. Wir waren im Kino, was Deine Leidenschaft ist, Deine große Leidenschaft. Du weintest vor Lachen über Chaplin im »Pilgrim« und lachtest vor Weinen über Dolores del Rio im »Zug der Goldgräber«. Nachher hast Du mir die Stelle gezeigt, Ecke Stewart Street, wo Du als Kind standest, Juli 1916. Da flog gegen die imperialistische Demonstration, die dartun sollte, daß ganz Amerika einmütig für den Eintritt in den Weltkrieg sei, eine Bombe.

Hand in Hand durchwanderten wir die Chinesenstadt, nicht nur Grant Avenue. Da hat man den Chinesen, als die 1906 zerstörte Stadt wiederaufgebaut war, von den neuen breiten Straßen eine der schönsten überlassen. Der »verdammte Chink«, der nicht auf legalem Weg in die Staaten kommen darf und dem man die Erwerbung des Bürgerrechts verwehrt, ist längst eine Attraktion der Stadt und eine Einnahmequelle für San Francisco geworden, man macht jetzt mit »John Chinaman« Fremdenverkehrsreklame; das hat er sich nicht träumen lassen, als er sich aus dem nahen Westen (der für die übrige Welt der Ferne Osten ist) ans nächste Ufer schmuggelte!

Die Straßen mit den Pagodentürmen. In den Schaufenstern lagen elfenbeinerne Rückenkratzer, Teeschalen mit Untertassen als Deckel, Schnupftabaksflaschen aus innen bemaltem Glas, braune Fidibusse für Wasserpfeifen, Vasen, Fächer und Gongs, der Götze der Wohlhabenheit, Eßstäbchen, porzellanene Speisenträger mit Ösen für den Bambusstab, Siegelringe und Seifenstein und Fische und Walnüsse und Konfekt und Zuckerrohr. Die Besitzer der Läden saßen unter einer holzgeschnitzten, vergoldeten Girlande, eine Rechenmaschine vor sich.

Dann ist es späte Nacht geworden und noch spätere. Als ich von mir erzählte und aus dem Schrank mein Matrosenzeugnis holte, da stampftest Du auf vor Freude. »Oh, das liebe ich.« Darüber habe wieder ich mich gefreut, denn wir Männer glauben, wenn wir einer Frau gefallen, sie habe besonderen Instinkt. Aber mir fiel das Geheimnis ein – das Geheimnis, das mir auf der Seele brennt und das ich Dir nicht sagen kann, Inez.

Sonntag durchquerten wir Sutter Street, und Du sprachst von einem Antiquar, einem Veteranen der kalifornischen Literatur und des Sozialismus, erinnerst Du Dich? Oben im Lincoln Park setzten wir uns auf den grasigen Hang über dem flüssigen Kobalt und angesichts der goldenen Ufer, hierher, wo ich jetzt sitze und Dir schreibe, und wo Du meinen Arm ergriffen hast.

»Du wirst günstig schreiben über San Francisco, nicht wahr?«

Du kamst am Montag im Auto von Oakland herüber, ich wartete wieder vor dem Ferry Building, und Du chauffiertest nach Palo Alta. Zeigtest mir den Campus und das Auditorium, wo Du mit einem Team der Stanford University gegen ein Team der University of Princeton die These verteidigt hast, daß der Staat die Zeitungsberichte über Kriminalaffären nicht zensurieren dürfe. Ich würde jederzeit das Dormitory am Robbie Hall Quart wiederfinden, darin Du gewohnt hast als Studentin, und das Haus der Schwesternschaft »Kappa-Delta«, deren Mitglied Du warst.

In der pompösen Gedächtniskirche erzähltest Du mir, die Universität sei zum Ruhm eines fünfzehnjährig gestorbenen Multimillionärsöhnchens gestiftet. Der Papa, ein Eisenbahnkönig, fragte einen Professor, was die Gründung einer Universität kosten würde. »Dreißig Millionen Dollar«, war die Antwort. »It's all right«, sagte Mr. Stanford und wandte sich an seine Frau: »Wollen wir's machen?« So erstehen in Amerika Hochschulen – zehn Minuten weiter ist eine andere, die von Santa Clara, wieder zehn Minuten weiter, in San José, zwei andere, die methodistische University of pacific und das katholische Notre Dame College.

Vor Mr. Herbert Hoovers Villa war ein Seil gespannt: »No thoroughfare«, und so lenkten wir durch die Obstgärten, die Mandelbäume blühten. Du zeigtest mir die Bank, auf der bei einer Necking-Party Dein Freund zärtlich werden wollte und Du davonliefst. »Ich Dumme, auf dich hab ich gewartet!« – »Tut's dir leid?« Du lachtest. »Nein, ich habe solche Kerle gern. Hoffentlich bist du ein guter Schriftsteller und kein Schmierer. Ich werde mich bei Doktor Hoffmann über dich erkundigen.« O weh!

Und wenn Du das Geheimnis wüßtest – Dir, die Du »solche Kerle« gern hast, wäre unser Abenteuer verleidet.

Mit Dir und Deinem Auto fuhr ich Dienstag abends im Fährboot über die Bucht. Drüben hast Du angekurbelt, und nie mehr werde ich Dich Wiedersehen, Inez.

Allein gehe ich durch San Francisco, die Stadt, in der die Straßenbahn über Wellen schaukelt. Ich habe einen Park entdeckt, einen schräg abfallenden, ungepflegten Rasenplatz, Portsmouth Square, wo italienische Männer mit Samthosen sitzen und den »Lavoratore« lesen und chinesische kugelrundköpfige Kinder spielen, eine wilde arme Gegend am Kriminalgericht und am Staatsgefängnis. Es ist ein guter Platz – überall in der Welt läßt sich noch etwas entdecken.

Die ganze meilenweite Sutterstraße bin ich abgelaufen, um den Antiquar zu finden, von dem Du mir gesprochen hast, Inez, und ich habe ihn gefunden. Der grauhaarige MacDevitt hat mir stundenlang Stadtgeschichte, Kunstgeschichte und Sozialgeschichte von San Francisco erzählt und Broschüren und Zeitungsblätter herausgesucht über die erste, gegen die chinesischen Lohndrücker gerichtete Arbeiterbewegung, über den Goldrausch von 1848, über den deutschen »Vorwärts an der pazifischen Küste« und über Tom Mooney, der wegen jener Bombe von Market Street zu lebenslänglichem Kerker verurteilt ist. Der alte Buchhändler sprach von Ambrose Bierce, dem nietzscheanischen Dichter, und seinen Schülern, die im Kriege nationalistisch wurden und alle durch Selbstmord endeten, George Sterling und seine erste Frau, Jack London, Nora MacFrench. Auch ein Deutschamerikaner sei sein Gefolgsmann gewesen, und der wurde ebenfalls nationalistisch, wenngleich mit umgekehrtem Vorzeichen; er hieß Hermann George Scheffauer und sei der einzige des Kreises, der keinen Selbstmord beging. »Doch«, berichtete ich. »So?« erwiderte MacDevitt. »Also der auch!«

Von Jack London, seinem Freunde, erzählte MacDevitt viel. Weißt Du, Inez, daß Jack London in Oakland gelebt hat und dort sozialistischer Kandidat war? Nun scheint mir die Stadt weniger häßlich, deren Lichter abends über, die Bucht blinken. Aber Du kommst morgen nicht mehr herüber.

MacDevitt zeigte mir ein herausgerissenes Stammbuchblatt mit einem Gedicht Swinburnes, von Jack London abgeschrieben. »Für Dorothy« steht darüber; es sind die Verse, die in der Liebesgeschichte zwischen dem jungen Martin Eden und der Bourgeoistochter eine solche Rolle spielen. Die erste gedruckte Novelle Jack Londons »Zwei goldene Ziegel« hat MacDevitt vor kurzem ausgegraben – der Autor erfuhr nie, daß sie erschienen war, denn er ging nach Klondike, kurz nachdem er sie eingesandt.

Als junger Bursche pflegte Jack London, so erzählte der Antiquar, auf Portsmouth Square zu sitzen, wo auch George Louis Stevensons Lieblingsplatz war. »Wo?« – »Auf Portsmouth Square – der schräge Rasenplatz hinter dem Kriminalgericht und dem Staatsgefängnis. Doch Stevenson und Jack kannten einander nicht.« Teufel, Teufel, nirgends mehr in der Welt läßt sich etwas entdecken!

Weißt Du, Inez, ich hätte die beiden sicherlich einander vorgestellt, das ist schon einmal mein Beruf auf Erden, obwohl ich nicht in ihre Gewichtsklasse gehöre, bei weitem nicht, das darfst Du keineswegs glauben. Das ist Dir wohl auch gleichgültig.

Wenn nur das Geheimnis nicht wäre! Läsest Du diesen Brief, so würdest Du lächeln. »Was für ein Geheimnis? Kein Geheimnis kann mir die Freude an unserer Woche nehmen!« Ja. Was könnte es Dich scheren, Du Mädel der Savanna, ob ich verheiratet und Vater von zehn Kindern, ob syphilitisch oder ein Taschendieb oder sonst etwas, ob ich nie im Leben Schriftsteller gewesen und niemals Matrose – nichts änderte das an der Tatsache unserer sechs Tage!

Aber ich glaube, es würde Dich doch verdrießen, Inez, zu hören, daß mein Freund, mit dem ich Dich in Los Angeles ansprach und dem Du mich vorgezogen hast, Charlie Chaplin war.

Nachwort

AUS FBI-AKTEN – Geheimdienste aller Welt schreiben seit geraumer Zeit die Lebensläufe von Autoren auf und leisten damit der Literaturgeschichte einen sehr eigenartigen Dienst – erfährt man lange unbekannt gebliebene Einzelheiten von den drei USA-Aufenthalten Egon Erwin Kischs. Der letzte fiel in das Jahr 1946 – Kisch kam nach dem Untergang des europäischen Faschismus aus dem mexikanischen Exil, wo ihn die Aufforderung zur Mitarbeit in der wiedergeborenen ČSR erreicht hatte, ein Einladungsschreiben aus ihrer Regierung; der Transitreisende traf am 18. Februar in den Staaten ein; er war drei Tage später in New York; mit dem Zwischenziel England verließ er die Stadt bereits am 28. Februar. Die zweite Station kurz nach Ausbruch des Krieges 1939 dauerte fast ein Jahr. Die League of American Writers hatte Kisch bei der Flucht aus dem von deutscher Invasion bedrohten Frankreich, aus dem kleinen Dorf Bois d'Arcy bei Versailles geholfen; er langte am 23. Dezember 1939 im New Yorker Hafen an; doch wurde er bis zur Klärung von Paßangelegenheiten über Weihnachten zunächst auf Ellis Island festgesetzt; eigentliches Ziel war nach seinen Angaben Chile, wo an der Universität von Santiago eine Lektorstelle auf ihn wartete; New York und New Jersey gaben ihm Wohnung in der Zeit verlängerter Aufenthaltsgenehmigungen; nicht nach Chile ging es dann weiter: Port of Laredo, Texas, hieß die Grenzstation, die er am 24. November 1940 bei der Weiterfahrt nach Mexiko Stadt passierte. Vom ersten Besuch sind die Geheimdienstnachrichten leider höchst ungefähr, das generalisierte Mißtrauen nahm erst später seine detaillierende Arbeit auf – zu erfahren ist nur, daß Kisch 1929 für sechs Monate in den USA war und während dieser Zeit sich mit »geschwärzt« sehr befreundete.

Man weiß aus anderen Quellen, daß der USA-Aufenthalt zu dieser Zeit sich vom 30. November 1928 bis Mitte April 1929 erstreckte. Kisch wollte nach seinen Beobachtungen im Reich der »Zaren, Popen, Bolschewiken« Mitte der zwanziger Jahre so bald wie möglich das neue Zentrum dessen kennenlernen, was er dann den »kapitalistischen Kosmos« nannte. Er landete, von London kommend, in der großen »Erwartung des neuen Erdteils und in der Befürchtung, nicht hineingelassen zu werden«, mit dem englischen Passagierdampfer »Olympic« in New York; im Januar 1929 ging es über Washington nach Baltimore; zwischen dem 10. Januar und dem 4. Februar arbeitete er, um sich eine Fahrt in den Westen leisten zu können, als workaway seaman, als Handlanger (auf dem Dampfer »Jefferson Myers« und mit der Angabe seines richtigen Alters von vierundvierzig Jahren, nicht aber, wie er spaßig in seinem Bericht notiert, auf einem S. S. »Hannawah« und unter der Vortäuschung, ein junger Mann von zweiundzwanzig zu sein); er kam so durch den Panamakanal auf die andere Seite des Kontinents, das Certificate of Discharge wurde ihm vom Schiffahrtsservice in San Pedro, California ausgestellt; im Februar war Kisch in Los Angeles und Hollywood, dann in San Francisco und Sacramento; er fuhr im März nach Chicago, Detroit, im Folgemonat in das Stahl- und Kohlengebiet von Pennsylvanien; und er verließ die Staaten, wieder von New York aus, auf dem S. S. »Homeric«; der antik heroische Name des Schiffes bewahrte ihn nicht vor dem gelangweilten Gefühl, in eine Welt zurückfahren zu müssen, die er schon auswendig kannte. Hinter sich hatte er, so schrieb er in einem Brief, nicht nur die bis dahin längste Reise seines Reporterlebens, »sondern auch weitaus die ergiebigste«, begeistert und kritisch setzte er hinzu: »ich habe eine wunderbare Zeit verlebt, wenngleich ich keinesfalls drüben leben möchte«.

Und man weiß aus seinem Buch und von einem berühmt gewordenen Foto der Zeit, daß unter »geschwärzt«, verdächtig genug, vielleicht Charly Chaplin steht oder Upton Sinclair. Mit kleinem Lächeln kann man quittieren, daß die Beobachter aus dem Büro von Kisch in der Frühzeit wenig, später aber alles wußten. Sie notierten, was sie als seinen Part ausmachten an der Revolution 1918 in Wien, die das Kaiserreich hinwegfegte, die sie aber, schlichtweg, als kommunistisch erklärten. Sie hielten fest, was ihnen Informanten von Kischs Tun bei einer Literaturkonferenz in Moskau 1930 oder aus Shanghai bei einer Reportage über Japans China-Invasion 1932, beim Versuch 1934, an einem Antikriegskongreß in Australien teilzunehmen, oder beim Besuch der Verteidiger der Demokratie in Spanien 1937/38 zugetragen hatten, von Reisen, die sie, wie selbstverständlich, als besonders zu beachtende revolutionäre Aktivitäten einschätzten. Sie registrierten seine offenbar als bedrohlich angesehenen Verbindungen in Mexiko, die Kontakte zu Anna Seghers, Ludwig Renn oder Bodo Uhse, die – wen kann das wundern? – als fellow travellers der extremen Linken bezeichnet wurden. Nicht nur denen, auch Kisch hatte offenbar anhaltende Kontrolle gegolten. – Und mit kleinem Lächeln wieder läßt sich hören, daß das Büro resümierend konstatierte, in den USA selbst sei unser Mann nicht mit subversiven Aktivitäten hervorgetreten. Tatsächlich: Kisch hatte sich schon bei seinem ersten Aufenthalt nicht nur den eigentümlichen USA-Einreiseriten unterzogen und dabei ehrenwörtlich erklärt, »daß er die amerikanische Verfassung durchaus anerkenne, daß er den gewaltsamen Sturz von Regierungen mitnichten gutheiße, daß er weder Anarchist sei noch Kommunist«, er hatte sich in den Staaten zweifellos auch immer so verhalten, daß ein Konflikt mit Staatsstellen nicht entstehen sollte: 1928/29 als ein professioneller Reporter, der, wie es in einem seiner Berichte heißt, sich »der Beobachtung des Lebens und Treibens« hingab, der sich sogar das Kleid eines reputierlichen, bürgerlichen Menschen überwarf, auch, damit die Polizei vergessen konnte, seine Beobachtungen zu beobachten. 1939/40 als ein Mann auf der Flucht vor dem Naziterror, der sich für die erlangte Unterstützung zu bedanken, der sich daran zu gewöhnen hatte, für eine Weile im wunderbaren, nichtgeliebten Land zu leben – ein Fehlen zeigt an, wie schwer ihm das wurde: Die schon begonnenen Aufzeichnungen von dieser Zeit brachen ab, nur wenige Lokalskizzen gelangen, Fortsetzungen des Versuchs, allerorten von den jüdischen Ghettos zu berichten. 1946 schließlich als ein Antifaschist bei der Rückkehr aus dem Exil, den es drängte, schnell nach Europa, in die ČSR zu kommen, um am Aufbau eines neuen Lebens mitzuwirken – außer Überarbeitungsspuren an den New Yorker Ghettogeschichten gibt es von dieser Zwischenstation kein literarisches Zeugnis.

Auf seine Rolle als Beobachter 1928/29 deutete Kisch ausdrücklich mit der Figur des »Doktor Becker«, die er seinem Reisebericht einschrieb. Die Angaben zu der Gestalt, hinter der sichtbar der Verfasser selbst steht, darf man nicht mißverstehen: Zwar hatte Kisch vor seiner Reise erhebliche Schwierigkeiten, überhaupt ein Besuchsvisum zu erlangen – sein Wirken für John Reed, seine Stellungnahme zur Hinrichtung von Sacco und Vanzetti, russische Vermerke in seinem Paß schon konnten für die US-amerikanischen Behörden keine Empfehlung sein –, doch sollte man sich nicht einfach von den Worten der Darstellung verführen lassen, die des Reporters Status in die Schwebe bringen und womöglich suggerieren könnten, er sei unter dem Namen »Doktor Becker«, sozusagen mit falschem Paß, in das Land gelangt. Daß dies nicht so war, ist als sicher anzunehmen, zumal bei dem Bekanntheitsgrad des Reisenden die Behörden solche Illegalität gewiß nicht übersehen hätten. Was aber wirklich subversiv war an des Reisenden Aktivitäten, entzog sich ihrem Zugriff. Man hätte es in Nichtjustiziablem feststellen müssen, in der Genauigkeit der Sicht, in dem ihr vorgeschalteten oder beim neuen Sehen erlangten kritischen Raster und in der Ironie, die über den Erfahrungsbericht gelagert wird, in all dem, was Wirklichkeit erkennbar macht gegen die, die an ihrer Unzugänglichkeit interessiert sein müssen. Und man hätte »Doktor Becker« unter Strafe stellen müssen nicht als falschen Namen, sondern als ein richtiges literarisches Verfahren, mit dem imaginative Elemente in die Reportage eingebaut und gerade so überzeugende Wirkung erzielt werden konnte: Die Figur geht naiv herum, sie wird selbst mitunter als Träger des falschen Bewußtseins präsentiert, das korrigiert werden soll und durch Kenntnisnahme von Fakten korrigiert wird, an ihr wird der Prozeß vollzogen, der den Schleier der Illusionen zerreißen kann. Es ist ein Reiz des Amerika-Berichts Kischs, einer Grande Reportage, wie Zeitgenossen die Form nannten, daß nicht die Ämter, wohl aber wir Leser provoziert werden, das Beobachten zu beobachten, uns kritisch zu seiner Weise und zu seinen Konsequenzen zu verhalten.

»Egon Erwin Kisch beehrt sich darzubieten: Paradies Amerika« – dieser Titel stand auf dem Einband der Erstausgabe des Reisebuchs, das im November 1929 im Erich Reiß Verlag herauskam, und auch auf dem von Paul Urban entworfenen Umschlag für den Band, den schon 1930 die »Universum-Bücherei für alle« wieder erscheinen ließ. Spöttisch und durchaus im Filmankündigungsstil dieser Jahre wird Differenz zu erwarten gegeben: »Paradies Amerika« – dieses Bild haben die »feschen Reiseschriftsteller« ausgemalt, die Kisch ebenso wie die Schar der von ihm erhofften Leser kannte, ein großer, ja hegemonialer Teil der

Literatur der Zeit, in der etwa Henry Fords getürkte Autobiographie faszinierte, die Leute, die Amerika als Wunder technischer Leistungsfähigkeit und der sozialen Gleichheit priesen, als gute Idee, als Land der Zukunft. Nun kommt einer, sagt die Überschrift des Buches, der zeigen wird, was von den Schmuckblättern reklamehafter Apologien zu halten ist, einer, der aus seiner besonderen Sicht seine besonderen Ansichten darbietet. Die waren – bei allem Streben nach Unterhaltsamkeit – in ihren Gegenständen und in ihren Themen genau ausgewählt. Die einundvierzig Skizzen des Bandes entwarfen, was man gut ein »Kontinuum von Gegenbildern« zur Folie der herrschenden Amerikaphantasie nennen kann. Hollywood erscheint – die immerhin fünf Berichte aus der Stadt des Films, dem Kern der Illusionserzeugung, werden später im Buch verstreut, sein Aufbau folgt auch sonst nicht den tatsächlichen Stationen der Reise –, New York mit nicht wenigen seiner vielen Gesichter, die berüchtigten, die berühmten Städte Chicago und Detroit, die Gegend der Goldgräber, und destruiert werden die Legenden der sozialen Chancengleichheit, der auch die Menschen befriedigenden technischen Rationalität, der Individualität, vorgezeigt wird die Ohnmacht der Entsolidarisierung und der Geschichtslosigkeit, die Macht der Reklame und der fortlenkenden Erotisierung. Ungeduldige der Zeit und der späteren Rezeption vermißten an diesen Reportagen revolutionäre Schärfe, sie sprachen kritisch von einer unzulänglichen Reflexionsbasis Kischs, von seinen europäisch geprägten, mitunter durchaus konservativ anmutenden Kulturvorstellungen, von seinem Abscheu vor der Massenseele, der sich der Oberflächenamorphisierung der Klassengesellschaft nur anschließe, von dem resignativen Grundton der Entzauberung, der für Änderungshoffnungen wenig Raum lasse. Man wird das heute neu befragen können und so auch den Umstand, daß Kischs Buch gleich einen unübersehbaren Erfolg hatte. Rezensionen, unterzeichnet mit Namen bekannter Autoren, begrüßten es nachdrücklich. Und es fand nicht nur in Deutschland Aufmerksamkeit – 1930/31 bereits lagen Übersetzungen ins Finnische, Polnische, Russische, Schwedische, Serbokroatische, Spanische, Tschechische vor.

Der Autor hatte nicht bis zum Erscheinen der Buchausgabe gewartet, um das von ihm Gesehene und seine Meinung kundzutun. Die Reise war noch nicht beendet, da erschienen bereits Reportagen von den ersten Monaten in den USA – man kann annehmen, dies folgte einer Verabredung, die er mit der Redaktion der Zeitschrift »Tagebuch« schon vor Fahrtantritt getroffen hatte. Auffällig dann die Vielfalt der Vorträge, die Kisch über seine Amerika-Erfahrungen hielt, oft mit der Konfrontationsmethode, die ihm diese Erfahrungen ermöglichte, die Menge der Publikationen in den Feuilletons, Varianten der Buchfassung oder auch über das Buch hinaus, knallig die Titel: »Strandgut in Neuyork«, »Harlem, die Negervorstadt Neuyorks«, »Die Getreidebörse der Welt«, »Bilder aus dem tiefsten Chicago«, »Bei Ford in Detroit«, »Hollywood ohne Schminke«, »Fußball in Amerika«, »Verbrecherjagd in Amerika« heißen solche Skizzen in Zeitungen. Der Stoff war überreich, und offenbar hatte Kisch einen Gegenstand und eine Behandlungsart gewählt, die einen Knotenpunkt des Zeitinteresses berührten. Er selbst suchte es durch ein Mittel zu verstärken, das er auch bei anderen Büchern mitunter gebraucht hatte. Zur Zeit des Erscheinens des Bandes gab er im »Tagebuch« eine Art Autorezension, einen Kommentar zum Bericht, die »Selbstanzeige: ›Paradies Amerika‹«, und er nahm das Mittel später noch einmal auf, in einer Zeit, da die Folgen der großen Wirtschaftskrise zu Tage traten, die wenige Monate nach dem Ende seiner Reise ausgebrochen war, 1930 in dem AIZ-Text »Das paradiesische Amerika«. Kischs Verfahren wird dabei verdeutlicht: Gegen die »Bibliotheken von Prospekten«, von »guten Reisebeschreibungen« und auch gegen die eigenen Illusionen soll Empirie gesetzt werden, Erfahrung, die aus dem Besichtigen von Lebens- und Arbeitsbedingungen zu gewinnen ist. Und es sollen die Empfindungen mitgeteilt werden, die in dem Kontrast sich aufdrängen: »Ich habe viel gelacht, und mein Leser wird wohl viel lachen müssen, obwohl ich sachlich zu bleiben bemüht war und im Grunde nichts lächerlich ist.« Beides mag zugleich als Erklärung gelten, weshalb das Buch in der Folgezeit weitere, bald unübersehbar viele Nachauflagen in vielen Sprachen erfuhr, daß es bis heute informativ geblieben ist und Spaß bereiten kann.

Dieter Schlenstedt

Nachbemerkung

DER FÜNFTE BAND DER GESAMMELTEN WERKE Egon Erwin Kischs vereinigt »Paradies Amerika« und »Landung in Australien«. »Paradies Amerika« erschien zuerst 1930 im Erich Reiß Verlag, Berlin; außerdem wurde der Band, ebenfalls 1930, im Verlag Universum-Bücherei veröffentlicht. Unser Neudruck geht auf die Erstausgabe des Erich Reiß Verlages zurück. »Landung in Australien« kam zuerst 1937 im Verlag Allert de Lange, Amsterdam, heraus.

Orthographie und Interpunktion des Textes wurden behutsam dem heutigen Gebrauch angepaßt.

Fremdsprachliche Textstellen und wenig bekannte Personen oder Fakten sind im Anhang erläutert.

Die Textbearbeitung besorgten Edelgarde Oehlandt und Elga Abramowitz, die auch die Anmerkungen verfaßten.

Anmerkungen

7 *Kaspar Hauser* – Berühmter Findling rätselhafter Herkunft, tauchte 1828 als etwa Sechzehnjähriger in Nürnberg auf.

8 *Sacco und Vanzetti* – Zwei Streikführer italienischer Abkunft in den USA, 1921 angeklagt, gemeinsam einen Mord begangen zu haben, zum Tode verurteilt und nach sechsjähriger Haft trotz erwiesener Unschuld hingerichtet.

13 *Loungeroom* – (engl.) Gesellschaftsraum.

14 *What did you expect from Chicago?* – (engl.) Was haben Sie von Chicago erwartet?

New York vaut bien une messe – (franz.) New York ist eine Messe wert; Anspielung auf den Ausspruch Heinrichs IV. von Frankreich: »Paris ist eine Messe wert.«

15 *Wrigley's here, Wrigley's there, Wrigley's everywhere* – (engl.) Wrigley hier, Wrigley dort, Wrigley überall.

17 *not at all* – (engl.) überhaupt nicht.

19 *vitaphoniert* – auf Tonband aufgenommen.

20 *New York Suburban* – die New Yorker Vororte.

21 *Speak-easies* – (engl.) Flüsterkneipen, Lokale, in denen während der Prohibition heimlich Alkohol ausgeschenkt wurde.

25 *He kept us out of the war* – (engl.) Er hat uns aus dem Krieg herausgehalten.

27 *General Court* – (engl.) Gericht.

31 *Visitors' Entrance* – (engl.) Eingang für Besucher.

35 *Treasury* – (engl.) Schatzamt.

35 *Hall of Fame* – (engl.) Halle des Ruhms.

39 *Whistler* – James A. MacNeill Whistler (1834–1903), amerikanischer Maler und Radierer, lebte in England.

Smithsonian Institution for the increase and diffusion of knowledge among men – (engl.) Smithson-Institut zur Verbreitung und Vermehrung des Wissens unter den Menschen: gegründet 1846 von dem englischen Chemiker und Mineralogen James Smithson.

ad majorem dei prosperitatem – (lat.) zur höheren Prosperität Gottes; Anspielung auf »ad majorem dei gloriam«, zur höheren Ehre Gottes.

45 *Las señoras invitadas* – (span.) Damen sind eingeladen.

47 *das Väterlein-leih-mir-die-Scher'-Spiel* – Vergleichbar mit dem Kinderspiel »Verwechselt, verwechselt das Bäumelein«.

48 *Steamfitting* – (engl.) Installierungen und Reparaturen von Dampfpfeifen.

Xmas – Abkürzung für Christmas, Weihnachten.

50 *was denn the matter mit uns sei* – was denn mit uns los sei.

51 *Department of Commerce* – (engl.) Handelsministerium.

52 *Ehre, wem perennius gebührt* – Wortspiel mit Horaz' Ausspruch über die Beständigkeit seines Werkes: »aere perennius«, »dauernder als Erz«.

53 *Bowery* – Große Straße in New York mit vielen Kneipen und heruntergekommenen Hotels.

54 *evening quaters are attractive* – (engl.) Quartiere sind gut.

55 *The U. S. Army builds men* – (engl.) Die Armee der Vereinigten Staaten macht Männer.

Travel – learn – earn! – (engl.) Reise, lerne, verdiene!

59 *coon* – (engl.) Verächtliche Bezeichnung für Neger.

62 *Ugandaprojekt* – 1902 bot die britische Regierung dem Zionistenführer Theodor Herzl das britische Schutzgebiet Uganda in Ostafrika als Siedlungsgebiet für die Juden an, da die Türkei die Genehmigung zur Besiedlung Palästinas verweigerte. Der Zionistenkongreß von 1903 lehnte das Ugandaprojekt mit großer Mehrheit ab.

63 *Upton Sinclair* – Upton Sinclair (1878–1968) schrieb bis in die dreißiger Jahre antikapitalistische, sozialkritische Romane (»Der Sumpf« 1906, »König Kohle« 1917, »Jimmie Higgins« 1919, »Petroleum« 1927 usw.), distanzierte sich Ende der vierziger Jahre von seiner sozialistischen Vergangenheit.

65 *»Pageant of the Patterson Strike«* – (engl.) »Das Schauspiel vom Patterson-Streik«.

»Money Writes« – »Das Geld schreibt« (1927), eine soziologische Studie Upton Sinclairs über amerikanische Literatur.

66 *van Eeden* – Frederic van Eeden (1860–1932), niederländischer Dichter.

Südekum – Albert Südekum (1871–1944), rechter Sozialdemokrat, Mitglied des Reichstages, preußischer Finanzminister.

Müller-Franken – Hermann Müller-Franken (1876–1931), 1920 und 1928 bis 1930 deutscher Reichskanzler; rechter Sozialdemokrat.

69 *Bootleggers* – (engl.) Alkoholschmuggler.

72 *Department of Correction* – (engl.) Justizverwaltung.

Indeterminate sentence – (engl.) unbestimmtes Urteil.

76 *Oatmeal* – (engl.) Haferflocken.

84 *Poopdeck* – (engl.) Achterdeck.

89 *Digger* – (engl.) Goldgräber.

Nuggets – (engl.) Goldklumpen.

90 *der Reißer »Regen«* – Dramatisierung der gleichnamigen Novelle von Somerset Maugham.

the most talked-of play of the century – (engl.) das meistdiskutierte Stück des Jahrhunderts.

92 *Young Men's Christian Association* – (engl.) Verein Christlicher Junger Männer.

94 *able-bodied seamen* – (engl.) Vollmatrosen.

95 *daywork* – (engl.) Tagschicht.

97 *homeward bound* – (engl.) auf der Heimfahrt.

98 *Go to hell, damned fool* – (engl.) Geh zur Hölle, verdammter Idiot.

Dry up, you son of a bitch – (engl.) Hau ab, du Hundesohn.

I don't give a shit – (engl.) Ich scheiße drauf.

99 *Morgan* – Henry Morgan (1635–1688), englischer Piratenführer, brandschatzte die Küsten der spanischen Kolonien in Mittel- und Südamerika, brannte 1671 die Stadt Panama nieder; wurde 1674 zum englischen Statthalter auf Jamaika ernannt und geadelt.

Kaaba – Würfelförmiges Gebäude in Mekka mit dem Schwarzen Stein, einem der Hauptheiligtümer des Islams. Mohammeds Sarg befindet sich nicht in der Kaaba, sondern in der Moschee von Medina.

101 *SS Dannedaiki sinking* … – (engl.) SS Dannedaiki sinkt 37° 56' nördl. Breite, 59° 37' westl. Länge. Brauchen sofortige Hilfe. Schiffe in der Nähe bitte melden.

Our position … – (engl.) Befinden uns etwa 75 westlich von euch. Wir kommen euch sofort zu Hilfe. Bitte informiert uns weiter über eure … Wetter. Gezeichnet Kapitän SS President Harrison.

102 *Lat. 38,05 north* … – (engl.) 38° 05' nördl. Breite, 60° 12' westl. Länge. SS Florida … Ruder verloren … Westwind Stärke 10, Hohe See … bitte … brauchen Hilfe.

102 *north … 4 west …* – (engl.) nördl. … 4° westl. änderten Kurs in Richtung eurer Position … Gezeichnet Kapitän SS America.

103 *Mount Hope* – (engl.) Berg der Hoffnung.

Lesseps – Ferdinand Lesseps (1805–1895), franz. Diplomat; führte 1859/60 den Bau des Suezkanals durch und gründete 1879 die Panama-Gesellschaft, die 1889 bankrott machte.

105 *When do we move?* – (engl.) Wann geht's weiter?

I will find out – (engl.) Ich werde nachsehen.

French Channel – (engl.) Französischer Kanal.

109 *Hallo, guys …* – (engl.) Hallo, Jungs, seid ihr Soldaten? – Klar, wir sind vom Camp Clayton. – Seid ihr schon lange hier? – Zwei Monate. Wir wären lieber im Gefängnis.

in concreto – (lat.) in der Wirklichkeit.

110 *Ne sais-tu pas répondre?* – (franz.) Kannst du nicht antworten?

Ah, Madame est française? … – (franz.) Ah, Sie sind Französin, meine Dame? – Nein, mein Herr, ich bin aus der Schweiz. – Aus welcher Stadt? – Aus Bern.

111 *Farrère* – Claude Farrère (1876–1957), französischer Schriftsteller, schrieb Abenteuerromane.

112 *steel scraper* – (engl.) Stahlkratzer.

116 *Gopher Prairie* – Fiktive Stadt, in der Sinclair Lewis' Roman »Main Street« (»Die Hauptstraße«) spielt. Sie wurde zum Inbegriff der spießigen amerikanischen Provinzstadt.

117 *Excluded classes* – (engl.) Ausgeschlossene Gruppen.

120 *crazy* – (engl.) verrückt.

Kellogg-Pakt – Nach dem US-Außenminister Frank B. Kellogg benannter, 1928 abgeschlossener internationaler Vertrag, in dem Kriege als Mittel der Politik geächtet wurden.

120 *Cruiser-Bill* – (engl.) Panzerkreuzer-Gesetz.
121 *Society news* – (engl.) Gesellschaftsnachrichten.
leg shows – (engl.) Bein-Shows.
123 *Hallowe'en* – Abend des 31. Oktober, des Tages vor Allerheiligen.
Thanksgiving Day – (engl.) Tag des amerikanischen Erntedankfestes, der letzte Donnerstag im November.
125 *Polikuschka* – Titelheld einer Erzählung L. N. Tolstois.
128 *Certificate of Discharge* – (engl.) Entlassungsbescheinigung.
... yourself, ye son of a bitch – (engl.) ... dich, du Hundesohn.
134 *stock shots* – (engl.) Archivaufnahmen.
137 *enlargement* – (engl.) Vergrößerung.
double exposure – (engl.) doppelte Belichtung.
138 *double print* – (engl.) doppelt kopierte Aufnahme.
142 *this populär picture ...* – (engl.) dieses beliebte Bild ist immer noch der Bestseller, geschätzt wegen seiner Einfachheit und der Kraft seiner Farben.
146 *county* – In den USA gliedern sich die Bundesstaaten in Counties.
Mayor – (engl.) Bürgermeister.
150 *Take a chance!* – (engl.) Nimm die günstige Gelegenheit wahr!
151 *Department of Water and Power* – (engl.) Ministerium für Wasser und Elektrizität.
154 *Central Casting Corporation* – (engl.) etwa: Zentrale Rollenverteilungsstelle.
Association of Motion Pictures Producers – (engl.) Vereinigung der Filmproduzenten.
159 *Independent Producers* – (engl.) Unabhängige Hersteller.
Nothing in – (engl.) Nichts da.

167 *Big Game* – (engl.) Großes Spiel.

168 *The contingent* … – (engl.) Die Summe wird zu dem Zweck benötigt, das Außenministerium in den Stand zu setzen, Vorgänge in anderen Nationen genau zu überwachen, so daß die Vereinigten Staaten jederzeit über alle Entwicklungen unterrichtet sind, die ihre Interessen berühren könnten.

171 *Volstead Act* – (engl.) Durch dieses Gesetz wurde 1919 der Ausschank und Verkauf aller Getränke mit einem Alkoholgehalt von über einem halben Prozent verboten. Ausführungsgesetz zum 18. Verfassungszusatz, durch den am 16. Januar 1919 die Prohibition in den USA eingeführt wurde.

172 *I hope this puts an end to you* – (engl.) Ich hoffe, das wird dein Ende sein.

173 *Tschitschikow* – Gestalt aus Nikolai Gogols Roman »Die toten Seelen«.

177 *Subway* – (engl.) Untergrundbahn.

183 *guilty, not guilty* – (engl.) schuldig, nicht schuldig.
up town – (engl.) in der oberen Stadt.
Inferior Criminal court – (engl.) Untergericht.

187 *Independence Hall* – (engl.) Unabhängigkeitshalle.

188 *The Drs. La Grange & Jordan* … – (engl.) Dr. La Grange und Dr. Jordan, Europäisches Museum; errichtet in Philadelphia 1858, täglich außer Sonntag geöffnet. Nur für Herren.

190 *Tschainaja* – (russ.) Teestube.
Arnold – General Benedikt Arnold (1741–1801) trat im amerikanischen Unabhängigkeitskrieg auf die Seite der Engländer über.

202 *Local Union of Greek Fur Workers* – (engl.) Gewerkschaft der griechischen Pelzarbeiter.

208 *The visitation problem* … – (engl.) Das Besucher-Problem ist bei dieser Institution so schwierig geworden, daß es notwendig wurde, ein allgemeines Be-

suchsverbot zu erlassen. Man kann sich vorstellen, daß wir Hunderte von Anträgen erhalten haben, doch mußte natürlich das Verbot streng eingehalten werden. Ich konnte nicht gut dem einen ein Privileg einräumen und es anderen verweigern. Ich habe jedoch einen Präzedenzfall geschaffen, indem ich solchen Personen eine Sonderbesuchserlaubnis erteilt habe, die auf kriminologischem und auf verwandtem soziologischem Gebiet tätig sind, und ich bin der Ansicht, daß Herr Kisch mit Recht dieser Gruppe zugezählt werden kann, und unter diesem Gesichtspunkt gewähre ich ihm gern die Sonderbesuchserlaubnis …

210 *Beloved Pico, beautiful, intelligent, heroic* – (engl.) Geliebter Pico, schön, intelligent, heldenhaft.

Proud, sunny, loving – (engl.) Stolz, sonnig, liebevoll.

214 *Slave market* – (engl.) Sklavenmarkt.

cut rate laundry – (engl.) besonders billige Waschanstalt.

215 *Autochthonen* – Ureinwohner.

218 *die Capuletti und die Montecchi* – Die beiden feindlichen Veroneser Familien aus Shakespeares »Romeo und Julia«.

222 *the Lager Beer Riot* – (engl.) der Lagerbier-Aufruhr.

229 *City Editor* – (engl.) Lokalredakteur.

Admit – (engl.) Genehmigung.

to witness … – (engl.) der Hinrichtung von David Shanks im Landesgefängnis um 12.05 Uhr nachts beizuwohnen.

230 *Guard* – (engl.) Wache.

Warden – (engl.) Wärter.

239 *It's tested* – (engl.) Das ist erwiesen.

244 *Firstday* – (engl.) Ersttag.

246 *deranged mind* – (engl.) Sinnesverwirrung.

247 *cum infamia chassiert* – mit Schimpf und Schande ausgestoßen.
long, long ago – (engl.) vor langer, langer Zeit.
251 *Mr. Kisch, meet Mr. Mautner* – (engl.) Mr. Kisch, machen Sie sich mit Mr. Mautner bekannt.
You have a brother … – (engl.) Sie haben einen Bruder in Prag, der Rechtsanwalt ist, nicht wahr?.
254 *Mezzofanti* – Giuseppe Mezzofanti (1774–1849), Professor in Bologna, dann Kustos der Vatikan-Bibliothek, soll 57 Sprachen verstanden haben.
263 *der Roman »Jungle«* – Nach dem Erscheinen von Upton Sinclairs Roman »Der Sumpf« (1906), der die jeder Hygiene hohnsprechenden Verarbeitungsmethoden in den Chicagoer Schlachthäusern anprangerte, sahen sich die Unternehmer wegen des Rückgangs des Fleischverkaufs zu Reformen gezwungen.
269 *I act, I move, I push* – (engl.) Ich handle, ich bewege, ich treibe an.
274 *Chispas* – (engl.) Goldkörner.
275 *Gold Mine found …* – (engl.) Goldmine gefunden. – In der neu gebauten Wasserzufuhr der Sägemühle, die kürzlich von Captain Sutter bei der American Fork errichtet wurde, ist Gold in erheblichen Mengen gefunden worden. Jemand brachte Gold im Wert von 30 Dollar, das in kurzer Zeit dort gesammelt worden war, nach New Helvetia.
294 *»Shoulder the Arms«* – (engl.) »Das Gewehr über!«.
298 *stowaways, boardjumpers, and steamship-deserters* – (engl.) blinde Passagiere, Überbordspringer und Schiffsdeserteure.
Hobos – (engl.) Landstreicher.
309 *I sell five …* – (engl.) Verkaufe fünf Maiweizen zu einsdreißig ein Achtel.
317 *Received from Penitentiary* – Aus dem Gefängnis zugestellt.

323 *Advertising* – (engl.) Reklame.

336 *Arnold Winkelried* – Legendärer Schweizer Nationalheld, soll in der Schlacht bei Sempach 1386 eine große Zahl feindlicher Speere ergriffen und dadurch seinen Kampfgefährten eine Bresche geschlagen haben, die den Sieg der Eidgenossen über Leopold III. von Österreich entschied.

354 *Business as usual* – (engl.) Geschäft ist Geschäft.

357 *Barnum* – Phineas Taylor (1810–1891), amerikanischer Schausteller und Zirkusunternehmer.

Danbury Hatter Case – (engl.) Der Fall der Hutmacher von Danbury.

360 *Astor* – John Jakob Astor (1763–1848), aus Deutschland eingewanderter Instrumentenbauer, wurde durch Pelzhandel und Grundstücksspekulation zum zwanzigfachen Millionär. Begründer der Dollardynastie Astor.

363 *Panazee* – Allheilmittel.

368 *evening rush* – (engl.) Abendansturm.

Shine them up? Polish? – (engl.) Stiefelputzen? Polieren?

375 *No thoroughfare* – (engl.) Keine Durchfahrt.

»Wider den undeutschen Geist«